KB123480

조선후기 표해록 연구

한국표해록총서 1

조선후기 표해록 연구

표류를 통한 해외 지식정보의 유입을 중심으로

최영화

보고사
BOGOSA

머리말

계절풍과 해류를 이용하여 항해하던 조선시대에는 표류(漂流)가 빈번하게 발생하였다. 바다에서 풍랑에 목숨을 잃은 사람들도 많았지만, 운 좋게 외국 땅에 도착하여 진기한 체험을 한 이들도 있었다. '식견 있는' 이들이 우연히 표류하여 외국 땅을 밟게 되면 자신의 해외 견문을 기록하여 주변인들과 공유하였다. 일부 지식인들은 표류민이나 표류 관련 기록을 통해 얻은 해외 견문을 정리해 두었다. 이러한 기록을 조선시대에는 표해록(漂海錄)이라 불렀다. 당시 지식인들이 표류민의 해외 견문을 주목함에 따라 다양한 표해록이 지어졌고, 이는 동아시아 기행문학을 풍부하게 해주었다. 표류민의 전언(傳言)을 통해 바다 밖의 세상이 알려지고, 외국의 낯선 풍경이 기록으로 남게 된 것이다.

표해록은 조선인의 시각으로 동아시아 나라들을 관찰한 기록이다. 표해록에는 이방인의 눈으로 본 동아시아 여러 나라의 사회상이 담겨져 있다. 표해록의 귀환 노정의 견문에는 주변 나라들의 지리 정보가 포함되어 있다. 표해록에는 당시 동아시아에서 활발하게 활동하던 서양 나라들의 소식도 적혀 있다. 표해록에는 또 당시의 국제관계와 국제질서를 조명할 수 있는 단서들이 포함되어 있다. 이처럼 표해록은 전근대시기 동아시아를 연구하는 귀중한 자료이다.

조선시대에는 적지 않은 표해록이 지어졌다. 15세기에 지어진 최부의 『표해록』을 비롯하여 34종의 표해록이 확인되는데, 이 중 90%는 조선후기에 지어진 것이다. 그런데 지금까지 연구자들도 표해록이라 하면 최부의 『표해록』 정도를 떠올린다. 이러한 상황에서 조선시대 표해록을 전면적으로 정리·조사하고 분석하는 작업이 필요했다.

이 책에는 필자가 오랜 기간 정리·수집한 34종의 표해록 목록이 제시되어 있다. 이 중에는 필자가 발굴한, 학계에 처음 보고되는 표해록 7종이 포함되어 있다. 또 기존에 알려진 표해록의 이본 3종을 새로 발견하여 목록에 포함시켰다. 새 자료의 발견으로 인해 표해록 연구의 범주를 확장할 수 있었고, 새로운 연구 시각을 마련할 수 있었다. 이러한 표해록들이 전근대시기 동아시아를 연구하는 한·중·일 학자들에게 소개되어 연구의 자료로 활용되기를 기대한다.

이 책은 필자의 박사학위논문을 수정한 것이다. 문장을 전체적으로 가다듬고 일부 새로운 연구 성과를 더하여 다시 쓴 부분이 있지만 논지의 큰 흐름에는 변화가 없다. 이 연구에서는 '해외 지식정보의 유입'이라는 프리즘을 통하여 조선후기 표해록을 살펴보았다. 대다수의 표해록이 해외 지식정보를 추구하는 경향을 보였기 때문이다. 구체적으로 필자가 정리·조사한 표해록 34종을 대상으로 표해록의 정의를 도출하고 표해록 저술의 배경과 과정, 저술의 특징과 지향, 이러한 제반 관계 속에서 표해록 소재 해외 지식정보들의 양상을 고찰하였다. 마지막으로 표해록의 유전(流傳) 및 수용이 조선후기 지식사회에 미친 영향에 대해 살펴보았다.

조선후기 표해록의 수용과 영향을 살펴보는 일은 생각보다 쉽지 않았다. 표해록이 언급된 문집, 일기, 서문 혹은 논평 등을 통해 자료를 하나하나 모아가며 고찰하는 수밖에 없었다. 단편적인 조각들을 줍고 맞추어서 필자 나름의 결론을 내렸는데, 미진한 부분이 있다면 후속의 연구를 통해 보완하고자 한다. 그러나 이 연구에서 새로 발굴한 표해록들, 표해록을 바라보는 시각과 연구 방법론, 표해록 자료들을 제대로 읽으려는 고민의 결실들은 앞으로 표해록 연구의 초석이 될 것으로 기대하고 있다.

필자가 2010년에 표해록을 처음 접해서부터 어느덧 8년 세월이 흘렀다. 부족한 이 한 권의 책이 나오기까지 많은 분의 도움을 받았다. 무엇보다 부족한 필자를 연구자의 길로 인도하고 지금까지 지도와 후원을 아끼지 않으신 스승 허경진 선생님께 감사드린다. 석사 공부를 하고 싶다고 선생님을 찾아갔을 때, 한번 입력해 보라면서 주신 것이 표해록이었는데 결국 표해록으로 석사와 박사를 받고 취직을 했다. 선생님은 공부만을 가르쳐주신 것이 아니라, 중요한 선택의 순간마다 지혜를 빌려 주셨다. 선생님께 이 책을 바친다.

연구자의 자세를 잃지 않도록 독려해 주신 박무영 선생님, 너그럽게 감싸주시고 실제 도움을 많이 주셨던 박애경 선생님, 격려를 아끼지 않으셨던 이윤석 선생님께 고개 숙여 인사드린다. 박사논문을 심사해 주신 정성일 선생님과 하우봉 선생님께도 감사드린다. 두 분 선생님 덕분에 여러 오류를 바로잡고 논문의 완성도를 높일 수 있었다. 유익한 조언을 아끼지 않으셨던 유춘동, 이상욱, 임미정, 장진엽 선배에게도 고마운 마음이 크다. 졸업한 후 남통에서는 천금매 선배의 도움을 많이 받고 있다. 남통대학교 서의(徐毅) 선생님과의 각별한 인연에도 거듭 감사할 따름이다.

그리고 연구자로서도 생활인으로서도 배울 점이 많은 남편 하토리코이치(服部恒一)에게 고맙다는 말을 남기고 싶다. 남편의 도움과 배려가 있었기에 무사히 학업을 마치고 이 책을 마무리할 수 있었다. 새로운 눈으로 세상을 바라보게 해주는, 올해 3월에 우리 곁으로 와준 상원(想遠)에게도 사랑의 마음을 전한다. 하늘에 계신 할머니와 아버지께서 이 책의 출판을 기뻐해 주셨으면 좋겠다.

끝으로 수익성도 없는 이 책을 〈총서〉로 출판해주신 보고사 김흥국 사장님, 박현정 편집장님, 황효은 선생님께 감사드린다.

2018년 11월
최영화

차례

그림 차례

표 차례

들어가는 말

1. 조선후기 표해록 연구의 필요성

조선은 지정학적으로 동아시아의 여러 나라와 해로를 통해 연결되어 있다. 북쪽으로는 중국의 동북 지역과 접경하고 있으며, 바다로는 넓은 해안선을 따라 중국의 동남연해와 이어져 있다. 일본과도 바다로 근접해있으며 동남아시아의 여러 나라와 해로로 연결되어 있다. 조선후기 바다를 매개로 한 교류 중에 대표적인 것이 국가적인 외교행사로 일본에 통신사를 파견한 것이다. 중국 대륙에는 명청교체기의 짧은 기간에 해로로 사행을 다녀오기도 했지만, 그것은 어디까지나 특수한 상황에서의 부득이한 대처였다. 조선전기에는 유구(琉球)의 사신들이 조선을 해로로 방문했으나, 15세기 즈음에 이러한 교류도 단절되었다. 따라서 통신사의 왕래를 제외한 조선후기의 해역 교류의 대표적인 형태는 '표류(漂流)'라고 할 수 있다.

동아시아 해역의 주요 국가들은 외국 표류민(漂流民)에 대해 우호의 차원에서 송환정책(送還政策)을 실시하는 것을 관례로 삼았다. 이에 따라 표류민 구조(救助)와 송환이 동아시아 여러 나라의 외교 문제로 부각되어 중요하게 다루어졌다. 조선에서도 자국민의 해외 표류와 외국인의 조선 표착 사건을 중요한 사안으로 취급하여 체계적으로 관리하였다. 이는 또한 동아시아 국제관계와 질서에 대한 조선의 이해 및 해역 문제에 대한 태도와도 관련이 있는 것이었다. 즉, 폐쇄적인 당시의 상황에서 표류민을 통해 해외 지식정보를 수집하기 위한 목적도 있었던 것이다. 표류민을 통해 확보한 주변국의 정보는 조선의 대외 외교와 국정 운영에 참고가 되었다.

사회적 발전과 사상적 각성의 길을 모색하던 조선후기 지식인들은 해외 지식정보를 획득하는 경로로서 표류에 주목하였다. 표류는 항해 도중 돌발 상황에 의해 선박이 불가항력적으로 이국(異國)이나 이역(異域)으로 흘러가는 해난 사고이다. 이때 표해록(漂海錄)은 표류의 경험과 해외 견문을 체계적으로 기록한 것이다. 만약 '식견 있는' 사람이 우연히 표류하여 외국 땅을 밟게 되면 자신의 해외 견문을 기록하여 주변인들과 공유하였다. 또 일부 지식인들은 표류민이나 표류 관련 기록을 통해 획득한 해외 견문을 정리 기록하여 표해록을 저술하였다. 전근대시기에는 빈번하게 해난사고가 발생하였으며 당시 지식인들이 이러한 표류 및 표류민의 해외 경험을 주목함에 따라 다양한 표해록이 작성되었고 이는 동아시아 기행문학을 한층 풍부하게 해주었다.

표류민의 전언(傳言)을 통해 바다 밖의 세상이 알려지고, 이국의 낯선 풍경이 표해록을 통해 기록으로 남았다. 이러한 표해록은 지금까지도 과거 동아시아의 여러 나라에 대한 흥미로운 단서와 정보를 제공하고 있다. 당시 조선에서는 주변국들에 대한 인식에 새로운 변화가 일어나고 있었고, 표해록 문헌들은 이러한 분위기 속에서 산출된 것들이다. 즉, 당시 지식인들의 해외 지식정보에 대한 관심을 반영한 것이 이러한 표해록 문헌인 것이다. 표류를 통해 확보한 해외 지식정보들은 당시 이미 경계가 확장되기 시작한 조선후기 지식체계에 새롭게 편입되기 시작하였고, 그중 일부는 실천적 시도로 이어졌다. 조선후기 지식사회에서 표류민의 해외 체험은 국정 운영에 참고자료가 되었으며, 해외 견문의 공유를 통해 실천적 지식의 확보로 이어졌다는 점에서 중요한 의미를 지닌다.

조선시대 대외관계를 대표하는 국가 행위로는 연행과 통신사행이 있었고, 이러한 해외 활동의 결과 많은 기록물이 산출되었다. 이것이 바로 중국사행의 기록인 연행록(燕行錄)과 통신사에 의해 작성된 사행록 텍스트들이다. 기존의 연구는 연행사와 통신사를 통한 해외 체험의 누적을 18~19세기 지성사적 변화의 계기로 보고 있다. 즉 조선후기 정신사와 지성사의 변모에 사행을 통한 직접적인 해외 정보의 유입과 그러한 지식 정보의 체계화가 주요한 역할을 하였다는 것이다. 연행과 통신사행이 조선시대 대외 소통의 두 가지 대표적인 공식 통로였던 것은 맞지만, 표류 또한 해외 체험을 가능하게 한 효과적인 경로였다.

표류를 통해 조선인이 정상적인 방법으로는 도저히 방문할 수 없었던, 공식 사행에서는 허락되지 않은 나라와 지역을 방문할 수 있었다. 표류를 통해 간접 체험만 가능했던 미지의 영역이 접근 가능한 지역으로 변화되었다. 표류는 사전에 계획하지 않은 비공식 방문이었기 때문에 표류민들은 사신단(使臣團)에 비해 대상국의 실상에 한층 근접할 수 있었다. 이처럼 표류를 통한 해외체험은 사행을 통한 해외체험에 비견되는 장점을 지니고 있다. 그러나 표류를 통한 해외체험과 표류민의 활약은 간과되어온 경향이 있다. 필자는 표류민을 통한 해외 체험이 통신사와 연행사를 통한 해외체험과 유기적으로 연결되어 조선후기 지적 사회의 변화를 추동하였으며, 당시 지식인들의 대외인식의 변화를 이끌어냈다고 생각한다.

연행록과 통신사행록에 중국과 일본을 대상으로 한 양국의 관계 및 양국 관계에 대한 조선 지식인들의 인식이 담겨져 있다면, 표해록에는 여러 나라 간의 관계 및 그 나라들에 대한 저자의 인식이 복합적으로 담겨있다. 동아시아 여러 나라 사이에 관례적으로 형성된 표류민 송환책에 의해 표류민이 제3국을 경유하여 본국으로 송환되는 상황이 빈번하였으며, 이로 인해 제3국과도 외교적·문화적 교섭이 발생하였다. 또한 표류 조선인이 귀국 과정에 서양인을 만나기도 하고 서양인이 조선에 표류해 오기도 하였다. 표류는 조선이 한자문화권을 넘어서서 서양인과 서양 문물을 접할 수 있는 기회를 제공하기도 했던 것이다. 이러한 이유로 표해록에 기록된 사정은 다국적인 내용인 경우가 많다. 표해록은 동아시아 여러 나라를 기록의 대상으로 하였기에 일국을 넘어서는 교류의 공통분모를 제공하였다. 이러한 해외체험의 산물인 표해록을 통하여 조선의 지식인들이 주변국을 읽는 관점과 시선을 확인할 수 있으며 이들의 해외 인식 수준에 대해서도 고찰할 수 있다.

본고에서는 조선후기 해외 정보의 원천으로 중요시되었던 표해록 자료를 전체적으로 검토하여 해외의 지식정보가 유입된 과정과 그것의 활용방식에 대해 고찰하고자 한다. 조선후기 표해록을 대상으로 이 시기 표류를 통한 해외 지식정보의 유입과 대외 교류의 실상을 밝히고, 해외 지식정보의 확충이 조선의 지적 풍토에 어떠한 변화를 일으켰는지를 알아보고자 한다.

본고의 연구대상은 조선후기 개인에 의해 저술된 표해록 자료 34종

이다. 현전하는 표해록들은 대체로 17세기 중반에서 19세기 사이에 집
중적으로 지어졌다. 이는 동아시아의 질서와 체제의 영향을 받은 동시
에 당시 조선사회의 학문적 풍토 및 지적 경향과도 관련이 있다.[1]

이 밖에도 본고에서는 표해록 외에 기타 문집과 총서와 야담집 등에
산재하고 있는 파편적인 표류 기록들을 연구 자료로 활용하였으며, 관
찬 기록인『왕조실록(王朝實錄)』,『비변사등록(備邊司謄錄)』,『통문관지
(通文館志)』,『제주계록(濟州啓錄)』등에 수록된 표류 관련 기록을 보완
자료로 활용하였다. 본고가 표류 문헌 중에서 관변 기록이 아닌 개인
의 저술에 주목하는 이유는 개인이 저술한 표해록이 당대 조선 지식인
들의 사고방식과 해외 인식을 직접적으로 보여주는 텍스트라 판단하
였기 때문이다. 조선시대의 표류는 단순히 몇 번의 해외 문화 접촉으
로 끝나지 않았다. 표류를 통한 외국 문화와의 접촉은 양적 축적의 과
정을 거쳐 지식인들의 자아인식과 타자인식을 수정하는 계기가 되었
다. 또한 해외 접촉과 교류를 통해 외국 관련 새로운 지식이 생산되고
축적되어 지식인들 사이에서 유통되기도 하였다.

지금까지 표류 기록에 대한 연구는 지속적으로 진행되어 왔지만,
조선후기의 표해록 전반에 대해 해외 지식정보의 유입이라는 거시적
인 틀을 활용하여 통시적으로 조망한 연구는 없었다. 표해록 전체를
종합적으로 검토한다는 것은 단순히 연구의 범위를 확장한다는 것 이

---

1) 임형택은 동아시아 전통세계의 끝자락에 해당하는 17~19세기를 '흔들리는 조공질서'
   라는 개념으로 파악하고 있다. 동아시아 세계에서 명청 교체와 일본의 부상(浮上)으로
   인한 충격과 여파는 조선 지식인들에게 사상적 각성의 계기를 마련하였으며, 이를 기반
   으로 '이성적 대화'의 장이 마련된 것으로 보고 있다. (임형택,「17~19세기 동아시아,
   한·중·일 간의 지식교류 양상-"이성적 대화"의 열림을 주목해서」,『대동문화연구』68
   집, 2009; 임형택,『한국학의 동아시아적 지평』, 창비, 2014.)

상의 의의가 있다. 그보다는 이러한 접근을 통해 표해록 자료를 통합
적으로 바라보는 시각을 마련하여 동아시아 문화교류 연구의 큰 틀을
제공할 수 있다. 표해록 문헌을 종합적으로 살펴보았을 때 공통적으로
발견되는 특징은 이 기록들의 주된 지향점이 해외 지식정보의 추구라
는 것이다. 이는 하나의 표류 사건에 대한 일련의 기록들, 상호 영향관
계가 확인되거나 또는 연결고리가 없어 보이는 일련의 표해록을 함께
검토했을 때 선명하게 드러나는 경향이다. 표류를 통한 해외 견문은
여러 사람을 거칠수록 문맥에서 '표류 경과'가 간략해지고 '해외 견문'
만 남는 현상이 발생한다. 즉, 표해록의 작성과 수용되는 과정에 '표
류'의 경험 자체가 산삭되는 아이러니가 발생한다는 것이다. 그런데
이것이야말로 표류와 표해록이 당시 사회에서 생산·향유되는 맥락을
가장 잘 보여주는 지점이라고 생각한다.

최근 동아시아 교류사 연구의 지향점은 자국 중심의 편향된 관점이
나 편협한 시각을 극복하고 동아시아적 시각에서 구조적으로 접근하
는 것이다. 동아시아라는 거시적인 시각으로 문화사와 문화교류를 고
찰할 때 비로소 다양한 개별 현상들의 의미를 효과적으로 설명할 수
있다. 따라서 조선의 사대(事大)와 교린(交隣)의 문제도 분절된 시각으
로 볼 것이 아니라 하나의 묶음으로 연결해 볼 필요가 있다는 주장이
제기되고 있다.[2] 필자 역시 전근대시기 동아시아의 제 문제를 연구함

---

2) 최근 동아시아 교류사 연구의 지향점은 자국 중심의 편향된 관점이나 편협한 시각을
극복하고, '동아시아'적 시각에서 구조적으로 접근하는 것이다. 동아시아라는 거시적인
시각으로 문화사와 문화교류를 고찰할 때 비로소 다양한 현상들을 비교적 효과적으로
설명할 수 있다. 조선의 경우, 사대(事大)와 교린(交隣)의 문제도 분절된 시각으로 볼
것이 아니라, 하나의 묶음을 연결해 볼 필요가 있다는 주장이 제기되고 있다. (임형택,
『한국학의 동아시아적 지평』, 창비, 2014; 하우봉, 『조선시대 바다를 통한 교류』, 경인

에 있어서 연구시각을 확대하고 새로운 연구방법론을 모색할 필요가 있다고 생각한다. 그중에서도 표해록은 역동적인 동아시아 관계망 속에서 산출된 것이기에 더욱 거시적인 시각으로 고찰해볼 필요가 있다.

표류와 표류 기록의 문제는 동아시아 여러 나라 연구자들이 공통적으로 관심을 가지고 있는 주제이다. 따라서 본고에서는 국내와 국외를 망라하여 연구사를 살펴보고자 한다. 한국 내 연구는 한문학 연구자들의 연구 경향과 사학 연구자들의 연구 경향으로 나누어 고찰하였다. 국외의 연구 경향은 본고에 직접적으로 참고가 되었거나, 본고의 논지와 직접적으로 연관되는 연구 성과 중심으로 정리하였다.

한국에서 조선시대 표해록에 대한 연구는 주로 한문학 연구자들에 의해 진행되었다. 한문학 분야의 연구 경향은 크게 네 가지로 분류할 수 있다.

한국에서는 1980년대 이후부터 표해록 문헌에 대한 연구가 활성화되기 시작하였다. 그 이전에는 1961년에 정병욱에 의해 장한철(張漢喆)의 『표해록(漂海錄)』 발굴 및 해제 작업이 이루어졌을 뿐이다.[3] 1980년대에 들어서서 개별 작품에 대한 연구[4]와 함께 표해록에 대한 연구가 본격적으로 시작되었다. 표해록 연구의 초기 경향은 이들을 해양문학의 중요한 한 갈래로 파악하여, 한국 문학 내에서 해양문학의 위상을 정립하는 작업의 일환으로 표해록류 작품에 대해 분석하는 것이었다.[5]

문화사, 2015; 후마 스스무(夫馬進), 『연행사와 통신사』(하정식 등 옮김), 신서원, 2008; 葛兆光, 『想象異域-讀李朝朝鮮漢文燕行文獻札記』, 中華書局, 2014.)

3) 정병욱(鄭炳昱), 「표해록(漂海錄) 해제」, 『인문과학』 6, 1961.

4) 강전섭, 「이방익의 표해가에 대하여」, 『한국언어문학』 20, 1981; 최강현, 「표해가(漂海歌)의 지은이를 살핌」, 『어문논집』 23, 1982.

5) 최강현, 「한국해양문학연구 : 주로 표해가를 중심하여」, 『성곡논총』 12, 1981; 장덕순,

대표적인 작업이 윤치부의 연구이다.[6] 윤치부는 표해류 작품을 기사류 (記事類), 문헌설화류(文獻說話類), 창작류(創作類), 가사류(歌辭類)로 분류하여 구체적인 작품을 정리하고, 표해록의 저술방법, 구성기법, 표해록에 표출된 해양관 등에 대한 종합적인 검토를 진행하였다. 『왕조실록』 소재의 일부 표류 기록과 개인 저술의 표해록을 기사류에 포함시키고, 저술방식과 의도, 대외인식에 대해 분석을 진행하였다. 다양한 층위의 여러 표류 기록을 종합적으로 검토하였다는 점에서 향후 연구의 기초를 다졌다고 할 수 있다.

다음으로는 개별 표해록 작품을 기행문학이나 여행문학의 한 갈래로 파악하여 해외체험을 기술한 여행문학 연구의 일환으로 다룬 것들이 있다. 이에 관한 연구는 주로 표해록 중에서도 문학성이 돋보이는 작품들인 최부(崔溥)의 『표해록(漂海錄)』, 장한철의 『표해록』[7], 최두찬(崔斗燦)의 『승사록(乘槎錄)』 등을 대상으로 진행되었다. 여러 표해록 중에 최부의 『표해록』이 가장 주목을 받았다. 최부의 『표해록』은 조선시대에 간행된 유일한 표해록으로, 에도시대에 『당토행정기(唐土行程記)』라는 이름으로 일본에서 출판되어 인기를 얻기도 했다. 중국에서도 최부의 『표해록』은 박지원(朴趾源)의 『열하일기(熱河日記)』와 함께 주요한 연행록의 하나로 집중적으로 연구되었으며, 한국에서는 최근까지도 이 자료를 주제로 한 박사논문[8]과 석사논문[9]들이 제출되고 있다.

「해양문학의 백미 '표해록'」, 『여행과 체험의 문학』(소재영·김태준 편), 민족문화문고 간행회, 1985.

6) 윤치부, 「한국해양문학연구」, 건국대 박사학위논문, 1992.

7) 오관석, 「한문기행연구 : 장한철의 표해록을 중심으로」, 단국대 석사학위논문, 1984; 서인석, 「장한철의 「표해록」과 수필의 서사적 성격」, 『국어교육』 67, 1989.

8) Gao Jianhui, 「최부(崔溥) 『표해록(漂海錄)』 연구」, 경북대 박사논문, 2012.

세 번째는 표해록의 가치에 주목하여 새로운 표해록 작품을 발굴하
거나 번역하여 학계에 소개하는 방식의 연구이다. 정민은『탐라문견
록(耽羅聞見錄)』을 발굴하여 번역서로 출간하였고,[10] 김상현이 풍계 현
정(楓溪 賢正)의『일본표해록(日本漂海錄)』을 번역하여 출간하였으며[11]
김용태는『해외문견록(海外聞見錄)』을 발굴하여 학계에 소개하였다.[12]
근래 발굴된 한문 표해록으로는 양지회(梁知會)의『표해록』등이 있으
며,[13] 최근 들어 한글 표해록도 소개되고 있다.[14] 이러한 개별 작품에
대한 연구 및 새 자료의 발굴과 소개는 표해록의 전반적인 양상을 조
망하는 종합적인 연구를 위한 기초를 마련하였다. 표해록 작품이 양적
으로 많지 않음을 감안할 때 새로운 자료의 발굴은 중요한 의미를 가
진다. 필자 역시 본고를 준비하면서 학계에 보고되지 않은 새로운 표
해록을 여러 종 발견하였다. 전근대시기 표류의 횟수를 감안하면 아직
도 새로운 자료가 발굴될 가능성이 높다.

마지막으로 표해록과 기타 관련 기록을 통해 동아시아 각국의 문화

---

9) 이화순,「최부『표해록』의 문학적 성격에 관한 연구」, 단국대 석사논문, 2015; 박명덕,
   「최부『표해록』의 선비정신 및 고유문명의식」, 조선대 석사논문, 2014; 진주희,「표해
   록의 서술방식과 작가의식 연구」, 숙명여대 석사논문, 2014; 정설화,「최부『표해록』에
   나타난 15세기 유자의 모습」, 명지대 석사논문, 2009; 김미선,「최부『표해록』의 기행
   문학적 연구」, 전남대 석사학위논문, 2006.
10) 정운경(鄭運經), 정민(옮김),『탐라문견록, 바다밖의 넓은 세상』, 휴머니스트, 2008.
11) 풍계 현정, 김상현(옮김),『일본표해록』, 동국대학교출판부, 2010.
12) 김용태,「표해록의 전통에서 본『해외문견록(海外聞見錄)』의 위상과 가치」,『한국한
    문학연구』제48집, 2011.
13) 박진성(朴進星),「신자료 양지회(梁知會)의『표해록(漂海錄)』연구」,『어문연구』44
    집, 2016.
14) 전상욱,「이방익 표류 사실에 대한 새로운 기록 : 서강대 소장 한글「표해록」과 관련
    자료의 비교를 중심으로」,『국어국문학』제159집, 2011; 유춘동,「새 자료 서강대 소장,
    최부의『금남표해록』한글본 연구」,『열상고전연구』제53집, 2016.

교류와 상호인식을 살피거나,[15] 각국의 언어[16], 선박제조[17], 주민생활 등 동아시아 각 지역의 문화상을 포착하여 의미를 도출한 작업이 있다.[18] 국가 간 접촉이 극히 제한적이던 시기에 표류는 조선인들이 외국문화를 체험할 수 있는 중요한 통로였다. 표해록은 당시의 문화 교류와 동아시아 각 지역의 문화를 조명할 수 있는 사료로, 민간 차원의 문화교류와 당시 여러 나라의 사회상과 인물상이 담겨있다는 점에서 특히 중요하다. 표해록 연구 중에서도 이 분야의 연구가 가장 활발하며, 양적으로도 많아 일일이 열거하기 어려울 정도이다.

이상의 연구들은 주로 한국의 문학 연구자들에 의해 수행된 연구들이다. 지금까지 표해록과 관련하여 상당한 연구 성과가 축적되었다고 할 수 있으나, 현재까지도 개별 작품에 한정된 연구가 중심을 이룬다는 점은 변함이 없다. 현재 점차 연구의 범위가 확장되어 표해록 전반에 눈길을 돌려 표해록의 종류와 특징 및 글쓰기 방식을 해명하려는 시도들이 있었지만[19] 표해록 자료 전체를 종합적인 시각으로 검토한

---

15) 김성진(金聲振), 「『강해승사록(江海乘槎錄)』의 서지사항(書誌事項)과 창화기속(唱和紀俗)에 대하여」, 『동양한문학연구』 26, 2008; 손지수, 「표해록과 승사록에 나타난 산동(山東) 인식의 비교」, 『남명학연구』 44, 2014; 김경옥, 「18세기 장한철의 『표해록』을 통해 본 해외체험(海外體驗)」, 『역사학연구』 48, 2012.

16) 원종민, 「표해록에 기록된 동아시아의 언어」, 『도서문화』 40, 2012; 양세욱, 「최부의 『표해록』과 명초의 방언어휘(方言語彙)」, 『중국어문학논집』 51, 2008.

17) 김경옥, 「19세기 초 문순득의 표류담을 통해 본 선박건조술」, 『역사민속학』 24집, 2007.

18) 정민, 「표류기(漂流記)를 통해 본 동아시아의 문화접촉(文化接觸): 다산의 「해방고(海防考)」에 나타난 중국 표선(漂船) 처리문제」, 『동아시아 문화연구』 45, 2009; 정민, 「표류선, 청하지 않은 손님-외국 선박의 조선 표류 관련기록 探討」, 『한국한문학연구』 43, 2009.

19) 정성일, 「한국 표해록(漂海錄)의 종류와 특징」, 『도서문화』 30집, 2012; 최영화, 「구술(口述)과 기술(記述)의 관계로 본 표해록의 글쓰기」, 『인문과학연구』 제34집, 2016.

연구는 없었다고 할 수 있다.

국내 사학 연구자들의 연구 성과를 살펴보면 다음과 같다. 표류 문제를 주변국가와의 관계사 및 교류사의 측면에서 접근하여 당시의 국제질서와 외교관계 및 국가 간의 상호인식을 읽어낸 연구들이 있다. 대표적인 성과로 이훈의 『조선후기 표류민과 한일관계』를 들 수 있다. 이훈은 일본 열도에 표류한 조선인들의 출신과 유형, 표류의 배경, 이와 관련한 조선정부의 표류민 인식과 대응에 대해 집중적으로 논의하였다. 특히 양국 표류민 송환에 따르는 비용 문제와 의례 문제가 관계사 측면에서 갖는 의미에 대해 세밀한 분석을 진행하였다.[20] 한편 한일관계사학회에서 펴낸 『조선시대 한일표류민 연구』는 주로 조선시대 표류 관련 공문서를 연구대상으로 하여 표류와 표류민을 둘러싼 한일 역학관계를 해명하였다.[21] 정성일은 조선 표류민 중에서 전라도 지역에 초점을 맞추어 조선시대 한일관계사를 재조명하였다. 이 연구는 해난의 기록부터 해난사고를 계기로 한 전라도와 일본의 접촉, 전라도 표류민의 해상 활동 등을 종합적으로 다루고 있으며, 연구의 범위를 근대 한일관계까지 확장하였다.[22] 표류 연구에서 한일 사이의 표류에 관한 연구가 주를 이루고 있었지만, 최근에는 한국과 중국 사이의 표류에 대한 연구도 진척되고 있다.[23] 이러한 연구들은 『왕조실록』, 『비변사

---

20) 이훈, 『조선후기 표류민과 한일관계』, 국학자료원, 2000.

21) 한일관계사학회, 『조선시대 한일표류민 연구』, 국학자료원, 2000.

22) 정성일, 『전라도와 일본 조선시대 해난사고 분석』, 경인문화사, 2013.

23) 김경옥, 「18~19세기 서남해 도서지역 표도민들의 추이: 비변사등록 문정별단을 중심으로」, 『조선시대사학보』 44집, 2009; 김경옥, 「조선의 대청관계(對淸關係)와 서해해역(西海海域)에 표류한 중국 사람들」, 『한일관계사연구』 49집, 2014; 왕천천, 「표해록을 통해서 본 명대 조선 표류민의 구조(救助) 연구-제주를 중심으로」, 제주대 석사논문, 2012; 최영화, 「조선후기 관찬사료를 통해 본 중국인 표류 사건의 처리」, 『도

등록』, 『통문관지』, 『승정원일기(承政院日記)』, 『일성록(日省錄)』 등 사료를 분석하여 조선 해역에 표류한 중국인의 유형과 선적물품, 출항목적을 상세하게 검토하고 청나라 표류민 송환제도의 정착과 시대적 변화 그리고 이러한 기록에 드러나는 조선의 대청인식을 고찰하고 있다.

　다음으로 본고의 연구 방향과 관련 있는 국외의 연구 성과를 정리해 보았다. 동아시아 표류에 대한 연구가 가장 활발하게 진행된 곳은 일본이다. 일본은 1980년대부터 이미 표류를 매개로 한 동아시아 해역교류에 대한 연구를 시작하였다. 이 시기 대표적인 일본 학자로는 아라노 야스노리(荒野泰典)와 이케우치 사토시(池內敏)를 들 수 있다. 이들의 개척적인 연구는 표류 연구의 초석을 다져놓았다고 해도 과언이 아니다. 아라노 야스노리의 연구는 특히 이 분야에서 선구적인 연구로서 근세 동아시아 표류민 송환이 여러 나라 사이에서 제도적으로 정착되고 운영되었음을 밝혀내고 표류와 표류민을 동아시아 교류의 중요한 형태로 부각시켜 연구를 진행하였다.[24] 이케우치 사토시는 일본과 조선사이의 표류와 표류 사건에 주목하여 표류에 대한 전근대 한국과 일본의 인식 차이를 밝혀냈다. 이상의 두 연구는 표류 문제를 대외관계사 혹은 한일관계사의 주제로 부각시켜 다루고 있다는 점에서 중요한 의미를 지닌다. 특히 이케우치 사토시의 연구는 조선시대와 조선 표류민을 직접적인 연구대상으로 하고 있기에 지금까지도 한국 학자들에게 중요한 참고가 되고 있다.[25]

서문화』 제46집, 2015; 왕천천, 「조선의 중국 표류민 송환 방식 변화와 청초 동아시아 해역」, 제주대 박사논문, 2016.

24) 荒野泰典, 「近世日本の漂流民送還體制と東アジア」, 『歷史評論』 400, 1983; 荒野泰典, 『近世日本と東アジア』, 東京大學出版會, 1988.

마쓰우라 아키라(松浦章)는 동아시아 해역 교류와 관련된 연구를 지
속적으로 수행한 학자이다. 마쓰우라 아키라는 표류민을 연구 대상으
로 한정하고 있지는 않지만, 표류와 표류민 문제를 해역 교류의 중요
한 부분으로 보고 이에 관해 포괄적인 관점에서 연구를 진행하고 있
다.[26] 마쓰우라 아키라의 연구 중 해역 교류를 통한 해외 정보의 수집
과 유통에 대한 연구는 필자의 문제의식이나 관심사와도 맞닿아 있
다.[27] 이밖에도 동아시아 해역사 연구의 일환으로 표류와 표류민에 주
목하고 있는 일본 연구자들이 적지 않다.

한편 지정학적인 특성으로 인해 대만에서도 일찍부터 해양발전사와
관련된 연구들이 지속적으로 진행되었다. 대표적인 연구 성과로 1984
년부터 현재까지 발행되고 있는『중국해양발전사논문집(中國海洋發展
史論文集)』을 들 수 있다. 이 연구총서는 논문집의 형태로 해양 발전과
관련된 주제를 다양하게 취급하면서 30여 년간 해양 관련 연구 성과를
담고 있으며, 그 가운데 표류 관련 연구도 중요한 한 갈래로 다루고
있어 주목을 요한다. 대만 학자 중에 표류를 집중적으로 연구하고 있
는 대표적인 학자는 유서풍(劉序楓)이다. 유서풍은 비교적 일찍 청대
문헌 중의 표류 기록 즉 해난사료에 주목하여 자료집『淸代檔案中的海
難史料目錄』을 편찬하였고,[28] 중국 문헌 중의 표류 기록을 중심으로
연구를 계속하고 있다. 유서풍은 한국 학계와도 활발하게 교류하고 있

25) 池內敏,『近世日本と朝鮮漂流民』, 臨川書店, 1998.
26) 松浦章,『近世東アジア海域の文化交渉』, 思文閣出版, 2010; 松浦章,『近世東アジア
　海域の帆船と文化交渉』, 關西大學出版部, 2013; 松浦章,『東アジア海域の海賊と琉
　球』, 榕樹書林, 2008.
27) 松浦章,『海外情報からみる東アジア-唐船風說書の世界』, 清文堂出版, 2009.
28) 劉序楓,『淸代檔案中的海難史料目錄』, 中央研究院 人文社會科學研究中心, 2004.

어 그의 논문은 한국에 많이 소개되었다.[29]

상기의 연구들을 종합적으로 검토하였을 때 발견되는 문제들은 다음과 같다.

첫째, 한국의 경우 조선시대 표해록을 대상으로 한 연구들을 살펴보면 연구 주제에 대한 거시적이고 종합적인 시각이 확보되지 못한 채로 몇몇 개별 텍스트에 대한 단편적인 연구들이 누적되고 있으며, 비슷한 관점의 연구가 누차 재생산되고 있다.

둘째, 한국과 일본의 사학 연구자들에 의해 표류와 표류민 연구는 상당히 활발하게 연구되어 왔다. 그러나 한일 관계에만 논의가 집중되어 있고, 연구 대상 역시 표류 문헌, 특히 관찬 사료에 편중되어 있다.

셋째, 중국의 학자들 중에 본격적으로 표류에 관해 연구하고 있는 학자는 매우 적다. 최근에 해양문학과 해역교류에 대한 관심이 시속적으로 증대하면서, 일부 젊은 학자들이 이 분야에 관심을 기울이기 시작하였다고는 하지만, 현전하는 중국 측의 방대한 표류 관련 문헌들이 아직 정리되지 않은 채로 연구자들의 손길을 기다리고 있다.

2. 연구 목적과 연구 방법

조선후기 표류를 통해 해외 지식정보가 축적되고 확대되는 과정을 추적하는 것이 본고의 연구과제이다. 본고에서는 조선후기 표해록 34

---

29) 劉序楓, 「淸代 中國의 外國人 漂流民의 救助와 送還에 대하여」, 『東北亞歷史論叢』 28집, 2010; 劉序楓, 「中國現存的漂海記錄及其特徵」, 『도서문화』 40집, 2012; 劉序楓, 「18~19世紀朝鮮人的意外之旅:以漂流到臺灣的見聞記錄爲中心」, 『石堂論叢』 55집, 2013.

종을 대상으로 표해록의 정의를 도출하고 표해록 저술의 배경과 과정, 저술의 특징과 지향, 이러한 제반 관계 속에서 표해록 소재 해외 지식정보들이 어떠한 양상을 보이는지 밝히고자 한다. 구체적으로 표류를 통해 어떠한 해외 지식정보들이 유입되었는가 하는 문제를 비롯하여 조선에서 표류민의 견문을 대하는 태도와 지향 및 그러한 변화의 흐름을 읽어내는 것이 본고의 목표이다. 조선후기 표류 문헌 가운데서 표해록을 연구대상으로 하는 것은 표해록 소재 해외 지식정보들이 활발하게 생산 유통되었으며, 이를 추적하는 과정에서 당대 지식인들의 사유방식과 대외인식을 고찰할 수 있기 때문이다.

　지금까지 조선후기 해외 지식정보의 유입이라는 거시적인 틀을 활용하여 표해록 전반을 종합적으로 조망한 연구는 없었다. 필자는 최근 몇 년간 표해록 문헌군에 주목하여 이를 통하여 당대 지식인들의 해외인식과 태도를 고찰하고, 해외 지식정보가 조선에 유입되는 과정과 그 정보들이 당대의 지식체계에 편입하는 방식에 주목해 왔다.[30] 본고 역시 이러한 관심의 연장선에 있다.

　본고에서는 해외의 정보, 지식, 지식정보 등 용어를 아래와 같은 개념으로 이해한다. 해외 정보는 어떤 주체가 외부로부터 습득한 이국(異國) 정황에 대한 유의미한 모든 소식이라는 의미로 사용할 것이다. '해

---

30) 최영화, 「18세기 전기 표류를 통한 해외 정보의 유입과 지식화-표류기사(漂流記事) 찬집서(纂輯書)를 중심으로」, 연세대 석사논문, 2013; 최영화, 「조선시대 표류를 통한 해외 정보의 수집과 활용의 추이」, 『열상고전연구』 제45집, 2015; 최영화, 「조선후기 유구 지식의 형성과 표해록」, 『열상고전연구』 제54집, 2016; 최영화, 「조선후기 표해록에 담겨진 일본 관련 지식정보-나가사키를 통해 유입된 정보를 중심으로」, 『열상고전연구』 제55집, 2017. 본고는 필자가 지금까지 발표한 관련 논문들을 바탕에 두고, 자료를 보완하여 그 이후의 연구들을 더하고 가다듬어 완성한 것이다.

외 지식'은 해외 정보에 대해 선별, 분류, 가공, 분석의 과정을 거친 것으로 이해한다. 해외 정보가 상대적으로 덜 정제된 상태라면, 해외 지식은 좀 더 체계적이거나 혹은 검증과 고증을 거친 것이다.[31] 본고에서는 지식과 정보의 경계가 애매하거나 지식과 정보를 아우르는 경우에는 '해외 지식정보'라는 용어를 사용하였다. 이때 '지식정보'란 그 시대 지식창출에 기여하는 '화소(話素)'를 지니고, 그것이 지식을 담당하는 계층들에게 지적 충격을 제공하거나 혹은 지적 호기심을 해소하여 인식의 지평을 넓혀줄 수 있는 기능을 하는 것이라 이해할 수 있다.[32]

본고에서는 다음과 같은 문제에 특별히 주목하여 논의를 전개할 것이다.

첫째, 표해록에서 제시하는 해외 지식정보들이 당시의 시대적 관심사와 어떠한 연관을 가지고 있는지 알아본다. 이러한 해외 지식정보에 대한 고찰은 당시 표류의 상대국에 대한 조선의 인식 수준을 살피기에도 적합하다.

둘째, 표류를 통한 해외 지식정보를 바라보는 조선 지식인들의 시선과 표류를 통한 해외지식이 지식인 사회의 주류와 어떻게 연결되는지에 주목한다. 표해록의 유전(流傳)에 주목하여 표류를 통한 해외 지식정보가 조선의 지식체계에 편승하는 과정 및 그러한 과정의 의의를 밝힐 것이다. 또한 해외정보를 취급하는 과정에서 발생한 세계관의 전환에도 주목하고자 한다.

셋째, 표류를 통한 해외 지식정보가 여타의 경로로 유입된 해외 지

---

31) 최영화(2013), 3면.
32) 김영죽, 「18, 19세기 중인층의 지식 향유와 산출−해외체험을 통한 사대부 epigonen으로부터의 탈피(脫皮)를 중심으로」, 『한문고전연구』 28집, 2014, 205면.

식정보와 융합되는 과정을 아울러 검토하고자 하였다. 해외정보가 서로 유기적으로 연결되고 있었음에 주목하고, 그것들 간의 관계를 논하고자 하였다.

이를 위해 본고는 다음과 같이 연구를 진행하였다. Ⅰ장에서는 주로 연구의 필요성, 선행 연구 검토, 연구의 목적과 연구 방법에 대해 집중적으로 소개한다. Ⅱ장, Ⅲ장, Ⅳ장은 표해록 저술의 배경과 과정, 표해록 저술의 특징과 지향, 그리고 이러한 제반 관계 속에서 표해록 소재 지식정보들이 보이는 양상에 대해 살펴본다. Ⅴ장에서는 해외 지식의 추구로서의 표해록이 가지는 의의와 영향에 대해 논의한다. 즉, 표류를 통한 해외 지식정보가 생산되는 맥락, 해외 지식정보의 양상, 이 해외 지식정보들이 유통되고 활용되는 방식에 대한 논의를 진행함으로써 해외 지식정보가 조선후기 지식 사회에서 갖는 위상을 밝힐 것이다.

Ⅱ장에서는 조선후기에 다양한 표해록이 생산·유통될 수 있었던 시대적 맥락에 대해 알아보았다. 우선, 17세기 전기 동아시아 해역질서의 재편과 함께 조선이 동아시아 내에서 자신의 좌표를 새롭게 설정하였다는 사실을 밝히고, 표류민 송환책의 안정적인 운행이 가지는 외교적, 정치적 의미에 대해 논한다. 또, 조선의 표류민 취급 정책을 분석하여, 표류민을 통한 해외 정보 수집 방식과 그 의의에 대해 고찰하였다. 또한 외부 세계에 관심을 갖고 있던 일부 지식인들이 외부 소통의 경로로서 표류만이 갖는 장점에 주목하여 표류와 표류민을 통해 외국을 알고 새로운 정보와 지식을 얻으려 하였음을 밝히고 이들이 표류민과 접촉했던 몇 가지 방식에 대해 알아보았다.

Ⅲ장에서는 조선시대 표해록에 대한 전면적인 조사와 고찰을 진행

하였다. 이를 위해 먼저 선행연구의 성과를 참조하여 국립중앙도서관, 규장각, 장서각, 연세대 도서관, 계명대 도서관 등 한국 내 주요 도서관과 대학도서관을 대상으로 자료를 조사 수집하였다. 다음으로 자료 조사의 성과를 토대로 표해록의 정의와 범주를 새롭게 확정지었다. 본고에서 표로 제시한 표해록 목록은 필자가 석사논문을 집필하면서 정리한 목록을 기초로 하여 새롭게 발굴한 자료들을 포함시켜 작성한 것이다. 이 중에는 학계에 처음 보고되는 표해록이 여러 종 있다. 또, 기존에 발굴된 표해록이라 할지라도 새로운 이본을 발굴하였거나 이본 관계를 새롭게 정리한 것들을 목록에 포함시켰다. Ⅲ장에서는 이렇게 작성한 자료 목록을 제시하고, 이 자료들을 대상으로 조선후기 표해록의 저술의도와 서술 양상 등에 대한 분석을 진행하였다.

Ⅳ장에서는 표해록 소재 해외 지식정보의 양상에 대해 고찰하였다. 표해록 소재 해외정보들을 우선 나라별과 지역별로 분류하고 다시 그 내용을 기준으로 항목을 나누었다. 이는 조선후기 지식인들이 해외에 대하여 어떠한 부분에 관심을 가졌는지, 또 어떠한 요인에서 그런 부분들을 중시하였는지에 대해 고찰하기 위해서이다. 본문에서는 조선 표류민과 타국 표류선에 의해 조선에 유입된 해외 지식정보를 중국, 일본, 유구, 서양의 순서로 고찰하여 그 특징을 추출하고 이를 당시 시대적 상황과 결부시켜 그 의의를 도출하였다. 이를 바탕으로 조선의 지식인들이 주변국을 읽는 관점과 시선을 고찰하고, 조선의 당시 해외 인식 수준에 대해 논의하였다.

Ⅴ장에서는 조선후기 표해록의 전파와 수용 양상에 대해 논하였다. 우선 해외 지식추구의 성향을 띠는 표해록들이 당시 사회에서 유전(流傳)·향유되는 방식에 대해 검토하였다. 대다수의 표해록이 필사본이

었기에 간본(刊本)과 비교하면 분명 한계가 존재하지만, 이러한 필사본들 역시 다양한 방식으로 유통되었다는 사실을 밝혔다. 먼저 표해록에 첨부되어 있는 서발문(序跋文)에 대한 분석을 통하여 표해록 유통의 양상을 고찰하고, 기타 조선시대 문헌을 종합적으로 살펴 표해록 유통의 단서들을 포착하였다. 이를 통해 당대 지식인들의 표해록을 바라보는 시각 및 표해록 독법의 특징에 대해 논의하였다. 다음으로, 표해록에서 제공하는 해외 지식정보가 부분적으로 혹은 전체적으로 새로운 저술에 수용되는 과정을 살펴보고, 이러한 해외 지식정보가 인용되는 맥락에 대해 분석하였다. 이를 통해 조선후기 표해록이 가지는 의미와 영향을 논하였다.

Ⅵ장에서는 이상에서 고찰한 조선후기 표해록의 형식과 내용의 특징 및 해외 지식정보의 양상의 의미를 기반으로 표류를 통한 해외 지식정보의 생산·유전·향유와 관련된 제반 요소들의 관계를 종합적으로 살펴보았다. 그리고 조선후기 지식인들이 새로운 시대의식을 형성하는 데에 있어 표해록을 통한 해외 견문의 획득이 중요한 역할을 하였음을 밝혔다.

II

조선후기
표해록 저술의
시대 배경

　본 장에서는 조선후기에 다양한 표해록이 생산·유전(流傳)될 수 있었던 사회적·시대적 배경에 대해 알아보고자 한다. 본 장은 크게 세 부분으로 구성된다. 첫 번째 부분에서는 동아시아 국제 정세에 대한 분석을 바탕으로 17세기 이후로 동아시아 정세가 새롭게 정착하는 과정에서 조선이 취한 입장과 태도에 대해 고찰하였다. 동아시아 국제 정세에 대한 이해와 그에 대한 조선 조정의 입장은 조선의 표류민 취급 정책과 직접적으로 연결된다. 두 번째 부분에서는 조선의 표류민 취급 정책이 형성되고 정착한 과정에 대해 논한다. 조선의 표류민 취급 정책은 17세기 후반 즈음에 주로 청의 요구 사항을 모태로 세부사항을 추가하여 형성된 것이다. 표류민 취급 정책에서 표류민에 대한 조사와 문정(問情)은 가장 중요한 사안이었다. 이에 표류민 문정의 애로사항과 이를 소홀히 한 관원들에 대한 처벌 조치 등을 종합적으로 고찰하여 조선의 표류민 정책의 전모를 살펴보았으며, 해외에 표류하였다가 본국으로 돌아온 조선인에 대한 조사 과정에 대해서도 알아보았다.

외국 표류민은 조선 경내에서 체류하거나 이동하는 과정에서 조선인들을 만났으며, 그 일부는 문헌 기록으로 전한다. 해외에 표류했던 조선인이 자국으로 돌아오면 많은 사람들이 이들의 해외 견문을 청취하고자 하였으며, 특히 제주와 같은 해변 지역에는 표류담(漂流談)이 성행하였다. 이러한 표류담은 지식인들에 의해 기록으로 남기도 하였다. 이에 문헌 기록을 토대로 조선 지식인들이 표류민의 해외 견문을 어떻게 인식하였는지, 표류민의 해외 체험이 기록으로 정착하는 과정에서 표류민이 어떠한 역할을 하였는지에 대해 고찰하였다.

1. 동아시아 해역질서의 재편과 조선의 입장

17세기 전기에 동아시아 국제정세는 격변기를 맞이하였다. 일본은 막번체제(幕藩體制)를 형성하고 대외 무역을 통하여 경제적 성장과 발전을 이루어가면서 주변국과의 관계에서 우위를 점하려고 하였다. 중국에서는 명청교체(明淸交替)가 이루어졌고 청이 명을 대신하여 중국 전역에서 통치권을 장악하고 새로운 질서를 확립하려 했다. 결과적으로 청은 통치력과 외교적 간섭이 실질적으로 미치는 지역에 있어서 명(明)보다 강력한 질서를 동아시아에서 구축하였다.[33] 한편 조선은 임진왜란(壬辰倭亂)과 병자호란(丙子胡亂)을 겪은 후 대외관계를 새롭게 정비해야 할 필요성을 인지했다. 따라서 이 시기 조선의 시급한 과제는 청과 일본에 대하여 다시금 우호적인 외교 관계를 구축하는 것이었

---

33) 계승범, 『정지된 시간-조선의 대보단과 근대의 문턱』, 서강대학교출판부, 2011, 40면.

다고 할 수 있다.

당시 일본과 청은 동아시아 해역질서와 자국 정세에 대한 판단을 기초로 각기 해금정책(海禁政策)을 실시하였다. 강희제는 즉위하자마자 산동(山東)부터 광동(廣東)에 이르는 해안지역의 거주민을 해안선으로부터 30리 이내의 내륙으로 이주시키는 천계령(遷界令)을 시행하였다. 이는 반청복명(反淸復明)을 부르짖고 있던 정성공(鄭成功) 세력을 약화시키기 위해서였다. 이후 강희제는 정씨 세력을 평정하고 1681년(강희 20)에 천계령을 해제하였지만 상선(商船)이 바다로 출항하는 것은 여전히 금지하였다. 이윽고 3년 후인 1684년(강희 23)에 이르러서야 전해령(展海領)을 발포하여 민간인의 무역을 허락하였다.[34] 청이 해금정책을 시행한 것은 연해 지역의 불안 요소를 최소화하고 남방 지역에 대한 통제를 확고히 하며 나아가 동아시아에서 중국 중심의 질서를 강화하기 위해서였다.

비슷한 시기에 일본에서도 여러 차례 해금령(海禁令)을 반포하여 갈수록 엄격한 대외관계 체제를 형성하였다. 해금령이란 에도막부가 기독교 금제(禁制)를 축으로 무역의 통제·관리 및 일본인의 해외왕래 금지를 위해 실시한 대외정책이다. 전근대시기 동아시아 여러 나라에서 시행하였던 해금정책의 실질은 당시 대외관계의 주축을 형성하고 있던 외교·무역·표류 등 국가의 경계지역에서 발생하는 섭외(涉外) 문제들을 독점적으로 처리하여 대외관계를 완전히 자국의 통제 하에 두기 위한 수단이었다.[35] 임진왜란 이후부터 1630년대까지의 조일관계는

---

34) 서인범, 「청 강희제의 개해정책(開海政策)과 조선 서해해역(西海海域)의 황당선(荒唐船)」, 『이화사학연구』 제50집, 2015, 352면.
35) 荒野泰典, 『近世日本と東アジア』, 東京大學出版會, 1988.

피로인들 송환이 중차대한 외교 문제였기에 표류민 송환이 정상적으로 작동한 것은 일본에 잡혀갔던 피로인들의 송환이 일단락된 이후이다. 표류민 송환이 정상적으로 재개된 것은 약 1630년대 즈음으로 파악된다.[36] 임진왜란을 겪으면서 조선과 일본은 일시적으로 우호가 단절되었으나 그 뒤 통교가 재개되면서 표류민 송환이 조일간의 교린을 유지할 수 있는 수단이라는 사실에 암묵적인 합의가 이루어져서 표류민의 송환이 재개된 것이다.[37]

이러한 형국에서 조선은 중국 및 일본과의 관계를 재검토할 필요성을 느끼게 되었다. 17세기 중엽을 즈음하여 중국과 일본 사이에서 갈등하던 조선의 입장은 표류민을 송환하는 문제에서 여실히 드러났는데, 이는 구체적인 사례를 통해 알 수 있다.

1644년 광동 상인들이 나가사키(長崎)에 장사를 하러 가다가 조선에 표착하였다. 조선에서는 이들을 해로를 통해 일본으로 보내주었다. 이는 "표류민을 넘겨주기에 중원의 형세가 불편"하다고 생각하였기 때문이다. 이에 일본은 "기뻐하고 감사한 마음으로 복서(復書)를 전달"하였으며,[38] 향후에도 똑같이 처리해달라는 요청을 누차 보내왔다.[39] 청은

---

36) 아라노 야스노리(荒野泰典), 「근세 동아시아의 표류민 송환 체제와 국제 관계」, 『항해와 표류의 역사』, 솔, 2003, 292면.

37) 1645년 이래 정비된 표류민 송환정책은 대체로 '표착지-나가사키-대마도'라는 루트를 밟아야 했다. 이 밖에 대마도에 표착한 경우에는 대마도에서 직접 송환하되 표류민의 출신지, 인원수, 직업, 표류 경위, 종파(宗派)를 바쿠후에 보고하도록 했다. 에조(蝦夷)에 표착한 경우에는 에도(江戶)를 거쳐 송환하도록 하였다. (이훈, 『조선후기 표류민과 한일관계』, 국학자료원, 2000, 113~120면.)

38) 『通文館志』 卷9, 「仁祖大王二十二甲申」(1644年). "對馬島酋, 以關白言, 累請譏捕海船. 有廣東船一隻五十二人, 漂到南桃浦. 爲邊將所獲, 供稱向長崎島買賣, 遇風, 時中原形勢不便交付, 禮曹移書島酋, 押付釜山館. 島酋復書所解漂船轉送, 東武大君甚喜, 令傳達感幸之忱云."

뒤늦게 이 사실을 알고 자국 백성을 일본에 보냈다고 조선에 경고를
보내왔다.[40] 이에 조선 조정은 1652년 제주에 표류해 온 강남성(江南
省) 소주 상인 묘진실(苗眞實) 등을 육로를 통해 북경에 강제 송치하였
다. 1667년 정미년(丁未年)에 임인관(林寅觀) 등 복건 관상(官商)들이 제
주에 표류해 왔을 때도 육로로 강제 송환하였다. 청의 압력이 두려워
서 표류민을 북경에 보내야 한다는 의견과 표류민을 북경에 송치하는
것은 이들을 죽음으로 내모는 것이라는 의견이 맞서면서 격렬한 찬반
논란이 있었다. 그러나 이들 표류민 95명은 결국 육로를 통해 청에 넘
겨졌다.[41] 이러한 조처는 표류민 송환문제에서 조선이 강대국인 청나
라의 요구를 거역할 수 없었기 때문이다.

3년 뒤인 1670년에도 중국인 65명이 제주에 표류해 왔다. 표류 도
중에 배가 파손되었음에도 불구하고 그들은 나가사키로 가기를 원했
다. 사건 당시 제주목사 노정(盧錠)은 배를 준비하여 그들을 풀어주고
조정에는 비밀리에 치계하였다.[42] 청이 명나라 유민(遺民)에 대해 강

---

39)『通文館志』卷9,「仁祖大王二十七年己丑」(1649年).“據慶尙觀察使李曼, 東萊府使
盧協狀啓. …(中略)… 所謂耶蘇宗文, 卽倭之叛賊也, 混跡於漢人商船, 出沒沿海, 倭深
以爲憂, 曾請本國 如有漂到商船, 卽令捕送. 今此漂漢不送咫尺倭館, 而直解上國, 其
蓄憾比前必深. 前後事情, 已生釁隙, 請修城鍊兵, 以爲陰雨之備, 等因具奏願付.”

40)『通文館志』卷9,「孝宗大王元年庚寅」(1650年).“戶部尙書巴蛤納等捧到勅諭略曰, …
(中略)… 又云有漂到漢人, 不送於咫尺倭館, 而直解上國, 其蓄憾比前必深. 强欲以朕
之漢人, 而捕送倭國耶. 若倭國侵犯, 大兵增援, 斷不遲悞. 爾國料天下未平, 恐調兵
馬, 設虛誣倭情云云.”

41)『현종실록』권14에서는 이 사안을 무려 열다섯 차례나 다루면서 논란의 전개 과정을
상세하게 기록해 두었다.

42)『顯宗實錄』권18, 11年(1670) 7月 11日 乙丑.“濟州牧使盧錠秘密馳啓曰: 五月二十五
日漂漢人沈三郭十蔡龍楊仁等, 剃頭者二十二人, 不剃者四十三人, 所着衣服, 或華制
或胡制或倭制, 到旌義境敗船. 自言本以大明廣東福建浙江等地人, 淸人旣得南京之
後, 廣東等諸省, 服屬於淸, 故逃出海外香山島, 興販資生. 五月初一日, 自香山發船,

압적인 조치를 취하고 있다는 소문 때문에, 그들을 풀어주고 청에는 비밀로 한 것이다. 1676년『숙종실록』에 중국 표선의 저리와 관련하여 다음과 같은 내용이 보인다.

ⓐ 영의정(領議政) 허적(許積)이 말하기를, "제주는 곧 정금사(鄭錦舍)의 배가 일본에 왕래하는 길인지라 요망(瞭望)하는 일을 착실히 하지 않을 수 없으며, 세 고을 수령의 출척(黜陟)을 반드시 엄명(嚴明)하게 해야 할 것입니다. 그리고 뜻밖에 다른 배가 와서 정박하는 때는 붙잡을 것 없이 그들 마음대로 맡겨두어 돌아가게 하고, 이미 잡은 한인(漢人)은 북경에 들여보낼 수 없으며 만약 배가 파손되었다면 그 사람을 처치하기가 지극히 어렵습니다. 만약 배를 주면 혹시 저들 나라에 누설될까 두렵고 또 차마 북경으로 보낼 수 없으니, 오직 고의로 배 한 척을 잃어버린 것처럼 하여 저들이 훔쳐서 타고 가기를 용납하고, 거짓으로 알지 못하는 것처럼 하는 것이 좋을 것입니다." 하자 임금이 말하기를, "이것을 아울러 분부하라."고 하였다.[43)]

위의 내용은 중국 한인(漢人)들이 조선에 표착하여도 청에 알리지

將向日本長崎, 遇颶風漂到於此云. 問香島, 今屬何省, 答曰:'香澳乃廣東海外之大山, 青黎國之隣界. 問何人主管, 則答曰:'本南蠻地, 蠻人甲必丹主之. 其後浸弱, 故明之遺民, 多入居之, 大樊國, 遣遊擊柯貴主之. 大樊者, 隆武時, 有鄭成功者, 賜國姓, 封鎭國大將軍, 與淸兵戰, 淸人累敗. 未幾死, 其子錦舍繼封仁德將軍, 逃入大樊, 有衆數十萬. 其地在福建海外, 方千餘里, 永曆君時在貴州故蜀地. 俺等以行商諸國, 故或剃頭或不剃, 而願往長崎', 臣裝船還送矣."

43)『肅宗實錄』肅宗 卷5, 2年(1676) 1月 24日 丁未.『領議政許積曰:'濟州乃鄭錦舍船往來日本之路也. 瞭望之事, 不可不着實. 三邑守令之黜陟, 必須嚴明. 意外有他船泊着之時, 則不必執捉, 使之任歸, 旣捉漢人, 則不可入送北京. 若其船破, 則其人處置極難. 若給船則恐或漏洩於彼中, 又不忍送於北京. 惟故失一船, 容彼竊去, 佯若不知可也.' 上曰:'竝以此分付.'"

않고 표류민이 원하는 대로 돌려보내되, 선박이 파손되었으면 표류민에게 배를 제공하고 싶지만 청에 발설되는 것이 두려워 일부러 배 한 척을 잃어버린 것으로 처리한다는 것이다. 이처럼 청의 집권 초기에 중국인 표착건의 처리 문제를 둘러싸고 한중일 삼국은 미묘한 긴장 관계를 형성하였다. 그 뒤 청이 세력을 굳혀감에 따라 조선은 청과의 관계를 우위에 두고 송환책을 시행하였다. 조선의 표류민 정책의 형성과 정착은 한중일 삼국의 대외관계가 어떠한 구조 속에서 작동했는지를 확인하는 데 실마리를 제공한다.

1684년 청이 해금령을 해제하면서 동아시아 해역에서 해상활동이 한층 활기를 띠었고 이로 인해 표류 사례도 급증하였다. 청나라 조정은 즉각적으로 새로운 해역 정책과 자국 표류민에 대한 입장을 조선에 전달하였다. 『통문관지(通文館志)』 권3 「뇌자행(賚咨行)」에 관련 기록이 보인다.

　　ⓑ 표류한 인구를 압송하여 풀어주는 경우에 강희 을축년(1685)에 제준하기를, "해상의 분위기가 이미 안정되었으므로, 산동(山東), 절강(江浙), 경주(瓊州) 등지의 바닷가에 사는 백성들에게 바다로 나아가서 무역하는 것을 허락한다. 해당 지방의 관원들은 그 성명을 등기(登記)하고 그 보결(保結)을 취한 뒤에, 인표(印票)를 발급하고 선두(船頭)에 호수(號數)를 낙인하며, 방해관(防海官)으로 하여금 그 인표를 검사하여 바다에 출입하게 할 것이다. 만약 오백석 이상을 싣는 쌍외(雙桅)의 큰 배와 금물(禁物)을 몰래 휴대(携帶)한 자가 있으면, 관례에 비추어 의논하여 처단하라."고 하였다. 모두 『대청회전(大淸會典)』에 나와 있다.[44]

---

44) 『通文館志』 卷3, 「賚咨行」. (『국역 통문관지』 1, 세종대왕기념사업회, 1998, 173면.)

1680년대부터 조선은 중국 형세에 대한 파악과 함께 점차적으로 청의 요청을 우선시하여 외국 표류민 송환정책을 제도화했다. 그 계기가 된 것이 '기사년(己巳年) 자문(咨文)'으로 불리는 1689년 청의 회자문(回咨文)이다. 이 자문은 그 후 조선의 관찬 사료에 누차 언급되면서 중국인 송환책의 실질적인 준거로 기능하였다. 자문의 구체적인 내용은 다음과 같다.

ⓒ 기사년(1689) 예부의 자문에 이르기를 "해금령이 이미 중단되었다. 그 바다에 표류하던 중국인들은, 조선에서 바로 관리를 임명하여 해송(解送)하지만 다만 오는 길이 너무 멀어서 백성들을 해송하기가 어려우니, 이 후에는 선박이 완전한 경우에는 북경으로 해송하는 것을 중지하고, 금물(禁物)을 제외한 나머지 물화(物貨)들은 현지에서 발매(發賣)하는 것을 들어주도록 할 것이며, 회송(回送)하는 문적(文籍)에 그대로 성명(姓名), 관적(籍貫), 물화를 조사하여 밝히도록 하고, 공사(貢使)의 인편을 기다렸다가 곧 본부(本部)에 보고하도록 하라. 만약 배가 난파되어 돌려보내기 어려우면, 인구(人口)를 위의 예에 비추어 북경으로 해송하도록 할 것이다."라고 하였다.[45]

'기사년 자문'의 요지는 중국인들이 조선에 표류해 오면 표류민들의 성명, 관적, 선적 물품 등 기본 정보를 조사하여 청에 보고하되, 선박

<hr>

"押解漂口, 康熙乙丑題准, 海氛旣靖, 山東江浙瓊州等海口, 許民入洋貿易, 該地方官登記姓名, 取其保結, 給發印票, 船頭烙號, 令防海官驗票出入. 如有五百石以上雙桅大船, 及夾帶禁物者照例議處. 并出大淸會典."

45) 『通文館志』卷3,「賫咨行」.(『국역 통문관지』1, 세종대왕기념사업회, 1998, 173면.) "己巳禮部咨, 海禁已停, 其漂海人民, 朝鮮仍差官解送. 但路途遙遠, 解送惟難, 嗣後船完者停其解京. 除禁物外, 其餘貨物聽從發賣, 令其回籍仍將姓名, 籍貫, 物貨査明. 俟貢使便報部, 如船破難, 回將人口照常解京."

이 파손되지 않았으면 이들을 바닷길로 돌려보내주고 선박이 파손되었으면 육로를 통해 북경으로 해송할 것을 요구하는 내용이다. "내지의 배를 굳이 경사(京師)로 보내지 않아도 좋다."고 한 강희제의 이 성지(聖旨)는 그 전에 청이 취했던 태도와는 대조적이다. 청의 입장에서 표류민 송환책의 강조점의 변화는 중국 전역에 대한 통제력의 강화로 자신감이 상승한 것, 그리고 이를 반영하여 개방적인 무역 정책을 제정한 것과 관련을 가진다. 집권 초기에 청은 남방 유민(遺民) 통제의 일환으로 표류민을 전부 육로로 송환할 것을 요구하였으나 중국 전역에 대한 실질적인 통제권을 획득하자 온화한 정책으로 바꾸게 된 것이다. 한편으로 조선은 청의 집권 초기부터 표류민을 통해 일본과 중국의 정세를 파악하려는 노력을 아끼지 않았는데, 이쯤 되어 청이 중국 전역을 장악하였음을 인정하는 분위기가 되어 조선은 내부적 갈등 없이 송환책을 운영할 수 있었다. 표류민 정책의 형성과 정착은 청나라의 부상과 더불어 형성된 18세기 동아시아 국제 질서의 현실과 무관하지 않다. 새 국제 질서에 편입된 조선은 청나라의 정책을 수용하는 방향으로 자국의 표류민 송환책을 점차 수립해갔다.

1684년 해금령이 해제되면서부터는 동아시아 해역에서 해상활동이 활기를 띄게 되었고 이와 함께 표류 사례가 급증하면서 허가 없이 중국인이 국경을 넘어와 폐단을 일으키는 사례가 빈발하게 되었다. 1722년에 조선에서 "금령(禁令)을 내려 폐단을 없애줄 것"을 청하자, 청은 "이후로 표류민이 표문(表文)을 소지하고 있으면 규례에 비추어 돌려보내고, 불법 범월자(犯越者)들은 조선의 법도대로 죄를 물은 후 자문을 보내는 것을 허가한다."고 하여[46] 조선에 불법 범월자들을 처분할 수 있는 권한을 주었다. 그 후 1730년경에 청은 "북방 표류민은 배의

훼손 여부에 관계없이 육로로 송환할 것"을 요구해왔다.[47)]

　조선 조정의 중국인 송환책은 청초의 혼란기를 지나 17세기 말부터 1730년대 사이에 점차적으로 구체적인 사항을 확정해 나가며 제도화되었다. 청과 조선은 여러 차례 자문을 교환하며 송환책의 틀을 정립해 나갔다. 이 시기에 형성된 송환책이 그 후 중국인 송환책의 기본 준거로 기능하였음을 구체적인 사례를 통해 확인할 수 있다. 중국에서 외국인 표류민에 대한 구조 제도는 1737년(건륭 27)에 확립되었다.[48)] 조선에서 중국인 송환책을 제도화한 시점도 이 시기와 맞물린다. 송환책의 큰 틀을 중국과의 협의에 따라 운영하였던 조선의 상황으로 미루어보면 이는 필연적인 결과이다.

　조선의 외국 표류민 송환책의 형성과 변화는 동아시아 해역 질서에 대한 조선의 인식 및 이에 대한 대처 방식을 여실히 보여준다. 송정규(宋廷奎)가 제주목사 재직시절에 작성한 『해외문견록(海外聞見錄)』에서도 청나라의 기사년 자문에 의해 표류민 송환이 이루어졌음이 확인된다.

　　ⓓ 강희제 28년(1689)에 주한원 등이 북경으로 돌려보내질 때 청나라 예부에서 답신이 오기를 "무역의 해금이 이미 풀렸으니, 이후 중국

---

46) 『通文館志』卷10, 「景宗大王二年壬寅」(1722年). "登州人揚三等十四人, 漂到瓮津縣, 專差行司勇申之淳, 押解鳳城. 更請別降禁令, 永絶後弊事轉咨. 禮部回答: '內嗣後, 凡漂風民人, 若有票文 未生事者, 仍令照例送回. 若有匪類, 並無票文, 私自越境者, 許該國王, 照伊國之法, 審擬咨明.'"

47) 『通文館志』卷10, 「英宗大王十四年戊午」(1738年). "登州府蓬萊縣人胡元浦等四十六人, 漂到忠淸道平薪鎭, 淹死一人, 病死一人, 生還四十四人. 而票文淹死者帶在身邊, 因以淹失云. 依山東漂人從陸解付鳳城之例, 專差行司直鄭泰賢, 押付鳳城, 咨報如例."

48) 유서풍, 「청대 중국의 외국인 표류민의 구조와 송환에 대하여-조선인과 일본인의 사례를 중심으로」, 『동북아역사논총』 28, 2010, 159면.

의 표류 선박이 조선에 이르는 경우 북경으로 압송하는 것을 중지하고,
원래 금지되는 있는 화물을 제외하고는 판매를 허용해주고 고향으로
돌려보내도록 하라. 그들의 이름과 화물 내역은 북경으로 오는 사신
편을 기다려 한꺼번에 모아 예부에 보고하도록 하라."라고 했다. 그러
므로 이후에는 본선이 파괴된 경우가 아니면 모두 제주에서 직접 고향
으로 보냈고, 표류한 왜구 선박이 파괴된 경우에는 전라 좌수영으로
압송한 뒤 좌수영에서 부산을 거쳐 본국으로 보내도록 했다.[49]

위 글에 보이는 주한원(朱漢源)은 중국 복건 상인이다. 1687년 제주
인 김대황(金大璜) 등이 안남에 표류하였다. 이들 표류민들은 안남-광
동-복건-절강을 거쳐 바다를 통해 조선에 송환되었는데, 이들을 배
에 태워 조선으로 송환해준 사람이 복건인 진건(陳乾)과 주한원이었다.
조선 조정에서는 조선인을 송환해 준 대가로 이들에게 은자 2천5백56
냥을 지급하고 이들을 육로를 통해 북경을 거쳐 돌려보냈다. 이 사건
을 계기로 청나라에서는 중국인들을 전부 육로로 이송하지 않아도 좋
다는 자문을 보내왔다.

표류와 표류민 문제에 대한 입장과 조처는 조선 조정의 해양 정책의
중요한 부분이었다. 인용문 ⓔ는 『비변사등록』의 기록인데 이러한 상
황을 잘 보여준다.

---

49) 宋廷奎, 『海外聞見錄』, 「順治以後漂商問答」. (김용태·김새미오 역, 『해외문견록』,
휴머니스트, 2015, 48면) "自康熙卄八年, 朱漢源等解送北京時, 禮部回咨以貿易海禁
已經停止, 嗣後內地漂船至朝鮮者, 停留解京. 除原禁貨物外, 聽從發賣, 令其回籍, 仍
將名籍貨物, 俟貢便彙開報部. 故是後, 非本船破壞者, 則皆自本州直送回籍. 漂倭之
船破者, 則押送於全羅左水營, 水營替送於釜山, 轉達其國云爾."

ⓔ 해방(海防)을 살피는 조건(條件)

1. 근래에 해서(海西)에 왕래하는 황당선(荒唐船)이 아주 잦았고, 그 후에도 다른 도의 연해를 왕래한 것도 있었는데, 혹은 고기를 잡는다고 하고, 혹은 표류해 닿았다고 해서 진장(鎭將) 및 수영(水營)에서 연달아 계문해 왔다. 어사가 가서 편의할 대로 찾아가 살피지 않을 수 없으니 한결같이 다음에 기록한 조건으로 상세히 염탐하여 오라.

1. 적선(賊船)이 왕래하는 길과 물길의 멀고 가까움과 도서(島嶼)·관애(關隘)의 험준하고 평탄함과 곧은길, 돌아가는 길, 그 선박들의 모양새와 그 사람들의 복색(服色)·행동 등에 대한 일을 낱낱이 찾아가 물어야 한다. 선박이 와 닿을 때에는 반드시 우리나라 사람들과 교섭하는 일이 있을 것이며, 혹은 상륙하여 머무르거나 혹은 화물(貨物)을 교역하거나 혹은 그 선박들이 갔다가 다시 오는 것을 포구(浦口)의 백성들이 반드시 알 것이니, 이른바 고기를 잡기 위해서 표류해 온 정상을 자세히 살피라.

1. 여러 진(鎭)의 지형의 득실(得失)과 성보(城堡)의 훼손 및 완고함과 양향(糧餉)과의 다소와 기계의 날카로움과 무딤, 군졸의 잔폐하고 왕성함을 낱낱이 자세히 살피고, 변장(邊將)의 청렴함과 탐욕스러움과 현명한지의 여부와 진포(鎭浦)·군민(軍民) 등의 폐해 등을 아울러 염탐해 살피라. …(후략).[50]

---

50) 『備邊司謄錄』57冊, 「肅宗 32年 1706年 2月 9日」, "海防審察條件. 一, 近來荒唐船往來海西, 極其頻數, 其後亦有往來他道沿海者, 或稱漁採, 或稱漂到云, 鎭將及水營, 曾已隨續啓聞, 而御史之行, 不可不從便訪察, 一依左錄條件, 詳細廉得以來; 一, 賊船往來之路, 水程之遠近, 島嶼關隘之險易迂直, 彼船形制彼人之服色形止等事, 一一訪問, 船到時, 必有與我人交涉之事, 或下陸留住, 或貨物交易, 或彼船旣往而復來者, 浦民必能認解, 其所謂漁採漂到形止, 竝爲細訪; 一, 列鎭之處地得失, 城堡之虧完, 糧餉多少, 器械利鈍, 軍卒殘盛, 一一細訪, 而邊將, 廉貪賢否, 鎭浦軍民弊瘼, 竝爲廉察.…(後略)."

인용문 ⓔ는 18세기 초반의 해안 방어 사상을 보여준다. 조선은 19세기 말까지도 해외 무역을 금지하면서 해역 문제를 오로지 자국민 통제와 국방 관리 및 외교적 차원에서 다루고 있었다. 해방(海防)에 대한 정약용의 글에서도 이러한 국면을 감지할 수 있다. 표류민 문제와 함께 범월선(犯越船), 황당선(荒唐船)의 문제는 조선의 해역 관리의 가장 중요한 부분이었던 것이다.

> ⓕ (전략)… 모두 우리나라의 절실한 근심이었으니, 해로를 방비하지 않을 수 없다. 그러므로 해방(海防)에 관계된 모든 일을 저들도 엄히 단속하고 우리도 조심하였던 것을 숭덕(崇德) 이후 왕래한 자보(咨報)에서 상고해 볼 수 있다. 또 바다를 사이에 두고 있는 지대에서는 상려(商旅)나 행인(行人)의 표류를 면할 수 없다. …(중략)… 피차(彼此)의 표류하는 사람들이 해마다 수십 명에 이른 것을 왕래한 자보에서 상고할 수 있다. 대개 우리나라의 풍천(豐川)·장연(長淵) 등은 중국 산동과 서로 마주하고 있고, 강진·해남 등은 중국 회남과 서로 마주하고 있어 위도(緯度)가 같고 거리가 가까워서 사이가 나빠지면 서로 공격하고 사이가 화목하면 표류하는 사람을 서로 구제한다. 이 모두 해방에 관계된 일이므로 지금 여러 문헌을 모아 『해방고』를 만든다.[51]

이처럼 표류민의 송환 문제는 전근대시기 조선의 주요 외교 사안이

---

51) 丁若鏞, 『茶山詩文集』卷15, 「海防考敍」. "(前略)…皆於我邦爲切膚之憂, 海路之不可無防有如是矣. 故自崇德以來, 凡有關海防者, 彼旣嚴束, 我亦惕號, 咨報往來, 多可考檢. 又凡隔海之地, 其商旅行人漂流轉泊, 亦所不免. …(中略)… 彼我胥漂, 歲至數十, 咨報往來, 亦多可考. 蓋我豐川長淵等地, 與山東相直, 康津海南等地, 與淮南相直, 緯度旣同, 壤地相近. 乖迕則侵伐互及, 和睦則漂轉胥恤, 總係海防事情, 今彙次爲〈海防考〉." (인용문의 번역은 〈한국고전종합DB〉를 참조하였다.)

었다. 중국과의 표류민 문제의 중요성은 사신들이 송환 업무에서 중요한 한 축을 담당하였다는 데에서도 알 수 있다. 조선의 입장에서 동아시아 해역에서 표류민 송환이 안정적으로 진행되고 있다는 것은 외교 관계가 차질 없이 작동하고 있다는 증거였다. 청나라와 일본의 침략을 받은 이후로 조선은 위기 의식이 전례 없이 높아져 주변국에 대한 정보 수집의 중요성에 대한 인식이 제고되었다. 따라서 조정에서는 해외 정보 제공자인 표류민에 대해 국가적 차원에서 관리해야 할 필요성을 인지하고 표류민 관리 체계를 전반적으로 강화하였다.

2. 조선의 표류민 정책[52]

조선후기에 이르러 동아시아 형세의 변화와 더불어 해외 표류민이 대폭 증가하자 조선은 제도화된 대응방침을 마련하여 이들을 송환하였다. 외국 표류민에 대한 조처는 사대(事大)와 교린(交隣)의 중요한 문제로 간주되었기에 조선 조정에서는 관련 규례를 마련하여 국가적 차원에서 제도적으로 운영하였다. 중국 표류민 취급 정책은 지역에 따라 세분화되어 있었고 구체적 사항도 상세하다. 중국 표류민에 대한 정책은 '기사년 자문'에 보이는 청의 요구 사항을 바탕에 두고, 추가로 조선의 입장을 반영하여 표류민에 대한 조사 방식과 송환 경로를 세밀하게 규정한 것이다.

---

52) 본 절은 최영화, 「조선후기 관찬사료를 통해 본 중국인 표류 사건의 처리」, 『도서문화』 제46집, 2015의 일부 내용을 본고의 논지에 맞게 편집한 것이다.

ⓐ ○ 표류한 인구를 압송하여 풀어준다. 중국 사람들이 표류하다가 우리나라 지경에 정박하면, 지방관이 우선 관에서 접대하면서 해당 감영에 치보하여, 해당 감영은 그 형편을 국왕에게 장문(狀聞)하고 역학(譯學)을 선발하여 보내어 그 정상을 심문한다. 배가 완전하여 그들이 수로를 따라서 가기를 원하는 경우에는 바람을 기다렸다가 출발하여 돌아가게 하지만, 만약 배가 난파(難破)되어 그들이 육로를 따라서 가야 할 경우에는 비국(備局)에서 초기(草記)하고, 서울에서 문정관(問情官)을 임명하여 보내어 그 정상을 다시 심문한 다음에 그 이유를 갖추어 써서 비국에 수본(手本)을 바치게 한다. 이어서 문정관이 차사원(差使員)과 함께 그들을 동반하여 거느리고 오는데, 양서(兩西) 지방에 표류하여 도착한 사람들은 그곳에서 바로 의주로 해송(解送)하지만, 삼남(三南) 지방에서는 그들을 거느리고 경성으로 오면, 한학 4,5원을 파견하여, 비국의 낭청(郎廳)과 함께 정상을 심문한 후 비국에서 계본(啓本)을 쓰고, 그들을 머물러 두고 며칠 동안 접대하고, 뇌자관을 임명하여 내지, 외지로 구분해서 압송한다. 원적(原籍) 지방이 산해관 안쪽인 사람들은 북경에 자문을 전하고, 산해관 바깥쪽인 사람들은 봉황성에 자문을 전하고 돌아오는데, 만약 사행을 만날 때에는 순부(順付)한다. 『비국등록』과 본원(本院)의 등록에 나와 있다. ○ 표류한 사람들이 서울에 머물고 있을 때에는 예빈시에서 공궤(供饋)를 맡아보며, 호조(戶曹)에서 매 사람마다 의고(衣袴) 각각 1벌, 소갑초(小匣草) 5개, 연죽(烟竹) 1개, 전립(戰笠) 1개, 소모자(小帽子) 1개, 흑피화(黑皮靴) 1개, 중대자(中帶子) 1개 소대자(小帶子) 1개를 증급한다. 『호조등록』에 나와 있다. ○ 일본인이 표류하여 오면, 사정을 심문하고 관(館)에서 대접하는 등의 일은 대략 위와 같으나, 그 정박한 곳에서 왜관으로 압송하여 회부한다. ○ 우리나라 사람들이 표류하다가 중국에 도착하면, 북경이나 혹은 성경에서 통관을 임명하고 의복과 양식과 차각(車脚)을 지급하여, 의주로 영솔하여 회부한다. 우리나라 사람들이 표류하다가 일본

에 도착하면 또한 노비를 지급하고, 대마도에서 왜사를 임명하여 부산
으로 영솔하여 회부한다.[53]

해당 내용을 토대로 중국 표류민 송환 규례의 요지를 정리하면 아래
와 같다. ① 중국 표류민이 조선 경내에 표착하면 해당 관아에서 표류
경위와 관련 사안에 대한 조사를 받는다. ② 해당 감영에서 표류 사실
을 비변사와 국왕에게 보고한다. ③ 표류 선박이 완전하여 표류민이
해로로 돌아가기를 원하면 바람을 기다려 출발하게 한다. ④ 배가 파
손되어 육로로 돌아가게 되면 비변사에서 문정관을 보내 문정수본(問
情手本)을 작성한다. ⑤ 육로 송환 시에도 표착지역에 따라 취급이 달
라진다. 평안도와 황해도에 표착했을 때에는 곧바로 의주로 송부한다.
충청도, 전라도, 경상도에 표착했을 때에는 서울에서 며칠 머물러 쉬
게 하고, 규정에 따라 표류민이 필요한 각종 물품을 발급하여 압송한
다. ⑥ 표류민의 출신지가 산해관 안쪽이면 북경에 호송하고, 산해관
바깥쪽이면 봉성에까지 호송하고 자문을 보낸다.
　조선후기 대표 정법서(政法書)인『만기요람』의「비변사소장사목」「표

---

53)『通文館志』卷3「賚咨行」.(『국역 통문관지』1, 세종대왕기념사업회, 1998, 174~175
면.)"[續]押解漂口. 上國人漂泊我國界, 地方官爲先館接, 馳報于該營, 狀聞形止. 發
遣譯學問情, 船完而願從水路者, 候風發回. 若船破從陸者, 備局草記, 自京差送問情
官, 更爲問情, 具由手本于備局, 仍與差員眼同領來. 而兩西漂到人, 自其地直解義州,
三南則領到于京城, 差定漢學四五員, 偕備局郎廳問情後, 備局修啓留接數日, 差咨官
分內外地押解轉送原籍地方. 山海關以內人則賚咨北京, 以外人則傳咨鳳凰城而還. 如
値使行時, 則順付, 出備局本院謄錄. ○漂人留京時, 禮賓寺管供饋, 戶曹贈給每人衣
袴各一, 小匣草五錫, 烟竹一, 戰笠一, 小帽子一, 黑皮靴一, 中帶子一, 小帶子一, 出
戶曹謄錄. ○日本人漂到, 則問情館餼等事略同, 而自其所泊處, 押付倭館. ○我國人
漂到上國, 則自北京或盛京差通官, 給衣糧車脚, 領付義州. 漂到日本, 則亦有資給馬
島, 差倭領付釜山."

도인(漂到人)」 항목에도 중국인 표류민의 송환 규례가 기록되어 있다.

  ⓑ 이국인(異國人)이 표착한 보고서가 들어오면 뱃길이나 또는 육로를 불문하고 자기가 원하는 대로 송환시키는 방침으로 하되, 의복 및 뱃길을 통과하는 동안의 식량과 잡인을 금하고 호송하는 제반 절차를 엄중 시달할 것이다. 표착민이 만일 경기(京畿)를 통과하여 갈 경우에는 홍제원에 들어온 뒤에 낭청을 파견하여 다시 사정을 물어보고, 피복과 잡종 물품을 따로 내어 주도록 한다. [전라도에서는 표착민이 뱃길로 돌아가기를 원하면 회송되는 공문을 기다릴 것 없이 바로 떠나보내고, 뒤에 경과를 보고하도록 정종 계해년에 규례를 정하였다.] ○ 표착한 중국인이 육로로 돌아가기를 원하는 자는 내지인(內地人)이면 따로 자관(咨官)을 정하여 호송하고, 만일 외지인(外地人)이면 의주부의 통역관이 호송하고, 봉성에 기서 넘겨주고, 중국에 보내는 문서는 금군을 정하여 의주부로 내려 보낸다.[54]

  『만기요람』의 중국인 송환 규례는 『통문관지』에서 제시한 표류민 송환 절차에 비해 간략하지만 내용은 비슷하다. 『만기요람』의 「비변사 소장사목」에 일본인 표류민 관련 송환 지침은 달리 언급된 바 없다.

  『통문관지』에 따르면, "일본인이 표류하여 오면 사정을 심문하고 관에서 대접하는 등의 일은 대략 중국인을 대하는 것과 같으나, 난파

---

54) 『萬機要覽』, 「邊備司所掌事目」, 「漂到人」. "異國人漂到狀啓入來, 水陸間從自願還送之意, 覆啓知委, 而衣袴及越海粮, 禁雜人護送等節申飭. 漂人若路由京畿則入弘濟院後, 發遣郎廳更爲問情, 衣袴雜物別爲題給. [湖南則漂人願從水路, 不待回下直爲發送後, 形止狀聞事, 正宗癸亥定式.] ○漂漢人從陸還歸者, 內地人則別定咨官領送, 若外地人, 灣府譯學領付鳳城, 咨文, 定禁軍下送灣府." (인용문의 번역은 〈한국고전종합DB〉를 참조하였다.)

되어 정박한 곳에서 왜관으로 압송하여 회부한다[日本人漂到, 則問情館
餼等事略同, 而自其所泊處, 押付倭館].'라고 되어있다. 『증정교린지』 제4
권 「표왜지급(漂倭支給)」에는 일본 표류민 대응 지침이 명시되어 있다.
"왜선이 바람에 표류하여 동래 경계 상에 정박하면 단지 땔나무와 물
을 지급하였으며 원래 요금을 지급한 예는 없었다. 만약 동래 경계 밖
의 연해에 정박하면 양찬(糧饌)을 계산하여 지급하는 것이 고례이다.
[倭船漂風者, 泊在東萊境上, 則只給柴水, 而元無給料之例. 至若東萊境外,
左右沿所泊者, 則計給糧饌, 卽古例也.]"라고 하였다.

　상기의 관련 규례를 종합하여 일본인의 송환 절차를 정리하면 다음
과 같다. ① 일본인이 조선 경내에 표착하면 해당 관아에서 조사를 진
행한다. ② 표류민에게 필요한 물품을 규정에 따라 지급한다. ③ 표류
민을 표착한 곳에서 부산에 있는 왜관에 압송하여 서계(書契)와 함께
본국에 회부한다. 일본인 표류민의 송환 규정이 중국인에 비해 간략한
것은 일본인의 표착지역이 경상도와 전라도에 집중되어 있고 조선에
서 행정기능을 이행하는 부산 왜관이 표착지에서 멀지 않아서 송환 절
차가 간단했기 때문이다. 또 한편으로는 조선이 역사적으로 중국과의
외교 관계를 다른 나라에 비해 중시했던 사실과도 관련이 있다.

　중국인과 일본인 외에 조선에 많이 표류해 온 사람들은 유구인이다.
『통문관지』 교린조에 일본인 접대에 대한 고례(古例)를 설명하면서 주
석으로 "유구 등의 나라도 일본과 같이 한다"고 하였다. 그런데 관련
내용을 보면 사신 접대에 관한 규정이며 표류민에 관한 것이라고 보기
어렵다. 조선과 유구는 조선과 중국, 조선과 일본의 경우처럼 상대국
의 표류민을 직접 송환할 수 있는 체제를 마련하지는 못했다. 이 때문
에 표류민 송환과 관련한 외교문서를 교환하지는 않았으나, 실제로는

청나라의 책봉국으로 무상송환의 원칙을 적용하여 표류민 송환이 시행되고 있었다. 조선은 유구 표류민에 대해 우호적인 태도를 취하였는데, 이는 이들을 통해 동남아 정세를 파악하려는 의도가 작용했던 것으로 보인다.

중국인과 일본인, 유구인 외에도 여송(呂宋), 안남(安南), 악로사(鄂羅斯), 아란타(阿蘭陀) 등 여러 나라 사람들이 조선에 표류해왔지만 이들에 대한 규례는 명시되어 있지 않다. 표착 건수가 적어 표착이 발생했을 때마다 현안을 고려하여 집행하였으며 표류민의 신원을 파악하기 힘들면 중국을 통해 본국으로 돌아갈 수 있도록 해주었다.

ⓒ 본국(조선)의 법례에 다른 나라의 상선이 표류해 왔을 때 배가 온전하면 양식을 도와주고 일용품을 지급해주고 바람을 기다려 돌아가게 했다. 배가 온전하지 못해 바다에 뜰 수 없으면 관리를 파견하여 원하는 바에 따라 육로로 호송해서 북경에 이르게 하였는데, 전후로 한두 번에 그치지 않았다. 이는 하늘의 도리를 체득하여 주변국의 백성도 우리 백성같이 간주한 것이다.[55]

조선에서는 일본 표류민을 제외한 해외 표류민의 경우 중국을 통하여 송환하였다. 이는 조선이 중국 외의 다른 나라와 사사로이 교류를 맺지 않는다는 것을 청나라 조정에 보여주기 위해서였다. 이는 또한 송환 비용을 절감한다는 차원에서 조선에 유리한 방법이기도 했다. 조

---

55) 朴珪壽, 『瓛齋先生集』卷7, 「擬黃海道觀察使答美國人照會」, "本國法例, 凡有異國商船漂到者, 船完則助粮給需, 候風歸去. 船不完莫可駕海者, 從願旱路, 差官護送, 以達北京. 前後不止一再, 是爲體仁上天, 視鄰國之民猶吾民也." (인용문의 번역은 〈한국고전종합DB〉를 주로 참조하고 필자가 일부 수정하였다.)

선에서 이러한 송환체제가 만들어진 것은 외교적인 안정, 정보 취득과 같은 다양한 이익 요소들을 고려한 것이었다. 그러나 중국에서 해외 표류민의 출신국을 파악하지 못했다는 이유로 이들을 조선에 되돌려 보내는 일도 가끔 발생하였다.

ⓓ 종전에는 표류해 온 이국 사람은 중국 연경을 통해 본국으로 보내 주는 것이 관례였다. (1801년에 표류해 온 이국인들을) 이번에도 뇌자 관을 뽑아 정하고 다섯 사람을 인솔해 들여보내게 하였다. 북경에서 어느 나라 사람인지 알 수 없어서 보내줄 방법이 없다는 핑계로 다시 돌려보내서 어쩔 수 없이 처음 도착한 제주도 해안 마을로 보냈다. 근래 들으니 두 사람은 죽고 세 사람은 아직 살아 있다고 했다. 청나라 가경제가 즉위한 이래 국정을 보좌하는 신하들이 건륭제 시대의 시책을 완전히 바꾸었다. 오로지 비용을 덜고 사무를 간소하게 하는 방향으로만 노력하므로 먼 나라를 회유하는 정책이 전보다 크게 소홀해졌다. 만약 건륭제 때였다면 조선으로 돌려보낼 리가 절대 없었을 것이다. 앞서 안남국왕이 제주 사람들을 가엾게 여겨 돈 600냥을 내어주고 중국 상선을 세내어 실어 보내었고 또 우리나라에 이문(移文)을 지어 보내어 회답문서를 반드시 받아오라고 한 점을 보면, 안남의 풍속이 어질고 도타움을 넉넉히 알 수 있다. 지금 청나라와 우리나라가 한 일로 말한다면 안남에게 많이 부끄럽다.[56]

---

56) 鄭東愈, 『晝永編』. (안대회·서한석 외 역, 『주영편, 심심풀이로 조선 최고의 백과사전을 만들다』, 휴머니스트, 2016.) "從前異國人漂到者入送燕京, 以致其本國例也. 今亦差定齎諮官, 領五人入送矣. 自北京諉以不知何國人, 無以致之還, 爲出送, 故不得已送致濟州. 初到處, 近聞二人死, 三人猶存云. 嘉慶卽位以來, 輔政諸臣頓變乾隆時治法, 專以省費簡事爲務, 故柔遠之政大損於前日. 若使在乾隆之時, 必無還送朝鮮之理也. 以右安南國王之哀矜, 濟州人出錢六百兩, 貫得中原商賈之船, 辛勤載送, 又作移文于我國, 必要受其回移, 足知安南國風俗之仁厚也. 今以淸與我國之事言之, 有愧安

ⓔ 철종 신해년(1851)에 이양선(異樣船)이 호남의 나주 비금도에 표
류해 왔는데, 말을 알아들을 수 없었다. 한인(漢人)이 있었기 때문에
비록 문자로 소통하였지만 여전히 어느 나라에서 왔는지 분명히 말하
지 않아 의도를 알기 어려웠다. 배가 파손되어 해로로 돌아가기 어렵게
되자 육로로 가기를 원하였으므로, 내가 그때 본도의 안찰사로서 갖추
어 계문하였다. 정부의 의견은 소원대로 연경으로 보내 주자는 것이었
다. 이에 다시 계문하기를, "외국 사람에게 우리의 산천을 보게 해서는
안 되고, 또 더구나 건륭 조정에 이러한 사람을 들여보내면 중국 역시
어떤 사람인지 알지 못할 것이므로 받아 주지 않고 되돌려 보낼 것입니
다. 그렇게 되면 한갓 번거롭게 왕래하는 결과가 나올 뿐입니다. 지금
의 사태로 보건대 배를 주어 그들로 하여금 마음대로 떠나가게 하는
것이 제일 좋겠습니다." 하였다. 조정에서 이 의견을 따라서 통역관에
게 사리에 맞게 설명해 주도록 하였다. 그 사람들이 우리 배를 타고
다른 곳으로 가 있다가 5, 6일 사이에 쾌선(快船)을 빌려 집기를 갖추어
싣고 떠나갔다. 금상(今上) 신미년(1871)에 공문을 보니 나주 가가도(可
佳島)에 또 이국의 배가 표류해 왔는데 일이 신해년과 같아 그 예에
따라 조처하였다. 이전의 일이 훗날의 근거가 됨이 이와 같다.[57)]

『임하필기』에 의하면 중국은 조선에서 중국에 송부한 외국 표류민

南多矣."

57) 李裕元, 『林下筆記』卷28, 「漂人措處」. (김동현·안정 역, 『(국역) 임하필기』, 민족문
화추진회, 2000.) "哲宗辛亥, 異樣船漂到於湖南之羅州飛禽島. 語言不辨, 而以其有漢
人故, 雖通文字, 猶不明言其所自之國, 用意叵測也. 船破難歸, 從旱路願去, 余時按本
道, 具由啓聞. 廟議依其願, 欲轉付燕京. 於是更啓曰, 不可使異國人見我山川, 又況乾
隆朝, 入送此等人, 則中國亦不知其何許者, 故不受而還爲出送, 徒煩往來而已. 到今
事體, 不若許給船隻, 使之任自去就矣. 朝廷從之, 乃使任譯, 據理曉諭, 則其人乘我
舟, 往他處. 五六日之間, 借得快船, 具載什物而去也. 當宁辛未見公文, 則羅州可佳
島, 又有異國之船漂來者, 而事如辛亥, 仍依其例 卽爲措處, 前事之爲后據如是也."

의 출신지 파악이 어려우면 조선에 되돌려 보내는 일이 많았다. 조선에 표착하는 해외 표류민이 많아짐에 따라 조선 조정에서는 이들에 의한 국정의 누출을 걱정하는 목소리가 높아졌다. 조선의 입장에서는 주변국의 정보들을 면밀히 수집할 필요가 있었지만, 반대로 자국 정보가 유출되는 것은 경계해야만 했다.

해외 표류민 취급 방침에서 명시한 대로 외국 표류민이 표착해 올 경우 그들에 대한 조사와 심문이 누차 진행되었다. 우선 표착지의 해당 관아에서 일차적으로 심문한 후 표류 사실을 비변사와 조정에 보고하였다. 비변사에서는 표착지에 통역을 파견하여 조사를 진행하였고, 또 육로를 통해 서울을 경유하여 본국에 송환할 때 재조사를 진행하였다. 조선 경내에서 이동하는 동안에도 상황에 따라 경유지 관원의 심문 조사가 이루어지기도 하였다. 자국민과 외국 표류민 조사기록은 「문정별단」의 형태로 비변사를 통해 정리되어 국왕에게 보고되었다. 재조사가 필요하면 비변사에서는 추후 조사를 진행하여 「추후문정별단」을 작성하였다.

지방관은 표류민 문초를 통하여 획득한 일차 정보를 비변사에 보고하였다. 문답과정에서 필요하다고 판단되는 정보들을 수집하고, 서면으로 문정기(問情記)를 작성하여 보고하였다. 문정기 작성은 당시 조선의 표류선 처리 과정에서 반드시 행해진 절차였고, 조사 결과 작성된 문정기는 공식기록으로서 상급 기관인 비변사에 전달되었다. 비변사에서는 지방에서 올려 보낸 조사기록을 참고로 하여 재심문하는 방식으로 표류민을 대상으로 재차 정보를 수집하였다.

그런데 표류민의 조사를 담당하였던 비변사의 성격에 대해 짚고 넘어갈 필요가 있다. 비변사는 국가 위기 및 급변 상황에서 국가정보 관련 업무 수행과 국가 병무정책을 총괄하기 위해 16세기 전기에 설립된 기구이다. 을묘왜란을 계기로 비변사는 상설기구가 되었고 임진왜란이 일어나자 그 권한이 급속히 강화되었으며, 국가에 위기상황이 닥칠 때마다 그 활약상이 인정되어 중요한 부서로 확장되어 갔다. 비변사의 대외정보 파악에 있어 심문조사 활동은 적극적 정보 취득 방법의 하나였다.[58] 표류민의 심문은 비변사에서 주도하였는데 임란 직후인 17세기 초반부터 막막했던 대외 정세를 파악하기 위해서 표류민을 이용했던 것이다. 『승정원일기』에는 1631년 즈음부터 표류민 조사에 대한 기록이 본격적으로 등장한다. 『비변사등록』에는 1641년을 즈음하여 표류민 문정기록이 상세하게 정리되어 있다. 비변사에서 정리한 정보들은 당시 해외 정보의 최고 사용자였던 왕에게 보고되었다. 『왕조실록』에 관련 기록들이 보인다. 이와 같이 동아시아 성세가 유동적이있던 17세기 초반, 조선 조정은 외국 표류민을 통한 해외정보 취득에 매우 적극적이었다. 명청 교체와 같은 급변하는 정세에 대응하여 조선 정부의 태도를 결정하는 데에 이들 표류민으로부터 입수한 정보가 유용하게 활용될 수 있었기 때문이다.

이 시기에 기록된 표해록 가운데 대표적인 것이 『지영록(知瀛錄)』이다. 이 책에 수록된 「표한인기(漂漢人記)」는 1652년에 제주에 표류해온 중국 소주(蘇州) 상인 묘진실(苗眞實) 등에 대한 조사기록이다. 이 기록의 문답내용을 보면 중국 표류민에게 중국의 정세에 대해 상세하게 질문한 후, 주변국인 일본과 유구 그리고 네덜란드의 소식에 대해서도 확인하고 있다. 표류해온 중국인을 통해 중국뿐 아니라 주변 다

---

58) 송봉선, 『조선시대에는 어떻게 정보활동을 했나』, 시대정신, 2014, 24~33면.

른 나라의 소식까지 확보하려고 했음을 알 수 있다. 당시 불안정한 동
아시아 정세로 인해 해외 표류민을 통한 주변국의 동향과 정세의 확보
가 절실하고 중요했던 것이다. 해외 표류민은 임진왜란 직후 대외정보
를 파악하는 데 있어서 특히 중요한 정보의 원천이었고, 이 때문에 표
류민 조사는 중앙과 지방에서 체계화된 방식으로 진행되었다. 표류민
의 조사는 지방 관원의 보고로 비변사를 통해 국왕에게 직접 보고되었
고, 외교 정책과 대외 활동의 참고자료로 활용되었다. 따라서 표류민
조사를 등한시하여 파직당하거나 엄벌에 처해진 경우도 있었다.[59] 이
러한 사례는 표류민을 통한 주변 형세의 파악과 정보 취득이 국가적인
차원에서 중요시되었음을 말해준다.

해외 표류민 조사를 위해 통역관이 상시 대기하였지만 의사 소통이
어려울 때가 더 많았다. 조선은 제도적으로 한어(漢語)·청어(淸語)·몽
어(蒙語)·왜어(倭語) 역관을 양성하였지만,[60] 기타 언어의 수요에는 대
비하지 않았다. 중국인이라 할지라도 남방계는 조선의 통역관과 말이
잘 통하지 않았는데 이때에는 필담으로 소통하였다. 또, 조선에는 19
세기 말까지 서양어 역관이 없었다. 서양인과는 필담을 통해서도 역관
을 통해서도 소통이 이루어지지 않아 어려움을 겪었다. 이처럼 언어
문제를 포함하여 표류민 취급 정책에는 여러 난제들이 있었다.

ⓕ 가경 2년(1797) 정사 9월에 경상도 관찰사 이형원(李亨元)과 삼도

---

59) 黃胤錫, 『頤齋亂藁』 卷14. "十三日己丑. 忠淸道泰安郡安興鎭, 有漂人來到, 郡守尹
世英, 將以寫字通問, 彼以不識字辭焉. 因報巡營, 請啓聞, 下送譯官二名, 備局謂其事
微, 請涸罷職. 漂人等, 今月初九日回去."

60) 『通文館志』 卷1, 「沿革·等第」.

통제사 윤득달(尹得達)이 연이어 올린 장계에 '이국선 한 척이 동래의 용당포(龍堂浦)에 정박했는데, 사람은 모두 50명으로서 코가 높고 눈이 푸르며 흰 전립을 머리에 썼습니다. …(중략)… 한어·청어·몽어·왜어가 모두 통하지 않아, 그들로 하여금 글자를 쓰게 하니 구름과 산같이 그립니다. 그들은 또 손으로 동남쪽을 가리키면서 입을 쪼그리고 부는 형용을 짓는데 이는 바람을 기다린다는 뜻 같았습니다.[61]

이러한 문제의 개선책을 제시한 이는 정약용이다. 정약용은 유배지였던 강진에 오랫동안 머물면서 조선의 해방(海防) 제도의 허술함을 폐부로 느꼈다. 정약용은 표류민 조사에서 개선해야 할 점들을 정리하여 『목민심서』 권3 「왕역봉공(往役奉公)」 제6조에 수록하였다.

ⓖ 표류선에 대하여 실정을 물을 때는, 사정은 급하고 행하기는 어려운 것이니 지체하지 말고 시각을 다투어 달려가야 한다. 표류선에 대하여 정황을 물을 때 스스로 노력해야 할 것이 다섯 가지 있는데 다음과 같다. [1] 외국 사람들과의 예의는 마땅히 서로 공경해야 하는데, 우리나라 사람은 매양 그들의 깎은 머리와 좁은 옷소매를 보면 마음속으로 업신여겨서, 그들을 대접하고 문답할 때에 체모를 잃게 됨으로써 경박하다는 소문이 세상에 번지게 될 우려가 있으니, 이것이 첫째로 경계할 일이다. [2] 국법에 무릇 표류선 안에 있는 문자는 그것이 인쇄본이나 필사본을 막론하고 모두 초록하여 이를 보고하도록 되어 있다. 왕년에

---

61) 丁若鏞, 『茶山詩文集』卷22, 「雜評」. "嘉慶二年丁巳九月, 慶尚道觀察使李亨元, 三道統制使尹得達, 鱗次狀啓. 異國船一隻, 漂泊東萊之龍堂浦, 凡五十人, 鼻高眼碧, 戴白氈笠. 船中貨物, 石鏡, 千里鏡, 無孔銀錢之屬. 漢淸蒙倭話俱不通, 使之書字, 如雲如山, 以手指東南, 蹙口作吹噓狀, 似是待風之意."(인용문의 번역은 〈한국고전종합DB〉를 참고하였다.)

한 표류선이 서적 몇 천만 권을 가득 싣고 무장(茂長) 외양(外洋)에 정
박하였는데, 조사하던 여러 관리들이 의논하기를, "이를 초록하여 보
고하자면, 정위도(精衛鳥)가 나무와 돌을 물어다가 바다를 메우는 것
과 같을 것이요, 만약 그중 몇 개만 골라서 초록하면 반드시 억울하게
화를 당하는 일이 있을 것이다." 하고, 드디어 모래사장을 파고 수만
권의 책을 그 속에 파묻으니, 표류민들은 크게 분통히 여겼으나 어찌할
길이 없었다. 나의 친구 이유수(李儒修)가 그 뒤에 무장 현감이 되어,
모래 속에서 책 몇 질을 얻었는데, 『삼례의소(三禮義疏)』, 『십대가문초
(十大家文鈔)』 같은 것으로 그때도 물에 젖은 흔적이 있었다. 내가 강
진에 도착하여 『연감유함(淵鑑類函)』 한 권을 얻었는데 매우 심하게
썩었기에 묻기를, "이것이 무장으로부터 온 것이냐." 하니, 그 사람이
깜짝 놀랐다. 그렇다면 마땅히 모든 서적을 책 이름만 기록하고, 그
권수를 자세히 조사하고 보고하기를, "수많은 서적을 졸지에 초록할
가망이 전연 없으므로 책 이름만을 기록하였다." 하는 것이 좋지 않겠
는가. 이 때문에 견책을 당하더라도, 오직 웃음을 머금고 순리대로 행
해야 하거늘, 이에 강도의 습관으로 보물을 함부로 버린다면, 저들이
우리를 무엇이라 하겠는가? 매양 일을 당할 적마다 오직 순리를 따르도
록 마음을 가져야 할 것이며, 벼슬이 떨어질까 겁내는 일이 없으면 이
런 일은 없을 것이다. [3] 표류선에 대하여 정황을 묻는 일은 반드시
섬에서 일어난다. 섬사람들은 본래 모두 호소할 곳 없는 불쌍한 사람들
인데, 조사하는 일에 따라간 아전들이 조사관의 접대를 빙자하고, 침탈
을 자행하여 솥·항아리 등까지 남은 것이라고는 없게 만들어 놓는다.
표류선이 한번 지나가면 몇 개의 섬은 온통 망해 버리므로, 표류선이
도착하면 섬사람들은 반드시 칼을 빼 들고 활을 겨누어 그들을 살해할
뜻을 보여 그들로 하여금 도망쳐 버리게 한다. 또 간혹 바람은 급하게
불고 암초는 사나워, 파선 직전에 있는 자들이 울부짖으면서 구원을
청하여도, 섬사람들은 엿보기만 하고 나가 보지 않으며 침몰하도록 내

버려 둔다. 배가 침몰하고 사람이 죽고 나면, 이웃끼리 비밀히 모의하여 배와 화물을 모조리 태워서 그 흔적을 없애버린다. …(중략)… 해외여러 나라가 이 소문을 들으면 우리를 일러 사람의 고기로 포를 뜨고씹어 먹는 나라로 여기지 않겠는가. 그러므로 표류선의 정황을 조사하는 관리들은 눈을 밝게 뜨고 엄밀히 살펴서, 아전들의 침해를 엄금하여야 한다. 이를테면 따로 큰 집 하나를 빌어서 가마솥을 늘어놓고 그들일행의 아전들을 다 함께 같은 집에서 거처하게 하며, 그들이 먹는 쌀이나 소금도 관에서 돈을 주어 사들여서 날마다 수량을 배정하여 지급하는 것이 좋다. 나오는 날에 따로 조처하여 한 톨의 쌀이나 한 줌의소금이라도 백성에게 피해를 끼치지 않도록 한다면 아마 하루의 책임을 조금은 메울 수 있을 것이다. [4] 좋은 것을 보면 그것을 받아들여야하는 것이니, 작은 일이라도 그래야 한다. 오늘날 해외 여러 나라의선제는 기묘하여 운항에 편리하다. 우리나라는 삼면이 바다로 둘러 싸였는데도 선제가 소박하고 고루하다. 매양 표류선을 만나면, 그 선제의도설(圖說)을 각각 자세히 기록해야 할 것이니, 재목은 어떤 나무를 썼고, 뱃전 판자는 몇 장이고, 길이와 넓이 그리고 높이는 몇 도나 되며,배 앞머리의 구부리고 치솟은 형세는 어떠하며, 돛대·선실의 창문 만드는 방법과 상앗대·노·키·돛의 모양은 어떠하며, 유회(油灰)로 배를수리하는 법과 익판(翼板)이 파도를 헤치게 하는 기술은 어떠한가 등의여러 가지 묘리를 자세히 물어서 상세하게 기록하여 그것을 모방하도록 해야 할 것이다. 그런데도 표류민이 상륙하면, 곧 큰 도끼로 빠개고부수어 즉시 불살라 버리니, 이는 도대체 무슨 법인가? 뜻있는 선비가이미 이런 일을 맡았으면 마땅히 이를 명심해야 할 것이다. [5] 외국사람들과 이야기할 때는, 가엾게 여기는 빛을 보여 주어야 하며, 음식등 필요한 것을 줄 때는 싱싱하고 깨끗한 것을 주도록 하여, 우리의지극한 정성과 후의가 얼굴빛에 나타나도록 하면, 그들이 감복하고 기꺼워하여 돌아가서 좋은 말을 할 것이다.[62]

인용문 ⑧의 표선 문정 조항들 중에서 [1]과 [5]는 지방 관아에서 외
국 표류민 취급 시에 취해야 하는 태도에 관한 것이다. 정약용은 해난
사고의 당사자인 표류민을 우호적인 태도로 대해야 하며 그들에게 지
급하는 구호물품에 신경을 써야 한다고 했다. 표류민에 대한 조처가
표류민의 출신국에 전달되어 조선의 대외적 평판에 영향을 미칠 친다
고 생각했기 때문이다. [2]는 표류 선박에 실려 있던 서적에 관한 기록
으로 나가사키를 통해 진행되던 일본과 중국의 무역관계를 염두에 둔
것이다. 당시 중국의 대일무역에서 한적(漢籍)은 생사(生絲), 비단, 약

---

62) 丁若鏞, 『牧民心書』 卷三, 「往役奉公」 第6條. "漂船問情, 機急而行艱, 勿庸遲濡, 爭
時刻以赴. 漂船問情, 其所自勉凡有五條. 一, 異國之人, 禮當相敬, 吾人每見彼人剃髮
夾袖, 心懷慢侮, 接待問答, 動失體貌, 將使佻薄之名, 達于天下, 此一戒也. 恪恭忠信,
如見大賓可也; 一, 國法, 凡漂船中所有文字, 毋論印本寫本, 盡行鈔報. 往年有一漂
船, 滿載書籍幾千萬卷, 泊於茂長外洋, 問情諸官議曰: "將欲鈔報, 如精衛塡海, 如有
刪拔, 必城火及池." 遂掘沙場, 以累萬卷書, 埋之沙中, 漂人大痛, 亦復柰何. 李友儒
修, 後爲茂長宰, 得沙中出書數帙, 若三禮義疏, 十大家文鈔, 猶有浸漬之痕. 余到康
津, 得淵鑑類函一卷, 朽敗已甚. 問曰: '此從茂長來耶.' 其人大驚, 則宜臚陳書籍, 但錄
書名, 詳其卷數, 辭曰: '充棟汗牛, 猝無鈔寫之, 望故但錄書名.' 不亦可乎. 此而遭譴,
唯宜含笑就理, 乃行椎埋之習, 暴殄球璧之寶, 彼將謂我何哉. 每遇一事, 唯以循理爲
心, 勿以失職發怯, 則無此事矣; 一, 問情必在海島. 島民本皆無告, 吏隸從行者, 憑藉
接待, 恣行剽劫, 錡釜餠黶, 悉無殘餘. 一經漂船, 數島必亡, 故漂船到泊, 島民必拔劍
關弓, 示以殺害之色, 使之遁去. 又或風急石惡, 禍迫呼吸者, 哀號乞救, 而島民窺而不
出, 任其覆沒. 旣沒旣死, 四隣密議, 焚船燒貨, 以滅其跡. …(中略)… 海外諸國, 若聞此
事, 不以我爲脯人噉人之國乎. 故問情官, 宜明目嚴察, 禁其侵虐. 謂宜別借一大室, 列
置錡釜, 使一行吏隸, 咸處一室, 其所食米鹽, 官以錢貿入, 排日支放. 出來之日, 別自
區處, 一粒之米, 一撮之鹽, 毋貽民害, 則庶乎一日之責, 得以小塞也. [畢竟區處陸民·
島民, 宜略略攤徵]; 一, 見善而遷, 小事皆然, 今海外諸國, 其船制奇妙, 利於行水. 我
邦三面環海, 而船制朴陋. 每遇一漂船, 其船制圖說, 各宜詳述, 材用何木, 舫用幾版,
長廣高庫之度, 低仰軒輊之勢, 帆檣蓬綷之式, 櫂櫓柁柁之狀, 油灰艙縫之法, 翼板排
濤之術, 種種妙理, 宜詳問而詳錄之, 以謀倣傚. 顧乃漂人下陸, 遂將巨斧劈之析之, 卽
時焚滅, 此又何法也, 有志之士, 旣差是役, 宜以此爲心; 一, 與彼人言語, 宜示仁惻之
色, 其飮食所需, 務要鮮潔. 至誠厚意, 發於顏色, 庶彼感悅, 歸有好言."(인용문의 번
역은 〈한국고전종합DB〉를 토대로 필자가 약간의 수정을 하였다.)

재와 더불어 중국이 일본 시장에 수출하는 주요 품목이었다. 따라서 중국 남방 지역의 조난 선박에는 서적이 대량 실려 있기도 했다. 이때 전부를 초록하기는 어려워도 목록은 베껴두어야 한다는 주장으로 실제 상황에 맞게 유연하게 대처해야 함을 말하였다. [4]에서는 조선의 발전을 위해 해외의 우수한 제도를 학습해야 함을 말하였다. 특히 표류선의 제도를 배워 조선의 낙후한 선박 제조 기술을 갱신해야 함을 강조하였다. [3]에서는 해외 표류선이 빈번하게 표착하는 해안가 주민들의 폐해가 막심함을 말하였다. 표류민 구호와 관련하여 표착지에 가해지는 부담을 최소화해야 한다는 생각이 드러나 있다. 정약용은 외국 표류선을 취급하면서 생겨난 폐단을 제도적 차원에서 반성하고 시정책을 마련하고자 하였다.

18세기 이래로 동아시아 정세는 안정적인 국면에 접어들있으며 표류민 송환책 역시 안정적으로 운영되고 있었다. 이에 따라 표류민 문정도 17세기 중후반의 절실함이 퇴색되고 형식적인 절차로 변해있었다. 정약용은 동아시아 정세가 안정적인 상황에 진입하였기에 표류민을 통한 지식정보의 습득이 도식화된 문정에서 벗어나 해외의 선진 문물을 배우는 것을 목적으로 삼아야 한다고 생각하였다. 표류민을 통한 정보 취득의 목적 또한 시대적 요구에 발맞추어 변모해야 한다는 것이다.

지금까지 조선에서 외국 표류민을 취급하는 정책이 형성된 맥락과 시행 과정에 나타난 일련의 문제들을 살펴보았다. 다음으로 해외에 표류하였던 조선 표류민들이 송환되는 과정과 그들이 본국으로 돌아온 후에 받았던 처우에 대해 살펴보기로 하자.

중국을 중심으로 한 표류민 송환책은 기존 연구를 통해 이미 많은 부분 해명되었다. 동아시아의 표류민 구조 제도는 중국의 책봉체제를 바탕으로 건륭 연간에 확립되었는데, 대체로 무상송환의 원칙을 적용하여, 표류민의 생명이나 재산을 보호하여 주고 옷과 식량을 지급하고 안전하게 호송하여 본국으로 송환해주는 것을 원칙으로 하였다. 이러한 규정은 이전의 구조 전례를 원용하여 건륭 2년인 1737년부터 정착되었다.[63] 표류민 송환의 문제는 동아시아 국제관계의 정립과 밀접한 연관을 가진다. 유구와 안남 등지에 표류했던 사람들은 중국을 통해 본국으로 송환되었는데, 이는 이러한 나라들이 청을 중심으로 한 동아시아 국제질서에 포섭되어 있었기 때문이다. 한편 임진왜란 이후 일본과 조선 사이의 표류민 송환이 안정적으로 시행되자 일본에 표류했던 조선인 역시 일본의 구호를 받아 본국으로 돌아올 수 있었다.[64] 대체로 무상송환의 원칙이 지켜졌지만 예외적인 경우도 가끔 보인다. 가령 중국 상인들이 안남에 표류했던 조선인들을 상선으로 호송해 왔을 때 조선 조정에서 은자를 지급한 사례가 있다.[65] 또 유구에 표류했던 조

---

63) 유서풍(劉序楓), 「청대 중국의 외국인 표류민의 구조와 송환에 대하여」, 『동북아역사논총』 28, 2010, 135면.

64) 일본에 표류했던 조선인 역시 무상으로 본국에 송환되었다. 일본 정부는 조선인을 포함한 외국인 표류민에 대해서 '무상송환'의 원칙을 적용하여, 송환비용을 번·막부·표착지에 부담시켰다. 구체적으로 살펴보면, 표류민이 사령(私領)에 표착했다면 그 영주에 의해, 막부 관할지에 표착했다면 막부의 대관(代官)에 의해 나가사키에 호송되었다. 표착선을 구조하면 번 또는 막부 대관이 나가사키 봉행(奉行)에게 통보하고, 그 지시를 기다려 나가사키에 보냈다. 표류 선박이 파손되었을 때에는 별도의 선박을 마련하여 송환했는데, 그 사이의 호송 비용은 번(藩)이나 막부(幕府)의 부담이었고, 해로를 통해 회송할 때 수부역(水夫役)은 각 포(浦)에 할당되었다. 표류민의 구호와 관련하여 포방에 부여되는 부담은 일종의 국역(國役)과도 같은 것이었다. (아라노 야스노리, 「근세 동아시아 표류민 송환 체제와 국제 관계」, 『항해와 표류의 역사』, 솔, 2003, 294~300면).

65) 『탐라문견록』의 「제1화」는 1687년 고상영 등이 안남에 표류하였다가 송환된 사건을 다루고 있다. 표류민들은 안남-광동-복건-절강을 거쳐 중국 상선을 타고 바다를 통해 조선에 송환되었다. 중국 상인들이 비용을 받고 조선인을 본국에 송환해준 것이다.

선인이 쌀 600석을 대가로 유구인에게 송환을 부탁하였으나 약속을
지킬 수 없었던 일도 있었다. 조정에서 국곡으로 변상하자는 논의까지
있었으나 반대에 부딪쳐 그 유구인은 빈손으로 돌아갔다.[66)]

　조선으로 돌아온 표류민들은 비변사의 조사를 받았으며, 조사기록
은 「문정별단」의 형태로 정리되어 조정에 보고되었다. 이 경우 자국민
을 대상으로 한 조사였기에 의사소통에 어려움이 없었으므로 넉넉한
시간을 들여 충분히 조사할 수 있었다. 본적지로 돌아간 표류민은 상
황에 따라 정부와 관아의 호출을 받아 재조사를 받기도 했다. 인용문
ⓗ에서와 같이 비변사는 대체로 표류민의 출신지, 출항 원인, 표착국
의 풍속, 지리와 군사, 귀국 시의 노정, 표류민에 대한 상대국의 처우,
중국의 조처, 송환 노정에서의 견문 등을 조사하여 이에 관한 상세한
기록을 작성하였다.

　　ⓗ 말하건대 너희들은 어느 곳에 사는 사람이며, 어느 해 어느 달에
　　어느 곳에서 바람 불려 떠돌았으며, 떠돌다 정박한 섬의 지명은 무엇이

　조선 조정은 이들에게 은자 2천 5백 56냥을 지급하였다. 鄭運經, 『耽羅聞見錄』, 「第
　一話」. "我人相議, 我等歸期杳然, 莫如就其國, 懇乞回還, 以決去就宜矣. 於是皆進其
　國都, 値國王之練兵, 不得入陣中, 見一邊江流, 守者頗稀, 我人立水泣訴, 則王哀之.
　如前賜米錢, 還送會安, 又遣其國相, 以好言慰之, 欲分載中國商船, 傳送日本. 蓋中
　國商賈, 來此地貿貨, 轉販日本者多矣. 我人等泣曰: '若分載, 則船行有先後. 且不無
　一安一危之慮. 我等願共載, 死生共之, 何忍分離乎.' 時中國商人朱漢源, 船戶陳乾,
　柁工高全等來曰: '俺一船中, 當俱載爾們, 好好廻去. 爾們以何物贈我乎.' 我等皆喜,
　約以每人以大米三十石, 償其恩, 遂證以文券. 其國相備述此由, 報其王, 則自國以百
　兩錢償之, 且給報我國表諮一度, 使之受回咨而來, 則當厚償云云."
66) 李瀷, 『星湖先生僿說』 卷八, 「人事門·漂氓」. "近古國氓, 有漂到琉球者, 紿云若送我
　還, 當以米六百石厚報. 琉球人費力載至國責報, 氓實貧灶無以答其意, 朝廷議出國
　穀, 有宰臣某沮之, 琉球人狼狽歸. 余謂設有國人被虜在他邦, 要我六百石贖還, 則國
　將咨而不與可乎."

라 하는가? 지형과 사람의 다소는 어떠한가? 이른바 유구국의 지형, 민속, 의복, 음식, 농상, 성지(城池), 군병 등의 일은 또한 어떠한가? 수년 거주했으면 언어는 또한 능히 상통하며, 유구로부터 복건성(福建省)에 와서 정박하면서 어느 군현을 보았는가? 해로는 몇 리이며, 바다에서 나올 때 유구국의 차관(差官)이 영송하였는가? 배를 탄 뒤 몇 일 만에 복건에 도착하고 북경에서 나올 때에 지나치면서 본 것으로 기억할 수 있는 것을 일일이 자세히 고하며, 북경에 머문 것은 며칠이고 길을 떠나기 전에 대접을 받은 것은 어떠하였는가? 너희들의 성명과 신원을 아울러 일일이 아뢰어라. 또한 추문하실 것이다.[67]

표류민이 북경에서 연행사절단이나 의주 등 귀국 연로 관아의 조사를 받는 일도 있었다. 그리고 이러한 조사 내용은 조정에 실시간으로 보고되었다. 일례로『일성록』1797년 윤6월 10일의 기록을 보면, 중국에 표류했던 이방익(李邦翼)이 조선 땅에 들어서자 의주부윤(義州府尹) 심진현(沈晉賢)이 문정한 뒤 평안감사(平安監司) 박종갑(朴宗甲)에게 서면으로 보고하였고 평안감사 박종갑은 이를 조정에 치계하였다.[68] 이

---

67)『備邊司謄錄』108冊, 英祖17年2月16日,「濟州漂海回還人問情別單」. "白等汝矣等, 以何地居生之人, 何年月自何處漂風是旀, 漂泊之島地名云何, 地形人民多少如何. 所謂琉球國地形民俗衣服飮食農桑城池軍兵等事, 亦何如. 居住數年則言語, 亦能相通是旀, 自琉球來泊於福建省何郡縣而海路幾里是旀, 出海時琉球國差官領送是旀, 乘船後幾日到福建, 出來北京時經過所見, 可以記得者, 一一細告爲旀. 留北京幾日, 發向前路見待何如是旀, 汝矣等姓名根脚, 並以一一現告. 亦推問敎是臥乎在亦, 矣徒等."

68)『日省錄』1797年 閏6月 10日. "講: 平安監司, 朴宗甲以濟州漂人八名自義州出來馳啓. 目: 該監司狀啓, 以爲卽接義州府尹沈晉賢狀啓謄報, 內通官領率我國漂海人八名出來, 故漂海人李邦翼, 李邦彦, 金大成, 李有寶, 任成柱, 尹成任, 李恩成, 金大玉等處問情後, 仍爲交付, 前路次次上送云. 李邦翼等八名之漂流異國俱得生還者, 萬萬奇幸申飭, 沿路各邑各別供饋定將校, 次次護送于原籍官濟州牧, 計料. 講: 義州府尹沈晉賢, 以濟州漂人李邦翼等從大國出來馳啓. 目: 晉賢狀啓, 以爲昨日亥時黔同島把守軍進告內中江越邊大國人出來云. 故卽令訓導往見, 則通官寶德, 與其從人六名, 持馬

방익은 서울에 온 뒤 관례대로 비변사의 조사를 받았다.[69] 정조는 이
방익을 친견하여 그가 견문한 내용을 듣고,[70] 당시 면천군수를 지내던
박지원에게 명하여 이방익의 해외 견문을 기록하도록 하였다.[71] 이처
럼 해외에 표류했던 자국민에 대해서 조선은 여러 차례 조사를 진행하
여 해외 정보를 파악하고자 했다.

3. 표류에 대한 당대 지식인들의 인식과 태도

조선의 지식인들이 표류와 표류민을 대하는 태도는 그들이 처한 시
대적 상황 그리고 학문적 성향이나 지향 등에 의해 좌우된다. 표류와
표류민 관련 기록을 남긴 기본적인 동기는 해외 사정에 대한 관심이었
으나 이러한 관심에도 다양한 층위가 있었다. 이러한 시각의 층위를
감안하면서 표류 관련 기록들을 전반적으로 검토해보고자 한다.

외부 세계에 관심을 가지고 있었던 지식인들은 타인의 표류 체험을
자신의 견문을 넓히는 기회로 생각하였다. 이들은 표류민을 만날 기회

七匹, 受禮部咨文, 領率我國漂海人八名來到. 而李邦翼所供渠以濟州牧左面北村居生
之民, 武科及第, 曾經忠壯將, 爲亡母永窆定山於本面牛島, 上年九月二十日與同里
居李恩成 金大成 尹成任再從弟李邦彦使喚人金大玉 任成柱船主李有寶等七人作伴,
一以觀山地, 一以翫秋景, 乘船向牛島. …(後略)."

69) 『正祖實錄』卷46, 正祖21年閏6月20日戊午. "濟州人前忠壯將李邦翼, 漂到福建, 由
旱路歷蘇、揚州, 至燕京. 上以邦翼, 以朝官, 漂流異域, 萬死生還, 命備邊司提調, 招
見慰諭, 除全羅中軍."

70) 朴趾源, 『燕巖集』卷6, 「書李邦翼事」. "上特召見邦翼, 問以所經山川風俗, 命史官錄
其事."

71) 朴趾源, 『燕巖集』卷6, 「書李邦翼事」. "同舟八人, 惟邦翼曉文字, 然僅記程途, 又追
憶口奏, 往往失次. 臣趾源以沔川郡守, 陛辭入侍于熙政堂. 上曰: 李邦翼事甚奇, 惜無
好文字, 爾宜撰進一編. 臣趾源承命震越, 退取其事, 略加證正焉."

가 생기면 적극적으로 그들의 표류담을 청취하고 그것을 기록으로 남
겼다. 조선후기 지식인들이 표류민을 직접 만난 사실은 여러 문헌에
남아있다. 아래 인용문은 『청구야담』에 수록되어 있는 것이다. 고을
원이나 지체 높은 사대부들이 빈번하게 표류담 듣기를 청하여 번거롭
다는 내용을 표류민의 입장에서 기술한 것이다.

> ⓐ 매양 고성의 원이 새로 도임한 즉 반드시 표류한 사적을 묻고 혹
> 인읍 원과 일시 지나가는 객이라도 또한 불러 묻는 고로 관가 출입이
> 빈삭하니 이로써 자못 난감하다 하더라.[72]

이는 국가 간 왕래가 자유롭지 못했던 당시 상황에서 타국 문화에
대한 호기심과 관심이 어느 정도였는지를 분명하게 보여주는 사례이
다. 전근대 조선을 포함한 동아시아 각국에서 타국인과의 소통 경로는
매우 제한적이었다. 타문화에 대한 지식인들의 지적 호기심이 억압된
상태였기에 표류민을 통해 타국 문화를 접하고자 하는 열망이 강했던
것이다.

그렇다면 어떠한 상황에서 표류민을 만나 표류담을 청취할 수 있었
을까. 표류민의 이동 경로를 고려하였을 때 이들을 만날 수 있는 상황
은 아래 몇 가지 경우이다.

첫째, 중국이나 일본의 사행길에서 표류민을 만나는 경우이다. 특
히 중국 사행길에서 표류민을 빈번하게 만날 수 있었다. 조선 표류민
이 중국 강남이나 대만, 복건, 홍콩, 마카오 등 북경 이남의 지역에 표

---

72) 『靑邱野談』 卷19, 「識丹邱劉郎漂海」, "每高城倅新任莅任, 則必招問漂海消息., 或隣
邑官及一時過去客, 亦必招問. 故官家出入頻數, 以是頗難堪云."

류하면 대체로 중국 경내를 거쳐 조선에 송환되었다. 조선 표류민들은
북경에 이르러 예부(禮部)의 조사를 받은 후, 연행사절단의 귀국 편에
조선으로 돌아갔다.

> ⓑ 제주(濟州) 사람 윤흥렬(尹興悅) 등 열 사람이 작년 8월에 표류하
> 여 절강성(浙江省) 항주(杭州)에 이르렀는데, 아홉 사람은 모두 죽고
> 윤흥렬만이 지금까지 남아 있었다. <u>절강성에서 북경으로 보내니, 예부</u>
> <u>(禮部)에서 관소로 이송, 주접(住接)하게 하였다가 사행이 거느리고 돌</u>
> <u>아가도록 하였다.</u>[73]

한편, 조선에 표류한 외국 표류민을 육로를 통해 송환할 경우에도
북경으로 향하는 연행사절단에 순부하여 연경까지 호송했기에 사행단
은 표류민을 만날 기회가 많았다. 따라서 연행록에서 표류민에 대한
기록을 종종 찾아볼 수 있다.

일례로 연행록 『상봉록(桑蓬錄)』 권8과 권9에 강호부(姜浩溥) 일행이
북경에서 제주 표류민 손응성(孫應星) 등 9명을 만난 일이 기록되어 있
다. 강호부는 1727년 10월에 연행사절단을 따라 중국에 갔다가 이듬해
4월 초에 귀국한다. 1728년 북경에 체류하던 중에 유구에 표류했던 손
응성 등을 만나고 이에 대한 기록을 남겼다. 표류민과 관련된 일은 구
체적으로 권8의 무신년(1728) 정월 초 10일 및 17일 일기와 권9의 2월
12일과 19일 일기에 기록되어 있다.

---

73) 金景善, 『燕轅直指』, 「留館錄」 下. "濟州人尹興悅等十人, 去年八月, 漂到浙江省杭
   州, 九人皆死, 惟興悅在, 今自該省津送北京, 自禮部移付館所, 使之住接, 爲使行領還
   之地."

박사호는 1828년 중국 연행 시에 북경에서 제주도 표류민 김광현(金光顯) 등을 만났다. 박사호는 표류민과의 만남을 기록하여 자신의 연행록인 『심전고(心田稿)』에 「탐라표해록(耽羅漂海錄)」이라는 제목으로 수록하였다. 글의 말미에 "나는 여관방 등불 밑에서 그들의 겪은 바를 묻고, 그 말들을 모아 표해록을 짓는다[余於旅燈之下, 問其所經歷, 掇其言, 作漂海錄]."고 하였다. 「탐라표해록」은 강남 지역의 견문과 풍물에 대한 묘사에 초점이 맞추어져 있다.

박사호의 경우와 비슷하게 1832년에 연행을 다녀온 김경선(金景善) 역시 북경에서 유구에 표류했던 제주 사람들을 만났다. 김경선은 표류민이 언문과 한문을 혼용하여 적은 일기를 참고하고 부족한 부분은 그들의 대답으로 보완하여 「제주표인문답기(濟州漂人問答記)」를 지었다. 이는 그가 지은 연행록인 『연원직지(燕轅直指)』에 수록되어 있다. 유구의 국력과 외교관계, 특히 중국과의 조공관계, 풍습과 학문 등에 대해 기록하고 있어 그가 유구 관련 정보 가운데 어떠한 부분에 관심을 가졌는가를 알 수 있다.

강호부, 박사호와 김경선은 북경에서 자국 표류민을 만나 체계적인 기록을 남겼지만, 표류민과의 만남을 간략하게 기록한 사례도 적지 않다.

ⓒ 일판문에 이르니 통역관 박보수(朴寶樹)가 제주 사람으로 표류되었던 자 13인을 데리고 와 있었다. 모두 청나라 사람의 옷과 신을 착용했고 머리만 깎지 않았다. 자진해서 말하기를 "지난해 9월에 폭풍을 만나 절강성(浙江省) 옥환도(玉環島)에 표류했습니다. 그 뒤로 군현(郡縣)에서 체송하여 전당(錢塘)에 이르렀고, 다시 전전하여 산동(山東)에

도달했습니다. 이어 북경에 도착하게 되었고 본국으로 귀환하게 된 것입니다."했다. 사신의 일행을 만나게 됨을 기뻐하지 않는 사람이 없었다. 거쳐온 산천의 경치를 물어 보았으나 모두들 어물어물하면서 자세히 대답하지 못하였다.[74]

둘째, 표류 빈발 지역에서 표류민을 만나는 경우이다. 조선에서 표류가 빈발했던 지역은 제주를 포함한 전라도 해역과 경상도의 일부 지역들이었다. 이러한 표류 빈발 지역에 부임하거나 유배당하여 표류민을 만날 수 있었다. 이를테면 정운경(鄭運經)은 18세기 전기에 제주목사로 부임한 아버지 정필녕(鄭必寧)을 따라 제주로 건너갔을 때 표류했던 사람들을 만나 표류담을 듣고 『탐라문견록(耽羅聞見錄)』을 저술하였다. 또 정약전(丁若銓)은 흑산도에 유배되었을 때, 유구와 여송(呂宋) 등지에 표류한 뒤 중국을 경유하여 조선에 돌아온 문순득(文淳得)을 만나 『표해시말(漂海始末)』을 작성하였다. 이강회(李綱會)는 1818년 우이도에 기거하면서 표류민 문순득의 구술을 토대로 해외 선박제도를 기록한 「운곡선설(雲谷船說)」을 지었다. 그는 또, 1819년 2월에는 현지 관원을 대신해 그곳에 표류해온 중국 강남 소주(蘇州) 출신의 선원들을 조사·문정하고, 표류 선박의 외형과 작동원리를 관찰한 뒤 『현주만록(玄洲漫錄)』을 지었다. 이처럼 표류가 빈발하는 지역에서는 해외에 표

---

74) 李德懋, 『入燕記』 卷上, 「正祖二年四月·二十六日」. "從前異國人漂到者入送燕京, 以致其本國例也. 今亦差定齎諮官, 領五人入送矣. 自北京諉以不知何國人, 無以致之還, 爲出送, 故不得已送致濟州. 初到處, 近聞二人死, 三人猶存云. 嘉慶卽位以來, 輔政諸臣頓變. 乾隆時治法, 專以省費簡事爲務, 故柔遠之政大損於前日. 若使在乾隆之時, 必無還送朝鮮之理也. 以右安南國王之哀矜, 濟州人出錢六百兩, 賈得中原商賈之船, 辛勤載送, 又作移文于我國, 必要受其回移, 足知安南國風俗之仁厚也. 今以淸與我國之事言之有愧, 安南多矣."

류하였다가 귀국한 사람이나 타국 표류민을 만날 기회가 상대적으로
많았다.

해상 활동이 빈번했던 지역에서는 민간에서 여러 가지 형태의 표류
담이 전승되었고, 많은 표류담들이 기록되어 문헌으로 남게 되었다.
그렇다고 해도 모든 표류담이 기록으로 남겨진 것은 아니다.

> ⓓ 내가 남쪽 해상(海上)에 있을 때, 바닷가 사람으로서 일본·안남
> ·유구에 표류했다가 생환한 자가 흔히 해중(海中)에 있던 이국(異國)
> 의 풍물(風物)과 여행 중에 겪은 고초를 잘 말하는데, 이는 다만 심심풀
> 이로서의 기사는 될지언정 기특한 것은 없었다.[75]

이 기록에서 저자의 취지는 표류민의 해외 견문의 가치를 부정하는
것은 아니다. 그보다는 그들의 표류담이 체계적이지 않거나 즐길 거리
차원에 머물러 있어 기록할 만한 가치가 높지 않음을 지적한 것이다.

셋째, 자국 표류민이나 외국 표류민이 조선 경내에서 이동하는 과
정에서 그들의 표류담을 들을 수 있었다. 일본 외의 표류민을 육로로
중국에 보낼 경우 표착지에서 서울까지 표류민을 이송하여 비변사에
서 조사한 후에 본국에 송환하였다. 국내 이송 과정에서 조선인들은
외국 표류민을 접할 수 있었다.

일례로 임진왜란이 일어나기 전인 1591년 중국 상인 20여 명이 풍랑
을 만나 제주도로 표류했다가 서울로 압송되어 온 일이 있었다. 이때
허균(許筠)은 친구와 함께 그들을 찾아가 소주(蘇州)와 항주(杭州)의 풍

---

75) 魏伯珪, 『海上錄』. 「月峯海上錄序跋」. "余居在南海上, 海中人漂泊日本·安南·琉球
    而生還者, 槩能言海上異國風物, 旅泊辛楚之狀, 只可爲破寂之記而已, 奇之則無也."

속에 대해 물어보았다. 허균은 『서호유람지(西湖遊覽志)』 등의 독서를 통해 구축했던 지식을 표류민을 통해 확인하고 그들의 중국말을 들어 보려고 표류민과 면담을 하였다. 그러나 표류민의 식견이 높지 않아 이들과의 대화가 기대한 수준에 미치지 못했다며 허균은 아쉬워하였다. 이 과정은 『학산초담(鶴山樵談)』에 기록되어 있다.[76)]

김지남(金指南)은 한학역관으로서 1682년 임술 통신사행에 파견되어 『동사일록(東槎日錄)』을 저술하였는데, 이 책의 『회사록(回槎錄)』의 「무진구월초사일제주표한인처문정수본(戊辰九月初四日濟州漂漢人處問情手本)」에 조선 경내의 해남(海南)에서 중국 표류민을 만났던 사실을 기록해 두었다. 김지남은 사행을 마치고 귀국하는 길인 무진년(1683) 9월에 해남에서 제주도에 표류했다가 본국으로 돌아가는 중국 남방 표류민 심전여(沈電如)와 누인(杜印) 등을 만나 「제주표한인처문정수본」을 작성하였다. 이 기록에서 김지남은 일관되게 임금에게 보고하는 문투로 표류민 조사보고서를 작성하고 있다. 글의 부분에서 그는 "문답이 길어져서 밤은 깊었는데 표류민들이 싫어하는 기색을 보이기에 더 묻지 않았으나 궁금한 점이 아직도 적지 않다."라고 하였다.[77)]

---

76) 許筠, 『鶴山樵談』. "辛卯冬, 唐商二十餘人, 賣砂糖, 漂泊于我國濟州地, 刷到王京, 余與友生望見之, 歷問蘇杭風俗, 一人曰:'秀才何以外國人歷知中原風土邪.' 其中有 莊德吾者, 自言福建漳浦人, 余問莊侍郎國禎朱侍郎天球是君鄰里不, 德吾驚曰:'侍卽 僕之堂叔, 朱公同閈居也.' 余又曰:'然則莊太史履豊御史履明, 亦與君堂兄弟也.' 德吾 首肯之與其輩, 相吃吃語大笑. 通事言其相語:'秀才年少而通曉上國事'云矣. 有王信 民者問余曰:'何官.' 余曰:'戊子擧人爲國子生.' 王曰:'幾日聽選, 盖中原則國子生例, 聽選於吏部, 故其言如此."

정민은 허균이 표류민들을 찾아가 대화하는 것은 주로 외부세계에 대한 호기심과 과시 욕구에 초점이 맞추어져 있다고 했다. 표류민들의 학식이 낮아, 이들과 만족스러운 대화가 이루어지지 못하는 것을 허균은 못내 아쉬워하였다. (정민, 「표류선, 청하지 않은 손님-외국 선박의 조선 표류 관련기록 탐토」, 『한국한문학연구』 제43호, 2009, 97면.)

또, 임적(任適)은 1725년 초 양성(陽城) 현감 재직 시절에 양성에서 제주 대정현(大靜縣)에 표류해 왔던 중국 복건 천주부(泉州府) 진강현(晉江縣) 사람들을 만나 필담을 나누었다. 관련 내용은 「표인문답(漂人問答)」에 기록되어 있다. 『노은집(老隱集)』권3 「잡저」에 수록되어 있는 이 「표인문답」은 표류민들의 출신지와 표류하게 된 경위, 청이 중국을 지배한 후의 예악문물의 변화 여부, 청나라 의관제도, 과거제도, 형법, 당대의 명현, 중국 여러 성의 경작 상황, 서호의 경치, 금릉과 복건의 거리, 복건과 북경의 거리 등 다양한 사안에 대해 표류민에게 질문하고 그것을 정리해둔 것이다.

1759년 겨울, 복건 상인 황삼(黃森) 등이 강진에 표류했다가 이듬해 1월 25일에 한양으로 압송되어 남별궁에 머물고 있었다. 이 소식을 접한 이덕무(李德懋)는 표류민을 찾아가 구경꾼이 빙 둘러선 간운데 황삼과 필담을 주고받았다. 관련 내용은 「기복건인황삼문답(記福建人黃森問答)」이란 제목으로『영처문고(嬰處文稿)』권1에 수록되어 있다. 이덕무는 구경꾼들이 담장처럼 둘러있어서 중국 풍토에 대해 다 물어보지 못하여 한스럽다며 이덕무는 아쉬움을 토로하였다.[78] 중국 풍토 외에도 이덕무는 강남 표류민을 통해 멸망한 명나라에 대한 중국인들의 인식을 물어보려고 시도했지만, 표류민은 제대로 된 대답을 하지 못하거

---

77) 金指南, 『回槎錄』, 「戊辰九月初四日濟州漂漢人處問情手本」. "問答已久, 夜且深矣. 厭悶支離之狀, 出於辭色之表, 其在慰恤之道, 可以强迫引問是乎等, 以使之安歇調理, 是在果行路之上, 亦或有可悶之事是去等, 這這馳告計料爲去旀."

78) 李德懋, 『靑莊館全書』, 「記福建人黃參問答」. "己卯冬, 福建商人黃森等四十三人, 漂泊於康津, 時大寒, 有一二人死者, 明年春正月二十五日, 乘傳詣漢師, 館於南別宮. 余於二月初四日往見, 畫地通言語, 記之左. 時觀者如堵, 未盡問中國風土可恨, 森稍通文字, 故酬酢焉."

나 대답을 기피하였다. 표류민 중 문자로 의사소통이 가능한 황삼과
중국의 유명한 선비, 경서, 문장가 등에 대해 문답한 내용을 기록하였
다. 마지막에는 중국인을 관찰하여 행동거지와 의복, 중국어 발음 등
에 대해 기록하였다.

이처럼 해외에 관심을 갖고 있던 조선시대 문인이 표류민을 만날 수
있는 기회는 다양하게 마련되었다. 중국과 일본에 사신으로 갔다가,
제주 등 해안 지역에 관리로 파견되었거나 유배 갔다가, 혹은 조선 경
내에서 이동 중에 있는 표류민을 만났다.

ⓔ (『탐라문견록』의) 외국에 관한 사실은 그 땅을 직접 밟고 몸소
목격한 표류민이 직접 전한 것이다. 마단림의 『문헌통고』나 마테오 리
치의 『직방외기』 등이 풍문으로 전해들은 의심스런 것에서 나왔음에
반해 이 책은 믿을 만하다.[79]

인용문 ⓔ는 이만유(李萬維)가 『탐라문견록(耽羅聞見錄)』을 위해 지
은 서문의 일부이다. 이 글에서 이만유는 표류민이 전하는 외국의 사
실은 그들이 직접 본 것들이기 때문에 신뢰할 수 있다고 했다. 기존
외국 기록이 풍문을 기록한 것이었다면 『탐라문견록』은 표류민의 직
접 견문을 기록한 것이다. 이러한 이유로 이만유는 외국 문헌에 비해
조선인의 견문을 조선인이 기록한 『탐라문견록』의 신뢰도가 높다고
생각하였다.

---

79) 李萬維, 「耽羅聞見錄序」. (정민 역, 『탐라문견록, 바다 밖의 넓은 세상』, 휴머니스트,
2008, 44면.) "至如外國事實, 得於漂人親履其地, 目擊其事者之所傳, 其所取信. 亦豈
端臨之通考, 利瑪之外紀, 一出於風聞傳疑者比哉."

표해록의 작성은 표류민의 기억에만 의존한 것이 아니라 그들이 직접 남긴 기록을 보조수단으로 삼기도 했다. 정약전의『표해시말』, 김경선의「제주표인문답기」, 강호부의『상봉록』에 실린 유구 표해록은 모두 표류민의 언문 기록을 보조 자료로 삼았다.

ⓕ 또 작은 책자 하나를 바쳤는데, 그들의 일기였다. 한문과 언문을 섞어 써서 단서를 종잡을 수 없었다. 그리하여 성신(聖申)에게 그 기록한 것을 토대로 하고 또 그들이 대답한 것으로 보충하게 하여 드디어 한 통의 기록을 만들었다. 따로『제주표인문답기』가 있다.[80]

ⓖ 9명 중에 한 명이 언문을 쓸 줄 알아서 일기를 썼다고 하므로 그 내용에서 뽑아 일록에 넣고자하여 가져오라하여 보니 글자를 변변히 이루지 못하였으며 별로 기록한 것이 없고 다만 도처에서 하늘을 부르짖으며 서러워하는 말만 기록하였으니 볼 것이 없었다.[81]

인용문 ⓕ에서 주의 깊게 읽어야 할 부분은 "변변한 기록은 없고, 도처에서 하늘을 부르짖으며 서러워하는 말만 있어서 볼 것이 없다."는 발언이다. 표류민의 기록을 통해 표착 지역과 송환 경유지의 정보를 얻고자 하였으나, 이들의 기록은 불안한 심리나 상황 묘사에 치중하고 있었으므로 원하는 정보를 얻을 수 없었다는 말이다. 이에 기록

---

80) 金景善,『燕轅直指』,「濟州漂人問答記」. "夜, 招濟州漂人等, 問其始末, 則其所經歷, 多可聞者. 又納一小冊子, 蓋其日記也, 雜以眞諺, 語無端緒. 使聖申因其所錄, 又以所答而補之, 遂成一通文字. 別有濟州漂人問答記."(인용문의 번역은 〈한국고전종합DB〉를 참조하였다.)

81) 姜浩溥,『桑蓬錄』卷9,「戊申二月十二日癸巳」. "九人中一人能解諺文, 有日記云, 故欲採入于日錄中, 使之持來以見, 則不能成字, 別無所錄, 只記到處呼天□苦之辭而已, 無可觀矣."

자가 표착 지역과 송환 경유지 정보를 얻고자 하였으나 그것이 쉽지
않았던 것이다.

박지원이 정조의 명으로 이방익의 표해록을 지을 때에도 이방익의
표류담과 함께 그의 언문 기록을 참고자료로 삼았다. 그러나 표류민의
기록을 그대로 받아들인 것이 아니라 사실관계를 따져 믿음만한 내용
을 선별하여 자신의 기록에 반영하였다.

ⓗ 그(이방익)가 말한 것이 자세하지가 않고 본 것도 찬찬히 살피지
못한데다, 사물의 이름이 잘못된 것이 많고, 일의 형상도 정확하지가
않소. 유람한 산천 누대와 지나쳐 온 고을의 도리도 반드시 사실이 잘
못된 것이 많을 것이니 한글로 된 기록을 다 따를 필요는 없을 것이오.
…(중략)… 바다에서 표류할 때 괴상한 것을 본 것으로 대만과 천주와
장주 사이에서 겪었던 여러 기괴하고 기쁘고 놀라운 일들은 반드시 다
그 입에서 나온 대로 할 것은 없네. 옛사람의 전기 가운데 실제 일은
내 뜻으로 부연하여 절로 한 편의 기이한 문장을 이루어도 상관없을
걸세. 문체는 아마도 '서하객전'이나 '장백산기'와 같아야 할 텐데 어떨
지 모르겠네. 제목은 '기이방익표해사'로 달아야 할까.[82]

이상에서 볼 수 있듯이 해외에 관심을 가지고 있던 지식인들은 표류
민이 제공하는 정보를 중요시하였지만 그렇다고 해서 표류민의 구술

[82] 朴趾源,『燕巖先生書簡帖』. "彼旣語焉而不詳, 目焉而未省, 名物多舛, 事狀未的, 遊
覽處山川樓臺, 所經處州郡道里, 比多爽實, 不必盡從諺錄. …(中略)… 海漂時幽怪之
見, 臺灣泉漳之間所歷, 諸奇奇怪怪, 可喜可驚之事, 不必盡出渠口. 古人傳記中實事,
不妨以意演繹, 自成一篇奇文耳. 文體恰當如霞客傳, 長白山記, 未知如何. 題目以記
李邦益漂海事爲題耶."(정민·박철상, 「『연암선생서간첩(燕巖先生書簡帖)』탈초(脫草)
원문 및 역주」, 『대동한문학』 22, 2005)

을 맹신한 것은 아니었다. 표해록을 작성할 때 저술자는 항상 제공받은 해외 정보의 진실성 확보에 유의하였다. 즉 표류담의 정보적 가치를 인정하면서도 변증을 통하여 사실관계를 확인하고자 하였다.

ⓘ 대개 그들의 경로에 복건, 광동, 오, 초의 땅을 지나온 것은 믿을 만하였으나, 해외의 표류민으로 외번의 사행에 붙여 오는 자들에게 그들 마음대로 구경하기를 허락하지는 않았을 것이다. 또한 그 말한 것이 사첩에 기록된 것과 차이가 많으니, 이것은 반드시 소문에 얻어 들은 것이 많아서 허풍을 치는데 지나지 않을 뿐이다.[83]

ⓙ 방익이 기록한 노정은 『주행비람(周行備覽)』 등의 책들과 꼭 들어맞아 어긋나지 않으므로 이에 부록하는 바입니다.[84]

1832년 김경선은 중국 사행길에서 유구에 표류했다가 중국을 거쳐 송환되는 제주 표류민들을 만나 그들과의 문답 내용을 기록해두었다. 김경선은 표류민이 제공한 1차 정보들의 정확성 여부를 판별하여 사실과 부합하거나 유의미하다고 판단되는 지식만을 선별적으로 기록하였다. 표류민의 구술은 표류민의 당시 처지나 기억력의 부실로 인해 왜곡, 과장, 변조의 가능성이 있었기 때문이다.

이상으로 근대 이전에 해외 정보의 전달자로서 표류민의 역할에 대

---

83) 金景善, 『燕轅直指』, 「濟州漂人問答記」. "蓋其所經路, 由閩廣吳楚, 則信矣. 而海外漂民之附行外藩使行者, 未必許其極意縱觀, 且其所言, 多與史牒所記差爽, 必是得於傳聞者多, 而未免浮夸而然耳."(인용문의 번역은 〈한국고전종합DB〉를 토대로 필자가 일부 수정함.)

84) 朴趾源, 「書李邦翼事」. "邦翼所記程途, 與周行備覽等書, 泐合不差, 故附錄焉."(인용문의 번역은 〈한국고전종합DB〉를 토대로 필자가 일부 수정함.)

해 살펴보고, 조선후기 지식인들이 해외 정보와 표류민을 대하는 태도에 대해 알아보았다. 조선후기 지식인들은 표류민을 통해 얻을 수 있었던 해외 정보를 중요시하였지만 그것들을 맹신하지 않고 사실관계를 따져가면서 표류담에 접근했음을 확인하였다.

위의 상황을 종합해 보았을 때 지식인들의 표류담 청취는 다음과 같은 특징을 지닌다. 첫째, 국가 차원의 조사는 대체로 표류민이 송환된 직후에 진행된다. 이 시기는 표류의 기억이 비교적 생생한 시점이다. 그러나 개인 차원의 청취는 표류 직후에 이루어지지 못한 경우가 많았다. 간혹 표류민과의 만남이 즉각적으로 이루어지기도 했으나 이것은 어디까지나 이례적인 경우였다.[85] 가령 『해외문견록』의 「당선제(唐船制)」는 1687년 안남에 표류했던 이덕인(李德仁)을 1706년경에 면담하고 작성한 것이다. 또, 『탐라문견록』의 저자 정운경의 조사에 응한 사람 중에서 가장 연장자는 1679년에 일본에 표류했던 관노 우빈으로, 그는 사건 발생 후 52년이 지난 시점에서 표류 상황을 구술하였다. 1687년 안남에 표류했던 고상영 역시 45년이나 지난 후에 표류담을 구술하였다. 이 때문에 표류민 기억의 진실성 여부가 더욱 문제시되었다. 표류민이 표류-송환 과정에 부적절한 대응을 하였다면 그에 관한 책임을 추궁당할 수도 있었기에 사실을 일부 은폐했을 수도 있다.

둘째, 조선시대 표류민은 대체로 학식이 높지 않았기 때문에 조사자의 질문에 논리적인 답변을 하지 못하였다. 그리하여 표류담의 청취는 표류민 일행 중에 문식이 있거나 지적 수준이 높은 사람을 중심으

---

85) 박사호의 「탐라표해록」은 표류민이 국내로 송환되기도 전에 북경에서 이들을 만나 이야기를 듣고 작성된 것이므로 국가 차원의 조사보다 더 먼저 표해록이 지어졌다.

로 진행되었다. 한편 조사자들은 표류민의 기억에 의존한 표류담뿐 아
니라 이들이 직접 남긴 기록을 보조수단으로 삼기도 했다. 예컨대 박
지원의『서이방익사』, 정약전의『표해시말』, 김경선의「제주표인문답
기」는 작성 과정에서 모두 표류민의 언문 기록을 보조 자료로 활용하
였다.

셋째, 표류담을 기록하는 지식인과 표류민의 관계에서 지식인이 주
도권을 잡고 이야기의 전개에 개입하며 표류담의 진실 여부를 판단하
였다. 박지원은『서이방익사』를 지을 때 표류민의 기억이 어지럽고 순
차를 잃었다고 하며 자신의 관점에서 변증을 진행하였다. 김경선은「제
주표인문답기」에서 표류민의 말에서 진실과 거짓을 변별하고자 했다.
표류 경험은 생사와 관련된 일생일대의 사건이었기에 기억에서 쉽게
지워지지 않는다. 그러나 기억은 정확성 여부가 항상 문제시되며 왜곡
이나 과장의 소지가 충분하다. 표류민의 관심사나 기억의 부실로 인해
확대, 축약, 변조의 가능성이 있었기 때문이다.

표류민의 표류담은 생생한 해외 지식을 제공한다는 점에서 유의미
한 정보원이었다. 표류민을 통해 유입된 해외 정보는 지식인들에 의해
한층 정제된 지식으로 만들어졌다. 표류와 표류민에 주목했던 지식인
들은 대부분 세계 인식의 확장이나 시각 확대의 경향을 보이며 표류민
을 통해 외부세계의 정보를 얻고자 하였던 인물들이다. 이들은 표류를
외부세계로 통하는 또 하나의 중요한 길목으로, 표류민을 외부세계의
정보를 전달해 주는 매개자로 인식하고 있었다.

조선의 지식인들이 표류민을 해외정보의 전달자로 보고 이들을 통해
해외정보를 얻고자 할 때, 그들을 크게 정치·경제·문화 등 세 가지 방
면의 정보를 취득할 수 있는 경로로 인식하는 경향이 있었다. 첫째, 외

국 문화를 접하고 견문을 확장하는 기회로 생각하였다. 둘째, 선박제
도, 화폐제도, 정전제도 등 경제 관련 정보를 취득할 수 있는 경로로
생각하였다. 예컨대 『해외문견록』에는 선박제도, 조세제도, 정전제도
에 대한 저자의 관심이 잘 드러나 있다. 또한 이강회의 「운곡선설」, 『현
주만록』 등에는 중국 선제에 대한 관심이 두드러진다. 정약용은 선진적
인 선박제도를 배워 조선에 활용하여야 한다고 누차 주장하였으며, 산
천과 풍속 위주로만 기술된 일본 사행의 기록에 대해 비판하였다. 해외
견문의 기록물은 단순한 해외 이문(異聞)의 공유 차원을 넘어서 이용후
생에 관계되는 실천적 지식을 다루어야 한다고 생각한 것이다. 셋째,
주변 국가의 정치 동향을 파악할 수 있는 경로로 생각하는 경우이다.
이덕무는 「기복건인황삼문답」에서 표류민을 통해 중국의 정치 동향을
파악하고자 하였으며, 『지영록』과 『성미선신록』에서도 이러한 경향이
선명하게 드러난다. 이는 대부분의 표해록에서 드러나는 경향이기도
하다.

조선후기 표해록의
저술 양상

1. 표해록의 정의와 자료개관

　현재 표해록의 정의와 범주에 대해서는 연구자들의 견해가 일치하지 않으며 그 명칭 역시 '표해록(漂海錄)', '표류기(漂流記)', '표류기록(漂流記錄)', '표해기록(漂海記錄)' 등이 혼용되고 있는 상황이다. 용어의 문제는 연구시각이나 연구범위와 직결되어 있는 중요한 문제이므로 자료의 특성을 고려하여 명확하게 정리할 필요가 있다. 따라서 본격적인 논의에 앞서 우선 표해록의 정의와 범주에 대해 확정하고자 한다.

　지금까지 조선시대 해난사고의 경험과 관련된 기록을 지칭하는 용어로 표류기와 표해록 두 가지가 널리 사용되고 있는데, 표류기보다는 표해록이라는 명칭이 더 적절하다. 조선시대에 '표류기'라는 용어는 잘 사용되지 않았고 '표해록'이 널리 사용되었으며, 조선후기에 이르러 표해록은 고유명사가 아닌 표류 기록 전반에 통용되는 일반명사로 정착하였다. 또한 표해록이라는 명칭은 중국과 일본에서는 사용하지 않는 용어이기에 조선 문헌의 특성을 반영한 명칭이기도 하다.

조선시대 문헌에 '표해록'이라는 용어가 처음 등장하는 것은 1511년의 일이다. 『중종실록』에 최부의 『표해록』을 간행하여 보급하자는 내용이 보인다.[86] 이때는 표해록은 일반 명사가 아닌 최부의 『표해록』을 가리키는 고유 명사로 사용된 것이다. 조선시대에 표해록이 일반 명사로 정착하게 된 데에는 최부 『표해록』의 영향이 컸다. 최부의 『표해록』은 조선시대에 간행된 유일한 표해록인 동시에 가장 많은 독자를 가진 표해록이었다. 저자 최부의 호를 따서 『금남표해록(錦南漂海錄)』이라고도 하는 이 책의 원제목은 『중조견문일기(中朝見聞日記)』였는데 중종 연간에 금속 활자로 『표해록』이라는 제목으로 간행되었다.[87] 최부 『표해록』이 출판되어 넓은 범위에서 유통되면서 '표해록'은 표류 체험을 기록한 글이라는 일반 명사로 정착되어 사용되었다. 아래 표해록이 일반 명사로 쓰인 사례를 몇 가지 살펴보기로 한다.

장서각에 소장되어 있는 최두찬 『승사록』의 표제는 〈그림 1〉과 같이 『표해록』(청구기호:B90 13)으로 되어 있다. 또한 저자의 서문인 「승사록서」의 제목 아래에 〈그림 2〉와 같이 '원당사인최두찬표해록(元堂

---

86) 『中宗實錄』 卷13, 中宗 6年(1511) 3月 甲子條. "(前略)…, 世仁曰: '世宗朝, 朴墺應時以生, 傳習禮樂於中朝, 播於東方. 墺之所撰樂詞, 亦甚美, 而其子孫孱劣, 不能播之於世. 請開刊, 藏之於禮曹, 掌樂院, 以時敎訓. 然則東方樂詞, 可一復古之盛音矣. 且崔溥漂海錄, 自金陵至帝都, 山川風土習俗, 無不備記. 吾東方人, 雖不目覩中原, 因此可知, 請幷開刊傳播.'"

87) 이 표해록은 16세기에 관판본인 금속활자본으로 간행된 것을 시작으로, 수백 년 동안 목판본, 목활자본으로 수차례 간행되었다. 최부의 『표해록』은 간행본 이외에도 다양한 형태의 필사본이 국내 외 여러 도서관에 소장되어 전해지며 한글 필사본도 남아있다. 한글본 필사본은 서강대에 1종, 국립중앙도서관에 1종 소장되어 있다. 한문 필사본은 축약본의 형태로도 여러 종 존재한다.

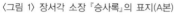

〈그림 1〉 장서각 소장 『승사록』의 표지(A본)　　〈그림 2〉 장서각 소장 『승사록』의
　　　　　　　　　　　　　　　　　　　　　　　　　　　　　　　권수제면(A본)

士人崔斗燦漂海錄)'이라고 명시되어 있다. 서문에서 알 수 있듯이 저자
인 최두찬이 자신의 저술에 붙인 이름은 '승사록'이었지만 필사자가 표
제와 권수제에 '표해록'이라고 써 넣은 것이다.

　이강회는 정약전이 지은 「표해시말(漂海始末)」을 『유암총서(柳菴叢
書)』에 수록하면서 글의 제목을 '표해록'이라고 하였고, 『일성록』의 기
록에서도 문순득의 표류 기록을 '표해록'으로 지칭했다. 이 밖에도 많
은 표류 기록의 표제가 '표해록' 혹은 '□□표해록'으로 되어있는데 이
는 조선시대에 표해록이 일반 명사로 사용되었음을 말해준다. 박지원
이 지은 『서이방익사』 또한 표해록으로 불렸다.[88)]

　조선시대의 표해록에 대해 처음으로 체계적인 개념 정의를 시도한

---

88) 未詳, 『建置沿革攷』 卷1, 「濟州」(장서각 소장 필사본). "…正廟丁巳, 命朴祉[趾]源,
傳考史記撰濟州武臣李邦翼漂海錄, 有日島謂之刺刺, 與耽音相類, 耽羅蓋云島國也."

학자는 정성일이다.[89] 정성일은 표해록의 정의와 범주에 대해 다음과
같이 말하였다.

> 표해록이란 조난자 또는 그로부터 전해들은 다른 사람이 표류사건
> 에 대하여 적은 사문서(私文書)를 말한다. 따라서 표류와 관련된 기록
> 물 중에는 표해록 외에 다른 것도 있는데 표류사건을 조사한 정부 쪽
> 공문서가 그것이다. 표류사건의 조사자 쪽 기록(調査記錄)과 조사를
> 받은 조난자 쪽 기록(표해록)을 통칭하여 표류기록(漂流記錄)으로 부
> 를 수 있다. …(중략)… 한국 표해록이라고 할 때는 적어도 다음의 두
> 가지 조건을 모두 충족해야 한다. 첫째, 저자(기록자)가 한국 사람이면
> 서 한국의 조난자 쪽에서 남긴 것이어야 한다. 둘째, 표류해 간 지역이
> 국내가 아니라 해외여야 한다. …(중략)… 표류와 관련된 문학작품 성
> 격이 짙은 문헌설화류 등이 있다. 이러한 기록물은 '넓은 의미의 표해
> 록'에 넣을 수 있다고 생각한다. 다만 이 글에서는 사실 위주로 적은
> 기사류(記事類)나 기록류(記錄類) 중심의 '표해록'으로 한정하여 서술
> 하고자 한다.[90]

이에 앞서 기존의 표해록 연구는 개별 표해록 분석에 치중되어 있었
고 표해록 전반에 대한 시각이나 개념은 마련되지 않았다. 연구자들은
편의에 따라 임의로 표해록이라는 용어를 사용하였는데, 정성일의 연
구를 통해 표해록의 개념과 범주가 처음으로 정리되었다. 정성일의 이
작업은 표해록 연구의 체계화와 표해록 문헌들을 전체적인 시각으로

---

89) 정성일, 「한국 표해록의 종류와 특징」, 『도서문화』 제40집, 2012; 정성일, 「표류기록
   의 개관」, 『전라도와 일본(조선시대 해난사고 분석)』, 경인문화사, 2013.
90) 정성일(2012), 위의 논문, 10~13면.

연구할 수 있는 기초를 마련하였다. 그러나 표해록 텍스트들에 대한 개별 연구들이 누적되고 새로운 자료들이 속속 발굴됨에 따라 기존의 표해록의 개념과 범주에 대한 재검토가 필요해지게 되었다. 이에 본고 에서는 기존 표해록 개념의 한계를 몇 가지로 나누어 분석하고 표해록 의 개념을 새롭게 정의하고자 한다.

우선, 정성일의 연구에서는 분류의 한 기준으로 사문서인지 공문서 인지의 여부를 제시하고 있는데 이러한 분류 기준은 경계가 애매모호 한 경우가 많다. 조선시대에는 공직에서 있으면서 공무를 위해 작성한 다양한 문서를 개인 문집에 수록하는 경우가 많았으므로 이러한 기록 을 공문서로 보아야할지 사문서로 보아야할지 확정하기 어렵다. 예를 들어, 『현주만록』은 1819년 2월 이강회가 전라도 현주 즉 지금의 우이 도에 거주할 때, 현지 관원을 대신해 그곳에 표류해온 중국 소주 출신 의 선원들을 조사·문정하고 표류 선박의 외형과 작동원리를 관찰하여 기록한 글이다. 문집인 『현주만록』에 수록되어 있으므로 개인 저술의 형태를 띠고 있지만 그 내용은 공문서에 가깝다. 또 『정미전신록(丁未 傳信錄)』은 「치보한인임인관등표해사정자문(馳報漢人林寅觀等漂來事情 咨文)」, 「해송표해인구자문부계개(解送漂海人口咨文附計開)」, 「반송표해 인유치홍의포자문(搬送漂海人留置紅衣砲咨文)」, 「표인문답(漂人問答)」 등의 여러 조사기록을 포함하고 있지만 여전히 표해록에 속한다.

둘째, 정성일의 연구에서는 한국 표해록을 저자가 조선시대 사람이 면서 조선인의 표류 체험을 기록한 것에 한정하고 있는데, 이 경우 조 선인들이 외국 표류민을 만나 작성한 기록들, 즉 김지남의 「제주표한 인처문정수본(濟州漂漢人處問情手本)」[91], 임적(任適)의 「표인문답(漂人 問答)」[92] 등과 같은 자료가 표해록의 범주에서 제외되며, 중국 표류민 조사 기록과 문정기록 등을 모아놓은『임진표해록(林陳漂海錄)』과『정미전신록(丁未傳信錄)』등의 표해록들도 연구 대상에서 제외된다.

셋째, 정성일은 표류와 관련된 문헌설화류 등을 '넓은 의미의 표해록'에 포함시킬 수 있다고 하였는데[93] 이는 재고가 필요한 부분이다. 표해록은 작자의 상상력에 기반을 둔 허구적 구성을 배제한 기록으로, 표류민의 직접체험을 기반으로 하거나 구술이나 기록물을 통한 간접체험을 기반으로 한다. 즉, 표해록은 기본적으로 역사적 실재와 대응관계를 형성하는 사실적 기록이다. 그런 의미에서 연행록이나 통신사행록과 같은 층위에서 그 성격을 논할 수 있다. 장한철 표류 체험의 '사실적인' 기록인『표해록』은 표해록에 포함되지만, 동일한 이야기를 야담의 형태로 각색한『동야휘집』의「표만리십인전환(漂萬里十人全還)」과『청구야담』의「부남성장생표대양(赴南省張生漂大洋)」은 표해록의 범주에서 다룰 수 없다. 또,『탐라문견록』에 수록되어 있는「최담석전(崔淡石傳)」은 표류담을 인물 전기식으로 기술한 것으로 문학적으로 각색한 작품에 속하므로 표해록으로 보기 어렵다. 이 밖에도 조선시대 문헌 중에 표류민 전기 형식으로 된 작품들이 있는데, 김수증의『곡운집』권6에 수록된「법성전(法性傳)」이나 목만중의『여와선생문집』권16에 수록된「김복수전(金福壽傳)」이 여기에 해당한다. 이러한 작품들은 소설적 성

---

91) 이 글은 역관 김지남이 저술한 임술사행(1682)의 기록인『동사일록(東槎日錄)』에 수록되어 있다. 김지남은 일본 사행을 마치고 귀국하는 길인 임진년(1683) 9월에 해남(海南)에서 제주도 표착 후 본국으로 돌아가는 중국 남방 표류민 심전여(沈電如)와 두인(杜印) 등을 만나「제주표한인처문정수본(濟州漂漢人處問情手本)」을 작성하였다.

92) 임적은 1725년 초 양성(陽城) 현감 시절에 제주 대정현에 표류해 온 중국 복건 천주부(泉州府) 진강현(晉江縣) 사람들을 만나 필담을 나누고 관련 내용을 기록해 두었다.

93) 이러한 작품들은 해양문학으로 포섭할 수 있다. (윤치부,『한국 해양문학 연구』, 학문사, 1993.)

향이 짙으므로 역시 표해록의 범주에서 다루기 어렵다.

그렇다면 표해록의 정의와 범주를 어떻게 설정하는 것이 조선시대 표해록의 특징을 충분히 반영하는 것일까. 필자의 견해로 이른바 표해록이란 조선시대에 해난사고의 경험이나 견문을 '사실적'으로 기록한 텍스트이며, 조선시대 사회관계망을 통하여 일정한 범위에서 유통될 수 있었던 표류 기록이다. 이때 해난사고의 주체는 조선인에 국한되지 않으나 기록의 주체는 조선인으로 한정된다. 표해록 텍스트의 생산과 유통의 과정을 모두 고려한 이러한 정의는 조선후기 표해록을 종합적으로 고찰하는 데 유리하다.[94]

표해록은 단행본으로 만들어진 것과 문집이나 기타 저술에 수록되어 전하는 것이 있다. 작성 시기는 15세기에서 19세기 말까지이다. 최초의 표해록은 널리 알려진 최부의『표해록』이며, 지금까지 발견한 표해록 중에서 가장 후대의 것은 1893년에 지어진 양우종(梁佑宗)의『표해일기(漂海日記)』이다. 조선시대의 표해록은 텍스트 형성 방식을 기준으로 크게 세 가지 유형으로 나눌 수 있다.

첫 번째 유형은 표류민이 자신의 표류 체험을 직접 기록한 것이다. 널리 알려진 최부의『표해록』을 비롯하여 장한철의『표해록』, 양지회의『표해록』, 최두찬의『승사록』, 풍계 현정의『일본표해록』등은 표류 당사자가 자신의 표류 경험을 토대로 기술한 표해록이다.

두 번째는 타인의 표류 체험을 제3자가 기록한 것이다. 여기에는 표

---

94) 일본의 경우 표류기 개념을 확정함에 있어서 유통 범주를 하나의 기준으로 삼고 있다. 관아에서 작성한 표류민 조사기록이라도 특정한 계기로 민간에 흘러들어 불특정 다수의 독자들이 이를 열람하였다면 표류기에 포함시켜야 한다는 견해가 있다. (이케우치 사토시, 「에도시대 일본에 전해지는 표류기」,『동아시아 표해록과 표류의 문화사』, 국립해양문화재연구소, 2012, 106면.)

류민의 표류담을 청취한 후 작성한 표해록과 기타 표류 관련 문헌을 정리하여 작성한 표해록이 모두 포함된다. 예를 들어, 김경선의 『연원직지』 권1 「출강록(出疆錄)」에는 「영길리국표선기(英吉利國漂船記)」가 수록되어 있으며, 권3 「유관록(留館錄)」에는 「제주표인문답기(濟州漂人問答記)」가 수록되어 있다. 김경선은 1832년 11월 25일 심양에서 귀국 중에 있던 조선의 재자관(齎咨官)을 만났다. 당시 이 재자관은 영국 선박이 조선 해역에 왔던 사실을 청에 보고하는 내용의 수본을 소지하고 있었다. 김경선은 이를 빌려 보고 이 수본에 기초하여 「영길리국표선기」를 작성하였다. 그 후 같은 해 12월에 김경선은 북경 관소에 머물면서 유구에 표류했던 조선 표류민들을 만났다. 그는 표류민들의 표류담을 청취하여 한 편의 글을 지었는데 이것이 바로 「제주표인문답기」이다. 여기서 「영길리국표선기」는 문헌기록을 참고하여 작성한 표해록이고, 「제주표인문답기」는 표류민의 표류담을 토대로 작성한 표해록이다. 이들 모두 타인의 표류 체험을 기록한 표해록이다.

세 번째 유형은 표류 관련 자료들을 다수 모아 책으로 엮은 것이다. 이러한 유형의 자료는 '표류기사 찬집서(漂流記事 纂輯書)'라고 통칭할 수 있다. 필자는 왕덕구(王德九, 1788~1863)의 저술 『창해집(滄海集)』과 『창해공유간첩(滄海公遺簡帖)』에서 『임진표해록(林陳漂海錄)』이라는 책의 편찬 사실을 알려주는 단서를 발견하였다. 『창해공유간첩』에는 창해공 왕덕구가 청주의 화양동(華陽洞) 환장암(煥章庵)에 '존주서(尊周書)' 9책을 보관한 사실을 아들 경열(景說)에게 알려주는 편지글이 수록되어 있다. 이 편지에 제시된 책 목록 중에 『임진표해록』 한 책이 포함되어 있다. 이 밖에도 『창해집』 권2에 「임진표해록서」, 『창해집』 권4에 「제임진표해록」이 수록되어 있어 『임진표해록』이 실제로 존재했음을 증명해준다. 현재 『임진표해록』은 일실되어 전하지 않는다.

　ⓐ 『임진표해록』은 임인관과 진득이 바다를 표류한 일을 기록한 것이다. 전에 『정미전신록』이라는 제목의 책이 있었는데, 대체로 이서구(李書九) 공가 수집 편찬한 것이다. 그러나 누락된 것이 무척 많았다. 내가 감히 원편에서 빠진 부분을 채집하고 보충하고 어제(御製)를 부록하여, 『임진표해록』이라 하였는데, 이로써 당시의 천리와 인정을 충분히 볼 수 있다. 나는 마치도 '지금으로서 지난 일을 돌이켜봄이 백년이 하루와 같다.'라는 감회가 생겨났다. 영력 3년 경진(1820) 봄 3월 상순에 쓰다.[95]

　ⓑ 숭정 갑신 후 23년에 복건 지역 사람인 임인관과 진득 등 95인이 탐라에 표류해왔다. 조정에서 이들을 연경으로 해송한 것은 부득이한 것이었다. …(중략)… 명의 사직이 남쪽으로 건너간 이래 조선에서는 막연히 그 존망을 알 수가 없었다. 이들을 통해 처음으로 영력 황제가 광서(廣西)를 보존하여 이 때문에 북쪽으로 이동한 것을 알았다. 의를 지닌 선비로서 분해서 주먹을 불끈 쥐고 눈물을 뿌리지 않을 이가 없으리니, 하물며 황조의 옛 신하임에랴. …(중략)… 처음으로 왕군 덕구를 알게 되었는데, 충신하고 강개하여 능히 집안을 이를 사람이었다. 그가 나에게 『임진표해록』을 보여주기에 살펴보니 빠짐없이 수집하고 고증을 상세히 한 것이 기뻤다.[96]

---

95) 王德九, 『滄海集』 卷2, 「林陳漂海錄序」. (규장각 소장본) "〈林陳漂海錄〉, 錄林陳漂海之事也. 前有是書疑篇曰: 〈丁未傳信錄〉, 盖李公書九之所蒐輯, 而猶頗有漏, 余敢採補原篇之喩送, 及附錄之御製. 名之以〈林陳漂海錄〉. 此足以觀當時天理人情, 而吾人曠感, 猶今之視昔豈不百年如一日哉. 永曆三庚辰春三月上旬."

96) 李麟秀, 『蒼海集』 卷4, 「題林陳漂海錄」. (규장각 소장본) "崇禎甲申後二十三年, 泉漳 林寅觀陳得等九十五人漂抵耽羅, 朝廷解送燕不得已也. …(中略)…明社南渡以來, 東土漠然不知存亡, 因此人始知, 永曆皇帝保有廣西, 故其北去也. 秉義之士, 無不扼

『임진표해록』과 관련된 단서들을 종합적으로 살펴보았을 때 다음과
같은 사실을 알 수 있다.

①『임진표해록』는 영력(永曆) 3년 경진년 즉 1820년 봄에 지어졌으
며 저자는 왕덕구이다.

②『임진표해록』은 1책으로 되어 있으며『정미전신록』을 염두에 두
고 작성한 기록이다. 저자는『정미전신록』에서 미진한 부분을
보완하고자 했다.

③『임진표해록』은 1667년 임인관, 진득 등 95명이 제주에 표착하여
송환되기까지 조선 정부의 조치와 당시 조선인들의 태도 등을
망라하여 기록한 것으로 추정된다.

④『임진표해록』은 표류 관련 자료를 다수 편집하여 엮은 표류기사
찬집서이다.

『임진표해록』편찬 사실에 대한 발견은 표해록에 대한 이해를 넓히
고 표해록의 범주를 확장하는 하나의 실마리를 마련해준다. 이로 인해
조선시대에 지어진 다양한 표류기사 찬집서들을 표해록의 범주에서
다룰 수 있게 되었다. 이를테면『탐라문견록』,『해외문견록』,『정미전
신록』등 표류기사 찬집서들을 모두 표해록의 범주에 포섭할 수 있게
되었다.

이상 표해록의 정의와 범주에 대해 알아보았다. 이어지는 부분에서
는 현재까지 파악한 조선시대 표해록 자료에 대해 개괄적인 소개를 하
고자 한다. 현재 필자가 확인한 표해록은 34종으로 접근이 어려운 자

腕揮涕, 況皇朝舊臣乎. …(中略)…始識王君德九, 忠信慷慨, 克世其家者也. 乃以〈林陳
漂海錄〉一書示余, 旣寓目, 喜其蒐羅無遺. 攷据甚詳. …(後略)."

료 1종을 제외하고 모두 수집하여 내용을 확인하였다. 이 중에는 학계
에 처음 보고되는 표해록 7종이 포함되어 있다. 또, 기존에 알려진 표
해록 가운데 새로운 이본 3종을 발굴하여 이본 관계를 새롭게 확정지
었다. 또한 선행 연구에서 언급되었으나 본격적인 분석이나 연구가 이
루어지지 않은 자료들도 모두 조사하여 목록에 포함시켰다.

〈표 1〉 조선시대 표해록 조사 목록

*표시를 한 자료는 학계에 처음 보고되는 표해록이거나 새로운 이본을 발굴한 자료이다.

	저술연대	대표 제목	편저자	종류97)	출처/단행본	판종	소장처
1	1488	漂海錄	崔溥	①	단행본	金屬活字	동양문고 전질, 고려대 영본
						木板本 1	일본 陽明文庫
						木板本 2	일본 金澤文庫
						木板本 3	규장각, 영남대, 고려대 영본 소장
						木板本 4	장서각에 완질 소장
						木活字本	연세대, 계명대, 고려대 도서관
						筆寫本	서강대, 연세대 등
2	16세기	琉球風土記	柳大容	②	稗官雜記		
3	17세기 초	漂海錄98)*	韓允謙	②	當初記	筆寫本	규장각

---

97) 표류 당사자가 자신의 표류 체험을 직접 기술한 표해록을 ①로 표시하고, 타인의 표류
체험을 제3자가 기록한 표해록을 ②로 표시하며, 표류 관련 자료들을 다수 모아 책으로
엮은 표해록을 ③으로 표시한다.

98) 표제를 『표해록』으로 하고 있는 이 텍스트는 국내 표류 표해록이다. 규장각 소장 『당
초기(當初記)』에 한윤겸(韓允謙)이 지은 「표해록」이 수록되어 있는데, 이는 「표해록」
의 저자 한윤겸의 부친인 한효순(韓孝純)이 1597년에 강화도에서 국내로 표류한 기록
이다. 지금까지 발굴된 표해록 중에 국내 표류 표해록은 이 텍스트가 유일하다. 표해록
은 일반적으로 해외 표류를 상정하고 있기는 하지만, 지금까지 조사한 한문 표해록의

4	18세기	漂舟錄	미상	①	海行摠載		
5	18세기	李志恒漂海錄	미상	②	단행본	筆寫本*	국립중앙도서관(A본)
						筆寫本	국립중앙도서관(B본)
						筆寫本	동경대
6	1682	濟州漂漢人處問情手本	金指南	②	東槎日錄		
7	1696	知瀛錄	李益泰	②	단행본	筆寫本	국립제주박물관
8	1706	海外聞見錄	宋廷奎	③	단행본	筆寫本	일본天理大學 今西文庫
9	1725	漂人問答*	任適	③	『老隱集』卷三		
10	1732	耽羅聞見錄	鄭運經	②	단행본	筆寫本	서강대
						筆寫本	단국대
11	18세기	金麗輝等漂海錄	미상	③		筆寫本	개인소장
12	1759	記福建人黃森問答	李德懋	②	『嬰處文稿』권1		
13	1770	漂海錄	張漢喆	②	단행본	筆寫本	국립제주박물관
						傳寫本	국립중앙도서관
14	18세기 말	丁未傳信錄	李書九	①	단행본	筆寫本*	연세대
						筆寫本	규장각
15	1798	(增補)丁未傳信錄	成海應	③	硏經齋全集	筆寫本	
16		(무제)*	姜浩溥	②	桑蓬錄	筆寫本	연세대
17	17세기	丁未問答錄[99]*	黃功	②		筆寫本	국립중앙도서관
18	1797	書李邦翼事	朴趾源	②	燕巖集		
19	19세기 초	李邦仁漂海錄[100]	花岑 鄭上舍	②	단행본	筆寫本	개인소장

전모를 밝히기 위에 표에 수록하였다.

99) 필자가 새로 발굴한 것이다.

100) 『이방인표해록(李邦仁漂海錄)』은 일찍이 최강현에 의해 발굴되어 소개되었으나, 지금까지 연구자들의 주목을 받지 못했다. (최강현, 「표해가의 지은이를 살핌」, 『어문논집』 23, 1982.)

20	1801	漂海始末	丁若銓	②	柳菴叢書	筆寫本	
21	1804	漂流舟子歌	李海應	②	薊山紀程	筆寫本	
22	1818	雲谷船說	李綱會	②	柳菴叢書	筆寫本	
23	1818~1819	雲谷雜著	李綱會	②		筆寫本	
24	1819	玄洲漫錄	李綱會	③		筆寫本	京都大學 河合文庫
25	1805	(무제)	鄭東愈	②	畫永編	筆寫本	
26	1817	漂海錄	李種德	②	五洲衍文長箋散稿	筆寫本	
27	1821	日本漂海錄	楓溪 賢正	②	단행본	筆寫本	영남대 동빈문고
						筆寫本	송광사 성보박물관 소장
						筆寫本*	계명대 동산도서관 소장본[101]
28	1818	漂海錄	梁知會	①	단행본	筆寫本	장서각
29	1818	乘槎錄	崔斗燦	①	단행본	筆寫本	장서각(A본)[102]
						筆寫本	장서각(B본)
						筆寫本	규장각[103]
						筆寫本	국립중앙도서관
						筆寫本	하버드옌칭도서관
						筆寫本	영남대
						木版本	연세대 등
30	1820	林陳漂海錄*	王德九	③	단행본	筆寫本	逸失
31	1828	耽羅漂海錄	朴思浩	②	心田稿		
32	1832	英吉利國漂船記*	金景善	②	燕轅直指		
33	1832	濟州漂人問答記	金景善	②	燕轅直指		
34	1893	漂海日記*	梁佑宗	①	단행본	筆寫本	제주국립박물관

---

101) 필자가 새로 발견한 이본이다.

102) 표제가 『漂海錄』으로 되어있다.

103) 筆寫記: 大韓光武元年(1897)陰曆陽月初九日, 鶴城畢書知印崔福述抄在鶴城時.

〈표 1〉에서 알 수 있듯이 조선시대 표해록은 다음의 두 가지 형태를 모두 망라한다.

첫째, 하나의 완성된 저작으로 존재하는 표해록이다. 이러한 표해록은 대부분 단행본 필사본 형태로 되어 있으며 간본 형태의 표해록도 2종 있다. 필사본 단행본으로 되어있는 표해록으로는 『일본표해록』, 양우종의 『표해일기』, 최두찬의 『승사록』, 장한철의 『표해록』, 양지회의 『표해록』, 『정미문답록』, 『이지항표해록』 등이 있다. 조선시대에 간행된 표해록은 최부의 『표해록』이 유일하다.[104] 이 밖에 최두찬 『승사록(乘槎錄)』이 1917년에 『강해승사록(江海乘槎錄)』이라는 제목으로 목판으로 간행되었다.

조선후기로 갈수록 표해록의 유전범위가 확장되면서 일부 단행본 형태의 한글 표해록이 등장하기도 했다. 지금까지 발굴된 한글 표해록은 한문으로 된 표해록을 그대로 번역했거나 일부 내용을 발췌하여 번역한 것으로 추정된다. 현전하는 표해록 자료들을 확인해보면 더 많은 한글 표해록이 조선후기에 유전되었을 가능성이 높다.[105]

---

104) 최부의 『표해록(漂海錄)』의 원 제목은 『중조견문일기(中朝見聞日記)』으로 최부가 조선에 돌아온 후 성종의 명으로 찬진한 것이다. 이 책은 16세기인 중종 연간에 『표해록』이라는 제목으로 갑인자 활자로 간행되었다. 저자의 호를 따라 『금남표해록(錦南漂海錄)』으로도 불렸다. 최부 『표해록』은 조선시대에 간행된 유일한 표해록인 동시에 가장 광범위하게 유통된 표해록이다. 이 표해록은 16세기에 관판본인 금속활자본으로 간행된 것을 시작으로, 목판본, 목활자본으로 수차 간행되었다. 이러한 간행본 이외에도 여러 필사본이 존재하는데, 그중 한글 필사본도 2종 발견되었다.

105) 『이방인표해록(李邦仁漂海錄)』에 보면 세상에 전해지던 한글 표해록을 화잠(花岑) 정상사(鄭上舍)가 한문으로 번역한 것이라고 기록되어 있다. 이는 한글로 된 이방익 표해록이 이전에 이미 유통되고 있었음을 말해준다. (전상욱(2011), 앞의 논문, 134면.)

〈그림 3〉 서강대 소장
한글 『표해록』의 표지

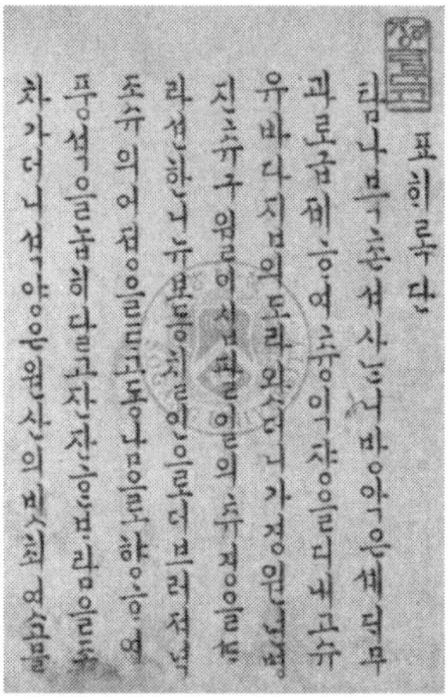

〈그림 4〉 서강대 소장
한글 『표해록』의 권수제면

〈표 2〉 조선시대 한글 표해록

	표제	판종	소장처	비고
1	錦南漂海錄	필사본	서강대 (고서 최18)	최부『표해록』의 한글 축약 번역본으로 18세기 선행 한글본을 필사한 것으로 보인다.106)
2	漂海錄	필사본	국중도 (승계古3636-33)	최부『표해록』의 한글 번역본으로 19세기 필사된 것으로 추정된다.
3	漂海錄	필사본	서강대 (고서 표925)	이방익의 표류 사건을 기록한 표해록이다. 속지에 1968년 3월 5일에 통문관(通文館)을 통해서 4500원에 구입했다는 정보가 적혀있다.

　둘째, 다른 문헌 속에 기사의 형태로 수록되어 전하는 표해록이다. 조선시대 문집이나 저술을 포함한 여러 문헌 속에 표해록이 수록되어 있는데, 이러한 작품도 최대한 발굴하여 연구에 포함시켰다. 가령 중

---

106) 유춘동(2016), 앞의 논문, 299면.

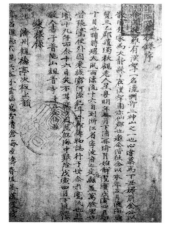 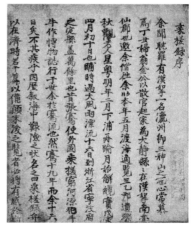

〈그림 5〉영남대 소장
『승사록』권수제면

〈그림 6〉하버드 옌칭도서관 소장
『승사록』권수제면

국, 대만, 유구 등지에 표류한 조선인은 표착지에서 북경으로 이송된
후 재차 예부의 조사를 받고 본국으로 송환되었다. 이때 표류민들은
북경에 체류 중인 연행사절단의 인원들을 만났거나 연행사절단에 송
부되어 연행사와 함께 귀국하였다. 따라서 연행록 중에는 저자가 표류
민들에게서 들은 해외 정보를 기록한 것이 적지 않다. 특히 600종이
넘는 연행록을 관찬사료의 표류 기록을 단서로 하여 꼼꼼히 조사해보
면 새로운 표해록을 발견할 수 있을 것이다. 표류의 빈도를 놓고 보았
을 때 추가적인 표해록 자료가 발굴될 가능성이 매우 높다.

　아래에서는 새로 발굴된 표해록과 기존 연구에서 거의 다루어지지
않았던 자료들에 대해 소개하고자 한다. 해당 자료는『이지항표해록』,
『상봉록』내 표해록, 「김려휘등표해록」,『주영편』내 3편의 표해록,
이강회의 저술 3건, 양지회『표해록』, 「영길리국표선기」, 『이방인표해
록(李邦仁漂海錄)』이다.

『이지항표해록』은 이번에 처음 발굴된 것은 아니지만 지금까지 연구가 진척되지 않아 신자료나 다름이 없다. 『이지항표해록』은 표류민 이지항이 지은 표해록을 제3자가 삼인칭으로 고쳐 재서술한 것이다. 이 자료는 이지항의 표류 체험을 일록의 형태로 기록하고 있는데, 1696년 4월 13일 표류를 당해서부터 1697년 3월 5일 집으로 돌아가기까지의 과정을 날짜별로 적어두었다. 내용은 크게 (1) 이지항의 약력, (2) 표류 발생 경위와 바다에서의 고난, (3) 가까스로 뭍에 도착하여 정체불명의 토착민들을 만난 경위와 에조(蝦夷)에서의 견문, (4) 마쓰마에번(松前藩)에서 받은 후한 대접과 일본인들과의 교류, (5) 마쓰마에번을 떠나 에도(江戶)와 오사카(大阪), 시모노세키(下關), 아카마가세키(赤間關), 잇키도(壹岐島), 쓰시마(對馬)를 지나 본국에로의 귀환 여정의 다섯 부분으로 나뉜다.

『이지항표해록』은 일본 학자 이케우치 사토시(池內敏)에 의해 1998년에 학계에 소개되었지만[107], 관련 연구는 공백이나 다름이 없다. 이케우치 사토시의 이 논문은 『표주록(漂舟錄)』과 『이지항표해록』을 일본 학계에 소개하는 목적으로 작성되었다. 이 논문에서는 『표주록』과 『이지항표해록』의 한문 원문을 수록하고 『표주록』의 일본어 번역문을 제공하고 있다. 또, 국립중앙도서관과 일본 동경대 도서관에 소장되어 있는 『이지항표해록』 이본 2종을 소개하였다. 필자는 『이지항표해록』을 조사하는 과정에서 이본 1종을 추가로 발견하였다. 새로 발견한 이본은 현재 국립중앙도서관에 소장되어 있으며[108], 기존에 발굴된 2종

---

107) 池內敏, 「李志恒『漂舟錄』について」, 『鳥取大學敎養部紀要』 28, 鳥取大學, 1998.
108) 청구기호는 古2511-62-1-63-1이다.

의 필사본보다 앞선 시대의 필사본인 동시에 선본(善本)이다. 지금까지 발견된 3종의 이본을 편의상 국중도 A본(청구기호:古2511-62-1-63-1), 국중도 B본(한古朝60-71), 동경대본으로 지칭한다. 현재 장서각에 『이지항표해록』2종이 마이크로필름으로 소장되어 있는데, 확인 결과 국립중앙도서관 소장 『이지항표해록』2종을 저본으로 제작한 것이었다. 장서각의 마이크로필름의 소장 경위는 확실하지 않다.

〈그림 7〉 국립중앙도서관 소장
『이지항표해록』의 표지(A본)

〈그림 8〉 국립중앙도서관 소장
『이지항표해록』의 표지(B본)

두 번째 자료는 『상봉록(桑蓬錄)』이다. 이 책의 권8과 권9에는 강호부(姜浩溥) 일행이 북경에서 제주 표류민 손응성 일행을 만난 내용이 기록되어 있다.[109] 강호부는 1727년 10월에 연행사절단을 따라 중국에

---

109) 『상봉록』은 원래 강호부가 1727년 10월에 연행사절단을 따라 중국에 갔다가 이듬해 4월 초에 귀국하기까지 6개월간의 연행 내용을 일자별로 기록한 것인데, 지금 이 한문본 원본은 일실되어 전하지 않는다. 강호부는 연행에서 돌아온 후, 어머니를 위하여

갔다가 이듬해 4월초에 귀국하였다. 1728년 북경에 체재할 때에 유구 에 표류하였다가 북경에 이송된 제주 사람 손응성 등을 만나 관련 기 록을 남겼다. 표류민과 관련된 기록은 권8의 무신년(1728) 정월 초 10 일과 정월 17일의 일기에, 권9의 2월 12일과 2월 19일 일기에 기록되 어 있다. 『상봉록』의 표류민 관련 기록을 날짜별로 살펴보면 다음과 같다.

1728년 정월 초 10일 일기에는 제주 표류민이 유구 사신과 함께 삼 관묘(三官廟)에 유숙하고 있다는 말을 듣고, 일행 중의 홍만운(洪萬運) 과 한수악(韓守岳)을 시켜 유구 사신들을 만나 제주인의 목숨을 구해주 고 수고롭게 인솔해 온 것에 사례한 일이 기록되어 있다. 정월 17일 일기에는 청조의 예부에서 조선 측 역관을 부르고, 다시 유구국 사관 에서 제주 표류민 9명을 불러 조사한 사실과 심문 내용이 기록되어 있 다. 청조의 예부에서는 표류 경위와 표류민 신원, 선적물품, 송환 과정 에 대해 구체적으로 심문하였다. 2월 12일의 일기에는 예부가 손응성 등 9명의 표류민을 조선 사신의 관소에 이송하고 이자문(移咨文)를 보 내온 사실이 기록되어 있다. 강호부는 이자문의 내용과 조선 측의 회 자문(回咨文)의 내용을 기록해 두었다. 그리고 손응성 등이 본 유구국 의 견문과 송환 경로의 견문에 대해 상세히 기술하였으며, 이와 별개

한문본을 한글로 번역하였는데 이것이 바로 한글필사본 『상봉녹』이다. 『상봉록(桑蓬 錄)』 한문본 원본은 강호부의 친구인 정수연(鄭壽延)이 빌려갔다가 잃어버렸다고 한 다. 현전하는 한역본(漢譯本)은 강호부의 증손 강재응(姜在應)이 한글본은 토대로 한 역한 것이다. 그 후 한글본 『상봉녹』은 화재로 인해 일부 소실되었지만, 다행히도 표류 민에 관한 내용이 담긴 부분은 불타지 않고 남아있다. 한역본 『상봉록』은 두 차례의 번역을 통해 생성된 텍스트라는 점에서 특별한 연행록이다. 한역본 『상봉록(桑蓬錄)』 과 한글본 『상봉녹』은 모두 연세대학교에 소장되어 있다.

로 저자가 알고 있는 유구국 관련 지식정보에 대해서도 함께 정리해
두었다. 2월 19일의 일기에는 표류민을 보낸다는 사실을 알리는 자문
(咨文)의 내용을 수록해 두었다. 이 자료는 청조의 예부에서 조선 표류
민을 취급하는 과정을 보여주는 텍스트라 자료적 가치가 높다.[110]

세 번째 「김려휘등표해록(金麗輝等漂海錄)」은 편자 미상의 책자 속
에 수록되어 있는 표해록이다.[111] 이 책자에는 「추성지(愁誠誌)」, 「도
강록(江都錄)」, 「김려휘등표해록」, 「상사동전객기(相思洞錢客記)」, 「류
여매쟁춘설(柳與梅爭春說)」 등이 필사되어 있다. 이 표해록은 국립해양
문화재연구소에서 펴낸 『홍어장수 문순득 아시아를 눈에 담다』에 사
진으로 일부 소개되었으며 소장자는 전수홍으로 기재되어 있다.[112] 이
자료는 김려휘 등이 1663년에 유구에 표착했다가 일본을 통해 송환된
일을 기록한 것이다. 관련 기록은 송정규(宋廷奎)의 『해외문견록』에도
「기유구표환인어(記琉球漂還人語)」라는 제목으로 수록되어 있다. 「기유
구표환인어」의 첫 부분에 "강희 2년 계묘(1663)년 해남현의 선비 김려
휘 등 28명이 유구에 표류했다가 일본을 통해 돌아왔다. 김려휘는 일
록으로 그 시말을 기록해 두었다. 그 대략을 적어둔다.'[113]고 하여 김

---

110) 『비변사등록』 83책, 영조 4년(1728) 4월 5일 기록에 조선에 돌아온 이들 표류민을
    조사한 내용을 담고 있는 「표해회환인문정별단(漂海回還人問情別單)」이 수록되어 있
    다. 『비변사등록』에는 표류민의 이름이 손응선(孫應善)으로 기록되어 있어 손응선(孫
    應星)과 차이를 보인다.
111) 정성일(2012)에서 처음으로 소개되었다. 필자가 정성일 선생님께 이 자료의 열람을
    부탁드리자 흔쾌히 자료를 복사하여 우송해주셨다. 지면을 빌어 감사를 드린다.
112) 국립해양문화재연구소 편, 『홍어장수 문순득 아시아를 눈에 담다』, 2012, 172면.
113) 宋廷奎, 『海外聞見錄』, 「記琉球漂還人語」. (김용태·김새미오 역, 『해외문견록』, 휴
    머니스트, 2015, 86면.) "康熙二年癸卯, 海南縣士人金麗輝等二十八人, 漂到琉球, 由
    日本而還. 麗輝有日錄, 記其始末, 其略曰."

려휘의 표해록을 축약하여 기록한 것임을 밝히고 있다. 김려휘가 직접
지은 표해록은 현재 전하지 않는다.

정동유의 『주영편』에는 3편의 표해록이 수록되어 있다. 『주영편』은
다양한 지식을 모아 놓은 필기 형식의 저술로, 1805년부터 1806년 사
이에 지어진 책이다. 『주영편』의 제44, 46, 47칙이 표해록이라고 할
수 있는 기록들이다. 이 3편 가운데 2편은 서양인의 표해 기록이며 1
편은 조선인의 안남 표해록이다. 서양인들의 표해록이 거의 남아 있지
않으므로 『주영편』에 수록된 서양인 표류 기록은 희귀한 자료라고 할
수 있다.

세 편 기록의 구체적인 내용은 다음과 같다. 『주영편』 상권 제44칙
은 1797년 네덜란드 사람 50명이 동래에 표류해 온 기록이다. 이 기록
에서는 네덜란드 선원들의 이국적인 외모와 복장, 선박에 대해 자세히
기록하였으며, 그들이 소지한 조총과 책, 은전 등에 대해 언급하였다.
동래부사(東萊府使), 부산첨사(釜山僉使) 등 관원들이 역관을 대동하여
표류민을 대상으로 탐문 조사를 진행하려고 하였으나 말과 문자로 모
두 의사소통이 이루어지지 않았으며, 왜관 사람이 알려주어 그들이 아
란타인(阿蘭陀人)임을 알게 되었다고 적혀있다. 이 글의 말미에는 네덜
란드에 대한 지식정보가 정리되어 있다.[114]

제46칙은 고상영(高商英)의 안남 표해록이다. 첫머리에 역관 이제담
(李齊聃)이 1727년 제주에 있을 때 1687년 안남에 표류했던 고상영을

---

114) 1797년 네덜란드 선박이 동래에 정박한 사실은 『정조실록(正祖實錄)』 47권, 정조
21년(1797) 9월 임신조에도 기록되어 있다. 경상도관찰사(慶尙道觀察使) 이형원(李亨
元)과 삼도통제사(三道統制使) 윤득규(尹得逵)가 관련 사안에 대해 치계한 내용을 수
록하고 있다.

만나 표류담을 듣고 표해록을 지었으며, 이를 요약하여『주영편』에 수
록한다고 적혀있다.[115] 이 자료에는 표류민들이 안남에서 견문한 사실
과 그들이 중국 선원 진건(陳乾)과 주한원(朱漢源)에 의해 조선에 송환
된 사실이 적혀있으며, 진건과 주한원 편에 안남 국왕이 보낸 이문(移
文)의 내용이 함께 기록되어 있다. 고상영의 표류는『지영록』과『해외
문견록』,『탐라문견록』 등에 여러 버전으로 기록되어 있다.『주영편』
의 이 기록은『탐라문견록』 제1화의 기록과 직접적인 영향관계가 확인
된다.『주영편』의 기록은『탐라문견록』에 비해 간략하나, 문맥의 흐름
이 비슷하며 일부 내용은 완전히 같다. 가령 안남에서 본 소, 원숭이,
코끼리, 공작 등에 대해 묘사한 부분은 한 글자의 차이도 없이 일치한
다. 안남국왕이 보낸 이문(移文) 역시 몇 글자의 출입만 있을 뿐 거의
똑같다.[116] 다만 표류민의 이름이『탐라문견록』에는 고상영(高尙英)으

---

115) 鄭東愈,『晝永編』下卷. "英宗丁未, 譯學李齊聃, 在濟州見州民高商英, 是曾漂海生
還者, 詳問漂海顚末, 作一記, 其略曰."

116) 鄭運經,『耽羅聞見錄』,「安南國明德侯上我國文附」. "安南國明德侯吳某爲奉令調
載回籍事. 據丁卯年十月間, 有漂風小船一隻, 到安南國, 計二十四人. 詢稱朝鮮緣出
海貿易, 不意風波大作, 破船失貨物等語. 査係貴國商民, 俯憐同體, 荷蒙本國王體好
生之德, 施格外之恩, 安挿會安地方, 以給錢米, 不意業已病故三人, 現存二十一人. 俟
南風調載送歸, 但各船歸帆, 俱屬廣東福建等處, 卽有往日本洋船, 派送回國. 奈海洋
遼闊, 前後不齊, 難期必至, 恐漂人等, 終不遂回籍之願也. 割計不全, 籌度再三, 玆有
大淸寧波府商船, 於本年三月間, 載貨來至安南生理, 原在招添客貨貿易之船. 今爲漂
人等二十一人, 懇乞求回本貫甚切, 幸船主陳有履, 財副主朱漢源等, 憐憫衆苦, 流落
他鄕, 慨發義擧, 特將本船客商等, 辭送別船, 抛棄生理, 允將本船載至朝鮮, 送回本
籍. 以使漂人等遂願等語, 前來合行咨啓. 爲此欽奉安南國王令准寧波府商船, 任聽商
船貨主等料理, 送歸本籍. 今船主陳有履等, 捐資整理船隻, 幷請識路, 夥長舵工及招
集駕船人等, 一應料理外, 本國協助糧蔬食物, 以資難人等日食備用. 船主等率領于本
月二十二日, 揚帆開駕, 但恐關津條例森嚴, 准此備文移送朝鮮, 貴國希査實驗明, 敢
望回文, 卽交船主收集候帶本國, 以慰懸念也. 祈將本船整理, 俾其速早以回太淸, 不
勝一幸幸, 須至文者. 正和玖季柒月貳拾貳日."

로 되어있고『주영편』에는 고상영(高商英)으로 되어 있어 차이를 보인
다. 한편『주영편』에서는 역관 이제담(李齊聃)이 지은 표해록을 옮겨
적었다고 했는데 이제담이 누구인지, 그리고 실제로 이 기록의 원저자
가 이제담이었는지의 여부는 확실하지 않다.

　제47칙은 제주도에 온 서양인에 관한 기록이다. 1801년 큰 배가 제
주도 해안에 정박하여 서양인 다섯 사람을 내려놓고 가버렸다. 그중에
흑인 2명이 포함되어 있었다. 조선 역관이 다양한 방법으로 소통을 시
도했으나 끝내 말이 통하지 않았다. 조정은 관례대로 뇌자관(賚咨官)을
선출하여 이들을 중국에 이송하였다. 그러나 중국에서도 표류민들의
신원을 확인할 수 없다면서 조선에 재이송하였다. 이들은 다시 최초
표착지인 제주에 돌아와 생을 마감했다.『주영편』에서는 외국 선원들
의 외모과 의복에 대해 기록하고, 표류민들의 이름과 그들이 자주 쓰
는 단어의 뜻을 유추하여 한글 발음대로 기록해두었다.

　다음은 이강회의 기록이다. 그는 정약용이 유배지에서 가르친 제자
중 한 사람인데, 지금까지 알려진 그의 저술 중에는 표해록 문헌이 다
수 포함되어 있다. 그의 저술 중에 표류 문헌이 수록된 저술은『유암
총서』,『현주만록』,『운곡잡저』이다.『유암총서』는「표해시말」,「운곡
선설」,「차설답객난(車說答客難)」,「제차설(諸車說)」로 이루어져 있다.
이 중「표해시말」과「운곡선설」이 표류 관련 문헌이다.「표해시말」은
정약전이 유배되어 흑산도에 머물 때 문순득을 만나 그의 표류 경위와
해외 견문을 정리하여 기록한 것이다.「운곡선설」은 1818년 이강회가
우이도의 문순득의 집에 기거할 때 표류 경험이 있는 문순득의 구술을
토대로 해외의 선박제도에 대해 전문적으로 논한 글이다.

　『운곡잡저』는 이강회가 우이도 거주 시절인 1818년부터 1819년 사

이의 글들을 모아 놓은 잡저 형식의 저술이다. 권1에 중국 표류선박의 조사와 관련된 기록이 다수 수록되어 있다. 이강회가 지방 관료들의 요청으로 표류민 조사와 문정을 도우면서 작성한 것으로 추정된다.

『현주만록(玄洲漫錄)』은 1819년 2월 이강회가 전라도 현주 즉 지금의 우이도에 머물 때 현지 관원을 대신해 그곳에 표류해온 중국 강남 소주 출신의 선원들을 조사·문정하고, 표류 선박의 외형과 작동원리를 관찰하여 기록한 글이다. 『현주만록』은 이강회의 다른 저술인 『운곡잡저』의 내용과 겹치는 부분이 많다. 이로 보아 이 기록은 『운곡잡저』의 기록을 가공, 편집한 것으로 보인다. 『운곡잡저』의 표류 관련 내용은 표류민 조사 과정에 작성한 원고이고, 『현주만록』은 이를 추후에 재차 정리하고 편집한 것으로 보인다. 이강회의 이 저술은 안(案)을 첨부한 독특한 체제를 갖추고 있다.

〈그림 9〉 장서각 소장
양지회 『표해록』의 표지

〈그림 10〉 장서각 소장
양지회 『표해록』의 권수제면

다섯 번째 자료인 양지회의 『표해록』은 최근에 발굴된 표해록이
다.[117] 〈그림 9〉와 〈그림 10〉은 해당 표해록의 표지와 권수제면이다.
양지회의 생애와 이력은 현재로서는 확인하기 어렵다. 양지회의 『표해
록』의 서문 및 그와 함께 중국에 표류하였던 최두찬이 지은 『승사록』
의 관련 기록[118]을 통해 양지회의 본관이 제주이며 나주 지방 사족으
로 나주 향청의 향리를 지냈던 사실을 알 수 있다. 이 책은 1818년 양
지회가 제주에서 뭍으로 나오던 중에 표류하여 중국 절강성 영파부에
도착했다가 연경을 거쳐 그해 11월에 집으로 다시 돌아오기까지 경과
를 기록한 것이다. 첫머리에 최시순(崔時淳)이 작성한 서문이 수록되어
있다. 본문은 일기로 되어있다. 양지회는 우선 제주의 기근을 구휼하
기 위해 제주에 간 사실을 밝히고 제주에서의 자신의 행적을 간략하게
소개하였다. 이어서 선박에 동승한 인원들을 소개하고, 표류 중의 대
처방식과 그때의 심경을 소상히 밝히고 있다. 또, 이국의 풍경과 산천
명승, 중국 선비와의 필담, 현지 풍물에 대한 정보 등을 상세하게 기록
하였다.

양지회의 『표해록』은 최두찬의 『승사록』과 동일 사건을 다룬 표해
록이다. 특정 표류 사건에 대해 두 명의 저자가 각자의 시각으로 표해
록을 작성하였다는 점에서 희소가치가 있다. 최두찬과 양지회는 표류

---

117) 박진성, 「신자료 양지회의 『표해록』 연구」, 『어문연구』 제44권 제2호, 2016.
118) 영남대본과 장서각본 『승사록』 및 목판본 『강해승사록』에 「임별증양지회설(臨別贈梁
　　知會說)」라는 글이 수록되어 있다. (崔斗燦, 『乘槎錄』, 「臨別贈梁知會說」, "易曰: 二人
　　同心, 其利斷金. 此言同行之中, 苟有同心之人, 則交道之固結, 非若平常宴安者比也.
　　戊寅夏, 余有漂海之厄, 由瀚州達四明, 渡浙江, 遍山東, 足迹殆將半天下, 而所與來者,
　　率皆長蛇猛虎惴惴焉. 惟恐朝夕之不保, 而梁長老君和氏, 不爲利害屈, 不爲死生戚焉,
　　終始倚杖. 余於是益驗, 夫聖人之言, 傳之無謬矣. 微斯人吾誰與歸, 是爲誌.")

와 본국 귀환 과정을 함께 한 사이이다. 그러나 두 사람의 기록은 날짜
가 서로 어긋나는 경우가 있으며, 같은 날짜의 기록 역시 각각 주목한
부분이 달라서 그 내용에 차이를 보이는 경우도 있다. 따라서 그들이
지은 두 표해록은 당시 표류의 여러 상황을 이해하는 데 상호보완적인
성격을 가진다.

「영길리국표선기(英吉利國漂船記)」는 앞에서도 언급했듯이 희소가
치가 있는 서양인 관련 표해록이다. 「영길리국표선기」는 『연원직지』
에 실려 있으며, 이는 저자 김경선이 청에 보고하기 위해 작성한 관변
기록의 수본(手本)을 초록하여 작성한 것이다. 「영길리국표선기」는 내
용상 크게 세 부분으로 이루어졌다. 첫 번째 부분은 1832년 7월에 영
국 배가 충청도의 해역에 정박하였으며, 당시 홍주(洪州) 목사가 역관
과 함께 영국 선원들에 대해 조사를 진행한 일을 기록한 것이다. 선원
들에 대한 조사는 필담으로 진행되었으며, 구체적으로 영국의 위치,
영국과 중국의 관계, 선적물품들의 가치, 승선자들의 출신지와 이름과
나이, 영국의 작위, 영국의 물산, 영국의 주요 곡물, 배에 실은 무기,
영국 국왕의 이름 등을 묻고 답하는 형식으로 되어있다. 두 번째 부분
은 당시 영국 선박의 조사에 참여하여 영국 선원들과 직접 접촉했던
조선 관원들이 작성한 관찰 보고서이다. 이 부분에는 영국인들의 의
복, 영국배의 구조와 크기, 배에 실린 무기들에 대한 관찰 내용이 기록
되어 있다. 세 번째 부분에는 당시 조사에 참여했던 관원들의 장계, 영
국인들의 주문(奏文), 영국인들이 준 예물 목록 등이 첨부되어 있다.

『이방인표해록(李邦仁漂海錄)』은 1982년에 최강현에 의해 발굴되어
소개되었으나 지금까지 연구자들의 주목을 받지 못한 자료이다.[119] 최
강현에 의하면『이방인표해록』은 두루마리 한지(韓紙)에 적혀있었는데

최강현과 친분이 있는 최근영(崔根泳) 씨의 개인소장물이라고 한다. 이 논문에 『이방인표해록』의 원문이 소개되어 있다. 『이방인표해록』은 본문 중에 한글 표해록을 다시 옮겨 번역한 것이라고 밝히고 있어서, 표해록의 유전 상황을 이해하는 데 흥미로운 단서를 제공하는 자료이다. 이 자료는 한글로 된 텍스트를 번역한 것이기에 오류가 많은데, 표류민의 이름을 이방인(李邦仁) 혹은 이방억(李邦億)으로 혼용하여 쓰고 있다. 원본을 확인하지 못하였기에 한 텍스트 안에서 이러한 혼동이 일어난 이유를 확정 짓기 어렵다. 중국의 지명 표기에도 오류가 많다. 이를테면 대만(臺灣)을 대만(大蠻)으로 항주(杭州)를 황주(黃州)로, 하문(廈門)을 하문(夏門)으로 표기하고 있다. 지명 표기에 오류가 보이는 것은 이 지역에 대한 지식이 부족했던 탓인 것 같다.

이러한 오류들을 피면하기 위해 박지원은 여러 명칭들 특히는 물명(物名), 지명(地名) 및 노정(路程)에 대해서는 표류민의 말과 기록을 그대로 따라서는 안 된다고 하였다.

> 그(이방익)가 말한 것이 자세하지가 않고 본 것도 찬찬히 살피지 못한데다, 사물의 이름이 잘못된 것이 많고, 일의 형상도 정확하지가 않소. 유람한 산천 누대와 지나쳐 온 고을의 도리도 반드시 사실이 잘못된 것이 많아서 한글로 된 기록을 다 따를 필요는 없을 것이요.[120]

---

119) 최강현, 「표해가(漂海歌)의 지은이를 살핌」, 『어문논집』 23, 1982.

120) 朴趾源, 『燕巖先生書簡帖』, "彼旣語焉而不詳, 目焉而未省, 名物多舛, 事狀未的, 遊覽處山川樓臺, 所經處州郡道里, 比多爽實, 不必盡從諺錄."(정민·박철상, 『「연암선생서간첩(燕巖先生書簡帖)』 탈초 원문 및 역주」, 『대동한문학』 22, 2005.)

　이처럼 표해록의 작성 과정에서 지명, 인명, 물명 등 고유명사들이 문제시될 때가 많았다. 많은 표해록은 '출항-표류-귀환'의 구조로 작성되었으며, 표류민의 명단, 표착 지역, 귀환 노정은 주된 기록의 대상이었다. 표류와 귀국 과정에 표류민들은 외국의 여러 곳을 지나오는데, 이때 생소한 지명이 많이 등장한다. 표류민들의 학식이 높지 않아서 기억에 오류가 있을 수 있었다. 또한 조선의 학적 풍토 자체에 안남, 유구, 여송 등 해외 나라들에 대한 지리 지식이 전반적으로 부족했으므로, 해외의 낯선 지명을 기록하는 데 어려움이 있었을 것이다. 표류민들은 이국땅에서 새로운 문물과 문화를 경험하게 된다. 이때 표류민이 조선에 없는 사물을 접하기도 하는데 이런 경우 기록에 어려움이 생기게 되는 것이다. 사물의 정확한 명칭 즉 물명(物名)을 알지 못하기 때문이다.[121] 또한 표류민 중에 서민과 노비가 많았는데 이들은 한자 이름을 가지고 있지 않았거나 자신의 이름에 사용된 한자가 무엇인지도 모르고 있었다. 이 경우 기록하는 사람은 적당한 글자를 추정하여 표류민의 이름을 기록할 수밖에 없다.[122]

---

121) 예를 들면 『해외문견록』을 보면 '호피(嚎皮)'라는 것이 무엇인지 모르겠다는 언급과, 표류민이 말하는 '우모채(牛毛茱)'라는 채소가 무엇인지는 모르겠으나, 아마 감자류일 것이라고 추정하는 내용이 보인다.(宋廷奎, 『海外聞見錄』, 「記琉球漂還人語」.)

122) 『성종실록』의 김비의 일행의 표류에 관한 기사에 보면, 성종 10년 5월 16일 신미조와 성종 10년 6월 10일 을미조의 기록은 표류민 이름에서 차이를 보인다. 5월 16일 기사는 표류민의 이름을 金非乙介, 玄世守, 李青密, 梁成石伊, 曹怪奉으로 기록하였으나, 6월 10일 기사는 金非衣, 玄世修, 李淸敏, 梁成突, 曺貴奉으로 기록하고 있다. 두 명의 담당 관원이 표류민의 이름을 기록하면서 발생한 차이이다.

〈그림 11〉『표해시말』의 한글사용면　　〈그림 12〉 국립중앙도서관 소장
「주영편」의 한글사용면

　같은 표류 사건을 다룬 여러 기록에서 표류민의 이름을 조금씩 다르
게 기록한 경우는 여러 건이 확인된다. 가령 1687년 안남에 표류했다
귀국한 '김태황'의 사적은 이익태의 『지영록』, 송정규의 『해외문견록』
과 정운경의 『탐라문견록』에 기록되었는데, 자료 별로 표류민의 이름
을 김대황(金大璜), 김태황(金泰璜), 김대황(金大黃)으로 다양하게 기록
하였다.
　이방익이 중국에 표류한 기록은 『이방인표해록』을 비롯하여, 박지
원의 『서이방익사』, 서강대 소장 한글 『표해록』, 『표해가』 등 다양한
기록이 존재한다. 이방익의 이름 역시 이방익(李邦翼), 이방익(李邦益),
이방인(李邦仁), 이방억(李邦億) 등으로 다양하게 기록되는 모습을 보
인다. 이방익의 표해록을 작성할 때 여러 면으로 고증을 진행한 박지
원 역시 편지글에서 이방익을 이방익(李邦益) 혹은 이방익(李邦翼)으로
적고 있어 차이를 보인다.

만약 표음문자인 한글로 지명, 인명, 물명 등의 고유명사를 기록한다면 이러한 문제들을 쉽게 해결할 수 있었을 것이다. 가령 〈그림 11〉에서 보다시피 정약전은 『표해시말』에서 일부 고유명사를 한글로 기록하였다. 〈그림 12〉에 소개되었듯 『주영편』에 수록된 표해록 1편에서도 외국 선원의 이름과 그들이 자주 쓰는 언어를 한글로 바꾸어 기록하였다. 정약전과 정동유가 한문으로 된 텍스트에 일부 고유명사에 한해서만 한글로 기록해둔 것은 한글이 음성 표기의 면에서 효율적임을 인지했기 때문이다.

2. 표해록의 구성과 저술방식

표해록은 다양한 저자에 의해 자유롭게 작성된 텍스트로서 그 형태가 단일하지 않지만 다양한 방식 가운데서도 몇 가지 패턴이 나타남을 확인할 수 있다. 현존하는 표해록의 구성방식은 크게 네 가지로 나뉜다. 표해록의 형식적 구성은 해외 지식정보를 배치·분류하는 문제와도 연결되어 있기에 표해록 연구에서 중요하게 다루어야 하는 부분이다.

(1) 일기(+견문록)

표해록의 구성방식 중 가장 보편적인 것은 '출항-표류-귀국' 과정을 시간의 흐름에 따라 일기 형식으로 기록하는 것이다. 이 경우 일기로만 되어 있는 것과 일기 뒤에 부록으로 견문록을 첨부한 형태가 있다. 조선시대 표해록 중 일기(+견문록)의 양식을 취하고 있는 표해록은

11편이다. 11편 중에 견문록이 첨부되어 있는 표해록은 5편이다.

〈표 3〉 일기(+견문록) 형식의 표해록[123]

저술시기	작품 제목	표착지	표류자	저자	구성	비고
1	1488	漂海錄	中國	崔溥	崔溥 (1454~1504)	日記+附錄	單行本 or 『錦南先生集』
2	17세기 말	金大璜漂海日錄	安南	金大璜	李益泰 (1633~1704)	日記	『知瀛錄』
3	1697년경	漂舟錄	蝦夷	李志恒	李志恒 (1647~?)	日記	『海行摠載』
4	1706	記琉球漂還人語	琉球	金麗輝	宋廷奎 (1656~1710)	日記	『海外聞見錄』
5	1770	漂海錄	琉球	張漢喆	張漢喆 (1744~?)	日記	單行本
6	18세기	李志恒漂海錄	中國	李志恒	未詳	日記	單行本
7	1801	漂海始末	琉球	文淳得	丁若銓 (1758~1816)	日記+見聞錄	『柳菴叢書』
8	1818	漂海錄	中國	梁知會	梁知會	日記	單行本
9	1818	乘槎錄	中國	崔斗燦	崔斗燦 (1779~1821)	日記+부록	單行本
10	1821	日本漂海錄	日本	楓溪賢正	楓溪 賢正	日記+見聞錄	單行本
11	1893	漂海日記	琉球	梁佑宗	梁佑宗	日記	單行本

특히 저자가 자신의 표류 체험을 기록한 표해록 중에는 일기체로 된 것이 많다. 일기체는 기록의 주체가 표류 당사자가 아니고서는 취하기 어려운 형식이다. 또, 저자가 아무리 탁월한 기억력을 가지고 있다고 해도 장기간에 거쳐 발생한 사건들을 시간의 순차적인 흐름에 따라 날

---

123) 표류기사 찬집서 형식의 표해록에 수록된 표류기사 중에 독립적인 표해록으로 볼 수 있는 표류 기사들도 여기에 포함시켰다.

짜별로 정확하게 기억하기는 어렵다. 따라서 일기 형식의 표해록은 표류와 귀환 과정에 지어졌거나, 표류 과정에 적어둔 간단한 기록들을 참고하여 귀국 후 지어진 것들이다. 가령 원제목이 『중조견문일기』로 되어있던 최부의 『표해록』은 최부가 조선에 돌아온 후 성종의 명을 받아 지은 것이다. 이지항 역시 일본에서 조선에 돌아온 후, 부산 관아에 표류 경위를 적어서 바쳤다. 이들의 표해록은 표류 송환 과정에서 작성한 초고를 바탕으로 정리한 것으로 추정된다. 해외 표류 체험은 일생일대의 특별한 경험으로 표류 당사자 역시 표류 과정의 감회와 견문을 기록으로 남기고자 했던 것이다.

이 밖에 표류민의 표류 견문을 제3자가 기록한 표해록 중에도 일기 형식을 취한 것이 있다. 『표해시말』, 「김대황표해일록(金大璜漂海日錄)」, 『이지항표해록』, 「기유구표환인어(記琉球漂還人語)」은 일기 형식의 표해록이지만 저자가 자신의 표류 체험을 기록한 것은 아니다. 『표해시말』은 정약전이 표류민 문순득의 언문 기록과 그의 구술을 참조하여 작성한 것이고, 「김대황표해일록」, 『이지항표해록』, 「기유구표환인어」 등의 표해록은 표류민이 직접 지은 표해록을 토대로 제3자가 다시 쓴 표해록이다. 저자는 다시쓰기 과정에서 자신의 관점에서 필요한 내용만을 선별하여 표해록에 포함시켰다. 즉, 이러한 유형의 표해록은 표류 당사자가 아닌 제3의 저자에 의해 선별된 '핵심 정보'만을 담고 있는 것이다.

똑같이 일기체로 구성되었다고 해도 직접 체험을 기록한 표해록과 간접 체험을 기록한 표해록은 차이를 보인다. 직접 체험을 기록한 표해록은 저자가 자신의 표류체험을 다루고 있기에 구사일생의 표류 과정을 상세하게 전달하는 경향이 있다. 가령 최부의 『표해록』은 표류하면서 겪는 운명의 순간들, 위기 상황에서 먼저 봉착하게 되는 일행들과의 갈등과 이 과정에서 드러나는 인간의 본모습을 적나라하게 묘사하였다. 또한 굶주림과 목마름과 추위와의 사투, 극한 상황에서 하늘에 축복을 비는 인간의 나약함과 위기의 순간에 발동되는 지혜 등을 광범하고 자유로운 필치로 자세하게 기록하고 있기도 하다.[124] 장한철의『표해록』역시 풍랑을 만난 상황에서의 심리적 갈등이나 불안감을 생생하게 묘사하고 있다. 이러한 극한 상황에서 저자는 기지를 발휘하여 배에 동승한 사람들의 불안감을 무마하고 기타 인원들의 모순을 중재하는 등 어려운 고비마다 지혜롭게 대처하였고, 이에 전원 모두 무사하게 조선으로 돌아올 수 있었다. 이 글은 이러한 사실을 전달하는 데에 서술의 중심이 놓여 있는 반면 표착지의 견문은 소략한 편이다. 한편 최두찬의『승사록』은 기타 표해록에 비해 저자가 강남 지역의 문인들과 시문창수를 하면서 우호적으로 교류한 내용이 많은 분량을 차지한다. 최두찬은 자신이 시문과 저술로 중국 문사들의 높은 평가를 받았다는 것에 많은 편폭을 할애하였다. 저자는 이국 타지에서 자신이 문장으로 조선의 위상을 드높였음을 은연중에 이야기하고 있는 것이다.

그러나 제3자의 입장에서 타인의 표류체험을 기록할 경우 바다에서의 급박한 표류 과정이나 개인적인 술회보다는 타국에서의 견문과 귀환 과정에 초점을 맞추어 서술하는 경향을 보인다. 표류자의 감흥이나 갈등, 불안은 제3자에게 별로 의미가 없다. 대신 저자는 표류민의 표류담을 객관적으로 판단하여 검증된 정보를 전달하려고 하였다. 직접 체험을 기록한 표해록이 자전적인 기행문의 성격을 띠고 있다면, 제3

---

124) 이화순,「최부 표해록의 문학적 성격에 대한 연구」, 단국대 석사학위논문, 2015, 11면.

자에 의해 지어진 표해록은 작성 과정에서 객관적인 해외 견문 보고로 탈바꿈하게 된다.

일기 형식의 표해록은 일반적으로 '출항-표류-귀환'의 순서로 시간의 흐름에 따라 서술을 전개한다. 대체로 ①표류와 출항의 계기, ②표류와 송환 과정의 날짜별 체험과 견문에 대한 기록, ③견문록의 순서로 구성되어 있다. ①과 ②는 필수기재사항이나, ③은 저자의 성향에 의해 기록여부가 정해진다. 일부 저자들은 일기체로 표류와 송환 과정의 견문을 기록한 후, 견문록을 따로 첨부하여 중요한 사안들에 대해 중점적으로 적어두기도 하였다. 이러한 형식은 조선후기 통신사행록에서 흔히 볼 수 있는 양식적 특성이기도 하다.

견문록은 해외 지식정보 중에서 특기할 만한 사항이나 부연설명이 필요하다고 판단되는 항목에 대해 저자가 별도로 기록해둔 것이다. 일기 부분이 다소 일상적이거나 감상적일 수 있다면, 견문록 부분에서 저자는 가능한 객관성을 유지하고자 하는 경향이 있다. 아래 몇 가지 사례를 통해 구체적으로 살펴보기로 한다.

정약전은 흑산도에서 유배할 때, 유구와 여송 등지에 표류했던 문순득을 만나 그의 표류담을 듣고『표해시말』을 지었다. 이강회의「운곡선설(雲谷船說)」에 '손암 정공이 이곳 바다에 유배와 있으면서, 순득의 구술을 받아 적어 표해록 한 권을 지었다.[巽菴丁公謫在此海, 取淳得口授作漂海錄一卷.]'는 기록을 통해 이를 확인할 수 있다. 문순득은 1801년 겨울에 바다에서 표류하여 유구에 이르렀다. 그는 본국으로 돌아오기 위해 유구 사신선에 탑승하여 복건으로 향하던 중에 재차 표류하여 여송국에 이르렀다. 문순득 일행은 유구, 여송, 마카오, 향산현(香山縣), 광동부(廣東府), 무호(蕪湖), 양주(揚州), 회음(淮陰), 산동(山

〈그림 13〉 정약전 『표해시말』의 권수제면   〈그림 14〉 정약전 『표해시말』의 본문

東), 연경(燕京), 의주(義州)를 지나 우여곡절 끝에 1804년 겨울에 조선
에 돌아올 수 있었다. 『표해시말』은 두 부분으로 구성되어 있다. 앞부
분은 바다에서 표류하여 본국에 돌아오기까지의 경과와 견문을 날짜
별로 기록해둔 일기이다. 『표해시말』의 특징적인 점은 제3자의 기록
이면서도 일인칭의 서술 시점을 취하고 있다는 점이다.

『표해시말』의 뒷부분은 해외 견문 중에서 저자 정약전이 흥미롭게
생각한 부분에 한해 특별히 기록한 것이다. 구체적으로 풍속, 궁실(宮
室), 의복(衣服), 해박(海舶), 토산(土産) 순으로 상세하게 기록하였으
며, 마지막에 유구어(琉球語)와 여송어(呂宋語)의 일상용어를 정리해두
었다. 이에 대해 이강회는 다음과 같이 논평하였다.

ⓐ 손암 정공이 바닷가에 유배하였을 때 순득의 구술을 받아 적어
표해록 한 권을 지었는데 역화(譯話), 토산(土産), 풍속(風俗), 궁실(宮
室)을 상세하게 모아 분류하고 선제(船制)에 있어서도 또한 모두 갖추

어 놓았다.[125]

풍계 현정의『일본표해록』에도 견문록이 첨부되어 있다.『일본표해
록』은 1817년에 일본 지쿠젠주(筑前州) 대도(大島)에 표류했던 승려 풍
계 현정이 지은 표해록이다. 불분권 1책으로 되어 있으며, 내용면에서
두 부분으로 나뉜다. 앞부분에서는 시간 순서에 따라 표류의 경위와
표착지에서의 처우와 견문, 송환되기까지의 과정을 기록하였다. 풍계
현정은 나가사키에 3개월 정도 체류하였으며 따라서 이 표해록에는
나가사키에서의 견문이 자세하다. 뒷부분은 일본 견문 중에서 특기할
만한 사항에 대해 주제별로 기록해둔 것이다. 저자는 표제를 따로 만

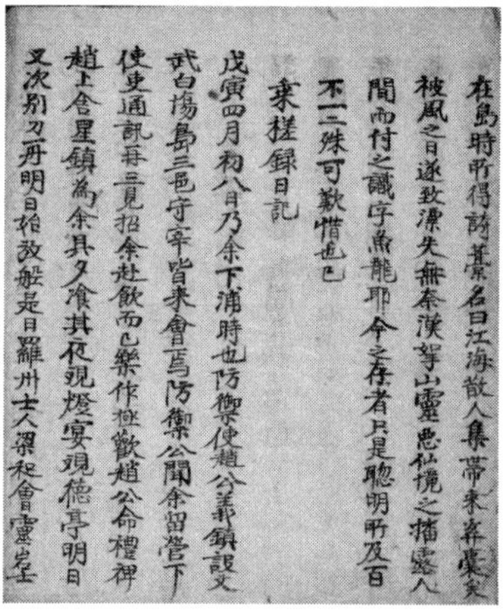

〈그림 15〉 하버드 옌칭도서관 소장『승사록』본문   〈그림 16〉 장서각 소장『승사록』본문(A본)

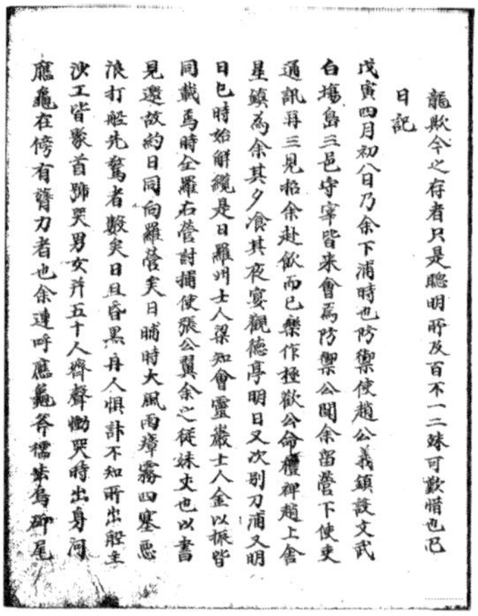

---

125) 李綱會,『柳菴叢書』,「雲谷船說」. (김정섭 · 김형만 역,『유암총서』, 신안문화원,
2005, 107면.) "巽菴丁公議在此海, 取淳得口授作漂海錄一卷, 其譯話土産風俗宮室詳
細彙分, 又於船制亦極該備."

들지는 않았으나, 항목이 바뀔 때마다 ○로 표기하였다. 구체적으로 보면 일본의 부자(富者), 땅의 기운, 방역(方域), 공물과 세금, 군사, 문학, 불법(佛法), 가옥과 건물 등에 대해 기록하였다. 이는 통신사행록에서 흔히 볼 수 있는 형식이다.

최두찬의 『승사록』은 간행본 1종과 필사본 6종이 존재하는데 판본에 따라서 『표해록』, 『승사록』, 『강해승사록』 등으로 불린다. 이 표해록은 조선후기 표해록 중에서 이본이 가장 많은 표해록이다.

최두찬은 1817년 제주 대정현 현감으로 부임한 장인 김인택(金仁澤)을 따라 1년여를 제주에서 머물렀다. 1818년 4월 귀향길에 올랐다가 표류하여 중국 절강성 영파부(寧波府) 정해현(定海縣)에 표류하였다. 그 뒤 육로를 통해 절강, 강소, 산동, 북경을 지나 같은 해 10월에 조선에 돌아왔다. 최두찬의 『승사록』은 판본에 따라 서문의 개수, 본문 내용, 발문의 존재여부, 부록의 구성 면에서 차이를 보인다. 목판본 『강해승사록』을 기준으로 구체적으로 살펴보면 다음과 같다. 형태적으로는 2권 1책으로 되어있다. 권1의 권수(卷首)에 서정옥(徐廷玉)과 심기잠(沈起潛)의 서문이 실려 있다. 권2의 첫머리에 저자 최두찬의 서문이 실려 있으며, 권말(卷末)에 허농(許壟)의 발문과 허훈의 「승사록서(乘槎錄序)」, 그리고 최두찬의 후손 최지영의 지(識)가 있다.

ⓑ 임신년(1872) 여름에 종숙부 인산 사군이 『승사록』 1책을 보내주면서 말하기를 "이것은 최효렴 두찬의 표해일기이다. 세상에 드문 기적이 궁벽한 시골의 낡은 책상자 안에 오래 깊이 감추어져 있는 것이 애석하다."[126]

---

126) 許薰, 「乘槎錄序」. (박동욱 옮김, 조남권 감수, 『승사록, 조선 선비의 중국 강남 표류

「승사록서(乘槎錄序)」에서 '표해일기'라고 표현했듯이 『승사록』은 일기 형식으로 되어있다. 저자는 표류를 시작한 1818년 4월 8일부터 같은 해 10월 2일 책문(柵門)을 지나기까지 과정을 일기로 기록해 두었다. 최두찬 일행은 표류하여 절강 영파에 도착한 후, 항주, 소주(蘇州), 무석(無錫), 양주(揚州), 제남(濟南)을 지나 북경에 이르렀다. 북경에서는 조선 사신들이 머무는 조선관(朝鮮館)에 체류하다가 다시 심양, 봉성, 책문을 지나 의주를 거쳐 조선으로 돌아왔다. 『승사록』에는 경유지의 견문 외에도 저자 최두찬이 강남의 문인들과 시문창수를 하면서 교류한 내용이 많다. 『승사록』에 실려 있는 시문창수와 필담은 대체로 중국의 강남 지역에서 이루어진 것이다. 중국의 모습과 풍속에 대한 기록 역시 강남 지역에 대한 것이다. 본문 뒤에 부록(附錄)으로 「실려설(室廬說)」, 「의복설(衣服說)」, 「가색설(稼穡說)」, 「분묘설(墳墓說)」, 「주차설(舟車說)」이 차례로 수록되어 있고 김도하(金道和)가 지은 「묘갈명(墓碣銘)」과 저자의 증손 최지영이 지은 지(識)가 실려 있다. 목판본『강해승사록』은 1818년 10월 2일의 기록을 마지막으로 끝나는데, 그 뒤부터 10월 25일까지의 일기는 영남대 소장 필사본에서 확인할 수 있다. 뒷부분에는 책문을 지나 평양, 서울을 거쳐 집으로 돌아갈 때까지의 일이 기록되어 있다.

이처럼 일기체 표해록은 기행문의 특성이 농후한데 표류민 일행의 동선(動線)에 따라 노정을 소개하고 추가로 해외의 견문을 보고하는 형식으로 되어있다. 부록으로 된 견문록은 일기 부분에서 미진했던

기』, 휴머니스트, 2011, 434면.) "壬申夏, 從叔仁山使君, 寄示〈乘槎錄〉一冊曰: '此崔孝廉斗燦, 漂海日記也, 惜乎. 其曠世奇蹟, 沈藏於窮鄕敗簏之中.'"

사항에 대해 체계를 갖추어 정리해둔 것이다. 견문록은 저자가 해외 견문 중에 중요하다고 생각한 사안들에 항목을 나누어 설명하는 방식이 일반적이므로, 견문록을 통해 저자의 해외 관찰의 초점과 당시 조선인들의 관심 분야를 알 수 있다. 다만 표해록 견문록은 통신사행록의 견문록에 비해 대체로 내용이 빈약하고 편폭도 길지 않다는 특징이 있다.

(2) 표인문답기

지금까지 문답기 형식으로 작성된 표해록이 여러 편 발견되었는데 본고에서는 이를 표인문답기 형식의 표해록이라 부른다. 표인문답기는 표류민과 만나 나눈 대화를 문답기의 형식으로 기록해둔 것이다. 표인문답기는 일문일답(一問一答)으로 된 것과 몇 개의 궁금한 사항을 포괄적인 하나의 질문으로 정리한 뒤 이에 대한 표류민의 대답을 하나로 정리하여 작성한 것이 있다. 이때 기록자는 표류민을 조사하는 입장에서 표류민과의 대화를 통해 확보한 사실을 정리하여 기록한다. 이 경우 문답은 질문자의 관심사를 둘러싸고 진행되며, 이에 따라 저자는 본인의 관심사를 중심으로 표인문답기를 작성하게 된다.

지금까지 8종의 표인문답기 형식의 표해록이 발견되었다. 표인문답기의 경우 흔히 첫머리에 표류민을 만나게 된 경위를 밝혀두거나, 맨 마지막에 저자의 논평에 해당하는 문단을 추가로 작성하기도 한다.

〈표 4〉 표인문답기 형식의 표해록[127]

	저술연대	제목	표착지	표류민	저자	출처
1	1683	濟州漂漢人處問情手本	朝鮮 濟州	中國人	金指南(1654~?)	『東槎日錄』
2	17세기	丁未問答錄	朝鮮 濟州	林寅觀	黃功	單行本
3	1706	順治以後漂商問答	朝鮮 濟州	中國人	宋廷奎(1656~1710)	『海外聞見錄』
4	1725	漂人問答	朝鮮 濟州	中國人	任適(1685~1725)	『老隱集』卷三
5	1759	記福建人黃森問答	朝鮮 康津	黃森	李德懋(1741~1793)	『嬰處文稿』卷一
6	19세기	李邦仁漂海錄	中國	李邦仁[128]	未詳	單行本
7	1832	英吉利國漂船記	朝鮮忠淸道	英國人	金景善(1788~1853)	『燕轅直指』
8	1832	濟州漂人問答記	琉球	朝鮮人	金景善(1788~1853)	『燕轅直指』

일문일답의 형식을 보이는 표해록으로 김지남(金指南)의「제주표한
인처문정수본(濟州漂漢人處問情手本)」, 임적(任適)의 「표인문답(漂人問
答)」, 이덕무(李德懋)의「기복건인황삼문답(記福建人黃森問答)」 3편을 들
수 있다.

『동사일록(東槎日錄)』에 수록되어 있는 「제주표한인처문정수본」은
김지남이 중국 남방 표류민들을 해남에서 만나 조사한 내용을 적어둔
것이다. 1683년 일본 사행길에 올랐던 김지남은 귀국 길에 해남에서
중국 남방 표류민 심전여(沈電如)와 두인(杜印) 일행을 만나게 되었다.
제주도에 표류했던 심전여 일행은 조선 관원에 의해 서울로 이송되고
있었다. 저자는 심전여 등의 표류 경위, 출항 목적, 선적 물품, 선원들

---

127) 저자의 생몰년을 알 수 없는 경우에는 명시하지 않았다. 표류민의 이름을 알 수 없는
경우에는 출신국을 밝혔다.
128) 『이방인표해록』은 세간에 전해지던 이방익(李邦翼)의 한글 표해록을 번역한 것이다.
번역 과정에 표류민 이방익의 이름이 이방인(李邦仁) 혹은 이방억(李邦億)으로 표기되
었다.

의 신상에 대해 조사하여 기록하였다. 특히 선원들의 신상에 대해 자세한 기록을 남겼는데, 선원 중 생존해있는 15명의 이름, 나이, 출신지는 물론이고, 표류 중에 조난을 당해 익사한 48명의 신상정보 또한 자세하다. 글쓰기 특징으로 보았을 때 공문서에 가까운 기록이다.

임적의 「표인문답」은 그의 문집 『노은집(老隱集)』 권3 〈잡저〉에 수록되어 있다. 1725년 초 임적이 양성(陽城) 현감으로 재직하고 있을 때 서울로 이송되고 있는 중국 표류민을 만나게 되었다. 이들 표류민은 중국 복건 천주부(泉州府) 진강현(晉江縣) 사람들로 제주의 대정현에 표류했다가 관원의 호송을 받으며 서울로 향하고 있었다. 임적은 필담으로 이들 표류민들에 대해 조사를 진행하고 그 내용을 정리하여 「표인문답」을 지었다. 문답은 주로 표류민들의 출신지와 표류하게 된 경위, 청이 중국을 지배한 후 예악문물의 변화 여부, 청나라의 의관제도, 과거제도, 형법, 당대의 명현(名賢), 중국 여러 성(省)의 경작 상황, 서호(西湖)의 풍광, 금릉(金陵)과 복건의 거리, 복건과 북경의 거리 등을 둘러싸고 진행되었다.[129]

「기복건인황삼문답」은 이덕무의 『영처문고』 권1에 수록되어 있다. 1759년 겨울 중국 복건의 상인 황삼 등 43명이 강진에 표류하였다. 1760년 초 이들은 서울로 이송되어 서울의 남별궁(南別宮)에 머물고 있었다. 이덕무는 1760년 2월경에 이들 중국인들을 찾아가 만나 필담을 나눈 뒤 「기복건인황삼문답」을 지었다.

---

129) 이 밖에도 관변 기록인 『비변사등록』 77책, 영조 1년(1725) 3월 27일 기록에 이들 표류민을 조사한 내용이 기록되어 있다. 『비변사등록』의 기록을 살펴보면 중국 표류민들의 신원 정보는 상세하나, 중국의 형세에 관한 내용은 임적의 「표인문답」에 비해 소략하다.

ⓐ 기묘년(1759, 영조 35) 겨울에 복건의 상인 황삼 등 43인이 표류
하여 강진에 닿았다. 몹시 추운 계절이라 한두 명의 죽은 자가 있었다.
이듬해 봄 정월 25일에 역마를 이용하여 서울에 올라와 남별궁에 묵고
있었다. 나는 2월 4일 그곳으로 가서 만나보고 땅에 글자를 써서 언어
를 통하였는데 그 내용을 다음에 기록한다. 그 당시 구경하는 사람이
많이 둘러서서 붐비었으므로 중국의 풍토를 다 물어보지 못한 것이 한
스럽다. 황삼은 문자를 조금 알고 있었으므로 수작(酬酢)한 것이다.[130]

중국 표류민들이 남별궁에 머물고 있을 때 많은 사람들이 중국인을
구경하려고 모여들었다. 당시 조선에서는 좀처럼 외국인을 만나보기
어려웠기 때문이다. 이덕무는 표류해 온 복건의 상인들에게 중국의 풍
토에 대해 묻고 싶었지만, 사람들이 많이 몰려들어 자세한 이야기를
나눌 수 없었다. 이덕무는 표류민 중 글을 알고 있는 황삼과 중국의
명현(名賢), 경서(經書), 문장가 등에 대하여 필담을 나누었다. 그리고
중국인들을 관찰하여 그들의 행동거지와 의복, 중국어 발음 등에 대해
기록하였다.

ⓑ 황삼이 문장을 잘하지 못하여 중국의 요즈음 새로 지은 문장을
물어보지 못한 것이 못내 아쉽다. 다만 생각해 보건대 이제 천하가 하
나같이 오랑캐가 되어 머리를 깎고 옷깃을 왼편으로 하여 한 치의 정결
한 땅도 없는데 오직 우리나라만이 예의(禮義)를 숭상하여 갓을 쓰고
띠를 띠니 이제야 우리나라에 태어난 것이 다행임을 알겠다.[131]

---

130) 李德懋, 『靑莊館全書』卷三,「記福建人黃森問答」, "己卯冬, 福建商人黃森等四十三
人, 漂泊於康津. 時大寒, 有一二人死者, 明年春正月二十五日, 乘傳詣漢師, 館於南別
宮. 余於二月初四日往見, 畫地通言語, 記之左. 時觀者如堵, 未盡問中國風土可恨, 森
稍通文字, 故酬酢焉."(인용문의 번역은 〈한국고전종합DB〉를 참고하여 필자가 일부 수
정하였다.)

글의 결말 부분에 해당하는 위의 인용문은 중국인을 직접 만나 본 후, 이덕무가 내린 평론이자 감상에 해당하는 부분이다.

일문일답 형식의 표해록이 질문과 대답이 순차적으로 오가는 방식 이라면, 이 밖에도 하나의 큰 질문을 제기한 후 이에 대한 표류민의 답변을 하나의 긴 문단으로 정리해 두는 방식이 있다. 김경선(金景善) 의 「제주표인문답기(濟州漂人問答記)」가 그러하다. 김경선은 1832년에 연행길에 올랐으며, 그해 12월에 북경의 관소에서 조선 표류민들을 만 나게 되었다. 이들 표류민은 제주도 출신으로 1831년 11월에 유구 이 강도(伊江島)에 표류했다가 유구 사신들에 의해 북경에 이송되어 예부 의 조사를 받으면서 북경에 체류하고 있었다. 김경선은 이들을 만난 뒤 나눈 대화를 토대로 「제주표인문답기」를 지었다.

ⓒ 밤에 표류인들을 온돌방 앞에 불러다 놓고 묻기를, "너희들은 본 주(本州)로부터 몇 년 몇 월 며칠에 무슨 일로 어디를 향하여 배를 띄웠 고 며칠날 무슨 바람을 만났으며, 또 며칠날 유구국 어느 지방에 배를 대었고 그곳에 머문 지 몇 달 만에 출발하였으며, 또 몇 달 만에 북경에 도착하였느냐. 지나온 산천과 풍속을 대략 말할 수 있겠는가?"[132]

「제주표인문답기」는 저자 김경선이 표류민들에게 표류의 경위와 시

---

131) 李德懋, 『靑莊館全書』 卷三 「記福建人黃森問答」, "恨森不能文章, 不得問中國之新 製作也, 顧今六合之內, 渾爲戎夷, 薙髮左衽, 無一乾淨地. 獨我東, 尙禮義而冠帶之, 於今覺幸生東國也."(인용문의 번역은 〈한국고전종합DB〉를 참고하여 필자가 일부 수 정하였다.)

132) 金景善, 『燕轅直指』 卷3, 「濟州漂人問答記」, "夜, 招漂人於炕前, 問爾等自本州, 何 年何月日, 以何事, 將向何地發船? 幾日遇何風? 又幾日泊於琉球國何地方? 留此幾月 發行? 又幾月到北京, 所過山川風俗, 能有領畧者乎?"(인용문의 번역은 〈한국고전종합 DB〉를 참고하여 필자가 일부 수정하였다.)

간, 표착지와 이송 과정의 견문 등에 대해 묻고 표류민들이 대답하는 내용으로 이루어져 있다. 이 글에서는 표류민들이 유구에 머물면서 경험하고 관찰한 유구의 풍속, 궁실제도, 특산물, 생활문화 등에 대해 기록하였다. 또, 표류민들이 유구사신들과 함께 북경으로 오는 동안 보고 들은 것을 선별적으로 기록하였는데, 그중 항주와 소주의 풍광에 대한 묘사가 비교적 자세하다.

아래 인용문은 이 글의 맺음말에 해당하는 문단으로 저자가 표류민과의 만남에 대해 논평한 글에 해당한다.

> ⓓ 대개 그들의 경로(經路)에 복건, 광동, 오(吳), 초(楚)의 땅을 거쳐 온 것은 믿을 만하였다. 그러나 해외의 표류인으로 외번(外藩)의 사행(使行)에 붙어 오는 자들에게 그들의 마음대로 구경하기를 허락하지는 않았을 것이다. 또한 그 말한 것이 사첩(史牒)에 기록된 것과 차이가 많으니, 이것은 반드시 소문에 얻어 들은 것이 많아서 허풍을 치는데 지나지 않을 뿐이다. 먼 남쪽의 여러 섬에는 간간이 고의로 표류한 자들이 많은데도 그 나라에서 공급해 주기를 후하게 한다는 말을 들었다. 이제 이 사람을 보면, 용모와 언사(言辭)가 교활하고 영리하여 전연 성실한 뜻이 없었으니, 어찌 또한 고의로 표류한 자의 무리가 아님을 알겠는가?[133]

이처럼 표인문답기 형식의 표해록은 대체로 ①표류민을 만나게 된

---

133) 金景善, 『燕轅直指』 卷3, 「濟州漂人問答記」. "蓋其所經, 路由閩, 廣, 吳, 楚則信矣. 而海外漂民之附行外藩使行者, 未必許其極意縱觀, 且其所言, 多與史牒所記差爽, 必是得於傳聞者多, 而未免浮夸而然耳. 曾聞南中諸島間, 多故漂到他國, 供給之厚云. 今見此人, 形貌言辭, 狡猾瀏利, 全無誠樸之意, 安知不亦故漂者流歟."(인용문의 번역은 〈한국고전종합DB〉를 참고하였음.)

경위, ②표류민과 나눈 문답, ③표류민의 대답에 대한 저자의 평론 등
세 부분으로 이루어진다. 문답을 기록한 ②가 글의 대부분의 편폭을
차지하며, 간혹 ①이 생략되거나 ③이 생략된 경우도 있다. 표인문답
기에 보이는 질문과 대답은 조선사회와 지식인들이 관심의 대상을 일
목요연하게 보여준다.

문답 내용을 정리해두는 글쓰기 방식은 충실한 기록을 위한 전략이
라 할 수 있다. 이러한 글쓰기를 통해 표류민이 조사받는 과정을 그대
로 재현하고, 표류민의 답변 내용을 상세하게 기록해 둘 수 있다. 표류
문헌 중 관변 기록에서 이러한 형식을 취하는 경우가 많다. 중국 표류
민을 조사한 내용을 담고 있는 김지남의 「제주표한인처문정수본」 역
시 임금에게 올리는 보고서였으므로 표류민 문답기로 되어있다.

이러한 문답 형식에서 대화의 주도권은 표류민이 아닌 질문자에게
있다. 표류민은 물어보는 사안에 대해 대답해야 하는 입장이기 때문에
수동적일 수밖에 없다. 이는 표류민들 대다수가 낮은 신분 계층에 속
해 있었고, 질문자는 지체 높은 양반들이었던 사실과도 무관하지 않
다. 표류민이 관아의 조사를 받을 때에 흔히 이러한 방식으로 면담이
진행된다. 특히 『비변사등록』의 「표환인문정별단」은 형식면에서 표인
문답기 형식의 표해록과 유사하다.

표인문답기에는 저술자가 표류민을 직접 만나 조사한 내용을 토대
로 작성한 것과 기존의 문헌 기록을 참조하여 작성된 것이 있다. 가령
김경선의 「영길리국표선기(英吉利國漂船記)」는 후자에 속한다. 「영길리
국표선기」는 연행록인 『연원직지(燕轅直指)』에 실려 있으며, 저자 김경
선이 조선 조정에서 중국에 전달하는 수본(手本)의 내용을 초록하여 작
성한 것이다.

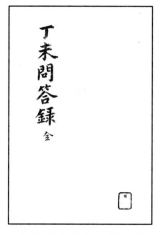

〈그림 17〉 국립중앙도서관 소장
『정미문답록』의 표지

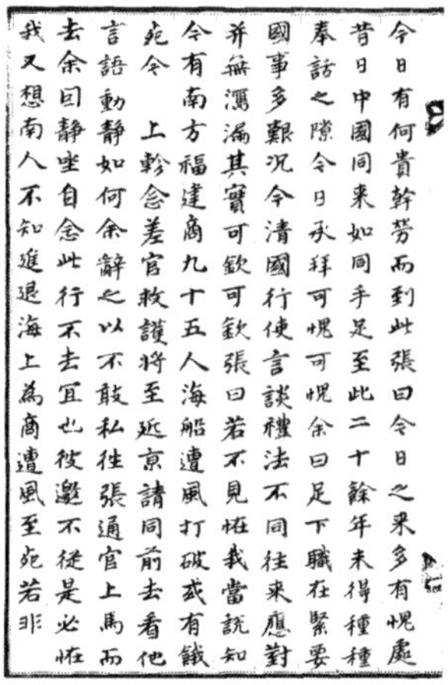
今日有何貴幹勞而到此張曰今日之來多有愧處
昔日中國同來如同手足至此二十餘年未得種種
奉話之際今日承拜可愧可愧余曰足下職在緊要
國事多艱況今清國行使言談禮法不同往來應對
并無灑漏其實可欽可欽張曰若不見恠我當說知
今有南方福建商九十五人海船遭風打破式有鐵
死今　上軫念差官救護將至延京請同前去看他
言語動靜如何余辭之以不敢私往張通官上馬而
去余曰靜坐自念此行不去宜也彼邀不從是必恠
我又想南人不知進退海上為商遭風至死若非

〈그림 18〉 국립중앙도서관 소장
『정미문답록』의 본문

이 밖에도 표류기사 찬집서 형식의 표해록인 『지영록』과 『정미전신록』에 표인문답기가 다수 실려 있는데 이는 모두 기존 문헌을 참고하여 작성한 것이다. 또 『해외문견록』의 「순치이후표상문답(順治以後漂商問答)」은 1652년부터 1705년까지 제주에 표류해 온 중국 상인들을 조사한 기록을 재정리한 것이다. 이 글은 제주 목사를 지냈던 저자가 제주 관아에 비치된 등록(謄錄) 자료를 참고하여 작성한 것으로 보인다. 「순치이후표상문답」은 중국의 정세와 주변 나라들 사이의 무역관계에 초점을 두고 정리되어 있다. 이와 같이 문헌 기록을 참고하여 요약 정리한 텍스트 역시 내용을 선별하는 과정에 저자의 의도가 반영되며, 선별된 내용을 통해 저자의 관심사를 확인할 수 있다.

(3) 잡록체

표해록에는 일기체와 표인문답기 외에도 풍토기, 노정기, 표류가사

등 다양한 형식이 존재한다. 본고에서는 일기체와 문답체 이외의 형식으로 기록된 표류 기사들을 잡록체 표해록이라고 지칭한다. 잡록체 표해록은 출항, 표류, 귀환 과정에 있었던 일을 순차적으로 기록하는 것이 아니라 자유롭게 기록하는 방식을 취한다. 표해록이 형식면에서 다양한 양상을 보이는 것은 저자에 따라 저술의 계기와 목적이 다양하고 해외 지식정보를 얻는 방식에 차이가 있기 때문이다.

이 부류의 표해록이 고정된 글쓰기 방식을 보이지 않는다고 해서 텍스트의 성격이 불분명한 것이 아니다. 오히려 저자가 특정 주제에 대해 관심을 갖고 있거나 뚜렷한 저술 의도를 가지고 있을 때 잡록(雜錄)의 형식을 택하는 경향이 있다. 이에 따라 잡록체 표해록은 표류와 관련한 특정 사안에 대한 해석이나 논평의 성격이 두드러지며, 기록자의 입장과 처지에 따라 각각의 텍스트에 서로 다른 관점이 나타난다.

현전하는 잡록체 형식의 표해록을 정리하면 아래의 표와 같다. 잡록체 표해록은 다른 형식의 표해록에 비해 텍스트 구성 방식과 주제가 다양하기 때문에 주요 내용을 〈표 5〉에 간략하게 정리해두었다.

〈표 5〉 잡록체 표해록

	저술시기	제목	저자	출처	비고
1	16세기	琉球風土記	柳大容	稗官雜記	魚叔權이 편한 『稗官雜記』 卷4에 '유구 풍토기'라는 제목으로 朴孫 등의 유구 견문이 요약적으로 수록되어 있다.
2	16세기 말	漂海錄	韓允謙	當初記	저자 韓允謙의 부친인 韓孝純이 1597년에 강화도에서 국내로 표류한 기록이다.
3	1728	(무제)	姜浩溥 (1690~1778)	桑蓬錄	『桑蓬錄』 권8과 권9에 姜浩溥 일행이 북경에서 제주 표류민 孫應星 등 9명을 만난 내용이 기록되어 있다.

4	1804	漂流舟子歌	李海應 (1775~1825)	薊山紀程	저자는 燕京에서 琉球에 표류하였다가 본국으로 송환 중에 있는 표류민 文好謙 등을 만나 이 글을 지었다.
5	1818	雲谷船說	李綱會 (1789~?)	柳菴叢書	저자가 우이도의 文淳得의 집에 기거할 때, 표류민 문순득의 구술을 토대로 해외의 선박제도에 대해 기록한 글이다.
6	1797	書李邦翼事	朴趾源 (1737~1780)	燕巖集	저자가 沔川郡守 시절에 정조의 명으로, 澎湖에 표류했다가 송환된 이방익의 표류 사건을 기록한 것이다.
7	1805	(44則)	鄭東愈 (1744~1808)	晝永編	1797년 네덜란드 사람 50명이 東萊 표착한 기록이다.
8	1805	(46則)	鄭東愈	晝永編	1687년 高商英의 안남 표류 기록이다.
9	1805	(47則)	鄭東愈	晝永編	1801년 제주도에 표류해온 서양인에 관한 기록이다.

　어숙권의 『패관잡기(稗官雜記)』 권4에는 「유구풍토기(琉球風土記)」가 수록되어 전한다. 본문에 의하면, 유대용(柳大容)이라는 인물이 유구에 표류하여 4년 동안 체류했던 박손의 말을 채집하여 「유구풍토기」를 지었는데, 저자가 이를 요약하여 『패관잡기』에 실었다고 한다.

　ⓐ 가정 임인년에 제주 사람 박손(朴孫) 등이 표류하여 유구국에 이르렀다가 4년을 머무르고 다시 중국으로 보내져서 돌아오게 되었다. 유대용이 그들의 말을 채집하여 「유구풍토기」를 지었는데, 그 대략은 아래와 같다.[134]

---

134) 魚叔權, 『稗官雜記』 卷4. (『국역 대동야승』 1, 민족문화추진회, 1971.) "嘉靖壬寅, 濟州人朴孫等, 漂到琉球國, 留四年, 轉解中國, 因得回還. 柳大容採其語, 作琉球風土記, 略曰."

현전하는 「유구풍토기」는 어숙권이 요약한 것으로서 내용이 다소 소략하다. 박손의 유구 표류는 조선전기의 표류 사례로, 박손 일행은 유구에서 4년을 체류한 뒤 중국을 거쳐 조선에 돌아온 것으로 보인다. 유구의 도성, 기후 상황, 동식물, 유구인의 외모와 생활양식, 의복과 세시풍속 등에 대해 기술하고 있다. 원본이 현전하지 않는 까닭에 전모를 파악하기는 어렵다.[135] 「유구풍토기」의 저자 유대용에 대해서는 더 전하는 바가 없다. 현재 추정할 수 있는 것은 제목에 '풍토기'라는 용어가 사용된 것으로 보아 유대용이 유구국의 풍토에 흥미를 느끼고 있었으며, 이 부분에 역점을 두고 표류민의 견문을 기록하였을 것이라는 점이다.

박지원의 『서이방익사』는 노정기(路程記) 형식의 표해록이다. 이 글은 박지원이 면천군수 시절에 정조의 명으로 지은 이방익의 표해록이다. 이방익은 1796년 9월 제주 앞바다에서 표류하여 팽호도(澎湖島)에 도착했다가 대만, 하문, 북경 등을 거쳐 1797년 윤6월에 조선으로 돌아왔다. 박지원은 이 글을 짓게 된 경위에 대해 다음과 같이 말하였다.

ⓑ 금상 20년, 청 가경 원년(1796) 9월 21일에 제주 사람 전 충장장(忠壯將) 이방익이 서울에 있는 자기 부친을 뵙기 위해 배를 탔다가 큰바람을 만나 표류하여 10월 6일에 팽호도에 닿았다. 관에서 의복과 음식을 주어 십여 일을 머물게 한 뒤에 호송하여 대만(臺灣)에 이르렀다. 거기서 또 하문(廈門)을 경유하여 복건, 절강, 강남, 산동 등 여러 성들을 거쳐 북경에 도착하였다. 요양(遼陽)을 경유하여 다음해인 정

---

135) 박손의 유구 표류와 표류 견문은 『명종실록』 3권, 명종 1년(1546) 2월 무자조에 보다 상세하게 기록되어 있다.

사년 윤6월에 서울에 돌아오니, 바다와 육지 만여 리를 지나온 것이다. 상께서 특별히 방익을 불러 보고 지나온 산천과 풍속을 하문하면서 사 관에게 명하여 그 일을 기록하게 하셨다. 배를 같이 탄 8명 가운데 이방 익만이 문자를 알기는 하였으나, 겨우 노정만을 기록해 놓았을 뿐이요, 또 기억을 더듬어 입으로 아뢴 것도 왕왕 순서를 잃었다. 신 지원이 면천 군수로서 사은숙배(謝恩肅拜)하러 희정당(熙政堂)에 들자 상께서 분부하시기를, "이방익의 사건이 몹시 기이한데 좋은 기록이 없어 애석 하니 네가 한 책을 지어 올리도록 하라." 하셨다.[136]

박지원은 정조의 명으로 이방익의 표해록을 짓게 된 연유를 밝힌 뒤, 이방익의 아버지 이광빈(李光彬) 역시 일본 나가사키에 표류한 적 이 있음을 언급하였다. 또 제주의 연원을 여러 서적을 근거로 고증한 뒤 제주인들이 중국에 표착하는 경우가 빈번함을 말하였다. 그리고 이 방익이 경유한 팽호(澎湖), 대만(臺灣), 하문(廈門), 복건(福建), 절강(浙 江), 강남(江南), 산동(山東), 북경(北京), 요양(遼陽)의 노정에 대해 이방 익의 표류담을 기초로 하여 문헌 자료를 참고한 뒤 지리학적 고증을 전개하였다. 전체 글은 이방익의 구술을 정리하여 적은 '방익주왈(邦翼 奏曰)'과 박지원 스스로 고증한 '안(按)'이 순차적으로 제시되는 형태로 구성되어 있다. 대체로 이방익의 발화에 비해 박지원의 안(按)이 길다.

136) 朴趾源,『燕巖集』卷6,「別集」,「書李邦翼事」. "上之二十年, 清嘉慶元年, 九月二十 一日, 濟州人前忠壯將李邦翼, 將覲其父於京師, 舟遇大風, 至十月初六日, 泊于澎湖. 官給衣食, 留十餘日, 護送至臺灣抵廈門, 歷福建, 浙江, 江南, 山東諸省, 達于北京, 由遼陽, 明年丁巳閏六月還國, 水陸萬有餘里. 上特召見邦翼, 問以所經山川風俗, 命 史官錄其事, 同舟八人, 惟邦翼曉文字. 然僅記程途, 又追憶口奏, 往往失次. 臣趾源以 沔川郡守, 陛辭入侍于熙政堂. 上曰, 李邦翼事甚奇, 惜無好文字, 爾宜撰進一編."(인 용문의 번역은 〈한국고전종합DB〉를 참조하였다.)

그중 짧은 문단을 예시로 살펴보면 다음과 같다.

ⓒ 방익이 아뢰기를[邦翼奏曰], "정월 초닷샛날 복건성에 들어서니 문안에 법해사(法海寺)라는 절이 있었습니다. 보리는 누렇게 익었으며 귤과 유자는 열매가 드리워 있고 의복과 음식이 우리나라와 비슷하였 습니다. 우리를 보러 온 사람들이 앞 다투어 사탕수수를 던져 주었으 며, 어떤 이는 머뭇거리고 아쉬워하며 자리를 떠나지 못하였고 어떤 이는 우리의 의복을 입어보고 서로 바라보며 눈물을 흘리기도 했으며 또 어떤 이는 옷을 안고 돌아가 가족들에게 보여 주고 돌아와서는 '소중 하게 감상하면서 가족들과 돌려 보았다'고 말하였습니다." 하였다. 살 펴보건대[按], 장주(漳州)에는 신라현(新羅縣)이 있는데 당 나라 시대 에 신라가 조공을 바칠 때 거쳤던 지역이었다. 또 "신라가 오월(吳越)을 침범하여 그 지역의 일부를 점령하여 살았다."는 기록이 있는 것으로 보아, 천주와 장주 지역의 유속이 우리와 유사하다는 것은 족히 괴이하 게 여길 것이 없다. 우리나라 의복을 보고서 눈물을 흘렸다는 것은 아 직도 고국을 그리는 마음이 있음을 볼 수 있다.[137]

여러 표해록 중에서 박지원의 『서이방익사』만큼 표류민의 이동 경 로에 대해 자세한 지리적 고증을 한 경우는 보기 드물다. 이는 이웃 나라들에 대한 지리적 인식의 심화와 당시의 고증학적인 지적 풍토와 관계가 있다.[138] 박지원은 이방익의 표류 체험에서 주로 중국의 지리

---

137) 朴趾源, 『燕巖集』卷6, 「別集」, 「書李邦翼事」. "邦翼奏曰, 正月初五日, 入福建省, 門內有法海寺, 大麥已黃, 橘柚垂實, 衣服飮食, 與我國彷彿. 來見者兢以蔗糖投之, 或 留戀不能去, 或著我人衣服, 而相視流涕, 或有抱衣歸, 示其家人而還曰, 愛玩傳看云. 按漳州, 有新羅縣, 唐時新羅入貢之地. 又云, 新羅侵吳越, 畫地而居之, 則泉漳之間, 遺俗之略同於我人, 無足怪者, 至見衣服而流涕者, 可見猶有思漢之心也."(인용문의 번역은 〈한국고전종합DB〉를 참조하였다.)

정보에 관심을 가지고 있었으며, 이에 따라 노정기 형식의 표해록을
지은 것이다.

이해응(李海應)의 『계산기정(薊山紀程)』 권3「유관(留官)」에는「표류
주자가(漂流舟子歌)」가 실려 있다. 이해응은 1803년 10월에 자제군관
으로 연행길에 올랐는데 이때 남긴 연행록이 『계산기정』이다. 그는
1803년 12월말부터 연경에 체류하였고 이때 유구에 표류했던 조선 표
류민 문호겸(文好謙) 등을 만나「표류주자가」라는 기록을 남겼다. 여기
서 문호겸은 여러 표류 기록에 자주 언급되는 문순득[139]의 숙부이다.
문호겸은 1801년에 문순득과 함께 표류하여 유구에 이르렀다. 그들은
조선으로 돌아오기 위해 함께 연경진공사(燕京進貢使)의 배에 동승하
였다가 재차 표류하였으며, 두 편으로 흩어져서 우여곡절 끝에 연경을
거쳐 각기 조선에 돌아왔다.

ⓓ 우리나라 흑산도(黑山島) 백성으로서 남해에 표류하여 이리저리
헤매다가 이곳에 도착하여 관사에 머물고 있는 사람 넷이 있었다. 이날
밤 그들을 불러다가 그 전말을 물었다. …(중략)… 이 말을 들어보면,
그들은 천하를 훌륭히 구경했다고 할 만하건만, 무식한 탓에 그것을
만분의 일도 기록하지 못했으니 애석하다. 표류한 사람의 이름은 문호
겸, 문순득(文順得), 박량신(朴亮信), 이백근(李百根), 이중태(李重
泰), 김옥문(金玉文)인데, 문순득과 김옥문은 여태껏 도착하지 않은 사
람들이다. 나는 그들의 말을 듣고 장하게 여겨, 술 한 잔을 가득히 부어
주었다.[140]

인용문 ⓓ에서와 같이 「표류주자가」는 우선 흑산도 출신 표류민 문
호겸 등 4인을 만나게 된 경위를 적고, 표류 경위와 송환 경유지, 견문
등을 간략하게 적고 있다. 이해응은 문호겸을 비롯한 표류민들이 천하
의 장관을 구경하였으나, 무식하여 만분의 일도 기억하지 못하는 것을
못내 아쉬워했다. 이러한 감상을 이해응은 한시(漢詩) 형태의 '표류주
자가'로 풀어내었다.

흑산도 민속은 매우 어리석어	黑山民俗太蠢蠢
바다에서 이익을 쫓노라니 대부분 곤궁하구려	濱海逐利多困窘
석우풍이 어찌 다니는 사람 사랑할 리 있나	石尤何曾愛行人
만경의 사나운 물결 한없이 이네	萬頃惡浪吹不盡
일엽편주 아득히 가는 대로 놓아두니	一葦茫然縱所之
떠가는 배 문득 신기루와 같구나	泛泛忽如噓樓蜃
길은 강절의 하늘 아득한 데로 통하였고	道通江浙天浩渺
돛대는 오초의 산 높은 데에 떨어졌네	帆落吳楚山嶄嶙
일록국 사람 가죽으로 옷 해 입고	日鹿國人皮爲衣
가을바람에 새 쫓는 매처럼 용맹스럽네	猛如逐雀秋風隼
해동의 여아는 공연히 한이 맺혀	海東女兒空結恨
누굴 위해 다시 공후인을 짓는고	爲誰更作箜篌引
네 만약 문장의 안목을 갖추었다면	使汝若具文章眼
닿은 곳마다 시로써 번민 잊을 수 있었을걸	觸境有詩能排悶

---

140) 李海應, 『薊山紀程』卷3, 「留館」. "我國黑山島民, 漂流南海, 轉到于此, 留館中者四
人, 是夜招問其顚末. …(中略)… 以此論之, 可謂壯觀天下, 而惜乎其無文, 不得記其万
一也. 漂人姓名, 卽文好謙, 文順得, 朴亮信, 李百根, 李重泰, 金玉文. 而順得玉文是
尙未追到者也. 余聞其言而壯之, 滿酌一大白與之."(인용문의 번역은 〈한국고전종합
DB〉를 참조하였다.)

원하노니 네 고향엘 가거들랑	願汝鄕山歸去日
농가에 안식해서 농사나 힘쓰게나.	安息田家服畦畛

「운곡선설(雲谷船說)」[141] 역시 잡록체 표해록이다. 「운곡선설」은 1818
년 정약용의 제자인 이강회가 우이도 문순득(文淳得)의 집에 머물면서
지은 해외 선박에 대한 관찰 기록이다. 문순득은 해상 운수가 활발하게
진행되던 19세기 초에 유구에 표류하였다가 여송(呂宋), 오문(澳門), 복
건 등지를 거쳐 조선에 돌아왔다. 이 과정에 문순득은 여러 나라의 선
박들을 보았다. 문순득은 뱃사람의 기지를 발휘하여 해외 선박들의 작
동 원리와 조선배와의 차이점 등을 주의 깊게 살펴보고 기억해 두었다.
문순득은 이러한 자신의 관찰을 이강회에게 전달했으며, 이강회는 문
순득의 구술을 토대로 해외 선박제도를 논한 글 「운곡선설」을 지었다.

ⓔ 올해 겨울에 현주의 바닷가에서 공부하면서 문순득의 집에 기거
하게 되었다. 순득은 장사를 업으로 삼는 사람이라 비록 문자에 능한
것은 아니나 사람됨이 총명함과 재능이 있었다. 임술년에 순득은 표류
하여 중산땅에 이르렀다가 중산에서 배를 타고 우리나라로 돌아오는
도중에 또 표류하여 여송에 이르렀다. 여송은 해외의 오랑캐 나라이다.
복건(福建)은 붉은 머리를 한 서양 여러 나라의 선박들이 서로 통상하
는 곳이라 선박 제도 또한 여러 종류였다. 그러나 (문순득은) 그 대부분

---

141) 「운곡선설」은 이강회의 저술인 『유암총서(柳菴叢書)』에 실려 있다. 『유암총서』는 문
순득의 후손 문채옥(文彩玉)의 소장으로 필사본 유일본이 전해진다. 문채옥은 2010년
에 자신의 소장물을 신안군에 기증하였다. 『유암총서』에 실려 있는 글들은 차례로 「표
해시말(漂海始末)」, 「운곡선설(雲谷船說)」, 「차설답객난(車說答客難)」, 「제차설(諸車
說)」이다. 이 중 「표해시말」은 정약전의 글이고, 「운곡선설」을 비롯한 나머지는 이강회
의 글이다.

에 정통하였다. 여송에서 배가 출발하여 순풍을 받아 11일 만에 도착한
광동(廣東) 오문(澳門)이란 곳은 서남쪽에서 오는 선박이 폭주하는 곳
이었다. 그러나 (문순득은) 그러한 선박 제도에도 또한 대부분 정통하
였으니 대개 이 사람이 선박에 관한 일에 익숙하고 또 총명함과 재능을
겸했기 때문이다. 이제 11일 동안 바다 위를 타고 다녔던 선박을 취하여
준칙을 삼은 것은 그가 본 바로써 상세함을 다하고자 함이다.[142]

위 글에서 알 수 있듯이 문순득은 유구에 표류하였다가 조선으로 돌
아오는 과정에 복건, 오문 등 여러 나라의 선박들이 모여드는 큰 항구
를 지나오면서 다양한 선박을 보았다. 문순득의 총명함과 그가 뱃사람
으로서 갖고 있었던 선박 지식에 힘입어 이강회는 「운곡선설」을 지을
수 있었다. 이강회는 문순득의 해외 견문 중에서 선박제도에 대한 내
용만을 전문적으로 다루었다. 표류의 전말은 「표해시말(漂海始末)」에
서 충분히 서술하고 있었으므로, 자신의 관심 분야인 해외 선박제도만
을 따로 떼어내어 다룬 것이다.
　「운곡선설」은 서문, 본론, 발문으로 구성되었다. 서문에서는 국방
을 위해 선박기술을 발전시켜야 한다는 저자의 주장을 피력하고 있다.
본론에서는 문순득이 관찰한 해외 선박 제도에 대해 자세히 기록하였
다. 부연설명이 필요하다고 판단되는 부분에는 주(注)를 달아두었고,
또 안(案)을 붙여 저자의 이해와 생각을 적어두었다. 그리고 「해선용유

---

142) 李綱會, 『柳菴叢書』, 「雲谷船說」. (김정섭·김형만 역, 『유암총서』, 신안문화원,
　　 2005, 106~107면.) "今年冬工于玄洲之海, 寄居於文淳得之家, 淳得業商者也. 雖無文
　　 字爲人慧能, 歲壬戌淳得漂到中山地[卽琉球]. 自中山發舶還國又漂至呂宋, 呂宋者海
　　 外番國也. 福建紅毛西洋等舶互相通商, 其船制亦多妙解. 自呂發舶順風, 十一日始抵
　　 廣東澳門, 澳門者西南海舶輻湊之地也, 其船制亦多妙解. 盖此人慣於船事, 又兼慧能
　　 故也, 今取十一日浮海之舶以爲準, 則者以其所見必多詳也."

지법(海船用油之法)」을 따로 정리해두었다. 발문에서는 선박제도에 관
한 자신의 저술이 조선의 발전에 필요한 것임을 재차 강조하며 저술
의도를 밝혔다. 「운곡선설」은 지금까지 전하는 조선 문헌 중에서 해외
선박제도에 대해 가장 자세하게 기록한 글이다.

표해록은 기본적으로 해외에 대한 관심이라는 동기에서 창작되는
것이지만, 앞에서 살펴보았듯이 저자의 관심 분야에 따라 서로 다른
성격의 기록이 산출될 수 있었다. 저자에 따라 표류와 귀환의 전반 과
정에 대해 관심을 기울일 수도 있고, 해외 견문 중에서 선박이나 지리
정보와 같은 특정 분야에 집중적인 관심을 보이는 경우도 있다.

이때 저자는 표류민의 표류담에서 필요한 정보만을 추출하여 글쓰
기에 활용한다. 저자는 표류담을 재구성하는 입장에 있으면서 자신의
재량으로 수집한 정보에 질서를 부여한다. 구술로 된 해외 정보를 문
자화된 텍스트로 고착시키는 과정에서 저자는 본래 이야기의 상당 부
분을 의도적으로 재구성하며, 선별을 거친 핵심 정보들만이 표해록에
기록될 수 있었다. 이때 인물의 심리묘사나 외국인과의 대화 등은 기
록되지 않는 것이 일반적이다

(4) 표류기사 찬집서

조선후기 문헌 중에는 표류 기사들을 다수 모아 별도의 책으로 엮은
저술들이 여러 종 발견된다. 표류기사 찬집서 형식으로 되어있는 이러
한 표해록은 총 8종으로 파악된다. 『임진표해록』 및 이 책과 동일 사
건을 다루고 있는『정미전신록』, 그리고『해외문견록』,『탐라문견록』,
『지영록』,『현주만록(玄洲漫錄)』등이 그러하다. 표류기사 찬집서 형식
의 표해록들은 이번에 새로 발굴되었거나 아직 본격적인 연구가 진행

되지 않은 자료가 대부분이다.[143]

〈표 6〉 표류기사 찬집서 형식의 표해록[144]

	저술연대	제목	편저자	소장처	비고
1	1696	知瀛錄	李益泰 (1633~1704)	국립 제주박물관	저자가 제주목사 재직시절에 제주 관아에 비치되어 있던 공문서들을 편찬하여 만든 것이다.
2	1706	海外聞見錄	宋廷奎 (1656~1710)	일본 天理大學	저자가 제주목사 시절에 표류민들을 탐문하고, 관아에 비치된 서적을 참고하고, 관아의 武庫를 조사하여 작성한 것이다.
3	1732	耽羅聞見錄	鄭運經 (1699~1753)	서강대, 단국대	저자가 제주목사로 부임하는 아버지 鄭必寧을 따라 제주로 건너갔을 때 표류민들의 표류담을 기록하여 지은 것이다.
4	1775	丁未傳信錄	李書九 (1754~1825)	연세대, 규장각	1667년에 濟州에 漂到한 福建의 상인 林寅觀, 陳得 등을 청으로 송부하게 된 내막과 관련 문정기록을 취합하여 편집한 것이다.
5	1798	丁未傳信錄	成海應 (1760~1839)	『硏經齋全集』	이서구의 편찬서 중에 누락된 부분을 보완하여 성해응이 재편한 것이다.
6	1819	雲谷雜著	李綱會 (1789~?)	신안문화원	저자가 우이도 거주시절에 지은 글들을 모아 놓은 雜著 형식의 저술이다. 권1에 중국 표류선박의 조사와 관련된 내용이 다수 수록되어 있다.

---

143) 2013년에 필자는 석사학위 논문을 통해『지영록』,『해외문견록』,『탐라문견록』을 대상으로 '18세기 전기 표류를 통한 해외정보의 유입과 지식화'의 문제에 대해 논의하였다. 기타 자료들은 새로 발굴되었거나, 해제식의 연구논문이 있는 정도이다. (최영화,「18세기 전기 표류를 통한 해외 정보의 유입과 지식화:표류기사 찬집서를 중심으로」, 연세대 석사논문, 2013.)
144) 표류기사 찬집서들은 다양한 사례를 취합한 것이기에 표류민이나 경유지에 대한 정보는 제공하지 않는다. 이 부류의 표해록은 필사본 단행본의 형태로 되어 있기에 소장처를 명시하였다.

| 7 | 1819 | 玄洲漫錄 | 李綱會
(1789~?) | 일본
京都大學 | 저자가 전라도 玄洲 즉 지금의 牛耳島에 기거할 때, 현지 관원을 대신해 그곳에 표류해온 중국 강남 蘇州 출신의 선원들을 조사·문정하고, 표류 선박의 외형과 작동 원리를 관찰하여 기록한 글이다. |
| 8 | 1820 | 林陳漂海錄 | 王德九
(1788~1863) | 逸失 | 1667년 林寅觀, 陳得 등 조선에 표류해온 남명의 유민들을 청으로 보내게 된 내막을 포함하여 관련 기록을 집대성한 것이다. |

『임진표해록』은 1667년 임인관(林寅觀), 진득(陳得) 등 중국 남방의 상인 95명이 제주에 표류하였던 사건을 다룬 저술이다. 『임진표해록』 은 현재 전하지 않지만, 중국 표류민에 대한 당시 조선 조정의 조치와 조선 문인들의 입장 등을 밝힌 글을 수집 편찬한 표류기사 찬집서 형 식의 표해록으로 추정된다. 저자 왕덕구가 쓴 서문에서 저술 경위 및 그 내용에 대한 단서를 찾아볼 수 있다. 이 저술은 임인관의 표류에 대해 기록한 기존의 표해록인 『정미전신록』에서 누락된 자료들을 보 완하여 이 사건의 관련 자료를 집성하려는 의도에서 편찬된 것이 다.[145] 이인수(李麟秀)가 지은 '제임진표해록(題林陳漂海錄)'을 통해서도 이러한 저술 의도를 유추할 수 있다.[146]

『정미전신록』은 『임진표해록』과 마찬가지로 임인관 일행의 조선 표 류 사건에 대해 다룬 저술로서 1775년에 이서구(李書九)에 의해 초고본 이 편찬되었다. 그 뒤 1798년에 성해응(成海應)이 증보본을 편찬하였

---

145) 王德九, 『滄海集』卷2, 「林陳漂海錄序」. (규장각 소장본) "〈林陳漂海錄〉, 錄林陳漂 海之事也, 前有是書疑篇曰: 〈丁未傳信錄〉, 盖李公書九之所蒐輯, 而猶頗有漏.(後略)"
146) 王德九, 『滄海集』卷4 「題林陳漂海錄」. (규장각 소장본) "(前略)… 乃以〈林陳漂海 錄〉一書示余, 旣寓目喜其蒐羅無遺, 攷据甚詳, 而於靜觀齋公詩句, 尤有所三復致意 者, 王君以庠生公之後, 輯此書, 盖出於追其先人未卒之志."

다.[147] 이서구 편찬본은 현재 연세대와 규장각에 단행본으로 소장되어 있으며, 성해응의 증보본은 성해응의 문집『연경재전집』의 외집에 실려 있다.

이처럼『정미전신록』에는 조선 조정에서 청에 보내는 자문(咨文), 이들 표류민을 조사하여 작성한 문답기, 표류민들의 청원서, 표류민들을 북경에 이송하는 것에 반대하는 조선 문인들의 서신과 시문 등 잡다한 성격의 글들이 함께 수록되어 있다. 임인관과 진득의 조선 표류 사건을 둘러싼 다양한 기록들을 모두 수집하여 편집한 것이다.

이강회의『현주만록(玄洲漫錄)』역시 표류기사 찬집서 형식의 저술이다. 1819년 2월 우이도에 머물고 있던 이강회는 현지의 관원을 대신해 우이도에 표류해온 중국 강남 소주 출신의 선원들을 조사 문정하게 되었다. 표류민을 조사하면서 작성한 문정기와 표착 선박의 외형과 작동 원리를 관찰하여 지은 글들을 합쳐 놓은 것이『현주만록』이다.『현주만록』의 첫머리에 표류 중국인들을 만나게 된 경위와 그들과의 만남에서 얻은 정보들을 정리하여 기록해 두었다고 하면서, 저술의 목적이 실용적이면서도 실행 가능한 지식을 얻고자 한 것임을 밝혀두었다. 그리고 표류 선박의 외형을 관찰하여 기록하고 표류 경위와 중국 선원들의 신원을 정리해두었다. 그 다음「타루(舵樓)」,「수묘하묘법(收貓下貓法)」,「선불설봉옥(船不設蓬屋)」,「선상기민(船上器皿)」,「위범(桅帆)」,「선복(船腹)」,「급정(汲艇)」,「문정초초(問情草抄)」,「증언시홍량(贈言施洪量)」의 순으로 항목을 나누어 기술하였다. 개별 항목에 관해 부연설명이 필요하다고 생각되면 안(案)을 붙여서 자신의 생각이나 견해를

147) 김문식,「성해응이 증보한『정미전신록』」,『진단학보』115, 2012.

적어두었다.

『임진표해록』, 『정미전신록』, 『현주만록』이 특정 표류 사건에 대한 다양한 글을 취합하여 만든 것이라면, 『지영록』, 『해외문견록』, 『탐라문견록』은 여러 표류 사건에 관한 기록들을 수집하여 편집하는 방식으로 만든 표류기사 찬집서이다.

『지영록』은 내용상 크게 전반부[148]와 후반부로 나뉜다. 그중 후반부가 표류에 관한 기록인데, 1652년부터 1693년까지 제주해역에서 발생했던 조선인, 중국인, 네덜란드인, 일본인의 표류 사건을 다루고 있다. 이 부분은 저자 이익태가 제주에 비치되어 있던 표류 관련 등록 자료를 참조하여 편집 기록한 것이다. 『지영록』의 표류 기사들은 「서양국표인기(西洋國漂人記)」와 「김대황표해일록(金大璜漂海日錄)」 등 일부를 제외하고는 모두 표류민을 조사한 문답(問答) 기록이다.

『해외문견록』은 송정규가 제주목사 재직시절인 1706년에 지은 것으로 주로 표류를 통해 확보한 해외정보를 수집·정리한 책이다. 불분권 1책으로 되어있으며 모두 16편의 글이 실려 있다. 「별도포에서 왜선을 공격하다[別刀剿倭]」, 「유구의 사신[琉球使者]」, 「표류해 온 서양인[西洋漂蠻]」, 「순치 연간 이후 표류해온 상인들과의 문답[順治以後漂商問答]」, 「안남에 표류했다가 돌아온 사람들[記安南漂還人事]」, 「중국배의 구조[唐船制]」, 「산동에서 표류해 온 상인들[山東漂商]」, 「일본에 표류했다가 돌아온 사람들[記日本漂還人語]」, 「유구에 표류했다가 돌아온 사람들[記琉球漂還人語]」, 「최금남표해록약절(崔錦南漂海錄節略)」,

---

「관리들의 표류[官吏漂海]」, 「임자년과 을묘년의 왜변[記壬乙倭變]」, 「길
운절(吉雲節)」, 「김만일목사(金萬鎰牧師)」, 「서판관이 뱀을 죽이다[徐判
官斬蛇]」, 「홍로궁터(洪爐宮基)」의 순으로 수록되어 있다. 16편의 글 중
에서 앞 11편의 글은 해외 표류에 관한 내용이다. 주로 중국의 정전제
도, 구휼제도 및 선박제도에 관한 내용으로 이루어져 있고, 중국의
강남, 안남, 일본, 대만 등지에서 행해지던 국제 무역을 포함하여 중
국, 일본과 동남아 등 주변 여러 나라의 교류에 관한 정보가 정리되어
있다.

　『탐라문견록』은 정운경이 제주목사로 부임한 아버지 정필녕(鄭必寧)
을 따라 제주에서 지은 저술이다. 『탐라문견록』에는 「영해기문(瀛海奇
聞)」, 「탐라기(耽羅記)」, 「순해록(循海錄)」, 「해산잡지(海山雜誌)」, 「탐라
문견록(耽羅聞見錄)」, 「귤보(橘譜)」 등 모두 여섯 편의 글이 실려 있다.
이 중 「탐라문견록」은 저자 정운경이 여러 표류민을 직접 만나서 그들
의 표류 체험담을 듣고 작성한 표류 기사 모음집이다. 저자가 '탐라문
견록(耽羅聞見錄)'을 책 전체의 제목으로 사용한 것으로 보아, 제주의
견문 중에서 표류민 관련 내용에 중점을 두었음을 알 수 있다.

　「탐라문견록」에는 조선 표류민이 안남, 유구, 대만, 일본 등지에 다
녀온 15편의 표류기사와 「최담석전(崔淡石傳)」이 수록되어 있다. 「최담
석전」은 제주에 떠돌던 표류 이야기를 인물 전기식으로 지은 글이다.
15편의 표류기사 중에 일본에 표류한 기록이 9편으로 가장 큰 비중을
차지한다. 「탐라문견록」의 전반적인 구성을 보면 구체적인 표제가 없
이 제1화, 제2화, 제3화의 순으로 되어있다. 표류기사의 배열순서는
표류 시간의 순서와는 무관한데, 아마도 저자 정운경이 해당 표류민을
만난 순서에 따라서 기사들의 배열순서가 정해진 것 같다. 이 책에 실

린 표류기사들은 각각 '출항-표류-귀환'의 기본 구조를 취하고 있으며, 표류민들이 겪은 사건들을 시간의 흐름에 따라 서술하고 있다.

이처럼 표류기사 찬집서 형식의 표해록들은 다양한 표류기사를 취합하여 엮은 저술이다. 이러한 저술에 수록된 표류기사는 낱낱의 기사들 각각이 독립적인 표해록의 형식을 갖추고 있는 경우가 많다.

3. 표해록의 저술의도

표류를 통해 유입된 해외 정보는 표류민의 해외 견문을 토대로 한 것이다. 지금까지 파악된 표해록의 작성 연대를 보면 17세기 말에서 19세기 초반까지의 약 100년 동안에 집중되어 있다. 이는 당시의 사회적 분위기 및 지적 풍토와 밀접한 관련이 있다. 18세기 즈음에 표해록이 집중적으로 저술되어 이를 통해 해외 지식정보가 조선에 전달되는 상황은 시대적으로 해외 지식정보에 대한 요구가 증대하였다는 것을 말해준다.

표해록은 일반적으로 표류와 귀환 과정에 얻은 해당 지역의 특색 있는 경험과 견문을 기록하는데, 그 내용은 저자의 취향이나 저술의도에 의해 선별적으로 정해진다. 그런데 표해록을 통해 전달되는 해외 지식정보에도 다양한 층위가 존재한다. 저자에 따라 호기심과 흥미의 대상으로 해외 나라들에 관심을 갖기도 했고, 진지한 학문적 대상으로 해외 지식정보에 접근하기도 했다.

표해록 텍스트는 저자의 의도를 관철시키기 위해 고안된 장치이다. 문자화된 표해록의 구성과 서술방식은 저자의 의도를 파악할 수 있는 단서를 제공한다. 표해록은 표류 사건에 대한 개인의 경험을 기록한 것이기 때문에 저자의 주관성이나 개인적 성향이 드러나기 마련이다. 표해록의 저자는 해외 표류담을 제공받거나 혹은 자신의 표류 경험을 기초로 표해록을 짓는다. 저자는 자신의 지식과 경험을 바탕으로 주어진 정보를 해석하고 이를 구조화하여 기록한다. 또, 다른 자료를 보완하거나 자신의 지식을 덧붙이기도 하면서 재서술을 하기도 한다. 이 과정에서 해외 견문 중에서 공유할 만한 가치가 있는 지식정보가 문자 기록으로 남게 되고, 공유 대상 또는 보고의 대상으로 적합하지 않다고 생각되는 것들은 기록에서 제외된다.

이러한 편집의 방식은 저자의 저술의도와 밀접한 관련이 있다. 아래에서는 이와 관련하여 표해록의 저술 목적을 세 가지로 나누어 살펴보고자 한다. 첫째는 해외의 견문내용을 보고하기 위해, 둘째는 해외의 문물을 소개하기 위해, 셋째는 해역 방비를 위한 참고 지식을 제공하기 위해서이다.

(1) 해외 견문의 공유

표해록의 저술의도는 저자가 서문이나 본문에 명시해 놓기도 하지만 맥락을 통해 저자의 의중을 유추해야 하는 경우가 더 많다. 『일본표해록』은 저자의 저술의도를 비교적 쉽게 파악할 수 있는 경우이다. 이 책의 마무리 부분에는 다음과 같은 저자의 말이 수록되어 있다.

ⓐ 무릇 일개 산과 물에 놀러가더라도 기록을 남겨 후세에 전하는데, 지금 경유했던 곳은 지극히 험난한 곳이었고 도착한 곳은 이역이었으니 어찌 기록해 두지 않을 수 있겠는가. 그 풍토를 기록하고자 하였기

때문에 진관의 도회지와 사람들의 번화한 모습, 즉 재화가 쌓여 있고 남녀가 섞여 있는 것들을 모두 기록해 두었다. 그리고 먹고 마시는 일, 행동하는 절도, 고기 잡고 나물 캐는 사소한 것에 이르기까지 빠짐없이 서술하여 후세들에게 보이고자 한다.[149]

풍계 현정은 험난한 표류과정과 해외 견문을 후세에 전할 가치가 있다고 생각하였다. 그는 이국 풍토를 기록하고 번화한 일본의 모습 및 일본인들의 생활 문화의 가장 사소한 것까지도 기록하여 후세사람들에게 전하고자 하였다. 이러한 저술 목적을 가지고 있었기에 그는 일본 사회를 자세히 관찰하여 풍부한 기록을 남길 수 있었다.

『탐라문견록』은 저자가 자신의 저술의도를 직접 밝히지 않은 경우에 해당한다. 그러나 기록 대상과 내용을 통하여 저자가 해외 여러 나라의 문화와 사회 전반에 관심을 가지고 있었음을 알 수 있다.

『탐라문견록』은 여러 표류민의 표류담을 토대로 해외 생활문화를 파악하는 데 주력하고 있다. 정운경은 여러 표류민들을 만나 그들의 표류담을 들었다. 표류를 통해 해외 체험을 하게 된 표류민들은 당지 사람들의 생활문화에 대해 관찰할 기회를 얻었다. 그들은 바다너머 사람들의 이색적인 생활양식과 문화에 주목했다. 저자 정운경은 표류민의 시선을 따라 해외에 다각적인 관심을 보이면서, 조선인이 표류를 통해 방문했던 주변국의 사회문화를 소개하였다. 안남국은 토질이 비옥하여 누에를 여러 번 쳐서 그곳 백성들은 의식주에 걱정이 없다는

---

149) 楓溪賢正, 『日本漂海錄』. (김상현 역, 『일본표해록』, 동국대학교출판부, 2010, 71면.) "凡遊一山一水亦有紀述, 以傳諸後, 今所經至險也, 所到異域也, 其可無記迷. 爲紀其風土故, 津關之都會, 人物之繁華, 則貨之委積, 男女之雜畓, 無不畢記. 以至於飮食之事, 行動之節, 漁採之微, 而無一遺漏, 以備後覽焉."

사실, 유구국 사람들의 의복과 여자들의 장신구에 대한 관찰, 쓰시마 사람들이 어떻게 단오명절을 보내는지에 대한 기록, 조선의 역법과는 달랐던 일본의 역법에 대한 언급들이 그러한 기록들이다. 또한 표류민이 보고들은 이색적인 풍속이나 사물들, 예컨대 일본의 연극장, 아란타 상선, 일본의 고래사냥 등 조선 본토에서는 접할 수 힘든 것들을 자세하게 기록하였다.

표해록을 통한 해외 견문의 기록과 전달은 표해록 저자의 저술의도와 직결되어 있으며, 그 바탕에는 주변국에 대한 지적 호기심이 깔려 있다. 『탐라문견록』에 붙인 이만유의 서문에 "하편은 표류하여 다른 나라에 갔던 섬사람의 이야기를 기록했는데, 기이한 볼거리와 신기한 들을 거리가 많다.[下篇錄島人漂至他國, 大槪奇觀異聞.]"고 한 것도 같은 맥락에서 이해할 수 있다.

(2) 해외 문물의 소개

조선후기는 사회 여러 측면에서 다양한 변화들이 감지되는 시대였다. 사회 전체의 발전 욕구와 맞물려 일부 지식인들은 다른 나라의 경험으로부터 발전적 대안을 찾고자 하였다. 대표적인 것이 '북학(北學)'에서 시작된 실학사상의 발현과 파급이다. 18~19세기에 지어진 표해록에서도 이러한 경향이 포착된다.

아래 정약용의 「발해사문견록」에 대한 검토를 통해 그 일단을 살펴보기로 한다. 정약용의 이 글은 신유한의 『해유록』에 붙인 발문이지만 통신사행록을 비롯한 해외 견문록의 저술 방향을 제시한 것이기도 하다.

ⓐ 위의 해사문견록 1권은 고 청천자 신유한이 사신을 따라 일본에 갔다가 그 나라의 산천과 풍속을 기록한 것이다. 일본의 세차(世次)와 도읍에 관한 것은 모두 본사(本史)가 있어 고증할 수 있다. 원세조가 10만의 군사를 거느리고 정벌을 나왔다가 활촉 하나도 되돌아가지 못 하였으니, 그곳의 관문과 도로가 견고하여 정벌할 수 없음을 알 수 있 다. 반드시 관찰해야 할 것은 오직 기물의 정교함과 여러 가지 조련(調 鍊)하는 법인데, 이 책에서는 그 점이 생략되었으니 한스러운 일이다. 우리나라 사람이 그곳에 표류하면 그들은 번번이 새로 배를 만들어서 돌려보냈는데, 그 배의 제도가 아주 절묘하였다. 하지만 여기에 도착하 면 우리는 그것을 모두 부수어 버리고 그 법을 본받으려고 하지 않았 다. 관왜(館倭)의 방롱(房櫳) 제도 역시 아주 정결하고 밝고 따뜻해서 좋다. 그러나 그 법을 본받으려 하지 않으니, 그 법을 기록해 본들 무슨 소용이 있겠는가. 지난번에 유문충(柳文忠)이 아니었더라면 조창(鳥 鎗) 제도마저 끝내 우리에게 전해지지 못하였을 것이다.[150]

정약용은 주변국을 관찰할 때 산천과 풍속보다는 국방 및 우수한 기 술과 제도에 주목해야 하며 실용적이고 선진적인 문물을 배워 조선에 도입해야 한다고 주장했다. 그는 특히 선박제도, 정교한 기물, 방롱, 조창 등 조선의 사회발전에 필요한 기술을 본받아야 한다고 하였다. 조선은 오랫동안 폐쇄적인 해역 정책을 시행하였다. 주변국들이 해 상무역을 적극 추진하면서 선박 기술을 비약적으로 발전시키고 있을

---

150) 丁若鏞, 『與猶堂全書』卷14, 「跋海槎聞見錄」, "右〈海槎聞見錄〉一卷, 故青泉子申維 翰隨使臣之日本, 記其山川風俗者也. 日本世次都邑, 並有本史可攷. 元世祖舉十萬之 衆一鏃不還, 知其關防道里, 亦不可伐也. 所宜察唯器物精巧及諸調鍊之法, 而此編略 於是, 爲可歎. 然我人漂至彼者, 彼皆造新船送回, 其船制絶妙, 而到此我皆槌碎之, 不 欲移其法. 館倭房櫳之制, 亦精潔明燠, 然莫之或移, 卽記其法, 何爲哉. 曩非柳文忠, 鳥鎗之制, 終亦不傳於我矣."(인용문의 번역은 〈한국고전종합DB〉를 참조하였다.)

때 조선은 여전히 낙후한 상태를 답습하고 있었다. 조선의 선박 기술
은 서양에 비해서, 그리고 중국과 일본에 비해서도 낙후되어 있었다.
조선후기에 이르러 경제적 발전과 변방 수비의 조건으로 선박 기술의
중요성이 부각되었다. 조선후기 지식인들은 선박 기술의 중요성을 절
감하고 있었다.[151]

ⓑ 아란타 배 만드는 법은 매우 정교하다. 일본인이 일찍이 말하기
를, "남경의 상선(商船)이 정교하지만, 아란타의 배에는 미치지 못하
고, 일본의 배는 남경의 배에 미치지 못하며, 조선의 배 만드는 법이
가장 엉성하다."고 하였다.[152]

이강회는 정약용이 유배지 강진에서 가르쳤던 제자이다. 이강회는
스승의 해양관을 이어받아 정약용과 같은 문제의식을 공유하고 있었
는데, 외국선박이 조선에 표류해 왔거나 조선인이 표류 중에 외국선박
을 보게 되면 마땅히 이를 배워서 조선에서 배를 만들 때에 적용하여
야 한다고 생각하였다.

ⓒ 나는 지난 겨울에 문순득의 구술을 듣고 여송의 선제에 관해 책을

---

151) 17세기부터 18세기 중반에 이르기까지 통신사 사행원들은 일본의 배가 정교하고 치
밀하게 만들어졌음 인정했지만, 견고함에 있어서는 조선의 배보다 못하다고 인식하고
있었다. 일본 배에 대한 인식이 변화한 것은 홍경해의 「수사일록」에 이르러서이다. 홍
경래는 1748년에 일본에 사행을 다녀왔다. (박상휘, 「조선후기 일본에 대한 지식의 축
적과 사고의 전환-조선사행의 기록류를 중심으로」, 서울대 박사논문, 2015, 102면)
152) 洪景海, 『隨槎日錄』. (하우봉·이선아 역, 「수사일록」, 『통신사 사행록 번역총서』 14,
보고사, 2018, 74면.) "阿蘭陀舡制極巧, 日本人嘗謂:'南京商舶精巧, 而不及於阿蘭陀.
日本則不及南京, 朝鮮舡制最踈闊.'云."

엮었는데, 지금 공선(龔船)을 또 보니, 중국과 외번의 선제의 성대함을
알겠다. 물이 새지 않고 지극히 정밀하구나. 지금 그것을 기록하니 진
실로 당세의 실용에 관계되는 것이다. 보는 자는 흘려 보거나 흘려 듣
는 잘못을 범하지 말지어다. 아. 무릇 우리나라는 개국 이래 외국선박
이 표류해서 해안에 다다른 일이 없는 달이 없을 정도이다. 그럼에도
이른바 문정과 선박 계량은 한낱 겉껍데기의 형식에 지나지 않으며,
이러한 묘법을 하나도 제대로 상세하게 탐구하지 않는다. 삼면이 바다
인 나라로서 미개한 상태를 고수하고만 있으니, 식견이 있는 사람의
한탄이 어찌 그칠 수 있겠는가.[153]

이강회는 이처럼 외국배의 제도를 배워 조선의 선박 제조 기술을 향
상시킬 것을 주장했다. 그는 『현주만록』 외에도 선박 제도에 대한 전
문 논고인 「운곡선설」을 지었다.

　ⓓ 이 글은 문순득의 말에서 나오고 나의 붓에서 이루어졌다. 비록
지극히 어리석고 졸렬할지라도 『열하일기』와 『북학의』에서 미처 듣지
못한 것이다. 이 때문에 깊이 생각하고 정밀하게 연구하여 이와 같이
한편의 책으로 만들어 경세제민의 뜻을 담았다. 무인년 중동에 현주서
옥에서 쓴다.[154]

153) 李綱會, 『玄洲漫錄』. "余於前年冬據文淳得口話, 遂編呂宋舶制, 旣又觀龔船, 可知
中國與外番船政之盛水不漏, 極臻精緻也. 今其所錄, 固關當今之實用, 覽者庶毋泛眼
風耳之過也. 嗟呼, 凡我立國以來, 外船之漂到我洲者, 殆無虛月而所謂問情, 量船都
以皮糠虛飾文具, 此等妙法一不究詳, 三面海國膠守陋劣, 識者之限寧容已哉."
154) 李綱會, 『柳菴叢書』, 「雲谷船說」. (김정섭·김형만 역, 『유암총서』, 신안문화원,
2005, 132면.) "是書也, 出之文言, 成之吾筆, 雖極愚拙, 〈熱河〉·〈北學〉之所未聞, 武
備莉川之所未睹, 故潛心硏精, 如是成篇, 以寓經濟. 戊寅中冬, 書于玄洲書屋."

위의 인용문은 이강회가 「운곡선설」의 말미에 붙인 문단이다. 이강회는 「운곡선설」이 연행록의 정수로 불리던 『열하일기(熱河日記)』와 『북학의(北學議)』에서도 언급하지 않은 내용을 다루고 있다고 했다. 이는 이강회가 자신의 저술에 자부심을 갖고 있었으며, 표류라는 경로를 통해 조선에 유입된 해외 지식정보를 사행을 통해 유입된 해외 지식정보와 같은 맥락에서 바라보고 있었음을 말해준다. 그는 사행을 통해 얻을 수 없는 지식정보를 표류민을 통해 확보할 수 있다고 생각했으며, 이것이 조선의 발전에 도움이 된다고 생각했다.

ⓔ 가경 기묘에 나는 현주서옥에 있었다. 그해 2월 하순에 사흘 동안 서북풍이 사납게 몰아치더니 섬사람들이 보고하기를 동쪽 바다에 표류해온 배가 있다고 하였다. 진장(鎭將) 서위신(徐衛信)이 배로 가서 문정(問情)을 하는데 나도 따라갔다. 그 배에 탄 선원 14명 중에 오직 시홍량 한 사람이 거칠게나마 문자를 해독할 수 있었으나, 또한 유창하지는 못해서 관화어록(官話語錄)을 쓰는 정도였다. 진의 관리가 문정을 하지 못해 내가 붓을 잡고 문답을 기록했다. 그때로부터 여러 날 왕래하여 자못 기이한 견문이 많았다. 그 가운데 다만 실용적이고 실행할 수 있는 것의 대략을 이상과 같이 기록하였다.[155]

이강회가 주장하는 것처럼 해외선박 제도에 관한 내용은 연행록 또는 통신사행록에서는 체계적으로 다루기 어려운 내용이다. 그러나 표

---

155) 李綱會, 『玄洲漫錄』. "歲嘉慶已卯, 余在玄洲書屋, 時二月下旬, 風從西北, 大噫. 三日, 洲人報說, 東海前洋有船漂到, 鎭將徐衛信, 船往問情, 余亦從行. 其船人十四箇, 惟施洪量一人, 粗解文字, 然亦不通暢, 惟是官話語錄, 鎭吏不得問情. 余乃把筆答話, 自是往來連日, 頗多異觀, 然只舉其實用措行者, 畧錄如右."

류민들은 외국 배를 접할 기회가 있었고 따라서 이들의 전언을 기록한 표해록에서는 이 주제에 대해 좀 더 깊이 있게 다룰 수 있었다. 외국의 선박제도에 대해 비교적 체계적으로 기록해둔 표류 문헌을 정리해두면 다음과 같다.

> ① 송정규(宋廷奎), 『해외문견록(海外聞見錄)』 내 「당선제(唐船制)」
> ② 정약전(丁若銓), 『표해시말(漂海始末)』
> ③ 이강회(李綱會), 「운곡선설(雲谷船說)」
> ④ 이강회, 『현주만록(玄洲漫錄)』
> ⑤ 풍계 현정(楓溪賢正), 『일본표해록(日本漂海錄)』
> ⑥ 김경선(金景善), 『연원직지』 내 「영길리국표선기(英吉利國漂船記)」

①②③이 선박제도에 관심을 갖고 있던 저자가 조선 표류민의 표류담을 토대로 해외 선박 제도에 대해 기록한 것이라면, ④는 저자가 조선에 표류해 온 중국선박을 직접 관찰하여 기록한 것이며, ⑤는 저자가 일본에 표류하였을 때 나가사키에서 중국 선박을 관찰하여 작성한 것이다. ⑥은 조선에 온 서양선을 관찰하여 기록한 것이다. 이 가운데서 가장 상세하고 체계적인 것이 ③과 ④이다.

이처럼 표해록 중에는 해외 선박에 대한 체계적인 기록이 다수 보인다. 통신사행록인 원중거의 『화국지』의 「주즙(舟楫)」, 남옥의 『일관기』 권10, 이덕무의 『청령국지』 권2 「선박(船舶)」에서도 일본의 선박에 대해 비교적 상세하게 다루고 있다. 그러나 중국 선박과 서양 선박에 대한 정보는 표해록에서만 확인할 수 있다.

이강회의 관심이 해외 문물 중에서 특히 선박에 집중되어 있었다면 송정규는 다양한 문물제도에 복합적인 관심을 갖고 있었다.

ⓕ 제주의 뱃사공 이덕인이 안남에 갔다가 돌아왔으니, 절강과 복건의 해선(海船)의 제도에 대해 익숙히 알고 있었다. 또한 중국 배들이 여러 차례 표류하여 온 것을 제주 사람들이 많이 보았다. 그래서 그들에게 중국배의 법식을 두루 물어 여기에 기록해 두니 앞으로 담당자들이 따라서 만들 수 있도록 대비하려는 것이다.[156]

송정규는 선박 제도에도 관심을 가지고 있었지만 그의 관심사가 이것에 국한되지는 않았다. 그는 「서양표만(西洋漂蠻)」에서 대포, 조총, 장검 등 외국 무기들을 조사하여 기록해 두었으며, 「산동표상(山東漂商)」에서는 중국의 조세 제도를 다루었다. 또 「기안남표환인사(記安南漂還人事)」에서는 안남의 성곽 제도와 화폐 제도 등에 대해서도 다루었다.

이상의 표해록들은 실용적이거나 우수한 해외 문물제도를 소개하여 조선의 발전을 도모한다는 목적에서 편찬된 것이다. 실천적인 해외 지식을 조선에 도입하는 것이 표해록 저술의 주된 목적 가운데 하나였음을 알 수 있다.

(3) 해역 방비를 위한 참고

표류민 송환은 조선시대 외교 관계의 중요한 부분이었으며, 표류민 취급 정책 역시 출입국 통제와 관련된 중차대한 문제였다. 조선 해역에 표류해 온 외국인은 조선에 해외 정보를 제공할 수 있는 존재인 동시에, 조선의 변경 방비 등과 관련한 중요한 사안들을 다른 나라에 누

---

156) 宋廷奎, 『海外聞見錄』, 「唐船制」. (김용태·김새미오 역, 『해외문견록』, 휴머니스트, 2015, 72면.) "濟州舵工李德仁漂到安南而還, 熟諳浙福海船之制. 唐船之前後漂來者, 濟人多見之. 故參詢其法, 附錄於此, 以備任事者伐柯之則焉."

설할 가능성이 있는 존재이기도 했다. 따라서 표류민에 대한 관리는 출입국 통제와 관련한 중요한 사안이었으며, 표류민 조사 역시 국가적인 차원에서 변방 안전과 직결되는 문제였다.

유득공과 같은 조선후기 지식인들은 이러한 사실을 깨닫고 해역 방비 차원에서 표류 사건을 중시할 것을 주장했다. 유득공의 이러한 주장은 그가 이덕무의 『청령국지』에 붙인 「청령국지서(蜻蛉國志序)」를 통해서도 확인할 수 있다.

ⓐ (전략)… 주상께서 말씀하시길, "중국의 경우 주나라부터 명나라에 이르기까지, 우리 동국의 경우 신라·백제·고구려부터 고려에 이르기까지 지금 모두 알 수 있다. 여진·몽고·일본·유구는 단지 우리 남쪽과 북쪽의 이웃일 뿐이 아니지 않은가. 그들의 군진 제도를 모르면 안 된다. 너희들은 속찬하여 올리도록 하여라."고 하셨다. 물러나와 내가 무관(懋官: 이덕무)에게 이를 이르고 "내각에 이와 같은 책이 없을 것이 염려되니 어찌하면 좋겠는가." 하니, 무관이 "내가 가지고 있다오."라고 하고 상자를 찾더니 깨알 같은 글씨가 적힌 책을 꺼냈다. 북쪽 오랑캐 및 해외 모든 나라의 일이 매우 자세하였기에, 결국 채집하여 책을 완성하여 진상하였다. 또한 일찍이 (이덕무와) 동석하고 있을 때 담을 쌓는 역부가 스스로 말하기를 일본의 나가사키에 표류한 적이 있다고 하여, 무관(懋官)이 아란타 사람의 모습을 거론하며 이에 대해 질문하였다. 역부가 크게 놀라면서 말하기를 "공께서는 언제 그 나라를 둘러보았습니까."라고 하니, 그 자리에 있던 모든 사람들이 크게 웃었다. 그가 사해의 일을 아는 것이 이와 같았다. …(약)… 무관이 이 국지를 편찬하여 그 나라의 역사와 위황의 연대와 관백의 시말부터 산천, 도리, 풍요, 물산, 서남의 여러 번에서 오고가는 교역품에 이르기까지 사실에 근거하여 쓰지 않은 것이 없으니 고증한 것이 정밀하고 자세하여,

소문으로 들은 헛된 말이 없다. <u>나랏일을 하는 자는 그것을 참고하여</u>
<u>족히 이웃나라와 친하게 지낼 수 있고, 사신 가는 자는 그것을 참고하</u>
<u>여 족히 그 나라를 염탐할 수 있으니 어찌 패관잡기로 지목할 수 있겠는</u>
<u>가. 괴이하구나. 지금 사대부는 해역 방비를 맡고서도 표류선이 한번</u>
<u>도착하면 그들의 돛을 보고, 그 옷을 보고, 그 말을 듣고, 그 모습을</u>
<u>살피고도 어떤 나라 사람인지 알지 못하고서 문정이 조금이라도 잘못</u>
<u>되면 하옥하고 법으로 다스린다. 어찌 이 기록을 가져다가 읽어서 해외</u>
<u>모든 나라의 정세를 알려고 하지 않는가.</u>[157]

　위 글에서 알 수 있듯이 정조는 유사시를 대비해 일본·유구·몽고
등 주변국의 군진제도(軍陣制度)를 알아야 한다며 신하들에게 이와 관
련한 전문서를 지어 올릴 것을 요구하였다. 정조는 조선의 국방과 외
교를 위해 주변국의 정보를 적극 수집할 것을 신하들에게 명하였다.
주변국에 대한 지식정보를 수집·정리하는 것은 조선후기 지식인들에
게 부여된 과제이기도 하였다. 이러한 분위기에서 이덕무는 일본 관련
전문서인 『청령국지』를 지었다.

　주변국에 대한 지식정보는 선린우호 및 해역방비와 관련이 있을 뿐

---

157) 柳得恭, 『泠齋集』 卷7, 「蜻蛉國志序」. "(前略)上曰: "中國而自周至于皇明, 我東而
　　自新羅百濟高句麗至于勝國, 今皆可知矣. 女眞蒙古日本琉球, 獨非我南北之隣乎. 不
　　可不知其軍陣之制, 爾等其續撰以奏."旣退, 余謂懋官曰: "內閣恐無此種書奈何."懋官
　　曰: "我有之矣." 搜其篋得蠅頭書, 北虜及海外諸國事甚悉, 遂採輯成書以進. 又嘗與同
　　坐, 有築垣役夫自言漂到日本之長崎島者, 懋官擧阿蘭陀人狀貌以詰之. 役夫大驚曰:
　　"公於何年游彼國乎." 皆大笑, 其知四夷之事, 皆此類也. …(略)… 懋官撰此志, 因其國
　　史, 爲皇年代關白始末, 以至山川道里風謠物産. 西南諸蕃往返交易, 莫不據實而書,
　　考覈精詳, 無風聞空之語, 爲邦者資之, 足以善隣. 出疆者資之, 足以覘國, 惡可以稗官
　　雜記目之哉. 竊怪夫今之士大夫出典海防, 漂船一到, 望其帆見其衣聞其語審其貌, 而
　　不知爲何國之人, 問情一差, 下理勘律, 何不取此記而讀之, 以知海外諸國之情狀乎."

만 아니라, 해외 표류민을 취급할 때에도 유용하게 활용될 수 있었다.

    ⓑ 근세에 동래에 사는 사람도 전에 표류하여 에조(蝦夷)에 도착했
다가 돌아왔다. 에조의 경계는 우리나라 북관(北關)과 서로 가까우니
변방을 맡은 신하는 알아두지 않을 수 없다. 아란타(阿蘭陀)와 같은 지
역에 대해서도 비록 우리나라와 인접해 있지는 않으나 또한 뜻밖의 사
변을 생각지 않아서는 안 된다.[158]

    이덕무가 언급한 에조(蝦夷)에 표류했던 동래인(東萊人)은 1696년에
일본 홋카이도(北海道)에 표류했던 이지항(李志恒)이다. 이덕무는 에조
는 조선의 북쪽 변방과 인접해 있기에 변방 보위를 위해 이곳의 사정
을 숙시해야 한다고 했다. 또 해역 방비를 위해 네덜란드를 경계하지
않을 수 없다고 했다. 동아시아 해역에서 적극 활동을 펼치던 아란타
는 18세기 이래로 수차 조선과의 무역을 제안해왔다. 아란타가 일본을
앞세워 조선을 침공하려 했다는 소문이 전해오기도 했다. 이러한 상황
에서 이덕무는 아란타를 조선의 변방 안전을 위협하는 존재로 인식한
것이다.

    이익태 역시『지영록』에서 외세의 침략에 항시 대비할 것을 주장하
였다. 태평 시기에도 경각심을 갖고 무력 침략에 대비하여 조선의 군
사력을 강화할 것을 주장하였다.

---

158) 李德懋,『靑莊館全書』卷24,「兵志備倭論」. "近世東萊人, 亦嘗漂到蝦夷而還, 則蝦
夷之境, 與我北關相近, 籌邊之臣, 不可以不知. 至若阿蘭陀, 雖非我之隣近, 亦不可以
不虞."(인용문의 번역은〈한국고전종합DB〉를 참조하였다.)

ⓒ 지금 나라가 태평한 날이 오래고 성교(聲敎)가 바다에까지 미치고 있다. 비록 싸움을 하지 않는 때라고 해도 문교(文敎)가 있는 자는 반드시 무비(武備)도 있는 것이다. 하물며 바다 가운데 조그마한 땅에 매우 가까이 칠치(漆齒)가 있음에랴. 흐리고 비올 때를 위한 준비를 미리 하지 않을 수 없으니, 궁마의 재주를 연습해 두지 않을 수 없다.[159]

이익태는 언젠가 조선에 재차 전쟁의 위기가 닥칠지도 모르기 때문에 대비책을 마련해 두어여 한다고 생각했다.『지영록』의 표류기사 부분이 그의 이러한 생각을 말해준다.

지금까지 표해록의 저술의도를 세 가지로 나누어 분석해 보았다. 그러나 실제로 표해록은 다양한 해외정보를 종합적으로 다루는 경우가 많으며 저술의도 역시 하나에 치중되어 있지 않고 세 가지 경향을 두루 보이는 경우가 많다.

---

159) 李益泰,『知瀛錄』. (김익수 역,『국역 지영록』, 제주문화원, 2010, 52~53면.) "今昇平日久, 聲敎訖海, 雖當偃武之時, 而有文敎者, 必有武備. 況海中彈丸誕鄰漆齒者乎. 陰雨之備不可不豫, 弓馬之才不可不習."

IV

표해록 소재
해외 지식정보의 양상

　표해록에는 해외 여러 나라의 정치, 경제, 문화, 국제교류를 비롯하여, 풍토, 지형, 자연 현상에 이르기까지 광범위한 정보와 지식이 담겨져 있다. 표해록에 보이는 이웃 나라들의 풍속, 문물, 언어, 문화로부터 정세와 대외관계에 이르는 다양한 정보들은 표류민들을 통해 전달된 것이다. 이러한 지식 정보들은 주로 해외에 표류했던 조선인들의 전언을 통해 조선에 유입된 것이지만, 조선에 표류해온 외국 표류민이 전해준 정보들도 적지 않다.

　이에 본 장에서는 어떠한 해외 지식정보가 표류라는 경로를 통해 유입되었는가 하는 문제를 둘러싸고 조선인들의 해외 인식을 동아시아적 차원에서 고찰해보고자 한다. 구체적으로 표해록 소재 해외 지식정보들을 나라별과 지역별로 분류한 뒤 다시 내용적인 측면에 입각하여 재분류함으로써 조선후기 지식인들의 해외에 대한 관심의 초점을 확인하고 표해록에 기재된 해외 지식정보의 수준과 정확도 등에 대해 논의하고자 한다.

1. 중국

최근까지 조선과 청나라의 교류는 연행록을 중심으로 이루어져 있다. 2001년 『연행록전집』의 발간을 계기로 한국, 중국, 일본의 학자들은 연행록을 대상으로 정치·외교·경제·문화 등 여러 측면에서 다양한 연구 성과를 산출하고 있다. 또한 최근에는 연행 사절단의 중국에서의 정보 수집활동에 대한 연구들이 다수 제출되었다. 이 연구들은 연행사들이 중국에서 정보를 입수하는 과정과 방식에 주목하여 그들이 수집한 정보 및 그 정보들이 조선에 가져온 파급효과에 대해 분석하였다.[160]

표해록에 대한 연구는 수로조천록(水路朝天錄) 연구와 더불어 해역을 매개로 한 한중교류의 중요한 한 축을 담당하고 있다. 바다를 매개로 한 중국 정보의 유입과 활용에 대한 연구는 이 시기 한중교류를 조명할 수 있는 효과적인 착안점이다. 그러나 지금까지 표류와 표류민을 통해서 조선에서 입수한 중국의 정보들에 대한 논의는 거의 이루어지지 않았다.

이에 본 절에서는 표해록에 보이는 중국 정보들에 주목하여 이 정보들의 가치와 의의에 대해 논하고자 한다. 이를 위하여 본 절에서는 연

---

160) 沈玉慧, 「淸代における朝貢使節の相互交流と情報收集: 朝鮮燕行使を中心としてみた」, 九州大學 博士學位論文, 2013; 김창수, 「17세기 후반 조선사신의 공식보고와 정치적 파장」, 『사학연구』 제106호, 2012; 백옥경, 「18세기 연행사의 정보수집활동」, 『명청사연구』 제38집, 2012; 송봉선, 『조선시대에는 어떻게 정보활동을 했나』, 시대정신, 2014; 伍躍, 「朝貢關係と情報收集」, 夫馬進 編, 『中國東アジアの外交交流史の研究』, 京都大學學術出版會, 2007; 하정식, 「19세기 중엽 중국의 병란정보와 조선왕조」, 『숭실사학』 제12집, 1998; 정신남, 「18세기 초 조선연행사의 진상의(陳尙義) 해적집단 관련 정보 수집활동」, 『동방학지』 제178집, 2017.

행록 소재 중국의 정보들을 비교항으로 설정하여 논의를 전개할 것이
다. 논의에 앞서 우선 중국 관련 표해록들을 표로 정리하였다.

〈표 7〉 조선후기 중국 관련 표해록

	저술 시기	제목	저자	출처	표류민	비고
1	1683	濟州漂漢人 處間情手本	金指南	東槎日錄	中國人 沈電如	저자가 일본사행을 마치고 귀국하는 길에 海南에서 제주도에 표류했다가 본국으로 돌아가는 중국 남방 표류민 沈電如와 杜印 등을 만나 작성한 것이다. 강희제 즉위 후 해금령의 해제, 청나라가 대만을 수복한 후 대만의 상황 등이 기록되어 있다.
2	1696	知瀛錄	李益泰	單行本	中國人	1652년부터 1693년까지 제주해역에서 발생했던 조선인, 중국인, 네덜란드인, 일본인의 표류 사건 13건을 기록하고 있다. 서양인의 표류 1건, 조선인의 표류 1건, 일본인의 표류 2건 외에 전부 중국 표류민을 조사한 내용이다. 중국 정세 중심으로 기록되어 있다.
3	1706	順治以後漂 商問答	宋廷奎	海外聞見錄	中國人	1652년부터 1705년까지 있었던 중국 상인들의 제주 표착 사건 6건을 기록한 것이다. 중국의 정세와 중국과 주변국 사이의 무역관계에 초점을 두고 기술하였다.
4		唐船制			李德仁	1688년에 김태황과 함께 표류했던 李德仁의 구술을 토대로 중국의 선박제도에 대해 기술한 것이다.
5	1725	漂人問答	任適	老隱集	中國人	저자가 陽城縣監 재직 시절에 제주 大靜縣에 표류해 온 중국 福建 泉州 사람들을 만나 필담을 나누고 관련 내용을 기록해 둔 것이다.
6	1732	第二話	鄭運經	耽羅聞見錄	朝鮮人	1729년에 尹道成과 宋完 등의 대만 표류에 관한 내용이다. 이들은 대만-복건-절강-산동을 거쳐 송환되었다. 대만의 기후, 작물과 가축에 관한 내용 및 경유지의 견문이 실려 있다.
7		第三話				

8	1760	記福建人黃森問答	李德懋	嬰處文稿	中國人 黃森	1759년 겨울 중국 복건의 상인 黃森 등 43명이 康津에 표착하였다가 이듬해 초에 서울로 이송되어 南別宮에 머물고 있었다. 2월경에 이덕무가 이들을 찾아가 필담을 진행하고 관련 내용을 기록해 둔 것이다. 이덕무는 표류민 중 문자가 가능한 黃森과 중국의 名儒, 經書, 문장가 등에 대해 문답한 내용을 기록하였다.
9	17세기 말	丁未問答錄	黃功	單行本	中國人 林寅觀	1667년에 濟州에 漂到한 福建의 상인 林寅觀, 陳得 등을 조사 문정한 기록이다.
10	1775	丁未傳信錄	李書九	單行本	中國人 林寅觀	1667년에 濟州에 漂到한 福建의 상인 林寅觀, 陳得 등을 청으로 송부하게 된 내막과 관련 문정기록을 취합하여 편집한 것이다.
11	1798	丁未傳信錄	成海應	硏經齋全集	中國人 林寅觀	이서구의 편찬서 중에 누락된 부분을 보완하여 성해응이 재편한 것이다.
12	1797	書李邦翼事	朴趾源	燕巖集	李邦翼	저자가 沔川郡守 시절에 정조의 명으로, 澎湖에 표류했다가 송환된 이방익의 표류 사건을 기록한 것이다. 이방익이 경유한 澎湖-臺灣-廈門-福建-浙江-江南-山東-北京-遼陽의 노정에 대해 문헌 자료를 기반으로 상세한 지리학적 고증을 진행하였다.
13	1818	乘槎錄	崔斗燦	單行本	崔斗燦	저자가 표류를 시작한 1818년 4월 8일부터 같은 해 10월 2일 柵門을 지나기까지 전 과정이 일록의 형태로 기록되어 있다. 최두찬은 寧波에 표착한 후, 杭州, 蘇州, 無錫, 揚州, 濟南 등지를 거쳐 북경을 거쳐 조선에 돌아왔다. 강남지역의 견문이 상세하다.
14	1818	漂海錄	梁知會	單行本	梁知會	저자는 최두찬과 함께 표류했던 인물로 최두찬과 같은 노정을 거쳐 조선에 돌아왔다. 표류 경위와 강남 지역의 견문이 기록되어 있다.
15	1819	雲谷雜著	李綱會	單行本	中國人	저자가 우이도 거주시절에 지은 글들을 모아 놓은 雜著 형식의 저술이다. 권1에 중국 표류선박의 조사와 관련된 내용이 다수 수록되어 있다.

16	1819	玄洲漫錄	李綱會	單行本	中國人	저자가 전라도 玄洲 즉 지금의 牛耳島에 기거할 때, 현지 관원을 대신해 그곳에 표류해온 중국 강남 蘇州 출신의 선원들을 조사·문정하고, 표류 선박의 외형과 작동 원리를 관찰하여 기록한 글이다.
17	1820	林陳漂海錄	王德九	逸失	中國人 林寅觀	1667년 林寅觀, 陳得 등 조선에 표류해온 남명의 유민들을 청으로 보내게 된 내막을 포함하여 관련 기록을 집대성한 것이다.
18	1828	耽羅漂海錄	朴思浩	心田稿	朝鮮人	저자가 1828년 12월에 북경에서 중국 남방 지역에 표류했던 제주인 金光顯 등을 만나 그들의 표류 견문을 기록한 것이다.

위의 표를 통해서도 알 수 있듯이 중국 관련 표해록은 전체 표해록 중에서 큰 비중을 차지한다. 이 중에 중국 표류민들을 대상으로 지은 표인문답기가 많다. 이는 조선에 표류해 온 중국 표류민들을 조사하여 확보한 중국 정보가 많았음을 말해준다.[161] 중국 이외의 나라들에 대한 지식정보는 주로 해외에 표류했던 조선인을 통해 유입된 반면, 중

---

161) 『통문관지(通文館志)』에 의하면, 1636부터 1889년까지 중국인 표류 사건은 도합 235 건이며, 조선에 표류해 온 중국인은 무려 4,300명 이상이었다. 표류 도중에 사망한 인원은 412명으로 최초 승선인원의 9% 정도가 표류로 인해 목숨을 잃었다. 전체 235건 중에서 북방 표류민의 표류 사건은 109건으로 전체 표류 건수의 46%를 차지했고, 남방 표류민의 표류 건수는 126건으로 전체의 54%를 차지했다. 선박을 단위로 계산했을 때 북방민 표류 건수와 남방인 표류 건수는 크게 차이나지 않지만, 인원수에서는 큰 차이를 보인다. 전체 표류민 중에서 북방 사람이 1,469명이었고, 남방 사람은 약 두 배에 이르는 2,825명이었다. 남방에서 표류해온 선박은 커다란 무역선으로 많은 선원들이 타고 있었으나, 북방의 선박은 고기잡이배나 벌목을 위한 배로서 탑승인원이 많지 않았기 때문이다. 북방지역 표류민은 출발지역에서 가까운 곳에 표류해 왔기 때문에 최초 승선인원 중에서 2.5%에 달하는 사람들만이 표류로 인해 목숨을 잃었다. 그러나 남방 지역의 사람들은 11.7%에 달하는 사람들이 표류로 인해 목숨을 잃었다. 항해 시간이 길고 뱃길이 멀어 표류 도중에 많은 사람들이 목숨을 잃었던 것이다. (최영화, 「조선후기 관찬사료를 통해 본 중국인 표류 사건의 처리」, 『도서문화』 46, 2015, 64면.)

국에 관한 정보는 중국 표류민들이 조선에 제공한 것이었다. 이는 조선에 표류해 온 외국인 중에 중국인이 큰 비중을 차지했던 것과도 관련이 있지만, 필담이나 통역 등을 통해 중국인 표류민들과 의사소통이 좀 더 원활하게 이루어졌기 때문이다. 바닷가의 여러 관아에는 기본적으로 한학(漢學) 역관을 두고 있었으며, 또 글을 아는 중국인들과는 필담(筆談)으로 대화를 나눌 수 있었다. 이에 따라 중국 표류민에 대한 조사 기록을 바탕으로 한 표해록이 다수 편찬되었다.

조선후기 중국 관련 표해록을 종합적으로 살펴보았을 때, 표류민을 통하여 중국의 정세, 중국 남방 지역의 민정과 풍속, 중국의 지리 정보와 역사 문물에 대한 지식정보들이 조선에 유입되었음을 알 수 있다. 아래에서 구체적으로 살펴보도록 하자.

(1) 중국의 정세

병자호란 이후로 청이 중국의 실질적인 지배권을 장악하기 시작한 1680년대까지 중국은 각 지역의 반란과 저항으로 인해 정세가 유동적이었다. 역사적으로 중국의 정세 변동은 언제나 주변 국가들에 막대한 영향을 주었다. 17세기 중국의 정세 변동은 조선 내부의 정국 변화의 큰 변수였으므로, 중국의 정세를 신속하게 파악하는 것은 조선과 청의 관계 설정에 중요한 의미를 가지고 있었다. 중국과의 관계 설정은 조선의 대외방침에 결정적인 영향을 미치는 요인이었다. 정국의 변화와 같은 중국 정세의 변화는 매번 조선에 큰 파장을 불러왔다.

명청 교체라는 중요한 시기에 중국의 관련 정보들을 파악하는 것은 특히 중요한 의미가 있었다. 따라서 조선은 다각도로 정보 수집활동을 전개했다. 이러한 시대적 상황과 맞물려 표류민들이 제공한 중국의 정세와 관련한 정보들의 중요성이 부각되었다.

중국 관련 지식정보를 수집하는 두 가지의 핵심적인 경로는 중국 문헌을 통한 지식정보의 획득, 그리고 연행사절단을 통한 중국 정보의 수집이다. 문헌에 기재된 중국 지식정보는 어느 정도 검증을 거친 것이기에 정확성이 높았지만, 시효성(時效性)이 떨어진다는 문제가 있었다. 중국의 정세를 파악함에 있어서 정보의 즉시성(卽時性)이 요구되었고, 이 때문에 문헌이 아닌 직접 방문을 통한 정보 수집의 필요성이 절실했다. 그러나 청 건립 초기부터 청이 중국 전역을 차지하기까지의 기간에 연행사절단을 통한 중국 정보의 획득은 쉽지 않았다. 이 시기에도 조선 사신단은 계속해서 중국을 방문하였지만 이들의 행동 범위는 제한되어 있었다. 명의 세력이 남방에서 활발하게 활동하고 있고 정치적 불안이 지속되고 있는 상황이었기에 청 정부에서 사신단의 활동을 엄격하게 제한했기 때문이다. 중국에서 다른 나라 사신들을 만나는 것도 어려웠다. 북경에 도착한 조선의 사신단은 문금제도(門禁制度)에 따라 공식 활동 이외에는 회동관(會同館)이나 옥하관(玉河館)의 숙소 안에 머물러야 했고, 잡인들의 숙소 출입도 금지되어 있었다.[162] 청이 중국 전역을 장악하지 못한 상황이었기에 청의 입장에서 주변나라의 사신들의 활동을 통제할 필요가 있었던 것이다.

이러한 상황에서 표류는 중국의 정세를 파악할 수 있는 중요한 경로로, 표류민은 중국 정세에 관한 정보를 제공할 수 있는 중요한 정보원으로 인식되었다. 이에 중국 선박이 조선에 표류해 오면 조선에서는 중국 정세에 대해 적극 탐문하였다. 그리고 탐문 결과를 바탕으로 조

---

162) 김문식(2009), 앞의 책, 36~37면.

사 보고서를 작성하여 관련 부서에 송부하여 정책 제정의 참고로 삼았다. 아래 인용문을 통해 이러한 정황을 구체적으로 확인할 수 있다.

ⓐ 문: 표문(票文)이 있는가.

답: 홍광 원년(1644)부터 납향(納餉)하러 바다에 나오는 데는 표문이 없고, 교지(交趾)를 왕래하는 데는 표문을 사용하지 않습니다.

문: 이병(李兵)은 누구인가.

답: 이름은 이자성이라 합니다. 먼저는 도적이었다가 후에 장수가 되어 북경에 싸우러 가서 숭정천자를 죽이고 두 달 동안 (북경을) 관장하였습니다. (그 뒤) 청조의 병마가 와서 또 이병을 죽여 제거하니 청조가 천하를 얻게 되었습니다.

문: 남방(南方)의 소식은 어떠한가.

답: 남경 땅은 청조가 지키고 있고, 홍광(弘光)의 다음에는 노왕(魯王)이 먼저 장주와 복건의 땅에 있다가, 청나라가 오자 광동(廣東) 지방에 머물고 있습니다.

문: 광동(廣東)의 소식은 어떠한가.

답: 이자성의 아들이 광서(廣西)에 있는데, 듣기로는 광동에 가서 노왕을 도와주려 하므로, 청조의 군사로서도 진격을 못한다고 합니다.

문: 연호(年號)는 어떻게 쓰고 있는가.

답: 영력(永曆)입니다.

문: 재상은 어떤 사람인가.

답: 노진비(路鎭飛)인데 산서성 굴옥현(屈沃縣) 출신입니다.

문: 장수는 누구인가.

답: 학(郝)씨인데 이름은 모릅니다.

문: 섬서의 소식은 어떠한가.

답: 처음에는 이자성이 섬서에 자리 잡고 있다가, 1년 후에 청조(淸朝)에게 죽임을 당해 이가(李家)가 패하여 제거된 후 청조가 점령하고

있습니다.

문: 산동의 소식은 어떠한가.

답: 산동은 처음에 이씨 집안이 점령하고 있다가 1년 후에 청조가 빼앗았습니다.

문: 산서 소식은 어떠한가.

답: 강상(姜祥)이 산서를 점령하고 있다가 2년 뒤에 청조가 와서 빼앗았습니다.

문: 강상(姜祥)은 어떤 사람인가.

답: 명나라의 총병(總兵)이었는데 청조를 받들지 않고, 산서 대동부(大同府)에 진을 치고 있습니다. 산서의 8부(府) 중 강상이 6부를 얻고는 여러 차례 걸쳐 청나라 군사 수십만을 죽였습니다. 그 뒤 식량이 떨어졌기 때문에 강상의 수하 장관이 (강상을) 죽여서 (청조에) 바쳤습니다.

문: 사천의 소식은 어떠한가.

답: 장현충(張顯忠)이 죽고 난 뒤, 사천에 무대정(武大定)이 지금까지 있는데, 청조가 아직까지 싸워서 얻지 못하고 있습니다.

문: 운남의 소식은 어떠한가.

답: 목영(沐英)의 후손이 운남에 있어서 청조가 진격을 못하고 있고, 목영의 군사 또한 감히 나오지 못 합니다.[163]

---

163) 李益泰, 『知瀛錄』, 「漂漢人記」. (김익수 역, 『국역 지영록』, 제주문화원, 2010, 141~143면.) "問票文有無, 答曰: 弘光元年, 納餉出洋無票文, 往來交趾不用票. 問李兵, 答曰, 係名李子成, 先爲寇後將, 北京爭去, 將崇禎天子殺了. 知得兩月, 淸朝兵馬一來, 又殺李兵敢去, 淸朝終得天下. 問南方消息, 答曰, 南京地淸朝守之. 弘光之後, 又有魯王, 先在漳福之地, 有淸朝一到, 敢止廣東地方. 問廣東消息, 答曰, 李子成之子在廣西, 聞要到廣東去扶魯王, 淸朝兵馬以不能進也. 問年號, 答曰, 永曆. 問相, 答曰, 路鎭飛, 係山西屈沃縣. 問將, 答曰, 郝姓人, 名不記. 問陝西消息, 答曰 初次李子成在西坐居, 一年後于淸朝相殺, 李家敗去, 淸朝所占也. 問山東消息, 答曰, 山東初次李家以占. 一年後, 淸朝所奪矣. 問山西消息, 答曰, 姜祥在山西占去. 二年後, 來淸朝所奪矣. 問姜祥, 答曰, 乃明朝總兵, 不扶淸朝, 坐鎭山西大同府. 山西八府, 姜祥以得六府,

위의 인용문은 『지영록(知瀛錄)』의 「표한인기(漂漢人記)」의 일부이다. 「표한인기」는 1652년 중국 남경(南京) 소주부(蘇州府)의 상인 묘진실(苗眞實) 일행의 제주 표류 사건을 조사한 기록이다. 위의 자료에서 알 수 있듯이 조선에서는 중국 표류민을 대상으로 명청 교체기의 중국의 정세를 파악하려고 했다. 명(明)이 청을 물리치고 재기할 가능성은 있는지, 명의 세력이 남아있는 지역은 어떤 곳인지, 중국의 남방 지역의 상황은 어떠한지, 중국에서 현재 청의 연호를 사용하는지 아니면 명의 연호를 사용하는지 등 중국의 정치 동향에 초점을 맞추어 표류민 조사를 진행하였다.

계속해서 『지영록』의 또 다른 부분을 살펴보자. 아래 인용문은 1667년 제주에 표류해 온 복건(福建) 상인 임인관(林寅觀) 일행을 조사한 기록에서 발췌한 것이다. 표류민에 대한 조사는 표류민의 신원조사, 표류 선박에 실린 물품에 대한 조사, 표류 경위와 과정에 대한 조사, 중국 정세에 관한 조사 등을 둘러싸고 진행되었다. 구체적으로 전쟁이 일어날 가능성, 중국의 정국, 명나라 황실 후손의 향방, 삭발(削髮)과 의관제도에 대하여 심문하였다. 즉, 표류민 조사는 중국 판도의 변화와 전쟁 가능성 여부 등 중원의 정세에 중점을 두고 진행되었다고 할 수 있다. 아래 인용문 역시 그러한 경향을 보여준다.

　　ⓑ 문: 중원에 전쟁이 날 염려는 별로 없는가? 산동, 장안, 촉한(蜀漢) 등 지역 또한 차지하고 있는 사람은 없는가?

屢次殺淸兵數十萬也. 後因無糧, 姜手下將官所獻殺了. 問泗川消息, 答曰, 張顯忠死了. 泗川有武大定, 此時淸朝未曾爭得. 問雲南消息, 答曰, 沐英之後在雲南, 淸朝不能進去, 沐兵亦不敢出來."

답: 산동, 장안, 촉한의 판적(版籍)이 이미 청조에 귀속되어 전쟁이 날 우려는 별로 없습니다. 영력군은 다만 광서를 점거하여 군사를 기르면서 기다리고 있습니다.

문: 듣기로 중원은 13성인데, 영력은 4성만 가지고 있다고 하니, 군사가 외롭고 힘이 약함을 가히 생각할 수 있다. 이렇게 하고서 청조를 대항할 수 있겠는가. 혹시 화해를 청하여 싸움을 뒤로 미룸으로써 스스로를 보존하려는 것인가? 영력제의 영명함 또한 어떠한가. 답: 옛날에 서백은 100리로 천하에 왕 노릇 하였습니다. 우리 영력군이 널리 회복하여 중원을 부흥시킬 날을 손꼽아 기다릴 수 있을 것입니다.…(중략)…

문: 남경, 소주 항주 등 지역도 청조에 귀속되었는가? 옛날 역사를 고찰해보면 천하에 사건이 많으면 도적이 벌떼같이 일어났는데, 지금은 유독 그렇지 않다. 그렇다면 백성들은 모두 안도하고 있는가?

답: 머리카락을 온전히 하고 있는 자들은 영력의 정명(政命)을 받들고, 삭발한 자들은 강희의 정삭(正朔)을 받들고 있습니다. 산동 등지에도 의사(義士)들이 있으나 성사한 것을 보지 못했습니다.[164]

중국 표류민들이 제공한 중국 정세에 대한 정보는 높은 정확성을 보이는 동시에 시효성을 확보한 정보들이었다. 표류민을 통해 중원의 정세와 명 정권의 동향이 거의 실시간으로 조선에 전해진 셈이다.

---

164) 李益泰, 『知瀛錄』. (김익수 역, 『국역 지영록』, 제주문화원, 2010, 151~153면.) "問, 中原別無干戈之慮耶. 山東長安蜀漢等地, 亦無據地之人耶. 答曰, 山東長安蜀漢版籍, 已歸淸朝, 別無干戈之擾. 惟永曆君據在廣西, 畝兵以待. 問, 聞中原十三省, 而永曆只有四省, 則可想其兵單力弱, 如是而可抗淸朝耶. 或請和緩兵以自保耶. 永曆帝明聖, 亦如何耶. 答, 昔西伯百里以王天下, 我永曆君恢廣大度中興指日可待矣. …(中略)… 問, 南京蘇杭等州, 亦歸淸朝耶. 考諸古史天下多事則盜賊蜂起, 而今獨不然. 則百姓皆安堵耶. 答曰, 全髮者則奉永曆正朔, 削髮者則奉康熙正朔. 至于山東等地, 亦有義士, 然未見其成事耳."

ⓒ 숭정 갑신 후 23년에 복건 지역 사람인 임인관과 진득 등 95인이 탐라에 표류해왔다. 조정에서 이들을 연경으로 해송한 것은 부득이한 것이었다. …(중략)… 명의 사직이 남쪽으로 건너간 이래 조선에서는 그 존망을 알 수가 없었다. 이들을 통해 처음으로 영력 황제가 광서를 보존하고 이를 근거지를 북쪽으로 이동한 것을 알았다. 의를 지닌 선비로서 눈물을 뿌리지 않은 이가 없었다.[165]

인용문 ⓒ에서는 복건 지역의 상인인 임인관 등이 1667년에 제주에 표류해왔으며, 이들을 통해 남명의 존망을 처음으로 알게 되었다고 하였다. 표류민들이 가져온 중원 정세에 관한 소식은 당시 조선에서 다른 경로를 통해서 좀처럼 파악하기 힘든 정보였다.

인용문 ⓓ는 『지영록』의 네 번째 표류 기사를 인용한 것이다. 이는 1670년 홍콩과 마카오 지역의 심삼(沈三) 등 60여 명이 제주에 표류해온 사건을 기록한 것이다. 관례대로 표류민의 신원과 표류 경위에 대한 조사가 이루어졌다. 이들을 조사한 담당 관원은 중국 남쪽 지역과 대만의 정세에 대해 관심을 가지고 질문하였다.

ⓓ 문: 너희들이 향산도(香山島) 사람들이라면 향산(香山)과 오문(澳門)은 어느 성에 속한 땅을 말하는 것이냐.
답: 향오는 바로 광동(廣東)의 바다 밖에 있는 큰 산으로 청여국과 이웃 경계입니다.

---

165) 李麟秀,「題林陳漂海錄」(王德九,『蒼海集』卷4). (규장각 소장) "崇禎甲申後二十三年, 泉漳人林寅觀陳得等九十五人漂抵耽羅, 朝廷解送燕不得已也. …(中略)…明社南渡以來, 東土漠然不知存亡, 因此人始知, 永曆皇帝保有廣西, 故其北去也. 秉義之士, 無不扼腕揮涕."

문: 그러면 지금 향오를 주관하는 자는 어떤 사람인가.

답: 향오는 본래 남만 땅입니다. 만인(蠻人) 갑필단이 와서 그 땅을 주관한 후 만인(蠻人)들이 쇠약해져서 겨우 30여만 명이 남아있었습니다. (그 뒤) 세상을 피한 명인(明人)들이 아울러 그 땅에 들어갔으며, 대번국(大樊國)에서 유격군을 파견해 와 어떤 귀한 사람이 세금 받는 일을 주관하고 있다고 합니다.

문: 대번국은 어떤 곳에 있으며 군림(君臨)하는 자는 어떤 사람인가.

답: 융무(隆武)가 자리에 오른지 4개월 만에 정성공(鄭成功)이라는 명장이 있었는데, 국성(國姓)을 내리고 진국대장에 봉하였습니다. 청(淸)과 전쟁을 하는데 청병(淸兵)들의 수에 몰려 불행히도 천운이 다하여 국성(國姓)이 죽게 되었습니다. 또 그 아들 금사(錦舍)가 아버지를 이어 인덕장군에 봉해져서 대번국에 도망하여 들어갔습니다. 지금 수십만의 인마(人馬)가 대번국에 있는데 (대번국은) 복건의 바다밖에 있으며 땅은 사방 1천여 리입니다.

문: 그러면 대명의 후예는 한 사람도 없는가.

답: 영력 임금이 당시 귀주에 있었는데 옛날 촉 땅입니다.[166]

표류민 심삼(沈三) 일행을 통해 확보한 중원의 소식은 표류민들을 직접 조사했던 제주 목사 노정(盧錠)에 의해 조정에 곧바로 보고되었

---

166) 李益泰, 『知瀛錄』. (김익수 역, 『국역 지영록』, 제주문화원, 2010, 156~158면.) "問: '你是香山島人, 則所謂香澳是何省所屬之地也.' 答曰: '香澳乃是廣東海外之大山, 淸黎國之鄰界也.' 問: '然則時方主管香澳者, 何人也.' 答曰: '香澳本是南蠻地也. 蠻人甲必丹來主其地, 後蠻人襄弱若僅存三十餘人逃世, 明人并入其地, 自大樊國遣遊擊, 何貴者主管納稅事云.' 問: '大樊國在於何處, 而君臨者何人也.' 答曰: '隆武登位四介月, 有鄭成功者, 名將也, 賜國姓, 封鎭國大將軍, 與淸爭戰, 淸兵數敗. 不幸天運將盡, 國姓又死, 其子錦舍繼封仁德將軍, 逃入於大樊國, 目今有數十萬人焉. 大樊國地則在福建海外, 而地方千餘里.' 問: '然則大明後裔無一人耶.' 答曰: '永曆之君時在貴州故蜀之地'."

다. 『현종실록』에 관련 기록이 보인다.

    ⓔ 제주 목사 노정(盧錠)이 비밀히 치계하기를, "5월 25일 표류한 한
인(漢人) 심삼(沈三), 곽십(郭十), 채룡(蔡龍), 양인(楊仁) 등 머리를 깎
은 자 22명과 머리를 깎지 않은 자 43명이 중국 옷을 입거나 혹은 오랑
캐 옷, 혹은 왜인 옷을 입고 있었는데, 경의현(旌義縣) 경내에 도착하여
배가 파손되었습니다. …(중략)… 향산도란 지금 어느 성(省)에 소속되
어 있냐고 물었더니 대답하기를 '향오(香澳)는 광동의 바다 밖 큰 산인
데 청려국(靑黎國)에 인접하고 있다고 하였습니다. 어떤 사람이 주관
하느냐고 물으니, 대답하기를 '본래 남만(南蠻)의 땅으로 남만 사람 갑
필단(甲必丹)이 주관하였습니다. 그 뒤 점점 약해졌으므로 명나라의
유민들이 많이 들어가 살았는데, 대번국(大樊國)에서 유격(遊擊) 가귀
(柯貴)를 보내어 주관하였습니다. 대번국은 융무(隆武) 때에 정성공(鄭
成功)이라는 자에게 국성(國姓)을 하사하고 진국(鎭國) 대장군에 봉하
여 청나라 군사와 싸우게 하였는데 청인이 여러 번 패하였습니다. 얼마
안 되어 그가 죽자 그의 아들 정금사(鄭錦舍)가 계승하여 인덕장군(仁
德將軍)에 봉해져 대번국에 도망해 들어갔는데, 무리가 수십만 명이
있었습니다. 그 땅은 복건성(福建省) 바다 밖 천여 리에 있는데 영력군
(永曆君) 때에는 귀주(貴州)의 옛 촉 땅에 있습니다. 우리들은 여러 나
라로 다니며 장사를 하고 있으므로 머리를 깎은 사람도 있고 깎지 않은
사람도 있습니다. 나가사키(長崎)로 가려고 합니다.'라고 하므로, 신이
배를 차비시켜 돌려보냈습니다."[167]

---

167) 『顯宗實錄』卷18, 11年(1670) 7月 11日 乙丑. "濟州牧使盧錠秘密馳啓曰: '五月二十
五日漂漢人沈三郭十蔡龍楊仁等, 剃頭者二十二人, 不剃者四十三人, 所着衣服, 或華
制, 或胡制, 或倭制, 到旌義境敗船. …(中略)… 問香島, 今屬何省, 答曰: '香澳乃廣東
海外之大山, 靑黎國之隣界.' 問何人主管, 則答曰: '本南蠻地, 蠻人甲必丹主之. 其後
浸弱, 故明之遺民, 多入居之, 大樊國, 遣遊擊柯貴主之. 大樊者, 隆武時, 有鄭成功者

『지영록』의 다섯 번째 표류 기록은 1687년 중국 소주의 고여상(顧如商) 70명이 제주에 표류해 온 건에 대한 조사 기록이다. 인용문 ⓕ에서 알 수 있듯이 표류민의 신원과 표류 경위에 대한 조사가 이루어졌고, 청나라와 일본의 통상 관계, 청나라의 강압조치 여부 및 중국 각 지역의 상황에 대한 문답이 이루어졌다.

ⓕ 문: 청국과 일본이 통상한다는 말은 일찍이 들어보지 못하였다. 하물며 너희들에게 아무런 표문(票文)도 없으니, 잠상(潛商)임이 틀림없을 것이다.

답: 강희 24년(1685)에 천하가 태평하기에 6부(六部)에서 의주(議奏)하여 연해의 각국은 무역을 시작하였고, 매 항구마다 호부아문(戶部衙門)을 설치하여 세금을 받을 것을 조정에 상주하였습니다. 그래서 저희들은 강남 송강부 상해현 호부의 해관 서씨(舒氏)와 조씨(趙氏) 두 사람에게 예은(稅銀) 62냥 1전 5푼을 납부한 후, 강희 26년(1687) 2월 14일 여러 상인들이 모여 17일 오송 항구를 출발하여, 18일에 항해하여 22일 저녁에 폭풍과 큰 비를 만나, 밤에 귀 국경에 도착하였습니다. 배가 암초에 부딪쳐 조각조각 부서질 때 인표(印票) 2장은 물에 잠겨 떠내려가 지금 바칠 수 없게 되었습니다.

문: 너희들이 머리를 깎고 청나라 옷차림을 하게 된 것은 어느 해부터인가?

답: 대명 숭정 17년(1644)에 천하를 잃고 대청으로 바뀌게 되어, 순치 갑신(1644)에 삭발하여 의모(衣帽)가 바뀌었습니다.[168]

賜國姓, 封鎭國大將軍, 與淸兵戰, 淸人累敗. 未幾死, 其子錦舍繼封仁德將軍, 逃入大樊, 有衆數十萬. 其地在福建海外, 方千餘里, 永曆君, 時在貴州故蜀地. 俺等以行商諸國, 故或剃頭, 或不剃, 而願往長崎', 臣裝船還送矣.'"

168) 李益泰, 『知瀛錄』. (김익수 역, 『국역 지영록』, 제주문화원, 2010, 160~161면.) "問:

주지하듯이 1644년 명나라가 망하고 청은 북경에 수도를 옮겼다. 그러나 명의 잔여세력은 장강 이남 지역에서 활동을 계속하고 있었다. 1673년부터 1681년까지 오삼계, 경정충(耿精忠), 상지신(尙之信)이 일으킨 삼번의 난이 차례차례로 평정되었다. 그 후 1682년에 정경(鄭經)이 대만으로 물러났다가, 그 이듬해인 1683년 대만에 주둔하고 있던 정극상(鄭克爽)이 청에 항복하면서 청은 통일을 완성하였다.

『지영록』의 여러 기록을 통해 청조에서 대만을 수복하고 천하가 통일 된 것, 해금령이 완화되고 일본과의 나가사키 무역이 재개된 사실, 청이 삼번(三藩)의 난을 평정하고 대만을 통일한 사실 등 중요한 정보들이 표류민을 통해 거의 실시간으로 조선에 전해졌음을 알 수 있다. 표류민이 제공한 정보는 높은 정확도를 보였으며, 정국의 변화와 정치적 배경에 대한 해석에 있어서도 높은 수준을 보였다. 즉, 상당한 정도의 고급정보였던 것이다. 이러한 정보들 중에서 특히 중요한 것은 곧바로 임금에게 전달되어 국정 운영과 대외 정책 설정에 영향을 미쳤다.

『지영록』에 실려 있는 중국 정세에 관한 기록들은 『해외문견록』의 「순치이후표상문답」에도 수용되었다. 「순치이후표상문답」은 제주관아의 등록을 편집하여 재구성한 글이며, 1652년부터 1705년까지 있었던 중국 상인들의 제주 표류 사건 6건을 기록한 것이다. 이 글은 특히 중

淸國與日本通貨之說, 曾所未聞. 況且你等旣無票文, 必是潛商. 答曰: 康熙二十四年, 因天下太平, 六部議奏, 沿海各國始自貿易, 而每海口設置戶部衙門, 收稅銀貨, 申奏朝廷. 故俺等, 江南松江府上海縣戶部海關舒趙二人處, 納稅銀六十二兩一錢五分後, 二十六年二月十四日, 衆商齊集, 十七日出吳松口, 十八日航海, 二十二日晚間遭颶風大雨, 夜到貴國境. 船觸石礁, 片片破碎之時, 卬票二張水濕漂失不得現納. 問: 你等剃頭淸服在於何年間. 答曰: 大明崇禎十七年, 失天下改換大淸, 順治甲申削髮改換衣帽."

국의 정세와 중국과 주변국 사이의 관계에 초점을 맞추고 있다. 여기
에 기록된 6건의 표류 중 4건은『지영록』에서 다루고 있는 표류 사건
과 동일한 것이다. 임인관 일행의 제주 표류 역시 그중 하나이다.

    ⓖ 강희 정미년(1667)에 복건의 임인관 등 95명이 표류하여 대정현
예래포에 이르렀는데, 그 사람들은 모두 청흑색 수건으로 머리를 싸서
이마 위로 묶고 있었으며, 그 가운데에는 변발을 한 자도 있었다. …(중
략)… 그들에게 중원의 소식을 물으니 이렇게 대답하였다. "천하의 판
도는 모두 청나라로 돌아갔습니다. 오직 영력군만이 4성을 보유하고
있는데, 지금 광서(廣西)에서 군대를 모으며 때를 기다리고 있습니다."
"그 형세가 이와 같이 미약하니, 청나라에 대항할 수 있겠는가? 영력군
의 재주와 덕망은 어떠한가? 숭정(崇禎) 황제와는 어떤 관계인가? 나
라 일을 맡고 있는 장수와 재상은 어떤 사람들인가?" "영력은 숭정 황제
의 손자입니다. 옛날 서백(西伯)은 100리의 땅으로 천하에서 왕 노릇을
했으니, 도량이 넓고 큰 우리의 영력군은 얼마 안 있어 나라를 다시
일으킬 것입니다. 장상(將相)으로는 손가영과 정국공 등 몇 사람이 보
좌하는데 그들은 출장입상의 인재입니다." "지금 천하가 이미 청나라로
넘어갔고 백성들은 안도하고 있다고 하는데 중원 사람들은 거의 변발
을 했는가?" "오직 네 성 사람들만이 변발을 하지 않았습니다. 산동 등
지에서 의로운 선비들이 간혼 나오고 있으나 일을 성사시켰다는 말은
듣지 못했습니다." …(중략)… <u>이 사건을 조정에 보고하고 북경으로 압
송했다.</u>[169]

---

169) 宋廷奎, 『海外聞見錄』, 「順治以後漂商問答」. (김용태·김새미오 옮김, 『해외문견록』,
    휴머니스트, 2015, 38~40면.) "康熙丁未, 福建林寅觀等九十五人, 漂至大靜猊來浦,
    其人皆以靑黑布裹頭, 結於額上, 間有剃髮者. …(中略)… 問以中原消息, 則答曰: '天下
    版圖擧歸淸朝, 而惟永曆君保有四省之地, 時在廣西, 戢兵以待.' 問: '單弱如此, 而可
    抗淸朝邪. 永曆君才德如何, 於崇禎爲誰, 將相之任國事者何人也.' 答曰: '永曆卽崇禎

「순치이후표상문답」은 주로 중국 정세와 정치 동향에 대한 문답 위주로 구성되어 있다. 이 글에서는 중국 내의 안정과 청나라의 통치에 대한 한족들의 태도에 관심을 두고 기록하는 양상을 보이는데, 이는 저자 송정규가 중국 정세에 관한 정보들을 중요하게 생각했음을 말해 준다. 1687년 중국 소주 상인 고여상(顧如商)의 표류 사건에 대한 기록에서도 이러한 경향이 나타난다.

　　ⓗ [1] 그 후 정묘년(1687) 2월, 소주의 고여상 등 70명이 정의현 토산 해변에 표류해 왔는데, 모두 청나라 복장에 한어를 썼다. 그들이 말했다. "강희제 24년(1685)에 천하가 태평해졌기에 육부(六府)에서 의논해 황제께 주청하여, 바다에 인접해 있는 여러 나라에 대해 비로소 통상을 허락하고 모든 항구마다 관소를 두어 세금을 거두게 되었습니다. …(중략)… "오삼계(吳三桂) 등의 일은 어떻게 되었는가?" "강희제 갑인년 (1674) 8월, 운남의 오삼계, 복건의 경정충(耿精忠), 광동의 상지신(尙之信)이 동시에 조정의 부름을 받으니, 삼왕이 의심을 품고 동시에 모반했습니다. 조정에서는 몇 해를 연이어 군사를 일으켜 그들을 진압했습니다. 결국 오삼계가 병으로 죽자 기미년(1679)에 비로소 운남이 평정되었고, 오삼계의 자손은 다 죽었습니다. 임술년(1682)에는 정금사와 은사 형제가 원수 유국헌(劉國軒)과 함께 항복하고 그들의 근거지였던 대만을 바쳤습니다. 대만은 복건성 바다 가운데에 있는데, 청나라 조정은 그곳에 1부 2현을 설치하고는 정금사 등을 국공(國公)으로 봉하고 북경에 머물게 했습니다." "지금 천하에 다시 반란을 일으키는 자는

皇帝之孫也. 昔西伯以百里而王天下, 我永曆君恢廓大度, 中興指日可待, 將相則孫可榮丁國公數人爲輔, 出將入相矣.' 問: '今天下已歸淸朝, 而百姓安堵, 則中原幾盡削髮否.' 答曰: '獨四省之人, 不曾削髮, 山東等地, 亦有義士間出, 而未聞其成事爾.'…(中略)… 事聞於朝, 押送北京.'

없는가?" "북경과 남경과 13성이 모두 이미 복속되어 천하가 태평하게 일통을 이루었습니다." 또 말했다. "갑신(甲申)의 난에 숭정 황제의 아들 가운데 이른바 3태자가 몸을 빼내 도망을 쳤으나 지금 그들이 있는 곳을 알지 못합니다. 숭정 황제의 아우 홍광 황제는 남경에서 즉위했으나 겨우 1년 만에 붙잡혀 북경에 보내져서는 교수형에 처해졌습니다. 홍광 황제는 자손이 없습니다." [2] 이들이 대만 정씨에 대해 전한 이야기는 심삼(沈三)의 이야기와 대략 같았다. 인명과 지명이 다르기도 한 것은 음이 잘못 전해졌기 때문일 것이다. [3] 그 후 을유년 여름, 대만 상선이 대정현 모슬포 바다에 표류해왔다. 그들이 대만에 대해 전한 이야기 또한 위와 다르지 않았다. 그들은 말했다. "대만은 바로 귀국의 남쪽에 있으니, 14일이면 가히 도달할 수 있고, 복건성은 15일이면 가히 도달할 수 있으며, 일본에서는 하루 밤낮이면 가히 이 섬에 닿을 수 있습니다." 또 말했다. "중국에서 일본으로 장사를 떠나는 자들은 모두 강남과 절강, 복건, 광동성 사람입니다. 일본인은 원래 중국에서 장사를 하지 않습니다. 청나라가 통상을 허락한 뒤에도 중국을 침범한 정황이 없습니다."[170]

---

170) 宋廷奎,『海外聞見錄』,「順治以後漂商問答」. (김용태·김새미오 역,『해외문견록』, 휴머니스트, 2015, 43~47면). "其後丁卯二月, 蘇州顧如商等七十人, 漂到旌義免山海邊, 皆淸服漢語, 自言:'康熙二十四年, 因天下太平, 六府議奏, 沿海諸國, 始許通商, 海口每處, 置官收稅.' …(中略)… 問吳三桂等事. 答曰:'康熙甲寅八月, 雲南吳三桂, 福建耿精忠, 廣東尙自信, 同時被徵. 三王自疑, 一齊謀叛, 連年發兵征剿, 三桂病死, 已未始平雲南, 盡滅三桂子孫. 壬戌鄭金舍銀舍兄弟, 與元帥劉國軒來降, 幷獻所據臺灣島, 島在福建海中, 淸朝置一府二縣於其地, 封金舍等爲國公, 留置北京.' 問曰:'今天下更無橫叛者耶.' 答曰:'兩京十三省皆已歸服, 天下太平一統矣.' 又言:'甲申之難, 崇禎皇帝之子, 所謂三太子脫身逃去, 至今不知下落. 崇禎之弟弘光皇帝, 卽位於南京, 僅一年而被禽, 送北京絞死, 弘光則無子孫云矣.' 所言鄭事與沈三略同, 而人名地名差異者, 似是音訛語轉之致也. 其後乙酉夏, 臺灣商船漂來大靜摹瑟洋, 其言臺灣事, 亦同此. 且言:'臺灣正在貴國之南, 四日可至福建省, 十五日可至日本, 一日一夜可至此島.' 又云:'中國之行商於日本者, 悉江南浙江福建廣東等省之人也, 日本人則元不徃販於中國, 自大淸通商之後, 亦無侵犯之情矣.'"

인용문 ⓗ에서 [1], [2], [3]의 비교를 통해 알 수 있는 바, 비슷한 시기에 조선에 표류해온 표류민들의 대답을 종합하고 대조하는 방식으로 정확성을 검증하였다.

명청 교체기와 같은 어지러운 시국에 표류민을 통해 입수한 정보는 국정 운영 방침을 수립하는 데 중요한 근거를 제시하였을 뿐만 아니라, 18세기 말과 같은 상대적 안정기에도 중국의 정치 동향과 정세를 파악하고 거짓 소문을 확인하고 시정하는 데 도움을 주었다.

ⓘ 노인 이후로 국외에 멀리 나간 자로는 방익을 처음으로 꼽아야 할 것이다. 이에 앞서 연경에 들어간 자가 들은 바로는 해적이 중국의 남해를 가로막고 있어 상인들의 무리가 통하지 못한다고 하였는데, 지금 방익이 만리 길을 뚫고 지나왔으나 그런 일이 있었다는 것을 조금도 듣지 못했으니 온 누리가 태평한 것을 알 수 있다.[171]

ⓙ 대저 우리나라 사신들이 비록 해마다 중국에 들어가고, 연경은 천하의 한 모퉁이의 땅인데도 황성의 일조차 진실로 알지 못하오. 어디서고 국 끓듯 하는 견문은 사실이 아니어서 늘상 마치 멍청한 사람의 꿈 이야기 같으니, 하물며 대강 너머의 일이겠소? 강희 때 삼번의 반란 때도 전문이 잘못된 것이 많다오. 농암 김창협의 「심적편」에서도 억측으로 생각한 것을 볼 수 있고, 노가재 김창업에 이르러서도 직접 해랑적을 본 것을 기문으로 지었는데, 그 듣고 본 것이 진실이 아님을 이번에 알 수 있었소. 그러나 사대부들은 춘추존양의 의리에 엄격한 지라, 걸핏하면 중국에 변이 있기만을 생각하여, 먼 모퉁이의 어리석은

---

171) 朴趾源, 「書李邦翼事」. "魯認之後, 遠遊者當以邦翼爲首, 先是入燕京者, 聞有水賊, 梗南海商旅阻隔云. 今邦翼貫穿萬里未之或聞, 則宇內之昇平可見矣."(인용문의 번역은 〈한국고전종합DB〉를 참조함.)

백성들이 가져다 붙여 떠들기를 즐겨, 언제나 묘만이 강남 길을 끊어 막은 것으로 의심을 하곤 하오. 이번에 이방익이 바다에 표류하여 민월 땅을 두루 뚫고 지나와 만리에 막힘이 없었으니 그렇다면 사해가 편안 하고 조용한 것을 징험하기에 충분하여, 우리나라 사람들의 여러 의심 을 통쾌하게 깨드린 셈이요. 이는 그 공이 진실로 보통의 한 사람의 사신보다 훨씬 낫다 하겠소. 이 뜻을 부연하여 넣는 것이 좋겠소.[172]

인용문 ⓘ와 ⓙ에서 박지원은 연행사절단이 중국에서 입수한 정보 들은 허위 정보가 많다고 하면서 이는 사행원들의 편견과 억측 때문이 라고 하였다. 이에 반해 표류민을 통해 입수한 정보는 남쪽 지방을 보 고 지나온 사람들이 제공한 것이기에 더 믿을 만하다고 하였다. 이는 표류민을 통해 입수한 정보들의 중요성을 긍정한 것이다.

병자호란 이후로 중국의 정세가 안정되는 17세기 말까지 조선은 중 원의 정국 변동에 민감하게 반응하였다. 조선은 매년 수차 연행사절단 을 중국에 파견하였으며 사절단의 인원들은 적극적으로 정보 수집 활 동을 전개하였다. 명청 교체기의 민감한 시기에 조선의 주요 관심사는 청의 통치에 대한 남방 지역의 반발여부와 청의 통치권의 파급 범위에 대한 정보들이었다. 그러나 청은 집권초기에 언론을 엄격하게 통제했

---

172) 朴趾源,『燕巖先生書簡帖』, "大抵我東使价, 雖歲入中國, 而燕京乃天下一隅之地 也, 於皇城事固不識, 何處沸羹聞見非眞, 常如癡人說夢, 況大江以外事乎. 康熙時三 藩之叛, 傳聞多訛, 農巖所著審敵篇, 可見其瞻料, 而至於老稼齋則, 以親眼海浪賊爲 記, 其聞見之非眞, 此可驗矣. 然而士大夫, 則嚴於春秋尊攘之義, 輒思中國之有變, 遐 陬愚氓好爲繹騷, 常以苗蠻梗化, 江南路斷爲疑, 今此邦益之漂海, 貫穿閩越, 萬里無 梗, 則足可徵四海之寧謐, 快破我東之群疑, 此其功固賢於尋常一介之使矣. 此意演入 爲玅." (정민·박철상, 「『연암선생서간첩(燕巖先生書簡帖)』 탈초 원문 및 역주」,『대동 한문학』22, 2005.)

기에 연행사절단을 통해 남방의 정세를 파악하는 것은 한계가 있었다. 이때 표류민은 사절단을 대신할 중요한 정보 원천으로 인식되었다. 이들을 통해 입수한 정보는 비슷한 시기에 표류했던 표류민들의 진술을 종합, 비교하는 방식으로 검증한 후 채택되었다.

동아시아 국제질서가 안정적인 국면에 접어든 18세기에 이르러서는 표류민을 통한 중원의 정세 파악이 17세기 후반처럼 절실하거나 시급하지는 않았다. 그러나 표류민을 통해 입수한 중국의 정보들은 여전히 중원의 정세 변동 여부를 확인하거나 거짓된 소문을 시정하는 데 도움이 되었다.

(2) 중국 남방의 민정과 풍속

청나라가 정권을 잡은 이래로 조선 사신단의 발걸음은 북경 이남의 지역에 이를 수 없었다. 그러나 조선 표류민들의 발자취는 북경은 물론이고 대만, 복건, 광동, 강소, 절강 등 북경 이남의 넓은 지역에 걸쳐 있었다. 이로 인해 표해록에는 중국 남방 지역에 대한 정보가 다수 담겨져 있다. 표류민의 남방 견문 중에서 가장 많은 편폭을 차지하는 것은 남방의 민정(民情)과 풍속(風俗)에 관한 관찰이다. 표해록을 전반적으로 살펴보면 조선인들이 청의 문화, 풍습 등 당대 제반 현실에 관심을 보였으며, 그중에서도 청 지배 후 중국의 예악문물(禮樂文物)에 대해 특별한 관심을 갖고 있었음을 알 수 있다. 중국의 문화와 풍속 제도 그 자체가 이들에게 중요한 지식의 하나로서 탐구의 대상이었던 것이다.

아래『탐라문견록』「제9화」를 통해 이 점에 대하여 구체적으로 살펴보기로 한다. 이 기록은 1726년 김일남(金日男)과 부차웅(夫次雄) 등

사람들이 유구에 표류하였던 이야기이다. 이들 표류민은 유구에서 한 동안 머문 뒤, 복건, 항주, 소주, 상주, 남경, 양주, 산동, 북경을 거쳐 본국인 조선으로 돌아왔다. 표류민의 견문록에는 유구의 복제, 장례 법, 농경제도, 토산물에 대한 소개, 복건에서 소록국 사신을 만난 일, 복건 여자들의 전족에 대한 이야기가 기록되어 있다.

ⓐ 복건에서는 출입을 금하지 않았기 때문에 도시를 마음대로 돌아 다녔다. 한 곳에 이르러 물어보았다. "여자들은 어째서 그 발을 감쌉니 까?" 그들이 대답했다. "나라의 오랜 풍속이오." "지금은 새로운 나라라 서 이미 옛날의 제도를 고쳤는데, 어째서 전족을 풀어 다니기에 편하게 하지 않소?" 그들이 다시 대답했다. "나라는 비록 새롭다 하나, 땅은 옛 나라의 유허(遺墟)이니, 차마 옛 풍속을 버리지 못하는 것이지요." 어떤 이가 말했다. "옛 나라의 자손이 혹 다시 창업을 하면 오랑캐는 모두 북쪽으로 갈 수 있소. 고국의 유민은 마땅히 회복하여 백성이 되 겠지요. 지금 옛 습속을 고치지 않는 것은 옛 백성임을 표시하려는 것 이오." 하루는 한 노인이 가만히 우리나라의 법제와 풍속과 의관을 묻 더니 탄식하며 말했다. "우리의 조상들 또한 당신네 나라의 의관과 같 았소. 대모(大帽)와 둥근 목깃과 각대(角帶)로 왕조에 벼슬했지요. 청 나라 사람이 천하를 빼앗고부터 우리는 이제까지 70여년을 오랑캐 옷 을 입었소."[173]

---

173) 鄭運經, 『耽羅聞見錄』, 「第9話」. (정민 역, 『탐라문견록, 바다 밖의 넓은 세상』, 휴머 니스트, 2008, 116~117면.) "在福州不禁出入, 故遍遊都市中, 至一處, 問曰: '女子之裹 其足, 何也.' 答曰: '國之古俗也.' 曰: '今則新國, 已改古時制度, 何不解其裹, 以便行 步.' 答曰: '國雖新, 而地則故國遺墟, 不忍棄舊俗也.' 或曰: '故國子孫, 或復創業, 則 胡人皆可以北去, 而故國遺民, 當復爲之民也. 今古俗之不改, 所以表舊民也.' 一日有 一老人, 從容問我國法制風俗衣冠, 喟然曰: '俺等祖先, 亦如爾國之衣冠, 以大帽團領 角帶, 仕宦王朝, 自淸人之奪天下, 俺等胡服, 于今七十餘年耳.'"

위 글은 복건 여자들의 전족(纏足)에 대한 기록이다. 조선인들이 의
아하게 생각했던 부분은 이러한 풍속이 청의 지배를 받게 된 중국의
실정에서 어떻게 유지될 수 있는가 하는 점이었다. 조선인들은 당지
사람들과의 대화를 통해 전족은 중국의 오랜 풍속이며, 복건 지역의
사람들은 전통의 보전 차원에서 전족을 계속하고 있음을 알게 되었다.
복건인들 중에 명나라의 유민(遺民)으로 자처하는 사람들은 청의 통치
에 대한 반발을 드러내기도 하였는데, 이는 청의 통치 중심구역인 북
방 지역과는 대조되는 모습이다. 수도인 북경과 멀리 떨어져 있어 자
유로운 발언이 허용되었던 것 같다.

위의 『탐라문견록』의 기록이 해외 표류 조선인의 관찰을 토대로 복
건 지역의 사정을 파악한 것이라면, 임적(任適)의 『표인문답』은 조선
에 표류해 온 중국인을 탐문하여 남방의 정보들을 확보한 것이다.

ⓑ "복건은 주부자(朱夫子)의 고향에서 몇 리 떨어져 있는가. 천주와
장주 지역은 예전부터 명현이 많았는데 유풍이 아직도 남아있는가. 예
악문물의 성대함은 예전에 비해 어떠한가. 아직도 주자의 도를 숭상하
는가?" "주자는 건녕부 숭안현에 거주하였는데, 천주에서 천여 리 떨어
져 있는 곳입니다. …(중략)… 풍속과 교화와 예악과 문물은 모두 전조
의 풍속을 따르고 있습니다. 주자는 복건성의 존숭을 받고 있을 뿐만
아니라, 북경과 남경 및 13성에도 모두 숭앙받고 있습니다. 다만 지금
청조의 제도는 의관(衣冠)이 옛 제도와 다릅니다." "풍속은 문(文)을 숭
상하는가, 아니면 무(武)를 숭상하는가. 복건은 북경에서 6,000여 리
떨어져 있는데, 과거보러 가는 선비가 있는가. 과거에서 선비를 취하는
규칙은 어떠한가?" "풍속은 문(文)을 숭상하면서도 또 무(武)도 숭상합
니다. 3년에 한 번씩 북경에 가서 회시를 봅니다. 과거는 본성(本省)에

서 치루고 급제한 후에 곧 북경 회시(會試)에 갑니다."…(중략)…"지금
형법은 어느 시대의 것을 존숭하는가. 혹시 대명률을 사용하는가.""형
법은 형부(刑部)의 大理寺御史 三衙門官爵인데 그 율법(律法)은 대명
률과 좀 다릅니다."…(중략)…"관혼상제는 주자가례를 따르는가. 또는
현재 왕의 제도가 옛날과 달라졌는가.""관혼상제는 주자가례를 따릅니
다. 옛 제도가 변화하지 않았습니다."[174]

위 글에서 알 수 있듯이 조선의 관원 임적이 궁금했던 사안은 청이
중국을 지배한 후의 예악문물의 변화 여부, 청나라 의관제도, 과거제
도, 형법, 당대의 명현(名賢), 중국 여러 성의 경작 상황, 서호의 풍광,
금릉과 복건의 거리, 복건과 북경의 거리 등 매우 다양했다. 임적은 중
국 표류민들을 통해 당대 중국의 전반적인 사회 운영 구조에 대한 정
보들을 확보하고자 했다. 임적이 질문하는 사항에 대해 표류민들은 비
교적 정확한 지식정보를 제공했던 것으로 보인다. 임적은 표류민들과
의 필담을 정리하여 자신의 문집에 실어두었다.

위 두 건의 인용문이 모두 18세기 전반의 기록이라면, 최두찬의『승
사록』은 19세기 초반의 기록이다. 최두찬 일행은 1818년 봄에 중국 절
강성 영파에 표류하였다. 그들은 표착지인 절강성에서 한동안 머물다

---

174) 任適, 『老隱集』 卷三 「雜著」, 「漂人問答」. "福建距朱夫子所居之鄕, 幾里耶? 泉漳之
間, 古多名賢, 流風餘俗尙有存者耶? 禮樂文物之盛, 比古何如, 而尙尊朱夫子之道耶?
朱夫子居在建寧府崇安縣, 離泉州一千餘里. …(中略)… 風俗敎化禮樂文物, 皆尊前朝
之風化, 朱夫子不但弊省福建尊崇, 兩京十三省皆尊崇. 只有當今淸朝制度, 衣冠不似
古制也. 風俗尙儒耶? 尙武耶? 福建距北京六千餘里, 亦能有赴擧之士耶? 科擧取士之
規何如? 風俗尙儒亦尙武也, 三年一次往北京會試. 科擧只在本省, 登科後, 卽便往京
會試. …(中略)… 卽今刑法, 遵尙何代耶? 或用大明律耶? 刑法乃刑部大理寺御史, 三
衙門官爵, 其律法, 比大明略異也. …(中略)… 冠婚喪葬, 尙從朱文公家禮乎? 抑時王之
制, 有變於古乎? 冠婚喪葬, 俱尊朱夫子家禮, 並未曾更變於古也."

가 육로를 통해 절강, 강소, 산동, 북경을 지나 같은 해 10월에 조선에
돌아왔다. 최두찬과 같은 지식인 계층은 한문(漢文)을 이용하여 중국
인들과 필담창수를 나누고 여러 가지 지식정보를 교환하였다. 이들 조
선 표류민들은 절강성 문인들의 후한 대접을 받았으며, 조선에 없는
중국 서적을 빌려볼 수 있었다. 또한 중국 선비들과 충분한 시간을 어
울리면서 그들의 문화와 풍속을 관찰하였다. 대화의 주제는 당대 사회
의 제반 현실과 관련된 것들이었다. 『승사록』은 이러한 소통과 관찰의
보고서이다.

『승사록』에는 중국인과 교류하여 얻은 정보들뿐 아니라 저자가 직
접 관찰하고 체험한 중국 남방의 민정과 풍속에 관한 견문도 포함되
어 있다. 이 같은 심도 있는 해외 체험은 『승사록』을 통해 조선에 전
달되었고, 일정한 범위에서 유통되면서 조선의 문인들에게 영향을 끼
쳤다. 아래 인용문 ⓒ, ⓓ, ⓔ를 통해 이에 대해 구체적으로 살펴보기
로 한다.

　　ⓒ 정해현은 중국에서 하나의 작은 지방이나 금, 은, 비단의 풍부함
은 남쪽 나라에서 으뜸이었다. 그러므로 높은 누대와 큰 누각이 곳곳마
다 바라다 보이고 대나무로 만든 집에는 사람이 살지 않았다. 이 지역
사람들은 수놓은 비단옷이 아니면 입지 않았고, 생선이나 고기가 아니
면 먹지 않았다. 관음사는 또 정해현의 한 작은 섬이다. 사문(沙門) 밖
에는 저자가 설치되어 있는데, 우리나라의 각 군영과 같았다. 요승재가
말하였다. "정해현은 동쪽으로는 조선과 접해 있고, 동남쪽으로는 일
본과 접해 있으며, 남쪽으로는 복건광동과 통하였고, 서쪽으로는 절강
과 통하였으며, 북경까지는 2개월의 노정입니다."[175]

ⓓ 5월 19일, 날이 개었다. 상오현(上虞縣)에 도착하였으니, 한나라 때 우후(虞詡)가 맡았던 고을이다. 아침밥을 먹고 출발하여 이십 리를 갔다. 각자 대나무로 만든 수레를 타고 십여 리를 가서 조성(曹城)에 이르렀다. 일명 양자강이다. 이때 남쪽 땅이 조금 가물어 토박이들이 가짜 용을 만들었다. 황금으로 머리에 있는 뿔을 장식하고 어린아이에게 수놓은 비단옷을 입혀 용의 뱃속에 들어가 꿈틀대는 몸짓을 하며 배 위에서 북을 치고 춤을 추게 하였는데 매우 장관이었다. 다시 배를 타고 내려오니 강의 양 기슭은 모두 부유한 상인과 큰 장사꾼들의 집이었다. 기와집과 분칠한 담이 십여 리쯤 가로질러 펼쳐져 있었다. 높은 누대와 큰 누각이 강가 나루를 압도하듯이 서있었고, 불전과 사찰이 여염집에 섞여 있었다. 강 양쪽은 모두 돌을 깎아 제방을 만들었으며, 긴 대나무와 갈대꽃이 강을 끼고 자랐으니 참으로 회해(淮海)의 경치가 뛰어난 곳이었다. 십여 리를 가자 큰 점포 하나가 또 있었는데 저택의 크고 화려함이 조아강(曹娥江)과 같았으나 호수(號數)는 갑절이나 많았다. 들판과 벌판은 아득하여 끝이 없었고 모두 수차로 물을 대었다. 또 벌판의 한 복판에는 이름난 집안의 대저택이 한 줄로 늘어서 거의 오십 리나 멀찍이 펼쳐져 있었다. 그리고 문밖으로 물을 끌어 청작(靑雀)과 황룡(黃龍)으로 고물을 장식한 배들을 매어놓고 있었다. 대개 오나라 사람들은 수리(水利)로 생활을 꾸려나간다. 그러므로 사대부 가문이라 하여도 배를 두고 물건을 흥정하는 일을 면하지는 못한다. 또한 땅은 기름져서 토란, 동아(冬芽), 호포(壺瓠), 고과(苽果) 등 과일 종류가 밭이랑을 맞대고 자라고 있다. 벼는 이미 이삭이 패는 때인 듯하다.

---

175) 崔斗燦, 『乘槎錄』, 「戊寅五月十四日」. (박동욱 옮김, 조남권 감수, 『승사록, 조선 선비의 중국 강남 표류기』, 휴머니스트, 2011, 160면.)"定海乃中國之一下邑, 而金銀錦繡之富, 甲於南國. 是以高樓傑閣在在相望, 無一節竹之舍居人, 非錦繡則不着焉, 非魚肉則不食焉. 觀音寺又定海之一小島也, 而沙門外, 又設市井, 與我東各營等. 姚繩齋曰:'定海東接朝鮮, 東南接日本, 南通閩越, 西通浙江, 北京爲二月程'云."

물결을 따라 내려오면] 지나는 산천들이 연이어 펼쳐져 있다. 토지가
비옥하고 산물이 좋아 촌락의 번화함을 글로는 능히 기록할 수 없고,
그림으로도 능히 그릴 수 없다.[176]

ⓔ 5월 20일 맑음. 회계현에 도착하였다. 회계현은 소흥부에 예속되
어 있다. 배를 끌고 성으로 들어가니 성의 둘레가 거의 이십여 리나
되었다. 성안에는 성황묘(城隍廟)가 있었다. <u>수많은 집이 있는데 집집
마다 재화를 간직하였고, 집집마다 장사를 하였다. 배들이 성시에서
꼬리를 물고 있다시피 하였으며 사녀(士女)들은 거리에서 어깨를 부딪
칠 정도였다.</u> 산천이 뛰어났으며, 성지(城池)가 웅대하고 화려하여 영
파부의 다른 마을과는 상대가 되지 않았다.[177]

위의 3건의 인용문은 중국 강남 지역의 풍요로움과 번성함을 말하
고 있다. 인용문 ⓒ에서는 정해현 사람들이 부유한 생활을 누리고 있
으며 그들의 의식주가 풍요로움을 말하였다. 인용문 ⓓ에서는 양자강

---

176) 崔斗燦, 『乘槎錄』, 「戊寅五月 十九日」. (박동욱 옮김, 조남권 감수, 『승사록, 조선
선비의 중국 강남 표류기』, 휴머니스트, 2011, 166~167면.) "晴. 至上虞縣, 卽漢時虞詡
而典邑. 食朝食, 發船行二十里, 各具竹兜輿, 行十餘里, 到曹城, 一名楊子江. 時南土
小旱, 土人作假龍, 以黃金餙其頭角, 使童子着錦繡衣, 入龍腹中, 作蜿蜒之狀, 鼓舞船
上, 甚壯觀也. 復來舟而下江之兩岸時, 富商大賈家也, 瓦屋粉牆橫亘十餘里, 高樓傑
閣壓臨江頭, 雜以佛宮梵宇間, 在閭閻河之兩邊, 皆斫石堤之修寧. 蘆花夾江而生, 眞
淮海之勝地也. 行十餘里, 又有一大店, 茅宅之宏麗如曹娥江, 而戶數倍之乎. 原廣野
一望無際, 皆以水車灌漑, 又於廣野之中, 高門大宅一字成行. 殆與千里之遠, 而門外
引水繫, 以靑雀黃龍之軸, 蓋吳人以水利資生, 故雖士大夫家, 亦不免置興販之事. 地
亦沃土也, 蹲鴟冬芽壺瓠苽果之屬, 連阡接陌, 禾稼則已如發穗時矣. 隨流而下, 乃徑
山門迎接不晦, 其土地之豐, 行物産之美好, 村落之繁華所不能記, 畫所不能模."

177) 崔斗燦, 『乘槎錄』, 「戊寅五月 二十日」. (박동욱 옮김, 조남권 감수, 『승사록, 조선
선비의 중국 강남 표류기』, 휴머니스트, 2011, 168면.) "晴. 到會稽縣, 縣隷紹興府. 引
舟入城, 城之周面殆將二十餘里, 中有城隍廟千間, 萬戶家家藏貨石, 石興販. 舟楫連
尾於城市, 士女磨肩於街路, 山川形勝, 城池之雄麗, 非寧波諸府之比也."

유역은 가뭄이 들면 무용(舞龍) 의식을 치르며, 이 지역 사람들은 주로 수리(水利)로 생활을 꾸려나가는데 사대부들도 장사에 적극 참가한다고 하였다. 인용문 ⓔ에서는 회계현에서는 집집마다 재화를 간직하고 있으며 배들이 성황을 이루는 모습을 소개하였다. 이러한 사실들은 모두 저자 최두찬이 관찰을 통해 확보한 강남 지역의 민정과 풍속에 대한 정보들이다.

남방 지역의 중국 문인들은 표류 조선인들을 적극 반겨주었다. 이들은 최두찬 일행을 찾아와서 필담을 나누고, 집에 초대하여 음식을 대접하고, 서책을 선물하고, 시문창화를 요청하는 등 다양한 교류 기회를 마련하였다. 이는 전근대시기 폐쇄적인 상황에서 외국인과 외국에 대한 관심은 상호적이었음을 말해준다. 조선 표류민들은 중국 남방 지역에서 환대를 받았으나, 북쪽으로 이동할수록 중국 문인들과 교류할 기회를 얻지 못했다. 이에 대해 최두찬은 유감을 표하였다.[178]

표해록에 보이는 중국의 민정과 풍속에 대한 기록은 대체로 남방 지역에 국한되어 있다. 양자강 이남의 발전정도와 이북의 발전 상황이 상이하여 북쪽 지방은 기록할 것이 없다는 인식이 있었고, 또 북경에서 의주로 향하는 귀국길이 조선사행단의 노정과 겹쳐있어서 표해록에서 자세하게 다루지 않는 경향이 있다.

ⓕ 방익이 아뢰기를, "산동성(山東省) 이후로는 배에서 내려 수레를 탔는데 풍속이 비루하고 인민이 검소하여 가시싸리문에 먹는 것이라고는 기장과 서숙뿐이었습니다." 하여 일체 기록하지 않았습니다.[179]

---

178) 崔斗燦, 『乘槎錄』, 「戊寅七月二十六日」, "晴. 都人聞漂客來到, 逐日彌滿. 而率皆市井子弟, 卒卒無可話. 豈此邦士大夫慣見使臣之行, 謂漂人無足觀耶."

조선인들의 남방 지역에 대한 관심은 주자(朱子)의 고향에 대한 관심과도 직결되어 있다. 인용문 ⑧에서 이를 알 수 있다.

⑧ 방익이 아뢰기를, "대만에 머문 지 7일째 되던 날 글을 올리고 돌아갈 것을 청했더니 관에서 옷 한 벌을 내주고 전별연을 열어 송별해 주었는데 손을 꼭 잡고 아쉬워하였습니다. 배로 하문(廈門)에 이르러 자양서원(紫陽書院)에 머물렀는데, 들어가서 주자(朱子)의 상(像)에 절을 하니 유생 수백 명이 와서 보고 다정스레 대해 주었습니다. 험한 길에는 또 죽교(竹轎)를 타고 갔습니다. 동안현(同安縣)의 치소(治所)와 천주부(泉州府)·흥화부(興化府)를 지났는데, 큰 무지개다리가 있어 좌우로 용주(龍舟) 만여 척이 줄지어 서 있고 노래와 풍악 소리로 시끌 벅적하였습니다." 하였습니다.[180]

중국 남방의 민정과 풍속이 조선에 전해졌을 뿐만 아니라, 조선의 '미풍양속(美風良俗)'에 대한 중국 남방 사람들의 치하는 조선이 중화의 문명을 보존하였다는 중국인들의 인정으로 받아들여져 조선에 전달되었다.

ⓗ 대만부로 가서는 상제묘(上帝廟)에서 지내게 하였다. 하루는 진 사라는 자가 와서 우리를 보더니 글을 써서 물었다. "너희 나라의 법은

---

179) 朴趾源,「書李邦翼事」. "邦翼奏曰, 山東省以後, 下舟登車, 土俗鄙野, 人民儉嗇, 蓬門蓽戶, 食惟黍稷, 檠所不錄."(인용문의 번역은 〈한국고전종합DB〉를 참조하여 일부 수정하였다.)

180) 朴趾源,「書李邦翼事」. "邦翼奏曰, 留臺灣七日, 呈書乞歸, 官給衣一襲, 設餞送別, 握手眷眷. 舟到廈門, 止舍于紫陽書院, 入拜朱子像, 儒生數百人來見, 款款途險, 又以竹轎擔去, 過同安縣治泉州府興化府, 有大虹橋, 左右龍舟萬艘, 歌吹喧轟."(인용문의 번역은 〈한국고전종합DB〉를 참조하여 일부 수정하였다.)

같은 성씨끼리 혼인하는 것을 금하는가?" "그렇다" 그가 또 글을 써서
물었다. "부인네는 개가(改嫁)를 하는가?" "아니다. 그런 풍속은 없다."
"청상과부가 자식이 없으면 어디에 기대어 생활하는가?" "비록 쓸쓸히
돌아갈 데가 없어도 친척이나 이웃에 기대서 산다. 개가하는 일은 없
다." 진사가 말했다. "아! 조선은 예의의 나라로구나. 아름다운 풍속이
이 같을 줄은 몰랐다."[181]

조선이 청나라를 상대로 가지고 있었던 유교적 정수를 지키고 있다
는 문화적 자부심은 표해록에서도 자주 드러난다. 본인이 학식을 갖추
었다고 자부하는 표류민일 수록 자신이 중화의 문명을 보전한 나라의
유자임을 강조하군 하였다.

위의 다양한 사례에서 알 수 있듯이 중국 관련 표해록에서는 관찰과
체험을 통해 확보한 중국 사회의 실정과 중국인들과의 교류를 통해 입
수한 중국의 문화 정보들이 다량 실려 있다. 조선 지식인들은 청의 문
화, 풍습 등 당대 제반 사회상을 탐구의 대상으로 설정하고 청이 중국을
지배한 후의 문화적 변천을 탐색하고자 했다. 이 과정에 표류민들은
지식정보 교류의 매개자 역할과 해외문화 전달자의 역할을 수행하였다.

(3) 중국 지리와 역사 문물

조선후기 표해록에는 중국의 지리 정보와 역사 문물 및 명승지에 대

---

181) 鄭運經, 『耽羅聞見錄』, 「第2話」. (정민 역, 『탐라문견록, 바다 밖의 넓은 세상』, 휴머
니스트, 2008, 67면.) "至臺灣府, 住接于上帝廟. 一日稱進士者來見, 書問曰: '爾國之
法, 同姓不許婚媾然否?' 曰: '諾.' 又書曰: '婦人改嫁乎?' 曰: '否, 無此等俗也.' 曰:
'孀婦無子, 則何以依賴生活?' 曰: '雖了了無所歸者, 依居親戚及鄰里, 而無改嫁之事.'
進士曰: '吁! 朝鮮乃禮義之邦. 不意美俗之若是也.'"

한 기록이 다수 보인다. 17세기 후반에 이르러 중국과 그 주변국에 표
류한 조선인은 대체로 중국 본토를 경유하여 조선으로 돌아왔다. 조선
인이 중국 본토에 표류했을 때는 육로를 통해 북경으로 이송되었다가
산해관(山海關), 성경(盛京), 봉황성(鳳凰城), 의주(義州)를 지나 조선으
로 돌아왔다. 유구에 표류했을 때에는 유구 사신선을 타고 복주(福州)
까지 이동한 후 육로를 따라 북경으로 이송되었다가 조사를 받은 뒤
조선에 보내졌다. 여송(呂宋)이나 대만(臺灣)에 표류한 경우에는 하문
(廈門)이나 광주(廣州) 혹은 마카오에 배로 이동한 후 육로를 통해 본국
에 보내졌다. 조선 표류민이 안남(安南)에 표류했을 때는 광주에 보내
져 조사를 받은 뒤 육로로 북경을 거쳐 조선에 돌아왔다.[182] 따라서 조
선 표류민들의 발자취는 넓은 지역에 걸쳐 있었다. 이 과정에 이들은
중국의 지리 정보와 명승지와 역사 문물에 대한 정보들을 확보하였다.
　일례로 박사호의 「탐라표해록」에는 표류민의 중국 내의 이동 경로
가 자세하게 기록되어 있다.

　　ⓐ 탐라인(耽羅人) 출신인 김광현(金光顯) 등 일곱 사람이 무자년 9
　월 7일에 고기를 잡으러 배를 타고 추자도(楸子島)로 향하였다가 10일
　에 큰바람을 만나 바다 파도 가운데서 마치 키로 까불듯이 흔들리며
　出沒하여 위험한 괴로움을 모두 맛보았다. 그러다가 무릇 9일 만에 비
　로소 남해 포타산(普陀山)에 닿아 정해현(定海縣)에 머무르다가 8일 만
　에 다시 배를 타고, 진해(鎭海), 영파(寧波), 자활(慈谿), 여요(餘姚),
　상오(上虞), 산음(山陰), 소산(蕭山)을 거쳐 전당(錢塘)에 이르러 47일

182) 유서풍, 「청대 중국의 외국인 표류민의 구조와 송환에 대하여—조선인과 일본인의
　　사례를 중심으로」, 『동북아역사논총』 28, 136~148면.

동안 머무르다가, 다시 배를 타고 석문(石門), 가흥(嘉興), 오강(吳江),
오현(吳縣), 무석(無錫), 상주(常州), 단양(丹陽), 丹徒, 양주(楊州), 고
유(高郵), 보응(寶應), 회안(淮安), 청강(淸江)을 거쳐 12월 16일에 육지
에 내렸는데 무릇 수로로 2970리 이다. 17일에 다시 육로로 산동(山東),
도원(桃源), 홍화(洪花), 난산(蘭山), 이가장(李家莊), 판성(板城), 蒙
陰, 新泰, 태안(泰安), 濟河, 우성(禹城), 평원(平原), 덕주(德州), 경주
(景州), 교하(交河), 하간(河間), 신웅(新雄), 탁주(涿州), 양현(良縣)을
거쳐 7일에 황성(皇城)에 도착하였는데 무릇 육로로 2000리였다.[183]

위 인용문은 표류민이 지나온 중국의 도시를 찬찬히 밝히면서 그들
의 이동 거리를 제시하고 있다. 이 글에서 저자는 표류민들이 식견이
짧아 지나온 산천과 누대, 인물, 풍속 등에는 대해서는 대답하지 못하
여서 아쉽다고 하면서, 남방의 풍요로움에 대해 언급한 뒤 표류민의
이동 경로에 착안하여 지리 정보를 제공하였다.

이방익의 표류 사건을 기록한 『서이방익사』에도 중국의 지리 정보
와 명승지에 대한 내용이 다수 기록되어 있다. 『서이방익사』는 박지원
이 정조의 명으로 이방익의 대만 표류 사건을 기록한 것인데, 이 글에
는 이방익이 경유했던 팽호(澎湖), 대만, 하문, 복건, 절강, 강남, 산동

183) 朴思浩, 『心田稿』卷2, 「耽羅漂海錄」, "耽羅人出身金光顯等七人, 戊子九月初七日,
捉魚次, 乘船向楸子島. 初十日, 遇大風簸揚出沒於海濤中, 備嘗危苦凡九日, 始泊南
海普陀山, 留定海縣八日. 復乘船, 歷鎭海·寧波·慈谿·餘姚·上虞·山陰·蕭山到錢
塘, 留四十七日. 復乘船, 歷石門·嘉興·吳江·吳縣·無錫·常州·丹陽·丹徒·楊州·高
郵·寶應·淮安·淸江, 十二月十六日下陸, 凡水路二千九百七十里. 十七日, 復陸行,
歷山東·桃源·洪花·蘭山·李家庄·板城·蒙陰·新泰·泰安·齊河·禹城·平原·德州·
景州·交河·河間·新雄·涿州·良縣. 正月初七日, 到皇城, 凡陸路二千里."(인용문의
번역은 〈한국고전종합DB〉를 참고하여 필자가 일부 수정하였다.)

등지의 지리 정보가 비교적 자세하다.

　ⓐ 방익이 기록한 도정(途程)은 『주행비람(周行備覽)』 등의 책들과
꼭 들어맞아 어긋나지 않으므로 이에 부록하는 바입니다. …(중략)…
팽호에서 대만까지는 수로(水路)로 2일이요, 대만에서 하문(廈門)까
지는 수로로 10일이며 하문에서 복건성도까지는 1,600리요, 복주(福
州)에서 연경(燕京)까지는 6,800리이고 연경에서 우리 국경 의주(義
州)까지는 2,070리이며, 의주에서 서울까지는 1,030리이고 서울에서
강진(康津)까지는 900리입니다. 탐라에서 북으로 강진까지와 남으로
대만까지의 수로는 계산에 넣지 않는다 하더라도 도합 1만 2400리의
여정이 됩니다.[184]

　위 인용문에서는 저자는 표류민 이방익이 이동한 경로를 계산하여
중국의 지리 정보들을 확보하고 있는 모습을 보인다. 팽호에서 대만
까지 이동하는 데 배로 이틀이 걸리며, 대만에서 하문까지는 뱃길로
열흘이 걸린다고 했다. 이 밖에도 하문에서 복주까지는 거리, 복주에
서 연경까지의 거리, 연경에서 조선의 국경인 의주까지의 거리, 의주
에서 서울까지의 거리에 대해 숫자로 된 구체적인 지리 정보를 제공
하였다.
　이방익의 표류 견문이 기록되어 있는 저자 미상의 『이방인표해록(李
邦仁漂海錄)』에서도 표류민 일행의 이동경로를 통해 지리 정보를 확보

---

184) 朴趾源, 「書李邦翼事」. "邦翼所記程途, 與周行備覽等書, 沕合不差, 故附錄焉.…(中
略)… 澎湖至臺灣, 水路二日. 臺灣至廈門, 水路十日. 廈門至福建省城一千六百里. 福
州至燕京, 六千八百里. 燕京至我境義州, 二千七十里. 義州至王京, 一千三十里. 王京
至康津, 九百里. 耽羅北抵康津南距臺灣水路不論, 合一萬二千四百里."(인용문의 번
역은 〈한국고전종합DB〉를 참고하여 필자가 일부 수정하였다.)

하고 있다.

ⓑ 灣尹이 또 물었다. "남쪽에서 북경까지 몇 천리인가." 이에 방억은 답했다. "팽호도에서 대만에 이르기까지 수로로 이틀 거리입니다. 대만에서 하문까지는 수로로 열흘 거리입니다. 하문에서 복주성(福州省)까지 육로로 천리입니다. 복건에서 북경까지는 무릇 육천 팔백리이며 북경에서 봉성에 이르기까지 2천리입니다. 봉성에서 의주까지는 백삼오십리입니다."[185]

인용문 ⓑ에서 보다시피, 이방익을 조사하는 관원은 표류민 이방익을 통해 중국의 지리 정보를 확보하려고 하였다. 이는 그가 중국의 지리 정보에 대해 지적인 호기심을 갖고 있었음을 말해준다. 그는 이방익에게 남쪽에서 북경까지의 거리를 물었으며, 이방익은 그에게 자신의 이동 거리를 계산하여 숫자로 된 지리 정보를 제공하였다. 인용문 ⓐ와 ⓑ를 비교해 보았을 때, 『이방인표해록』에서 제시하고 있는 수치는 박지원의 기록한 이방익의 노정과 별반 차이가 나지 않는다. 간혹 차이가 나는 것은 『서이방익사』에서는 이방익의 표류 체험을 지리서와 대조해가면서 실증적으로 수용했기 때문이다. 이 밖에도 『서이방익사』는 대만과 그 주변의 섬들에 대한 자세한 지리 정보를 제공한다.

---

185)『李邦仁漂海錄』. "灣尹又問曰: "南北京路徑凡幾千里爲乎." 邦億曰: "自澎湖至于大蠻[台灣], 水路二日程; 大蠻至于夏門[廈門], 水路十日程; 夏門至于福州省, 陸路千里; 福建至于北京, 凡六千八百里; 北京至于鳳城二千里; 鳳城至于義州, 一百三十五里云.""

ⓒ 바다로 둘러싸인 대만부(臺灣府)의 경내에는 모두 뱃사람들이 살고 있습니다. 그들은 바다를 건너는 것을 거리로 구분하지 않고 하루를 10更으로 나눈 시간으로 기준을 삼습니다. 계롱(鷄籠)과 담수(淡水)에서 배로 복주(福州) 항구에 이르자면 5更이 걸리고, 대만항(臺灣港)으로부터 팽호(澎湖)에 이르자면 4경이 걸리고, 팽호로부터 천주(泉州) 금문소(金門所)에 이르자면 7경이 걸립니다. 동북으로 향하여 일본국에 이르자면 72경이 걸리며, 남으로 여송국(呂宋國)에 이르자면 60경이 걸리며, 동남으로 대항(大港)에 이르자면 22경이 걸리며, 서남으로 남오(南澳)에 이르자면 7경이 걸리는데, 다 순풍을 만났을 때를 기준으로 한 것입니다. 동쪽 끝의 바다에 위치하여 달이 항상 일찍 뜨기 때문에 조수(潮水)가 드나드는 것도 하문(廈門)이나 동안(同安)에 비해 이른 편입니다.[186]

인용문 ⓒ에서는 대만을 기준으로 대만에서 주변 지역들 간의 거리를 시간의 단위로 환산하여 제시하였다. 대만에서 여송, 일본, 홍콩, 마카오까지 순풍을 타고 배로 이동하는 데 걸리는 구체적인 시간을 알려주고 있는데, 이는 표류민 이방익이 중국 남방의 뱃사람들로부터 입수한 정보이다. 이는 그 지역 뱃사람들의 실제 경험에서 얻어진 생생한 지리 정보로 지리서를 통해서도 얻기 힘든 지식이다.

ⓓ 녹이문(鹿耳門)은 대만 서쪽 30리에 있는데 그 형상이 사슴의 귀

---

186) 朴趾源, 「書李邦翼事」. "海環府境, 皆是舟人, 其渡洋, 不辨里程. 一日夜, 以十更爲率, 自鷄籠淡水舟行至福州港口五更, 自臺灣港, 至澎湖四更. 自澎湖至泉州金門所七更, 東北至日本國七十二更, 南至呂宋國六十更, 東南至大港二十二更, 西南至南澳七更, 皆就順風而言. 海居極東, 月常早上, 故潮水長退, 視廈門同安, 亦較早焉."(인용문의 번역은 〈한국고전종합DB〉를 참고하여 필자가 일부 수정하였다.)

처럼 생겼기 때문에 그렇게 불렸습니다. 양쪽 해안에 모두 포대(砲臺)를 쌓아 놓았고 바닷물이 해협 사이로 흘러 구불구불 휘돌아 들어옵니다. 그 가운데에 해옹굴(海翁崛)이 있는데 평소에는 뜬 모래가 많고 물이 얕으나, 바람이 세게 불면 깊이가 돌변하여 가장 험한 곳이 됩니다. 녹이문 안으로 들어가면 수세(水勢)가 약해지고 넓은 곳이 나와 1000척의 배를 정박해 둘 만한 곳이 있으니 곧 대원항(大圓港)이라는 곳입니다.[187]

인용문 ⓓ는 녹이도(鹿耳島)에 관한 내용이다. 녹이도의 양쪽 해안은 물이 얕으나 바람이 불면 수세가 변한다거나, 대원항이라고 부르는 항만에는 배 천 척을 정박해둘 수 있다는 등의 정보들은 뱃사람의 실제 체험을 통해서만 확보할 수 있는 지리 정보에 속한다.

이 밖에도 『탐라문견록』「제2화」에 대만과 그 주변 지역의 지리 정보가 기록되어 있다. 『탐라문견록』「제2화」는 1729년에 윤도성 등이 대만에 표류했던 사건을 기록한 것이다.

ⓔ 차관 뇌신이 말해주었다. 대만은 남해 가운데 있는 하나의 큰 섬으로 둘레가 1000여 리나 된다. 근세까지만 해도 명나라의 제도를 그래로 지켰으나, 강희 을해년(1695) 간에 복건의 군대를 크게 일으켜 와서 공격하므로 항복했다. 그 전쟁의 여파로 지금까지도 백성의 산업이 아직 회복되지 않았다 한다. 바람을 7~8일 기다려서야 배를 놓아 바다 가운데로 나섰다. 사흘을 가서 또 매운 바람을 만나 돛대와 노가 모두

---

187) 朴趾源,「書李邦翼事」,"鹿耳門在臺灣西三十里, 形如鹿耳, 故名. 兩岸皆築砲臺, 水流峽中, 委曲回旋而入, 中有海翁崛, 多浮沙水淺, 風急則深淺頓易, 最爲險要, 門內水勢寬闊, 可藏千艘, 卽大圓港也."(인용문의 번역은 〈한국고전종합DB〉를 참고하여 필자가 일부 수정하였다.)

부러져서 바람에 따라 떠내려갔다. 한창 위급할 때는 뱃사공 등이 배 가운데 모셔둔 작은 불상을 향해 머리를 조아리며 빌었다. 그 풍속이 집집마다 부처를 모셔두었는데, 배 가운데까지도 그러했다. 또 사흘을 떠내려가서 한 곳에 이르렀다. 뭍에 올라 물어보니 장주(漳州) 땅이라 했다. 복건까지의 거리를 물어보니 1700리라 한다. 흥화부(興化府) 혜안(惠安) 현천(顯泉)을 거쳐 박창현(朴昌縣)에 이르렀다. 현에서 복건까지의 거리는 70리이다.[188]

인용문 ⓔ에서는 대만은 남해 가운데의 큰 섬으로 둘레가 1000리가 된다는 지리 정보를 제공하고 있다. 대만은 원래 명의 제도를 보전하고 있었으나 강희 을해년에 청에 항복하였으며 청과의 전쟁의 여파로 30년이 지난 시점까지 산업이 회복되지 않았다고 했다.

『탐라문견록』「제2화」에서 제공하는 지리 정보는『서이방익사』에서 제시하는 지리 정보에 비해 소략하다. 그럼에도『탐라문견록』을 읽고 초록했던 황윤석(黃胤錫)은 이에 대해 다음과 같이 논평하였다.

　ⓕ 우리나라 제주의 관리와 백성이 가끔 그곳에 표류한 자가 있어, 대완부(臺完府) 창화현(昌化縣)이라 하는데, 이는 완(完)과 만(灣)의 중국어 발음이 비슷하고, 창(昌)과 장(彰) 역시 발음이 비슷한데 어리석은 백성이 구분하지 못해서이다. …(중략)… 내가 생각하기를 그곳은

188) 鄭運經,『耽羅聞見錄』,「第2話」. (정민 역,『탐라문견록, 바다 밖의 넓은 세상』, 휴머니스트, 2008, 69~70면.) "臺灣南海中一大島也, 幅圓千餘里. 臺灣南海中一大島也. 幅圓千餘里, 至于近世, 猶守大明制度. 康熙乙亥季間, 大發福建兵來攻, 降之, 至今干戈之餘, 民之産業未復云耳. 待風七八日, 放船出洋. 行三日, 又遭猛風, 柂柁皆折, 隨風漂流. 方危急時, 手手等向船中小佛, 叩頭祈祝. 其俗家家供佛, 而至於船中亦然也. 又三日, 漂到一處, 下陸問之, 則漳州地界. 問福建程道, 一千七百里云. 歷與化府惠安顯泉, 至朴昌縣. 縣距福建七十里."

남쪽으로는 유구가 있고 동쪽으로는 우리 제주가 있으니 그렇게 멀지
않을 것이다. 읍을 세우고 인원을 둔 것이 오래되지 않아서 옛 지도에
나열되지 못하였다. 우리나라 사람들은 그곳에 대해 잘 모른다.[189]

황윤석은 대만이 중국의 관할구역에 들어온 역사가 길지 않아 옛 지
도에도 실려 있지 않다고 했다. 그는 이 지역에 대한 정보가 거의 없어
조선인들은 잘 모른다고 하면서, 대만이 제주에서 그리 멀지 않을 것
이라고 막연하게 추정하였다. 조선후기 독서가의 한 사람이었던 황윤
석과 같은 지식인조차 대만과 그 주변 지역의 지리 정보를 확보하기
힘들었던 것이다. 따라서 표류민을 통해 확보한 남쪽 지방의 지리적
지식정보들은 기타 경로를 통해서는 얻기 어려운 지식정보였다.

『서이방익사』에서는 표류민 이방익의 이동 경로를 기초로 중국의
지리 정보를 제공함과 동시에 표류민이 중국 내륙을 지나오면서 관찰
한 인문 경관에 대해 자세하게 기록하였다. 특히 문학 작품을 통해 조
선인들에게 널리 알려진 명승지에 대해 자세하게 묘사하였다. 이처럼
『서이방익사』는 인문 지리 정보들을 복합접으로 제시하고 있는 자료
이다. 아래 『서이방익사』에서 소주(蘇州)와 진강(鎭江)에 대해 어떻게
기록하고 있는 지에 대해 보기로 하자.

ⓖ 방익이 아뢰기를, "항주(杭州)로부터 엿새 만에 소주(蘇州)에 당
도하니 서쪽에 한산사(寒山寺)가 있는데 누런 기와집 40칸이었습니다.

---

189) 黃胤錫, 『頤齋亂藁』. "我國濟州吏民, 魯有漂到其中者, 鯨稱臺完府昌化縣. 盖完與
灣華音相近, 昌與彰亦音近. 而愚民莫之辨. …(中略)… 余意, 此處南距琉球, 東距我濟
州, 當不甚遠, 而建邑設員, 時世未久, 前古圖志所未列者故, 我人多未詳焉."

지현(知縣)인 왕공(王公)이 음식을 장만하여 후대하고 저희들에게 유람을 시켜 주었습니다. 배로 10리를 가니 고소대(姑蘇臺)에 당도했고 또 30리를 가니 악양루(岳陽樓)가 나왔는데 구리로 기둥을 세웠고 창문과 대청마루는 다 유리를 써서 만들었으며 대청 밑에다 못을 파고 오색 물고기를 길렀고, 앞으로는 동정호(洞庭湖)가 바라보였습니다. 거기서 돌아와서 또 호구사(虎邱寺)에 당도하니 천하에서 제일 큰 절이라고 하는데 7층의 탑이 바라보니 가없었습니다." 하였습니다. 신 지원이 일찍이 듣건대, 중국 사람들은 강산이 아름답기로는 항주가 제일이요, 번화하기로는 소주가 제일이라 하였고, 또 여자의 머리 모양새는 소주에서 유행하는 모양을 제일로 친다고 하였습니다. 대개 소주는 한 주(州)의 부세(賦稅)만 보더라도 다른 고을에 비하여 항상 10배가 더하니, 천하의 재물과 부세가 소주에서 나온다는 것을 알 수 있습니다. 한산사(寒山寺)는 한산(寒山)과 습득(拾得)이 일찍이 이곳에 머물렀기 때문에 붙여진 이름입니다. 우리나라 사람들이 장계(張繼)의 시 중에 '고소성외한산사(姑蘇城外寒山寺)'라는 시구를 익히 들어왔기 때문에, 가는 곳마다 반드시 이로써 품평을 하는데 이것은 모방이 지나친 것으로, 진짜 한산사나 진짜 고소대로 말하자면 종래로 이곳에 몸소 갔다 온 사람이 없었습니다. …(중략)… 호구산(虎邱山)은 일명 해용봉(海湧峯)으로 불리는데 그 안에 작은 시내가 많고 굽이쳐 흐르는 물이 그 사이로 끼고 돌아 마치 달을 안은 것 같은 모양을 하고 있습니다. …(중략)… 호구산은 오왕(吳王) 합려(闔閭)의 장지(葬地)여서 그 속에는 금부(金鳧)·옥안(玉雁)·동타(銅駝)·수정(水晶)·벽해(碧海)·단사(丹砂) 등 여러 물건이 많았으며, 일찍이 백호(白虎)가 산마루에 웅크리고 있었기 때문에 그렇게 부른 것입니다. 진(晉)나라의 사도(司徒) 왕순(王珣)과 그 아우 민(珉)이 함께 여기에서 살았습니다.[190]

---

190) 朴趾源,「書李邦翼事」. "邦翼奏曰, 自杭州六日至蘇州, 西有寒山寺, 黃瓦四十間也,

인용문 ⑧에 보면, 소주의 한산사(寒山寺), 고소대(姑蘇臺), 악양루
(岳陽樓), 동정호(洞庭湖), 호구사(虎邱寺) 등의 명승지에 대해 자세히
기록하고 있다. 저자 박지원은 조선인들은 장계(張繼)의 시를 익숙히
들어서 소주의 명승지에 대해 여러 가지로 품평하나, 소주의 경관을
직접 본 사람은 지금까지 없었다고 하면서 표류민의 견문의 가치를 긍
정하였다. 이때『서이방익사』에서 제공하는 소주의 인문 지리 정보들
은 저자 박지원이 서적을 통해 상고한 지식과 표류민이 관찰을 통해
확보한 정보들을 유기적으로 결합시킨 믿음직한 정보이다. 아래 진강
(鎭江)에 대한 묘사를 살펴보기로 하자.

ⓗ 방익이 아뢰기를, "금산사(金山寺)는 오색의 채와(彩瓦)로써 지붕
을 덮었으며 질 앞에는 석가산(石假山)이 있는데 높이가 백 길은 됨
직하고 또 섬돌을 5리나 빙 둘렀으며 이층의 누각을 세웠는데 아래층은
유생(儒生) 수천 명이 거주하면서 책을 파는 것으로 생업을 삼고 있고
위층에는 노랫소리 피리 소리가 하늘을 뒤덮었으며 낚시하는 사람들이
낚싯대를 잡고 열을 지어 앉아 있었습니다. 석가산 위에는 십자형의
구리기둥이 가로놓이고 석판(石版)으로써 대청을 만들었으니 바로 법
당(法堂)이었으며, 또 동경(鐘磬) 14개가 있는데 목인(木人)이 때에 맞

知縣王公, 設饌款待, 使之遊賞. 舟行十里至姑蘇臺, 又三十里有岳陽樓, 以銅爲柱, 牕
戶廳版, 皆用琉璃, 爲之鑿池於廳底, 養五色魚, 前望洞庭還, 又至虎邱寺, 天下第一大
寺云. 七級浮圖, 望見無際, 臣趾源嘗聞中國人稱江山杭州爲勝, 繁華蘇州爲勝. 又曰,
婦人首髻, 當以蘇州樣爲善, 蓋以蘇州一州賦稅觀之, 比他郡常十倍, 則蘇州爲天下財
賦所出可知矣. 寒山寺, 以寒山拾得, 嘗止此故名. 東人慣聽張繼詩姑蘇城外寒山寺一
句, 到處必以此題品, 失之摸擬, 而至於眞寒山眞姑蘇, 則從未有身到此地者.…(中
略)…虎邱山一名海湧峯, 中多小溪曲, 礧夾其間如抱月.…(中略)…吳王闔閭葬所, 中多
金鳧玉雁銅駝水晶碧海丹砂諸物, 嘗有白虎盤踞其巓故名, 晉司徒王珣及弟珉, 俱宅於
此."(인용문의 번역은〈한국고전종합DB〉를 참고하여 필자가 일부 수정하였다.)

추어 저절로 치게 되어 있어 종 하나가 먼저 울면 뭇 종이 차례로 다 울게 되어 있습니다." 하였습니다.

살펴보건대, 금산(金山)은 양자강 한가운데에 있는데 그 빼어난 경치가 천하의 제일이라 합니다. 산아래에는 돌들이 그 앞에 나란히 솟아 쌍궐(雙闕)과 같은 모양을 하고 있는데, 곽박(郭璞)을 장사 지낸 곳이라 전해집니다. 그곳에 있는 샘을 중냉천(中冷泉)이라 하는데 맛이 극히 달고 차서 육씨(陸氏)의 수품(水品)에는 이 샘을 동남 지방의 제일로 삼았습니다. 절로는 용유사(龍游寺)가 있고 누각으로는 비라각(毘羅閣)이 있습니다. 비라각의 남쪽은 묘고대(妙高臺)라 하는데 대(臺) 위에는 예전에 능가실(楞伽室)이 있어 송나라 미산(眉山) 소공(蘇公)이 일찍이 여기서 불경을 베껴 썼다 합니다. …(중략)… 동파(東坡)의 시에,

금산의 누각은 어찌 그리 심원한가 / 金山樓閣何耽耽

종소리 북소리가 회남까지 들려오네 / 撞鍾伐鼓聞淮南

한 것은 이를 묘사한 것입니다. 정자 남쪽에는 돌에 묘고대(妙高臺)와 옥감당(玉鑑堂)이라는 여섯 자의 큰 글씨가 새겨져 있으며, 조금 내려가면 탑의 기단(基壇)이 둘이 있는데 남북으로 서로 마주 보고 있습니다. 이는 아마도 송나라 승상 증포(曾布)가 건립한 것인 듯한데, 불에 타 버리고 말았습니다. …(중략)… 또 강산일람정(江山一覽亭)과 연운기관정(烟雲奇觀亭)이라는 두 정자가 있는데 더욱 기이하고 빼어나다 합니다. 방익이 말한 이층의 누각은 바로 강천각(江天閣)으로서, 중 혜개(惠凱), 풍몽정(馮夢楨), 오정간(吳廷簡) 등 여러 사람의 기(記)로 증거할 수 있습니다.[191]

---

191) 朴趾源,「書李邦翼事」,"邦翼奏曰, 金山寺以五色彩瓦盖覆, 寺前石假山高可百丈, 又砌石周五里環, 建二層閣, 下層則儒生數千居焉, 鬻書爲業, 上層歌吹薰天, 漁釣之人, 携竿列坐. 石假山上, 橫十字銅柱, 以石版造廳, 卽法堂也. 又有鍾磬十四, 木人應時自擊, 一鍾先鳴, 衆鍾次第皆鳴. 按金山在楊子江心, 其勝槩爲天下第一, 山下有石, 並峙其前, 類雙闕然. 傳爲郭璞葬處. 泉曰中冷, 味極甘冽, 陸氏水品以爲東南第一. 寺

인용문 ⓗ에서는 표류민이 관찰한 진강(鎭江) 금산사(金山寺)에 대한 기록이다. 이방익 일행은 금산사에서 당시 강남에서 활발하게 전개되고 있었던 서적 출판의 현장, 금산사 앞에 만들어진 웅장한 석가산 등을 보았다. 위 글에서는 표류민 이방익이 직접 관찰한 금산사의 인문경관을 서책을 통해 상고할 수 있는 금산사의 역사적 연원과 결부시켜 금산사에 대한 상세한 인문 지리 정보를 제공하고 있다. 이는 표류민의 견문을 통해 확보한 정보가 서책에서 제공하는 지식과 유기적으로 결부되어 해외에 대한 학지(學知)를 풍부하게 한 경우이다.

김경선의 「제주표인문답기」 역시 이러한 경향을 보인다. 「제주표인문답기」는 김경선이 북경에서 1831년 유구에 표류했던 제주인들을 만나 그들의 표류 체험담을 적은 글이다. 표류민 일행은 중국 본토를 경유하여 북경에 이르렀으며, 따라서 이 글에는 복건과 항주, 소주의 인문 지리 정보들이 상세하게 기재되어 있다.

ⓘ 민은 옛날 위타(尉陀)의 칠군(七郡)에 속하였으니, 바로 중주(中州)의 강역(疆域) 밖이었다. 송나라 때에 인문(人文)이 점점 발달되어 주자(朱子)가 태어나자 드디어 염락(濂洛)과 함께 일컫게 되었으니, 대개 그 산수(山水)의 명숙(明淑)함을 알 만하겠다. 들으니, 그곳은 마을들이 서로 접해 있고 다방과 주루(酒樓)가 물가에 비친다고 하였으니, 그 민물(民物)의 번화함을 미루어 알 수 있겠다. 10월 5일에 민중의 관

曰龍游, 閣曰毗羅, 毗羅之南, 爲妙高臺. 上故有楞伽室, 宋眉山蘇公嘗書經於此 …(中略)… 東坡詩金山樓閣何耽耽, 撞鍾伐皷聞淮南者是也. 亭南石刻妙高臺, 又玉鑑堂六大字, 稍下有塔基二, 南北相向. 蓋宋曾丞相布所建, 燬於火. …(中略)… 又有江山一覽, 烟雲奇觀, 二亭尤爲奇絶. 邦翼所云二層閣, 卽江天閣, 釋惠凱, 馮夢楨, 吳廷簡諸記可證."(인용문의 번역은 〈한국고전종합DB〉를 참고하여 필자가 일부 수정하였다.)

소에서 출발하였다. …(중략)… 다시, 건양현(建陽縣)·구령현(甌寧縣)·공점역(孔店驛)·영두역(營頭驛)·마람역(馬嵐驛)·인화역(仁和驛)·임강역(臨江驛)·포성현(浦城縣)·어량역(漁梁驛)·구목역(九牧驛)·팔도역(捌都驛)·정호진(靖胡鎭)·구주부(衢州府)·통화교(通和橋)·용유현(龍游縣)·건덕현(建德縣)·난현(蘭縣)·동려현(桐廬縣)을 지났다. 이곳들은,『여지고(輿地考)』를 상고하건대, '우공(禹貢)'에 있는 옛날의 양주(揚州)로 동쪽은 오(吳)나라가 되고, 남쪽은 월(越)나라가 되고, 북쪽은 초(楚)나라가 되는데, 지금의 절강성(浙江省)이 이곳이다. 실로, 고적이 볼만한 것이 많다. 광릉(廣陵)의 가을 파도, 동안(同安)의 저녁 종과 같은 것이며, 회음성(淮陰城) 아래에는 아직도 한신(韓信)의 낚시터가 전해지며, 거소촌(居鄛村) 가운데에는 범증(范增)이 살던 곳을 고증할 수 있었다. 여릉(廬陵)은 내한(內翰) 구양수(歐陽脩)의 고택(古宅)이요, 임천(臨川)은 왕형공(王荊公)의 구관(舊貫)이었다. 구천(句踐)은 회계(會稽)에서 깃들어 있었고, 항적(項籍)은 음릉(陰陵)에서 곤핍(困逼)을 당하였다. …(중략)… 어느 사이에 항주부(杭州府)에 도착하여 며칠을 머물면서 명승(名勝)을 두루 구경하였다. 경정산(敬亭山)에는 사조(謝眺)의 몽아정(夢兒亭)이 있고, 청익강(淸弋江)에는 소소(蘇小)의 기루가 있었다. 영은사(靈隱寺)에서는 지문(之問)이 계자(桂子)의 구(句)를 읊었고, 고산리(孤山里)에서는 화정(和靖)이 '매화시'를 외웠다. …(중략)… 여러 명승 중에서도 서호(西湖)와 전당(錢塘)을 절승(絶勝)이라 일컫는다. 서로 80리가 떨어져 있는데, 각각 10경(景)이 있다. …(중략)… 대저 경물(景物)의 기이함은 연로에서 처음 보는 것들인데 언어와 문자로써는 그 만의 하나라도 형용할 수 없었다. 드디어 서로 돌아보며 감탄하기를, "사람이 살아서 이것을 보니 죽어도 또한 한이 없다." 하였다. …(중략)… 또 강소성(江蘇省)을 지나갔다. 소주부(蘇州府)는 옛날 강남성(江南省)에 속해 있었는데 지금 청나라에서는 강남성의 지역이 크다고 하여 갈라 강소성을 만들었다. 구경한 곳은 고소대(姑蘇

臺) · 한산사(寒山寺) · 관와궁(館娃宮) · 창합문(閶闔門) · 보대교(寶帶
橋) · 담연호(澹煙湖) · 향설해(香雪海) · 낙매암(落梅巖) · 화춘궁(畫春
宮) · 홍군음(紅裙飮) · 태호(太湖) · 풍교(楓橋) · 오제봉(烏啼峯) · 수면산
(愁眠山) · 금릉(金陵) · 호구(虎邱) · 주작교(朱雀橋) · 오의항(烏衣巷) ·
삼산(三山) · 이수(二水) · 봉황대(鳳凰臺) · 백로주(白鷺洲) · 황학루(黃鶴
樓) · 진회수(秦淮水) · 능고대(凌敲臺)였다. …(중략)… 무릇 육로로 6300
여 리를 와서 12월 23일에 비로소 황성에 도착하였다고 하였다.[192]

위의 인용문에는 복건, 절강, 강소 등지의 명승과 역사적 연원을
상고할 수 있는 유적들에 대한 정보가 자세하게 기록되어 있다. 이 글
에서는 명승지의 경물 묘사를 역사 사실과 연결지어 품평하고 기록하
는 모습을 보인다. 이는 앞서『서이방익사』에서 표류민의 관찰을 통해

---

192) 金景善,『燕轅直指』卷3,「留館錄」,「濟州漂人問答記」. "閩舊屬尉陀七郡, 卽中州
幅員之外, 及至宋時人文漸, 朱子生焉, 逐與濂洛並稱, 蓋其山水之明淑, 可知. 聞其離
落相接, 茶肆酒樓, 臨水照耀, 其民物繁華, 可推而知也. 十月初五日, 自閩館發行. …
(中略)…又行過大橫驛, 太平驛, 建安縣, 建安驛, 古家遺裔, 多居於此, 冠冕珪組, 尙今
不絕, 樓臺林園. 肩背相望, 眞是名鄕也. 又行過建陽縣, 甌寧縣, 孔店驛, 營頭驛, 馬
嵐驛, 仁和驛, 臨江驛, 浦城縣, 漁梁驛, 九牧驛, 捌都驛, 靖胡鎭, 衢州府, 通和橋, 龍
游縣, 建德縣, 蘭縣, 桐廬縣. 此等處, 以輿地考考之, 古禹貢楊州, 而東爲吳, 南爲越,
北爲楚, 今浙江省是也, 實多古蹟之可觀. 如廣陵之秋濤, 同安之暮鍾, 淮陰城下, 尙傳
韓信之磯, 居鄕村中可徵范增之居, 廬陵是歐內翰古宅, 臨川乃王荊公舊貫, 句踐棲於
會稽, 項籍困於陰陵. …(中略)…又行到杭州府, 留數日, 歷覽名勝, 敬亭山, 有謝眺夢
兒亭, 淸弋江, 有蘇小妓樓, 靈隱寺詠之問桂子之句, 孤山里誦和靖梅花之詩.…(中
略)…諸勝之中, 以西湖錢塘, 尤稱絕勝, 相距八十里, 而各有十景.…(中略)…大抵景物
之供奇, 沿路初見, 不可以言語文字形容其萬一也. 逐相顧嗟嘆曰, 人生見此, 死亦無
恨.…(中略)…又行過江蘇, 蘇州府, 是舊屬江南省, 而今淸以江南省地大. 分爲江蘇省,
歷觀姑蘇臺, 寒山寺, 館娃宮, 閶闔門, 寶帶橋, 澹烟湖, 香雪海, 落梅巖, 畫春宮, 紅裙
飮, 太湖, 楓橋, 烏啼峰, 愁眠山, 金陵, 虎邱, 朱雀橋, 烏衣巷, 三山二水, 鳳凰臺, 白鷺
洲, 黃鶴樓, 秦淮水, 凌歠臺. …(中略)…凡陸行六千三百餘里, 十二月二十三日, 始到
皇城云."(인용문의 번역은 〈한국고전종합DB〉를 참고하여 필자가 일부 수정하였다.)

확보한 지리 정보를 서책의 지식에 결부시켜 관련 지식을 확장해 나가는 것과 동일한 양상을 보인다. 저자는 복건, 절강, 강소의 경물에 대해 자세하게 기록한 뒤, "사람이 살아서 이것을 보니, 죽어도 여한이 없겠다.[人生見此, 死亦無恨.]"고 감탄한다. 이는 절경(絶景)이라 불리는 중국 강남의 인문 지리적 경관을 눈으로 직접 본 표류민에 대한 부러운 감정을 드러낸 것이다.

이처럼 중국 관련 여러 표해록을 살펴보았을 때 지리 정보와 역사 문물에 대한 내용들은 주로 남방 지역에 초점이 맞추어져 기록되었다. 중국 남방 지역은 예로부터 문화와 학술이 발달된 지역이고, 동아시아 전반에 큰 영향을 미쳤던 문인 학자들을 배출한 지역이다. 때문에 조선인들은 서책이나 지도를 통해 익숙하게 지역 정보를 인지하고 있었다. 사신단의 발걸음이 닿을 수 없는 곳이었기에 직접 체험을 토대로 기록된 표해록은 귀중한 정보를 담고 있는 셈이었다. 표해록의 저술 경향을 분석해 보면 지리 정보와 역사 문물에 대한 내용은 주로 산동성 이남의 남방 지역에 한정되어 기록되었다.

중국 관련 표해록들에서 제시하는 지식 정보들의 가치에 대해 여러 가지로 생각해볼 수 있지만, 그중 중요한 한 지점은 중국 문헌의 기록에 의존하지 않고 조선인의 시각으로 중국을 바라보고 조선인의 입장에서 구성된 중국 관련 지식정보들을 확보하였다는 점이다.

2. 일본[193]

조선후기에 이르러 비왜(備倭)의 필요성에 대한 인식이 강화되고 일본의 발전상이 국내에 전해지면서 일본에 대한 관심이 고조되었다. 일부 진보적 지식인들 사이에서는 일본 관련 지식정보를 수집하는 열기가 일었다. 조선후기 일본 지식정보의 원천은 주로 서적에 의한 유입, 통신사행인원들의 견문보고,[194] 표류민의 견문보고 등 세 갈래로 파악된다. 조선후기에 형성·집적된 일본 지식정보는 단일 경로를 통해 유입된 것이 아니기 때문에 다층적인 인식이 필요하다. 본 절에서는 일본발 지식정보 수집에 있어서 통신사행과 상호보완적인 위치에 있었던 표류라는 경로에 대해 주목한다. 표류를 통한 일본의 지식정보의 유입과 유전에 대한 고찰은 기존 시각에서 포착하지 못했던 측면을 해명할 수 있다는 점에서 의미가 있다.

---

193) 본 절은 최영화, 「조선후기 표해록에 담겨진 일본 관련 지식정보-나가사키를 통해 유입된 정보를 중심으로」, 『열상고전연구』 제55집, 열상고전연구회, 2017을 본고의 맥락에 맞게 수정·보완한 것이다.

194) 최근 한문학 연구자들에 의해, 조선후기 일본의 지식정보의 유입과 수용에 대한 연구가 통신사행록을 대상으로 꾸준히 진행되고 있다. 조선후기 통신사행록을 통해 유입된 일본 지식에 대한 주요 연구 성과를 정리하면 다음과 같다. (정훈식 외, 「조선후기 일본 지식의 생성과 통신사행록」, 『동양한문학연구』 제29집, 동양한문학회, 2009; 박혜민, 「이덕무의 일본에 관한 지식의 형성과정」, 연세대 석사논문, 2012; 박희병, 「조선의 일본학 성립-원중거와 이덕무」, 『한국문화』 61집, 서울대학교 규장각 한국학연구원, 2013; 정은영, 「『일본록』에 나타난 대일지식 생성연구」, 『어문학』 제122집, 한국어문학회, 2013; 진재교, 「18세기 조선통신사와 지식,정보의 교류」, 『한국한문학연구』 제56집, 한국한문학연구, 2014; 정은영, 「조선후기 통신사행록의 글쓰기 방식과 일본담론 연구」, 부산대 박사논문, 2014; 박상휘, 「조선후기 일본에 대한 지식의 축적과 사고의 전환-조선사행의 기록류를 중심으로」, 서울대 박사논문, 2015.) 박희병(2013)은 조선후기 실학 계열의 학자들이 일본에 대한 관심을 바탕으로, 꾸준히 일본 지식을 집적·확장하는 현상을 '일본학'이라는 개념으로 파악하고 있다.

통신사행록에 대한 연구에 비해 표해록을 통한 일본 지식정보에 대한 연구는 거의 공백이다. 지금까지 조선과 일본사이의 표류는 사학 연구자들에 의해 한일관계사, 일본에 대한 인식, 문화교류사의 측면에서 연구되었다. 이러한 연구들은 주로 조선시대에 작성된 표류 관련 공문서와 사료를 대상으로 행해진 것이며,[195] 개별 표해록에 대한 연구가 어느 정도 진척되었다고는 하지만 표해록 소재 일본 지식정보들이 조선후기 일본지식의 유입과 확산에 미치는 영향에 대해서는 충분히 논의되지 않았다.

그러나 표류민을 통해 조선에 전해진 일본의 지식정보들의 가치가 간과되어서는 안 된다. 조선인의 일본 내 표착지는 북쪽으로는 홋카이도(北海道)에서 시작하여, 일본해 연안의 지쿠젠(筑前), 히젠(肥前), 고토(五島), 나가사키(長崎), 사쓰마(薩摩)에 이르기까지 일본열도 전역에 걸쳐 있었다. 뿐만 아니라 표류 조선인들은 조선으로 이송되는 과정에 사쓰마와 나가사키, 쓰시마(對馬) 등 일본의 대외창구를 경유하였다.[196] 표착 지역이 일본 전역에 걸쳐 있었기 때문에 정해진 경로를 왕복해야 했던 사행인원들에 비해 더욱 풍부한 체험을 할 수 있었다. 또한 조선과 일본의 동해안 사이에 표류가 빈번했던 만큼 임진왜란 이후부터 19세기 중엽까지 조선인이 일본에 표착했다가 송환되어온 사례는 1000건을 넘으며, 사고 당사자인 조선인의 숫자는 1만 명에 가깝다.[197] 따

---

195) 대표적인 것으로 이훈의 『조선후기 표류민과 한일관계』(2000)와 한일관계사학회에서 편찬한 『조선시대 한일표류민 연구』(2000)를 들 수 있다.
196) 도쿠가와 바쿠후는 대외통교정책으로서 쇄국정책(鎖國政策)을 실시하는 한편 나가사키(長崎), 쓰시마(對馬), 사쓰마(薩摩), 마쓰마에(松前) 등 4개의 대외창구를 설정하였다. (허지은, 「근세 조슈(長州)・사쓰마(薩摩)의 조선어통사와 조선정보수집」, 『동양사학연구』 제109집, 2009, 311면.)

라서 표류민을 통해 입수한 일본 관련 지식정보는 양적으로도 질적으로도 중요한 의미를 가졌다.

이에 본 절에서는 일본에 표류했던 조선인을 통해 조선에 전해진 일본발 지식정보에 대해 종합적으로 고찰해볼 것이다. 표해록 소재 일본 지식정보들의 가치를 효과적으로 설명하기 위해, 통신사행록 소재 일본 정보들을 비교항으로 설정하여 논의를 전개하고자 한다.

지금까지 발굴된 개인 저술의 일본 관련 표해록의 작성 연대를 보면 17세기 말에서 19세기 초반까지 약 100년 동안에 집중되어 있다.

〈표 8〉 조선후기 일본 관련 표해록

	저술시기	제목	저자	표류 사건	송환 경로
1	1697	『漂舟錄』	未詳	1696년 李志恒의 蝦夷 표류	蝦夷-松前-江戶-大阪-壹崎島-對馬島
2	18세기	『李志恒漂海錄』	未詳	1696년 李志恒의 蝦夷 표류	蝦夷-松前-江戶-大阪-壹崎島-對馬島
3	1706	「記日本漂還人語」	宋廷奎	1706년 李繼敏의 日本五島 표류	五島-長崎島-對馬島-東萊
4	1732	「第四話」	鄭運經198)	1679년 友彬의 翠芳岛 표류	翠芳島-九智島-山川浦-長崎島-對馬島-東萊-濟州
5		「第五話」		1698년 姜斗樞와 高守慶의 屋鳩島 표류	屋鳩島-萨摩-長崎島-平湖-一崎島-對馬島-東萊
6		「第六話」		1724년 이건춘의 쓰시마 표류	對馬島-東萊
7		「第七話」		1723년 李己得의 五島 표류	五島-長崎島-對馬島-巨濟島

---

197) 이훈, 「조선인의 표류와 기록물」, 『항해와 표류의 역사』, 솔, 2003, 285면.
198) 정운경의 『탐라문견록』에 수록되어 있다.

8		「第八話」		1723년 李時位의 五島 표류	五島-長崎島-對馬島-東萊
9		「第十話」		1704년 山海의 梁久島 표류	梁久島-山川浦-長崎島-對馬島-東萊
10		「第十一話」		1701년 대정현 관리의 屋鳩島 표류	屋鳩島-山川浦-長崎島-對馬島
11		「第十二話」		1729년 高完의 五島 표류	五島-長崎島-對馬島
12		「第十三話」		1720년 元九赫 筑前 神功浦 표류	神功浦-長崎島-對馬島
13	1821	『日本漂海錄』	楓溪 賢正	1816년 賢正이 筑前 大島浦표류	大島浦-筑前-長崎--崎島-對馬島
14	未詳	『漂海錄』	李種德	1815년 이종덕의 五島 표류	五島-長崎-對馬

위 표에 제시된 표해록을 종합적으로 살펴보았을 때 다음과 같은 사실들을 알 수 있다. 첫째, 조선인이 표착한 지역은 일본 전역에 걸쳐 있었다. 표류민들은 일본의 대외개방 창구였던 사쓰마(薩摩)와 나가사키(長崎)를 견문할 수 있었으며, 북방 지역의 에조(蝦夷) 지역에도 표류민의 발길이 닿았다. 특히 표류민들은 조사를 받기 위해 일본 해외 무역의 창구이자 해외 정보의 집산지인 나가사키에 장시간 체류하였다. 이처럼 표류민들이 발길이 닿은 지역은 정해진 경로를 왕복해야만 했던 통신사들은 섭렵하기 힘든 지역이었다. 둘째, 표류민들은 여러 날에 거쳐 조선통사들과 만나면서 일본의 정치, 외교, 대외 관계 정보들을 입수할 수 있었다. 나가토(長門)와 사쓰마의 조선통사들은 임진왜란 때 잡혀갔던 조선인의 후예들이 담당하고 있었는데, 표류민들은 이들로부터 일부 중요한 정보들을 입수할 수 있었다.

(1) 일본의 국제무역에 대한 관찰

임진왜란을 겪으면서 조선과 일본은 일시적으로 교린 우호가 단절되었다. 그러나 도쿠가와 바쿠후와 통교를 재개한 이래로 표류민 송환이 조일간의 교린 우호를 유지할 수 있는 수단이라는 인식을 바탕으로 표류민의 송환이 재개되었다. 표류민 송환이 정상적으로 작동한 것은 약 1630년대 즈음으로 파악된다.[199] 1645년 즈음부터는 조선 표류민에 대한 송환책이 정비된 것으로 보인다. 그 뒤로 조선인이 표류해오면 구호한 뒤 표착지에서 나가사키에 이송하여 조사를 진행한 다음 본국으로 돌려보냈다.[200] 즉, 절차상 일본에 표류했던 조선인의 대다수는 조사를 받기 위해 국제무역의 창구 나가사키에 체류하였다. 이러한 당시의 사정은 표해록에도 기록되어 있다.

ⓐ 배에서 육지로 내려오는 것을 허락하지 않으며 말하기를, "우리나라(日本) 선법에 다른 나라 배가 표류하여 오면, 선례에 따라 나가사키에 간 이후에 비로소 육지로 내려옵니다. 그 전에는 육지에 내려올 수 없습니다. 그러므로 그대로 배 안에서 유숙해야 합니다."라고 하였다.[201]

일본에서는 해외 표류민을 취급함에 있어서, '원칙적으로는 표착지에서 상륙(上陸)을 허가하지 않고, 선박에 머물게 하며 선박이 파손된

---

199) 아라노 야스노리, 「근세 동아시아의 표류민 송환 체제와 국제 관계」, 『항해와 표류의 역사』, 솔, 2003, 292면.

200) 물론 예외도 있었는데, 대마도에 표착한 경우에는 대마도에서 직접 송환하되 표류민의 출신지, 인원수, 직업, 표류 경위, 종파(宗派)를 바쿠후에 보고하도록 했다. 홋카이도에 표착한 경우에는 에도를 거쳐 송환하였다. (이훈, 『조선후기 표류민과 한일관계』, 국학자료원, 2000, 113~120면.)

201) 楓溪賢正, 『日本漂海錄』. (김상현 역, 『일본표해록』, 동국대학교출판부, 2010, 42면.) "不令下陸曰, 我國船法, 他國船漂到, 則例爲運詣於長崎島後, 始許下陸, 其前則不得下陸, 故仍爲留宿舟中."

경우에는 임시로 지은 숙소에 머물게'하는 것이 관례였다. 풍계 현정 등은 표착지에서는 뭍에 오르지 못하고, 나가사키에 이송된 후 뭍에 올라 조선 표류민 수용시설인 조선관에 체류하면서 지냈다.[202] 표류민들은 조사를 받기 위해 나가사키에 1개월에서 수개월 동안 체류하였는데, 현재까지 확인된 표해록 중에 나가사키에서의 견문을 비교적 상세하게 다루고 있는 기록은 다음과 같다.

> ① 송정규, 『해외문견록』 「기일본표환인어(記日本漂還人語)」와 「기유구표환인어(記琉球漂還人語)」
> ② 정운경, 『탐라문견록』 「第五話」, 「第七話」, 「第八話」
> ③ 풍계 현정, 『일본표해록』
> ④ 이종덕, 『표해록』

『해외문견록』 「기일본표환인어(記日本漂還人語)」는 1706년 제주의 서원(書員) 이계민(李繼敏) 등이 나가사키에 표류한 사건에 대한 기록이다. 이 글에서는 나가사키의 지형(地形)과 구획 배치에 대해 상세하게 설명하였다. 또한 무역을 진행하기 위해 나가사키에서 체류하던 중국 상인들과 안남 상인들이 머물던 강남관(江南館)과 안남관(安南館)에 대한 설명이 자세하다. 『해외문견록』의 「기유구표환인어(記琉球漂還人語)」는 1663년 김려휘(金麗輝) 등이 유구에 표류했다가 일본을 경유하여 본국에 돌아온 사건에 대한 기록이다. 김려휘 일행은 일본을 경유하여 송환되었기 때문에 이들의 견문록에는 나가사키에 대한 관찰 기록이 포함되어 있다.

---

202) 楓溪賢正, 『日本漂海錄』. "到長崎島, 例留三朔十五日後, 始許還歸."

『탐라문견록』에는 9편의 일본 표해록이 실려 있다. 이 중에 나가사키의 견문담을 상세하게 적은 것은 5화, 7화, 8화이다. 다른 글들에서는 나가사키를 경유하여 조선에 돌아왔다는 식의 언급만이 보일 뿐 구체적인 견문 기록은 보이지 않는다. 이 중 제5화는 1698년 강두추(姜斗樞)와 고수경(高守慶) 등이 옥구도(屋鳩島)에 표류한 사건에 대한 기록이다. 고수경 일행은 옥구도, 사쓰마, 나가사키, 쓰시마를 거쳐 조선에 돌아왔다. 이 글에는 옥구도의 풍물, 조선인 통사를 만난 이야기, 쓰시마의 단오명절에 대한 관찰이 기록되어 있다. 제7화는 1723년 이기득(李已得) 등이 일본 고토(五島)에 표류한 사건에 대한 기록이다. 이기득 일행은 나가사키와 쓰시마를 경유하여 본국으로 돌아왔다. 제8화는 1723년 김시위(金時位) 등이 일본 고토에 표류한 사건에 대한 기록이다. 이들 표류민 역시 나가사키와 쓰시마를 경유하여 조선에 돌아왔다.

『일본표해록』은 1817년 지쿠젠(筑前)에 표류했던 승려 풍계 현정이 작성한 표해록이다. 풍계 현정은 나가사키에 삼 개월 정도 체류하였으며, 『표해록』을 통해 나가사키에서 보고 듣고 느낀 것을 자세하게 기록해두었다.

이종덕(李種德)의 『표해록』은 전문이 전하지 않고, 다만 이규경(李圭景)의 『오주연문장전산고』에 인용된 부분만이 전한다. 전모를 파악하기는 어려우나, 일본을 통한 서양의 정보와 일본의 정치적 변동, 기타 문헌에는 없는 정보들이 다수 보인다. 이종덕은 1815년에 제주 정의(旌義) 현감(縣監)의 임기를 마치고 뭍으로 이동하다가 고토(五島)에 표류하였다. 이종덕 일행은 일본에 한동안 체류하다가 1816년에 조선으로 돌아간 것으로 보인다. 일본 사료에 이종덕의 표류 기록이 남아있으며, 풍계 현정의 『일본표해록』에도 이종덕이 나가사키에서 일본인들과 적극 문화적 교류를 진행한 사실이 적혀 있다.

　ⓑ 작년에 정의 현감이 체귀하다가 표류하여 왔을 때 이곳에 도착하
　여 일곱 달 동안 조선관에 머물렀는데 그가 쓴 붓글씨를 가지고 왜인들
　이 모두 족자를 만들고 비단으로 장식하였다.[203)

위의 표해록들에 실려 있는 나가사키의 견문록은 기타 자료들에서
는 좀처럼 찾아보기 힘들다. 임진왜란 이후로 총 12차의 통신사행이
이루어졌으나, 사행인원들은 정해진 사행로를 따라 일본에 다녀왔다.
쓰시마를 최종 목적지로 한 마지막 사행을 제외하고, 통신사들은 부산
에서 출발하여 쓰시마, 아이노시마(藍島), 아카마가세키(赤間關), 가미
노세키(上關) 등을 거쳐 오사카(大阪)까지는 해로를 통하여, 오사카에
서 다시 교토(京都), 나고야(名古屋), 에도(江戶)까지는 육로로 이동하였
다. 따라서 조선통신사는 나가사키를 직접 체험하지 못 하였는데, 이
는 일본 사행에서 더없이 유감스러운 일로 인식되었다. 신유한은 『해
유록』에서 이러한 심경을 아래와 같이 적고 있다.

　ⓒ 나가사키는 중국의 상선이 닿는 곳으로 명승지와 물산의 번성이
　국 중에서 가장 유명한 곳인데, 우리 배가 그곳을 경유하지 않아 하나
　도 구경할 수 없었던 점이 유감스러웠다.[204)

---

203) 楓溪賢正, 『日本漂海錄』. (김상현 역, 『일본표해록』, 동국대학교출판부, 2010, 60
　　면.) "年前旌義縣監, 遞歸時, 漂到于此, 七朔有館, 而其筆翰, 倭人皆造簇子, 以錦繡
　　飾之."
204) 申維翰, 『海遊錄』. "長崎則中國商船所泊處, 其名勝與萬物繁華, 最有名國中, 而路
　　不由焉, 無從一經眼, 可憾."

신유한은 나가사키에서 대중국 무역이 이루어지고 있었으며, 이로 인해 나가사키는 일본 내에서도 가장 높은 경제적 성장을 보이는 곳이라고 하였다. 그는 중국 상선이 닿는 나가사키를 직접 볼 수 없는 것을 애석하게 생각했는데, 이는 신유한이 나가사키 견문의 가치를 중요하게 생각하였음을 말해준다.

나가사키를 직접 체험한 조선 표류민들은 나가사키를 성대한 국제도시로 인식하였다. 나가사키의 견문록을 보면 모두 한결같이 나가사키의 번성함과 화려함에 감탄하면서, 국제적 항구로서의 면모를 소개하고 있다. 아래 『일본표해록』을 통해 구체적으로 살펴보기로 한다. 『일본표해록』은 나가사키의 번화상을 묘사하면서, 도시 전체에 대한 인상을 다음과 같이 기록하였다.

ⓓ 이곳 본도(長崎)는 중국 물건과 남쪽 오랑캐 물건, 그리고 왜국의 금은 등을 유통하고 교역하는 곳이므로 매우 부유하고 번화하여 다른 도와 비교할 바가 못 되었다. 그런데 본도가 이러하다면 오사카 성을 짐작할 수 있으며 왜국이 매우 부유한 것을 미루어 알 수 있다. 본도의 인구와 호수가 얼마 정도인지 정확히 알지 못하지만 대략 계산해보면 거의 1만여 호를 넘는 것 같다. 매일같이 시장은 북적북적 시끄러운 모습이 끝이 보이지 않을 정도여서 비록 '소매를 치켜들면 휘장이 되고 땀방울을 뿌리면 비가 된다.'라고 하더라도 지나친 말이 되지 않을 정도였다. 갑의 가게에는 금은주옥이 찬란하게 빛났으며, 을의 가게에는 금으로 수놓은 비단이 향기를 무성하게 날리고 있었다. 술집과 떡 가게가 동쪽과 서쪽 여기저기에 있었고, 물고기와 자라는 값을 거의 따지지 않았으며, 채소는 겨울인데도 봄인 것처럼 시장에 있었다. 공가의 자식들은 땅을 밟으며 노래를 부르고 여자 아이들은 곳곳에서 무리를 이루

었으며 거문고를 타고 생황을 부는 소리가 밤낮으로 끊이지 않았다.
우리나라는 서경을 최고의 번화가라고 말하는데 여기에 비교했을 때
잘은 모르겠지만 몇 단계 정도 내려가는 것 같고, 양양의 대제나 강남
의 항주라면 거의 비슷하지 않을까.[205]

위 글에서 풍계 현정은 나가사키의 발전상을 보고, 오사카 성의 번
화상을 유추하며 나아가 일본 전체가 경제적으로 강대하다는 점을 강
조하였다. 나가사키의 활성화된 시장을 보고 감탄을 하며, 나가사키에
서 교역되고 있는 중국과 서양의 물품을 보고 해상을 통한 교역이 활
발하게 이루어지고 있는 현상에 주목하였다. 그는 나가사키의 부를 이
곳의 해상 교역과 연결 짓고 있으며, 이로 인해 풍족한 생활을 누리고
경제가 발전한 일본을 상정하고 있다.

　ⓔ 나가사키 사람들은 항상 말하기를, "천하의 모든 나라 중에 금은
이 많기로는 일본보다 많은 곳이 없다. 금은이 가장 많기 때문에 매번
다른 나라의 침략을 걱정한다."라고 하였다. 대개 금산(金山), 은산(銀
山), 동산(銅山)이 곳곳에 있는 것이 우리나라에 철을 생산하는 곳이
있는 것과 같았다. 그러므로 그 나라의 부자들이 모두 금창고 은창고를
가지고 있었고 중국 배와 서양 선박이 이 때문에 몰려온다.[206]

---

205) 楓溪賢正, 『日本漂海錄』. (김상현 역, 『일본표해록』, 동국대학교출판부, 2010,
　　55~56면.) "本島卽唐貨蠻貨倭國金銀物貨灌輸交易之所, 故其殷富繁華, 不與他島比.
　　而本島如此, 則大坂城可以推知, 倭國之殷富, 又可以推知也. 本島人戶多少, 雖不的
　　知, 而略綽計之, 則似過萬餘戶. 每日市上, 擾擾紛紛, 不見涯畔, 雖擧袂成帷, 揮汗成
　　雨, 未爲過也. 甲肆則金銀珠玉, 光彩璀璨, 乙肆則錦繡綾羅, 香飛馥鬱. 酒家餠市, 東
　　西錯落魚繁, 殆不論錢, 菜蔬雖冬若春. 遊間, 公子踏歌, 女兒處處成羣, 鼓瑟吹笙, 日
　　夜不絶. 我國西京最稱繁華, 而比之於此, 不和其落下幾層, 若襄陽之大堤, 江南之杭
　　州, 庶或似之耶."

일본의 부유함과 성대함은 통상과 긴밀하게 연결되고 있음을 강조한 것이다. 현정의 이러한 기록은 나가사키의 번성함에 대한 보편적인 인식이라고 보아도 좋다. 풍계 현정은 나가사키를 조선의 서경(西京)보다 발달한 곳으로 보고 있는데, 이는 조선에서 점차 일본에 대한 문화 우월주의 의식에서 벗어나 객관적인 시각으로 바라보고 있음을 말해준다.[207]

일본은 나가사키를 개방하여 중국, 유구, 안남, 아란타 등 나라들과 무역하였는데, 이러한 사정은 표류민을 통해 조선에 전달되었다.

　　ⓕ 나가사키(長崎)는 왜나라 말로 남가사이(南加沙伊)라 부른다. 정박해 있는 중국 상선들의 촘촘한 돛대가 마치 마(麻)와 같아서 그 수를 셀 수 없을 정도였다.[208]

　　ⓖ 이곳에 머문 지 한 달 만에 중국 배가 와서 정박하자 왜인들이 무리로 모여 교역했다. 대개 장사를 위해 온 자였다.[209]

---

206) 楓溪賢正, 『日本漂海錄』. (김상현 역, 『일본표해록』, 동국대학교출판부, 2010, 58면.) "長崎人常言曰, 天下萬國中金銀之最多, 無如日本. 以其金銀之最多故, 每慮他國之來侵." 盖金山銀山銅山, 處處有之, 若有我國之産鐵. 故其國富人, 皆有金庫銀庫, 唐船蠻舶, 所以輻輳也."

207) 17세기 중반의 통신사행록에서 이미 일본의 발전한 모습을 포착하였지만, 이를 부정적으로 바라보고 있었다. 대표적인 사례로 남용익의 『부상록』에서는 상업거래를 활발하게 진행하는 일본을 보고 일본이 이익을 탐하는 나라이고, 이를 얻기 위해서는 한푼을 다툰다는 부정적인 시각에서 보면서, 이렇게 축적된 이로 검약하지 않고 사치하게 살고 있는 것을 강하게 비판하였다. (이혜순, 『조선통신사의 문학』, 이화여자대학교출판부, 1996, 81면.)

208) 宋廷奎, 『海外聞見錄』, 「記日本漂還人語」. (김용태·김새미오 역, 『해외문견록』, 휴머니스트, 2015, 78~79면.) "入泊長崎, 長崎倭言稱南加沙伊, 中國商船之來泊者, 簇檣如麻, 不知其數."

209) 鄭運經, 『耽羅聞見錄』, 「第四話」. (정민 역, 『탐라문견록, 바다 밖의 넓은 세상』, 휴머

ⓗ 절강과 복건 등의 상선이 시도 때도 없이 왕래했다. 나가사키에서 통상하는 화물이 일곱 나라라고 했다.[210]

ⓘ 강남관에는 대개 90채의 집이 있는데 집들은 수백 보에 걸쳐 있고 둘레에 큰 성을 쌓았다. 서성 위에는 쇠꼬챙이를 교차해 세워두어 마치 사슴의 뿔 모양과 같았다. 앞쪽에 문이 하나 있으니, 왜인들은 초소를 두어 지켰다. 문밖에 8길 높이의 쇠장대를 세워두었는데 시장이 열리면 그 장대 위에 기를 매달았으며, 몰래 장사를 하는 사람은 목을 베었다. 강남사는 강남관의 우측에 있으니 상선이 너무 많아 강남관이 모두 수용할 수 없으면 나누어 강남사에 거처하도록 했다. 안남관은 북쪽 물가에 있는데 또한 30여 채로 이루어졌다. …(중략)… 강남관 부근에는 창가가 많았다. 즐거움을 사는 중국 상인들은 여인의 재색에 따라 값을 정했다. 그곳 풍속에서는 이를 은와라 했다. 이 때문에 나가사키에는 중국인의 자손들이 많았다.[211]

ⓙ 시장은 세금이 없었으나 나가사키 도주가 매년 교체해서 돌아갈 때에는 시전상인들이 각각 전별금을 보냈다. 시전 상인들은 거의 5~6천명이었다.[212]

니스트, 2008, 79면.) "所留此一月, 有唐船到泊, 倭人華聚交易, 蓋爲商賈而來者也."
210) 鄭運經,『耽羅聞見錄』,「第七話」. (정민 역,『탐라문견록, 바다 밖의 넓은 세상』, 휴머니스트, 2008, 94~96면.) "浙江福建等商船, 來往無時, 凡通貨長碕者, 七國云耳."
211) 宋廷奎,『海外聞見錄』,「記日本漂還人語」. (김용태·김새미오 역,『해외문견록』, 휴머니스트, 2015, 80~81면.) "江南館凡九十屋, 屋長數百步, 周以大城, 城上交排鐵戟, 如鹿角狀, 前有一門, 倭人設軍鋪把守, 門外豎八尋鐵竿, 開市則懸旗於竿上, 潛商者斬之. 江南寺在館右, 商舶多集, 館不能容, 則或分處寺中, 安南館在北岸, 亦三十屋, …(中略)… 江南館傍多倡家, 漢商之買歡者, 隨其才色而定價多少, 其俗謂之銀娃, 以此長崎多漢人子孫."
212) 楓溪賢正,『日本漂海錄』. (김상현 역,『일본표해록』, 동국대학교출판부, 2010, 66면.) "場市無稅, 而長崎島主, 每年遞歸時, 則市廛諸人, 各以寶貨錢送, 廛人近五六千."

위의 5건의 인용문은 대외무역으로 인해 경제적 성장을 이루어낸 나가사키에 대한 관찰 보고라는 점에서 맥락을 같이한다. 인용문 ⓕ는 중국 선박들이 마(麻)와 같이 빽빽하게 나가사키 항구에 정박하고 있다고 했다. ⓖ는 중국 선박이 교역 물품을 싣고 나가사키 항에 들어오자 장사하는 일본인들이 무리로 몰려들어 교역하였음을 말하였다. ⓗ는 절강과 복건의 상선들이 나가사키에 정기적으로 와서 장사를 하며, 나가사키는 중국 외에도 여러 나라와 무역한다고 하였다. 인용문 ⓘ는 나가사키의 강남관과 그 주변 시설 및 안남관에 대한 기록이다. 여기서 강남관은 교역하러 나가사키에 무역하러 온 중국 상인들을 수용하기 위한 시설이고 안남관은 안남의 상인들은 수용하는 시설이다. 강남관은 90채의 건물로 이루어졌는데, 그 둘레에 성을 쌓아두었다. 강남관에 수용할 수 없을 정도로 중국 상인들이 많이 몰려 온 경우에는 이들을 그 근처의 강남사에 나누어 머물도록 하였다. 중국 상인들이 교역할 때에는 일본에서 정해진 법도에 따라 진행해야 했는데, 이를 어기는 경우에는 엄벌에 처해졌다. 안남의 상인들의 수는 중국 상인에 미치지는 못했지만, 안남관 역시 규모를 갖추고 있었다. 이처럼 인용문 ⓘ는 다층적인 정보들을 제공하고 있다. 인용문 ⓙ에서는 나가사키 도주는 일 년마다 한 번씩 교체되며, 시장의 상인들은 일정한 금액을 함께 걷어서 도주를 전별한다고 했다.

위의 인용문들은 나가사키에서 이루어지는 국제 무역과 외국 상인들에 대한 관리, 나가사키 시장의 규모, 무역의 순조로운 진행을 위한 시설 등에 대해 구체적으로 기록하고 있다. 이러한 기록들은 직접적인 관찰에 의존하고 있기에 세부 사항에 대한 묘사가 상세하고도 구체적이다.

조선후기에 경제 발전을 도모하는 과정에 다른 나라와의 무역의 필
요성을 주장하는 학자들이 나타났다. 이때 인접국인 일본 나가사키의
경험은 중요한 참고가 되었다.[213] 중국과 일본이 무역을 재개한 이래,
17세기 전기부터 통신사행록인 강홍중(姜弘重)의『동사록(東槎錄)』, 이
경직(李景稷)의『부상록(扶桑錄)』, 남용익(南龍翼)의『부상록(扶桑錄)』 등
을 통해 일본이 나가사키를 통해 해외와 무역을 하여 방대한 부를 축
적하고 있음이 국내에 보고되었다. 18세기 초반에 일본을 방문했던 임
수간 역시 "일본은 바닷길이 사방으로 통한 나라라서 복건·절강의 여
러 도와 유구·남만 등 여러 나라의 상선들이 다 이곳을 왕래하면서 통
상하는"[214] 나가사키의 상황을 국내에 전달했다.

표류민을 통해 조선에 전달된 나가사키의 사정은 문(聞)에 의한 간
접 체험이 아니라 견(見)에 의한 직접 체험에 속한다. 나가사키에 관한
생생한 시각적인 정보들이 표류민에 의해 조선에 전해진 것이다. 이는
사행을 다녀온 사람들이 선험적으로 일본을 공부하고 사행에 나서며,
사행록을 저술할 때에도 선험적인 체득에 의한 간접 경험을 전달하고
있는 것과 대조적인 지점이다. 그러나 표해록에서 전하는 일본 국제무
역에 관한 정보들은 피상적인 관찰에 그쳤을 뿐 사건의 본질을 깊이
있게 파고 들지는 못하였다.

그럼에도 나가사키를 경유하는 조선 표류민이 많아짐에 따라 일본
내에서 조선인에 의한 국정의 누출을 걱정하는 목소리가 높아졌다.[215]

---

213) 박상휘, 「조선후기 일본에 대한 지식의 축적과 사고의 전환-조선사행의 기록류를
　　중심으로」, 서울대 박사논문, 2015, 81~82면.
214) 任守幹, 『東槎日記』, 「先來狀啓時別單書啓」. "日本海路, 四通無礙, 閩浙諸道, 琉球
　　南蠻等諸國商船, 莫不往來通貨."

나가사키는 당시 일본의 대외무역의 창구로 인적 교류와 물적 교류가 가장 활발하게 진행되는 곳이었다. 나가사키에 흘러든 다양한 정보는 특정 경로를 통해 조선에도 일부 유입되었다. 17세기 후반에 이르러서 복건의 상선에 의해 나가사키에 유입된 중국 정보가 1개월도 지나지 않아 조선에 전달되었다고 한다.[216] 정보의 유입 경로를 하나로 특정 짓기는 어려우나 조선 표류민이 정보 전달 과정에 참여했던 것만큼은 틀림이 없다. 일본은 조선 표류민이 자국에 체류하는 동안 관리와 통제를 점차 강화해 갔다. 이는 표류민이 나가사키 정보 전달의 한 축을 담당했음을 반증한다.

(2) 일본의 군사 · 정치 · 외교 동향

일본 표해록에서 드러나는 또 하나의 특징은 일본의 군사와 정치 동태에 대한 주목이다. 표류민들은 자발적으로 일본과 주변국의 마찰, 일본의 정치적 변동, 일본의 침략 가능성 등에 주의를 기울여 관련 소식을 적극 수집하였다. 일본의 침략을 당했던 전란의 기억이 아직 가시지 않는 상태였기에 표류 조선인들은 일본의 군사와 외교 동향에 민감하게 반응했던 것이다. 이들은 일본 현지에 머물면서 일본의 군사, 정치, 외교 동향에 관한 일부 정보들을 장악할 수 있었는데, 이러한 정보들은 표해록 내에서 중요하게 다루어졌다. 이때 주목을 요하는 사실은 일본의 군사, 정치, 외교 동향에 관한 정보들은 대체로 표류민들이 일본의 조선통사들을 통해 입수한 것이라는 점이다.

---

215) 아라노 야스노리, 「근세 동아시아의 표류민 송환 체제와 국제 관계」, 『항해와 표류의 역사』, 솔, 2003, 294면.
216) 松浦章, 『海外情報からみる東アジア−唐船風說書の世界』, 淸文堂出版, 2009, 36면.

일본에서는 외국과의 무역, 외교, 군사 등 문제를 위해 외국어가 가능한 인력 즉 통사를 제도적으로 양성·관리해왔다. 당통사(唐通事), 아란타통사, 조선통사(朝鮮通事)[217] 등이 이에 해당한다. 이러한 통사들은 단순한 통역 업무만을 대행한 것이 아니라, 무역의 기반을 지탱하고 정보수집 활동을 진행하며, 표류민들을 취급하는 등 다양한 업무를 위임받았다. 지금까지 조선통사의 존재가 확인되는 지역은 쓰시마(對馬), 나가토(長門), 고토(五島), 사쓰마(薩摩) 그리고 유구에 한정되어 있다.[218] 나가사키는 조선 표류민들이 반드시 경유하여 조사받는 곳이었음에도 스스로 조선통사를 양성하지 않고 쓰시마의 조선통사[219]를 차용하여 관련 업무를 진행하였다. 이러한 사정은 표해록을 통해서도 알 수 있다.

ⓐ 3월 초 5일에 나가사키(長崎島)에 도착해서 관소에 머물렀다. 날마다 통사와 함께 지내며 이야기했다. <u>왜의 법이 쓰시마(對馬島)의 조선어통사 한 사람을 교대로 번을 세워 나가사키에 머물러 있게 하다가, 만약 조선 사람이 표류해서 오면 그들에게 접대케 했다.</u>[220]

---

217) 일본 내에서 조선어 통역은 통사(通事), 통변(通弁), 전어관(伝語官), 조선통사(朝鮮通詞), 조선통사(朝鮮通詞) 등 다양하게 불렸다. 본고에서는 조선통사(朝鮮通事)라는 용어를 사용한다.

218) 池內敏, 『近世日本と朝鮮漂流民』, 臨川書店, 1998, 69면.

219) 쓰시마에서는 다양한 조선 관련 업무의 처리와 정보 수집을 위해, 통사의 체계적 교육과 육성을 제도적으로 진행하고 있었다. 쓰시마에서 조선어통사는 가업으로 이어지고 있었으며, 주로 일본인들이 담당하였다. (김정호, 「근세 일본 사쓰마번(薩摩藩) 조선어통사의 제도화 요인과 의의」, 『대한정치학회보』, 16집, 2009, 47면.)

220) 鄭運經, 『耽羅聞見錄』, 「第五話」. (정민 역, 『탐라문견록, 바다 밖의 넓은 세상』, 휴머니스트, 2008, 84~85면.) "至三月初五日, 抵長碕島, 住館所, 日與通事並居談話, 倭法以對馬島朝鮮通事一人, 遞番留住長崎島. 若有朝鮮人漂到, 則使之接待也."

ⓑ 이곳[長崎]에는 조선관 당인관 아란관이 있었다. 조선관은 조선
의 표류인이 머물러 있었고, 당인관은 중국 상선의 장사치들이 머물러
있었으며, 아란관은 아란국의 사람들이 와서 수자리하는 곳이었다. 표
류한 승려와 속인 27명은 모두 여덟 곳의 조선관에 보내졌다. 본관의
고직은 쓰시마 사람으로서 전례에 따라 와서 머물렀고, 쓰시마 관인
1명, 통사 2명, 훈도 2명이 와서 함께 거주하였다. 이들은 우리나라 사
람이 간혹 표류하여 오는 경우가 있었기 때문에 항상 명령을 대기하고
있는 자들이었다.[221]

인용문 ⓐ에서는 쓰시마의 조선통사들이 교대로 나가사키에 1명씩
상주하면서 표류민 관련 업무를 담당하고 있음을 말하였다. 인용문 ⓑ
에서는 쓰시마의 통사 2명이 표류민 업무를 처리하기 위해 기타 관리
들과 함께 나가사키에 상주하면서 명령을 대기한다고 하였다.

쓰시마 조선통사들의 첩보 활동은 기존의 여러 연구들에서 이미 논
의된 바 있다. 조선통사들은 바쿠후로부터 지시받은 사항이나 쓰시마
자체에서 필요로 하는 다양한 정보들을 수집하고 제공하는 역할을 하
였다.[222] 실제로 조선통사를 접한 조선 표류민들은 그들이 조선의 여
러 정보를 장악하고 있음을 알고는 놀라움을 금치 못하였다.[223]

---

221) 楓溪賢正,『日本漂海錄』. (김상현 역,『일본표해록』, 동국대학교출판부, 2010, 48
면.) "本鎭有朝鮮舘唐人舘阿蘭舘, 朝鮮舘則留接朝鮮漂流人, 唐人舘唐則留接唐船商
賈, 阿蘭舘則阿蘭國人來戍處也. 漂流僧俗二十七人, 皆爲八處於朝鮮舘, 本舘庫直,
乃對馬島人, 例爲來住. 對馬島官人一員, 通事二人訓導二人, 亦爲同住, 盖以我國人,
或有漂到, 相令待令者也, 通事能我國言, 亦着官人服, 有若我國之譯官."
222) 허지은,「근세 쓰시마 조선어통사의 정보수집과 유통」, 서강대 박사논문, 2008, 4면.
223) 鄭運經,『耽羅聞見錄』,「第五話」. (정민 역,『탐라문견록, 바다 밖의 넓은 세상』,
휴머니스트, 2008, 85면.) "又出示朝鮮地圖, 自釜山至京城南大門, 以朱線畵路, 且內
外各衙門官員多少, 備知之, 又能朝鮮諺文."

ⓒ 그가 조선 지도를 꺼내 보여주는데, 부산에서 서울 남대문까지 붉은 줄로 길을 그려놓았다. 또 안팎 각 아문(衙門)에 있는 관원의 숫자도 갖추어 알게 해놓았다. 그리고 조선의 상말도 잘했다.

이는 1699년의 사실에 대한 기록이다. 조선통사는 조선의 지도를 확보하고 있었을 뿐만 아니라 부산에서 서울까지의 노정, 그리고 각 관아 관원의 숫자 등 일반 조선인은 알기 어려운 핵심 정보들을 장악하고 있었다. 조선통사가 확보하고 있던 정보의 정확성 여부를 현재로서는 판단하기 어렵지만 임진왜란의 경험으로 미루어봤을 때 일본에서 조선의 이러한 정보들을 장악하고 있었을 가능성이 높다.

사쓰마(薩摩)는 17세기 후반부터 빈발하는 조선인의 표류에 대응하기 위해 조선통사를 두었다.[224] 19세기 전기에 사쓰마에서 조선통사 양성을 위해 만들어진 조선어 학습서로 알려진『표민대화(漂民對話)』를 통해서 당시 조선통사의 중요한 역할이 조선인이 표류해왔을 때를 대비한 것이라는 사실을 알 수 있다.[225]

ⓓ 기묘년(1699) 정월에 배를 출발시켜 초 5일에 사쓰마 주 산천포에 도착했다. 그곳에는 두 사람의 통사가 있었는데, 이름이 신청춘과 이흔위라고 했다. 그들이 와서 표류하게 된 정황을 물어보기에 대답해주고 나서 그들에게 물어보았다. "너희는 어떻게 우리나라 말을 잘하느냐?" 통사가 둘 다 구슬퍼하며 말했다. "우리의 먼 조상은 모두 조선 사람입니다. 임진년에 포로로 잡혀 와서 한 마을에서 같이 살지요. 포로로

224) 김정호(2009), 앞의 논문, 46면.
225) 하우봉, 「일본에 표착한 조선인의 일본인식」, 『조선시대 한일 표류민 연구』, 국학자료원, 2000, 119면.

잡혀온 사람의 자손이 지금은 수천 호에 이릅니다. 선대로부터 서로
전하여 집 안에서는 조선말을 씁니다. 그래서 배우지 않아도 능히 잘하
지요."[226]

　인용문 ⓓ를 통해서도 알 수 있듯이, 임진왜란 때 잡혀간 조선인의
후예들이 사쓰마의 조선통사를 주로 담당하였다. 『탐라문견록』의 제5
화에서 다루고 있는 조선인의 1698년 옥구도(屋鳩島) 표류는 일본 측에
도 기록이 남아있다. 조선인들이 만났던 조선통사 이흔위(李欣偉)는 일
본 측 사료에는 이흔위(李欣衛)로 기록되어 있는데, 흔달(欣達)·수위(壽
衛)·원달(元達)·흔위(欣衛)로 이어지는 조선인 후손의 가문이 사쓰마
의 조선통사직을 맡아왔다고 한다.[227]
　조선통사로 활약하고 있던 조선인의 후예들은 조선 표류민에 우호
적인 감정을 가지고 있었다. 조선 표류민들과 조선통사를 만났을 때
대담한 질문이 오갔으며 통사들은 진솔한 이야기를 전해주었다. 이 과
정에 핵심정보들이 교환되었다.

　ⓔ 4월 8일 저녁 사쓰마주(薩摩州) 산천포에 정박하니 호송하는 자
들이 본주에 갔다. 수일 동안 사쓰마 주의 대부관과 통사 이국이 모두
배로 와서 그 간의 경위를 물었고 김려휘는 처음부터 끝까지 갖추어
진술했다. …(중략)…이국이 말했다. "나의 부친은 이연홍이라 하니 본

226) 鄭運經, 『耽羅聞見錄』, 「第五話」. (정민 역, 『탐라문견록, 바다 밖의 넓은 세상』,
　휴머니스트, 2008, 83면.) "己卯正月發船, 在初五日, 抵薩摩州山川浦. 有二通事申靑
　春李欣偉爲名者, 來問漂流狀, 答之, 因問之曰: "爾何能我國語." 通事皆悽然曰: "我等
　遠祖, 俱以朝鮮人, 壬辰被擄, 同居一邨. 凡被擄人子孫, 今至數千戶, 父祖相傳, 家內
　用朝鮮語. 故不學而能之."
227) 池內敏(1998), 앞의 책, 71면.

래 조선 사람으로 서울에 살았으며, 나의 모친은 진주 사람이오. 정유
년 난리 때 함께 붙잡혀 왔소. 나는 비록 이 땅에서 태어났으나 실은
조선 사람이오. 지금 그대들을 보니 친구를 만난 것 같소." 김려휘는
이에 조용히 물었다. "일본은 어느 나라와 이웃이며 어느 나라와 전쟁
을 벌이고 있소?" 이국이 대답했다. "지난 임진년 7년 동안 전쟁을 했으
나 끝내 이로운 것이 없었기에 이 나라 사람들이 지금 후회를 하고 있
소. 그때 조선 땅에서 불리해지자 곧 군대를 돌려 유구를 쳐서 항복을
받아 대대로 조공을 받고 있소. 지금은 나라 안이 태평하고 전쟁도 없
소. 남만과는 최근 사이가 좋지 않아 서로 통신하지 않은 것이 벌써
오래 되었소."[228)]

인용문 ⓔ에서 이국(李國)이라는 조선통사는 일본에서 나고 자랐지
만, 일본인이 아닌 조선인으로 자신의 정체성을 인식하고 있었다. 이
국이 표류해 온 조선인 일행에 대한 우호적인 감정을 드러내자 김려휘
는 일본의 대외 관계에 대해 질문하였다. 이국은 본인이 알고 있는 선
에서 상세한 답변을 해주었다. 이국과의 대화를 통해 김려휘는 임진왜
란 이후 사쓰마가 유구를 침공하여 항복시켰다는 사실과 남만과 일본
의 사이가 틀어졌다는 사실을 알게 되었다.
표해록의 저술연대를 감안했을 때 적어도 17세기 중반 이래로 조선
인의 후예들이 사쓰마의 조선통사를 맡고 있었음을 알 수 있다. 나가

228) 宋廷奎,『海外聞見錄』,「記琉球漂還人語」. (김용태·김새미오 역,『해외문견록』, 휴
머니스트, 2015, 94~96면.) "初八夕泊薩摩州, 山川着津, 護行者, 往報本州, 數日與州
大夫官及通事李國, 俱至船所, 問以來由, 麗輝備陳首末. …(中略)… 李國言, 我父李連
弘, 本朝鮮人, 居京城, 我母晉州人也. 丁酉之難, 並被虜而來, 我雖生於此地, 實朝鮮
人也, 今見爾等, 如逢故人. 麗輝因從容問曰, 日本與何國爲鄰, 有征伐之事乎. 國曰,
往在壬辰間, 七年動兵, 終無所利, 國人至今悔之, 其時不利於朝鮮, 旋卽移兵, 擊降琉
球, 世受朝貢. 今則國內太平, 無征伐之役, 南蠻最近, 而失和已久, 不相通信云."

토(長門)에서도 1640년대에 임진왜란 시에 일본에 끌려갔던 조선인 포
로들이 조슈(長州)의 조선통사를 맡고 있었다.[229] 나가사키와 쓰시마
를 제외한 기타 지역에서는 조선어가 가능한 피로 조선인과 그들의 후
예를 조선통사직에 적극 임용하였다.

나가사키에서 만난 조선통사는 사쓰마의 조선통사처럼 조선인들과
의 혈연적 친연성은 없었지만 조선 문화에 익숙했다. 조선통사들은 표
류민이 나가사키에 머무는 동안 매일같이 만나면서 친분을 쌓고 서로
이야기를 나누었다. 이 과정에 표류민들은 일부 민감한 사안에 관한
정보들을 얻을 수 있었다. 아래 인용문은『탐라문견록』「제13화」의 일
부이다. 「제13화」는 1720년에 원구혁(元九赫) 등이 일본 지쿠젠(筑前)
신공포(神功浦)에 표류한 사건을 기록한 것이다. 「제13화」는 글의 전체
가 표류민과 통사의 대화와 섭촉에 대한 기록으로 되어있다.

ⓕ 하루는 통사에게 물었다. "일본과 인접한 나라가 몇이나 되는가?"
"표류한 사람이 알아 무엇 하려 그러는가? 유구국이 아주 가깝다. 예전
에 군대를 일으켜 이를 토벌하려고 그 경계로 들어가 배를 불 지르고
격문을 보내 말했다. '일본은 땅이 좁은데 인구는 날로 늘어나니, 귀국
을 빌려 받아주기 바란다.' 유구 사람들이 서로 의논하기를, '저들이
배를 불 질러 죽자고 대드니, 병장기로는 감당할 수가 없다.' 하고 마침
내 항복하기를 빌어 지금껏 화친하며 지낸다.[230]

---

229) 池內敏(1998), 앞의 책, 70면.
230) 鄭運經,『耽羅聞見錄』,「第十三話」. (정민 역,『탐라문견록, 바다 밖의 넓은 세상』,
　　휴머니스트, 2008, 127면.) "一日間通事曰, 日本隣接凡幾國. 曰, 漂人何用知, 爲琉球
　　國甚近, 昔老興兵討之, 入其界, 焚船傳檄曰, 日本地狹, 而生齒日蕃, 願借貴國容接
　　焉. 琉球人相議曰, 彼焚船決死, 兵鋒不可當, 遂乞降, 至今和親云."

인용문 ⓕ에서 표류민은 나가사키에서 통사에게 일본의 대외관계
에 대해 질문하였다. 통사는 표류한 사람이 그것을 왜 묻는가 하면서
도 일본이 유구국을 침략하여 항복시킨 사실을 알려주었다.

통사들은 표류민들의 질문에 상세하게 대답했을 뿐만 아니라, 선진
문물을 소개하거나 나가사키에서 안내자 역할을 자임하기도 했다. 이
러한 사정은『탐라문견록』「제8화」를 통해 알 수 있다.『탐라문견록』
「제8화」는 전체 흐름이 표류민과 나가사키의 조선통사의 대화와 교류
를 둘러싸고 기술되었다. 조선통사는 표류민들에게 중국에서 수입한
진기한 물품들을 보여주기도 했고, 표류민들을 남만관(南蠻館)[231]에 안
내하여 구경시켜 주었다. 또한 아란타가 일본을 앞세워 조선을 침략하
려 했다가 무산된 사실을 비밀스레 알려주기도 했다.

> ⓖ 하루는 통사와 더불어 조용히 대화를 나누는데, 통사가 말했다.
> "일본이 일찍이 조선에 덕을 베풀었는데, 조선은 알지 못할 것입니다."
> "무슨 말입니까." "남만이 제주를 치려고 했으나 바닷길이 익숙지 않아
> 일본에 군대를 청해 길잡이로 삼겠다고 했지요. 관백은 이를 허락하려
> 했지만, 대사마가 간하여 말했소. '일본과 조선은 강화를 맺어 이웃으
> 로 좋게 지내 관계가 매우 도탑습니다. 어찌하여 일본 군대를 내어 조
> 선 땅을 침략하려 하십니까? 남만이 치고 안치고는 우리가 알바가 아닙
> 니다. 그래서 관백이 허락하지 않자 남만 또한 그만두고 군대를 내지
> 않았답니다. 해외의 여러 나라 가운데 병력의 강성함이 남만보다 더한
> 곳이 없지요."라고 하였다. 다만 남만에서 병사를 청한 해가 언제인지

---

231) 일본의 경우 에도시대에 포르투갈을 남만(南蠻)이라 불렀고, 네덜란드를 홍모(紅毛)
라고 분별하여 지칭하였지만, 조선은 네덜란드를 남만 혹은 홍모라고 불렀다. 이는 조
선에서 네덜란드를 막연하게 남쪽의 오랑캐라고 인식했던 것과 관련이 있다.

알 수 없어서 한스러웠다.[232]

　서양 나라들이 수차 조선과 통교하려는 접촉을 시도해왔고 조선후기 해방 사상에 서양의 침투를 대비하기 위한 문제들이 항상 제기되어 왔음을 감안하면, 이러한 정보는 진실성이 있어 보인다. 한편 정확한 연도를 제공받지 못한 것은 조선통사들이 다룰 수 있는 정보의 한계를 보여준다. 위의 인용문은 이익의 『성호사설(星湖僿說)』에 「남만(南蠻)」 이라는 항목으로 인용되었다.

　ⓗ 일본 사람이 말하기를 "본국이 일찍이 조선에 대하여 큰 덕을 끼쳤는데도 조선은 알지 못한다. 지난날에 남만(南蠻)이 조선을 치고자 히여 일본더러 길잡이가 되어 달라고 청하여 관백(關伯)이 장차 허락하려 하는데, 대사마(大司馬)가 간하기를 '일본이 조선과 화친을 맺은 적이 오래인데 어찌하여 허락하려 하는가?' 하여 마침내 중지했다."고 하였다. 이것이 반드시 실지인지 아닌지는 모르지만, 그러나 남만은 일본과 더불어 상선이 줄지어 오고 가는 사이좋은 나라이니 다른 날에 만약 일본과 호의를 상실할 경우, 혹시 그를 끌어들여 침략을 하려는 생각도 없지 않을 것이다. 이 또한 반드시 없을 것이라고 단정할 수는 없다.[233]

---

232) 鄭運經, 『耽羅聞見錄』, 「第八話」. (정민 역, 『탐라문견록, 바다 밖의 넓은 세상』, 휴머니스트, 2008, 101~103면.) "一日與通事, 從容談話, 通事曰: '日本嘗有德於朝鮮, 朝鮮不能知也.' 曰: '何哉.' 曰: '南蠻欲伐濟州, 而未諳海路, 請兵於日本爲鄉導, 關白將許之.' 大司馬諫曰: '日本與朝鮮講和, 隣好甚篤, 奈何出日本兵, 侵掠朝鮮地界, 南蠻之伐與不伐, 非吾所知.' 關白乃不許, 南蠻亦止, 不發兵耳. 且海外諸國中, 兵力之强, 莫過南蠻云. 但未知南蠻之請兵, 在某年, 可恨."
233) 李瀷, 『星湖僿說』 卷9, 「人事門·南蠻」. "日本人云, 本國嘗有大德於朝鮮, 而朝鮮不知也. 向者南蠻欲伐朝鮮, 要日本爲鄉導, 關白將許之, 大司馬諫曰, 日本與朝鮮講和日久, 奈何許之, 遂止云云. 此未必實然, 然南蠻之與日本, 商舶繹續爲往來交好之邦, 他日若失和於日本, 或不無引以爲寇之道, 此又未可定, 其必無也."

인용문 ⓗ에서 밑줄을 그은 부분은 인용문 ⓖ의 내용에 근거를 두고 있다. 이익은 표류민을 통해 입수한 이 정보를 자신의 저술인『성호사설』에 인용하였다. 그는 남만이 일본을 길잡이로 내세워 조선 침략을 시도하였다는 것이 사실인지는 알 수 없으나 침략성의 가능성에 항시 대비하여야 한다고 논평하였다.

조선통사를 통해 알게 된 위의 몇 가지 사실들은 모두 군사 정보에 해당한다. 조선통사들과의 접촉을 통해 표류민들은 아란타에서 일본을 앞장세워 조선을 침략하려 했다는 등 고급 정보를 입수하였다. 또 일본이 임진년 조선에 침입하였다가 물러난 뒤 유구를 침공한 사실을 알게 되었다. 이종덕의 표해록에도 유구가 일본에 복속되었다는 정보가 기재되어 있었는데, 이는 이규경의『오주연문장전산고』에 인용되었다.

ⓘ (이종덕의) 표해록에 전고를 삼을 만 한 것이 있다. 대마도의 전어관 住野과 小田이 말하기를, 수년 전에 사쓰마국(薩麻國) 즉 사쓰마도(薩麻島)가 유구를 정벌하였는데 그쪽 장수가 패하여 목숨을 잃었다. 이에 크게 병사를 들어 토벌하니 유구왕이 항복하였다. 지금 (유구는) 사쓰마(薩麻)에 속해있는데, 이때로부터 유구국이 왕래하는 문서에 사쓰마국(薩麻國) 내 유구국(琉球國)이라고 부른다.[234]

ⓙ 이종덕의 표해록에 "우리 순종 계유(1813)에 사쓰마도주가 유구국

234) 李圭景,『五洲衍文長箋散稿』,「對馬通信辨證說」. "漂海錄略有可作典故者, 馬島傳語官住野小田云, 數年前, 薩麻國, 卽薩麻島, 伐琉球, 其將敗死, 至是又大擧兵討之, 琉球王出降, 仍屬於薩麻, 自是, 琉球國往來文報, 輒稱薩麻國內琉球國云."(인용문의 번역은 〈한국고전종합DB〉를 토대로 필자가 일부 수정하였다.)

의 왕을 사로잡아 항복을 받고 신하로 칭하게 함으로써, 지금은 일본
사쓰마도주 내 유구국왕(薩摩島州內琉球國王)이라는 직함으로 한다."
하였다.[235]

이종덕의 표해록에서는 유구가 1813년에 일본에 복속되었다고 하였
는데 이 정보에는 오류가 존재한다. 유구는 17세기 초반부터 사쓰마에
종속되어 있었기 때문이다. 그러나 당시 기밀 사안으로 다루어지고 있
었던 일본과 유구의 관계를 정확하게 파악하여 조선에 전달하고 있기
에 해당 정보는 여전히 가치 있는 정보라 할 수 있다.

이 밖에도 이종덕의 표해록에서는 일본에 파견되던 조선통신사 사
행이 왜 쓰시마를 마지막으로 19세기에는 중단되었는지에 대한 정보
를 전달하고 있다.

   ⓚ 표해록에 이르기를, "내가 대마도에 도착하여 여러 역관들과 만
나 그해(1810)에 있었던 통신사절목(通信使節目)을 정하게 된 일의 전
말을 물으니, 역관이 모두 '관백이 본도(本島) 사람이 동래관의 역관
들과 서로 왕래하며 친교가 두터운 줄 잘 알고는 도주를 기만하여 이
르기를 "본국이 근래에 매우 피폐해졌으니 만일 조선 통신사를 우리
오사카성으로 맞이한다면 그들 한번 접대하는 데에 우리 경제가 큰 파
탄 지경에 이를 것이다. 그러니 그대가 아무쪼록 백방으로 노력하여
조선 사신을 그대의 섬까지만 왔다 가도록 해 준다면 내가 반드시 그
대에게 5만 석의 전답을 떼 주겠다." 하므로 도주가 그 말을 달콤하게

235) 李圭景, 『五洲衍文長箋散稿』, 「史籍總說·外國史」. "李種德漂海錄, 我純宗癸酉, 薩
摩島主擊擒琉球國王, 受降稱臣, 今以日本薩摩州內琉球國王爲衛云."(인용문의 번역
은 〈한국고전종합DB〉를 토대로 필자가 일부 수정하였다.)

여기고, 우리 조정에 여러 번 자문을 올려 끝내 승낙을 받아내어 이
섬 안에서 조선 사신을 영접하게 되었는데 이야말로 양국 간에 이전에
없었던 특례였다. 사행이 이 섬으로 들어오고 보니, 그 비용이 대단히
많은데다가 대판에서 보낸 왜사의 많은 일행이 줄을 이어 왕래하였는
데, 왜사에 대한 비용까지도 모두 본도에 책임지웠으므로 본도의 재정
이 바닥이 나 버렸다. 그런데도 조선 사행이 일을 끝마치고 돌아간 후
에 관백이 고작 쌀 3만 석만을 도주에게 주었을 뿐이다. 이른바 5만
석의 전답은 수포로 돌아갔다. 도주가 천고의 한을 머금고 죽자 도민
들이 모두 도주를 일컬어 팔삭동이라 하였다. 팔삭이란 우리 음으로
박삭인데, 태어날 때 열 달을 다 채우지 못하고 여덟 달 만에 출생한
것을 말한 것이다.' 하였다. 교활한 오랑캐가 제멋대로 조약을 어기고
우리를 기만하였는데, 우리 조정에서는 엉뚱한 사건이라도 생길까 염
려하여 끝내 그의 청을 들어 주었던 것이다. 그러나 만일 서로 통신을
해서 교린할 경우라면 일개 대마도주가 감히 우리나라에 어떻게 맞설
수 있겠는가. 관백이 우리나라와 맞서려는 것도 참을 수 없는 일이지
만, 억지로 참고 구명하지 않는 것은 오르지 그들을 은연중에 속박시
키기 위해서일 뿐인데, 더구나 일개 조그만 도추쯤이야 어찌 말할 나
위나 있겠는가."[236]

236) 李圭景, 『五洲衍文長箋散稿』, 「對馬通信辨證說」. "其說曰, 余到馬島, 與諸譯相見,
仍問其年通信使委折, 譯皆言, 關白素知本島人與萊館象胥自來親厚, 乃瞞謂島主曰,
本國近甚凋殘, 若迎使於大坂城, 則一餉蕩殘, 爾須多方圖之, 俾使臣止於爾島, 則吾
嘗劃給爾田畓五萬石地云, 島主利其說, 以此屢咨於吾朝, 畢竟準請, 仍得迎接於島
中, 而此止兩國前所未有之創例也, 使行入島, 費用多端也, 兼爲大坂差倭, 多人來往
者項背相接, 竝皆徵責於本島, 故以此一島未免蕩竭, 反使行竣還後, 關白以三萬石
米, 除給島主所謂五萬田畓, 便歸烏有. 以此島主飮恨而死, 島人皆稱八朔, 八朔者, 束
晉縛索, 生未準朔, 以八個朔生者也. 狡蠻擅自違約瞞我, 朝廷慮其別生事端, 竟準其
請, 然若與通信以爲交隣, 則一馬虜敢抗於我國, 與關白相抗, 猶不堪然, 隱忍不究, 亶
出於羈縻, 況一小奠乎."(인용문의 번역은 〈한국고전종합DB〉를 토대로 필자가 일부 수
정하였다.)

위 글에서는 12차 통신사행이 쓰시마(對馬島)에서 역지빙례(易地聘禮)하게 되었다가 끝내는 중지된 내막에 관한 고급정보를 다루고 있다.[237] 이는 이종덕 일행이 쓰시마의 통사로부터 들은 정보이다. 이처럼 조선 표류민들은 통신사행이 끝난 직후에 조선과 일본의 정치외교에 관한 민감한 내막을 조선에 제공하는 역할을 하였다.

일본의 통사들은 통역만을 제공한 것이 아니라 외국인을 상대하면서 해외 정보를 수집하고 관리하는 직책을 맡고 있었기에 이들은 외교적 현안과 관련된 핵심 정보들에 쉽게 접근할 수 있었다. 조선 표류민들은 여러 날에 걸쳐 통사들을 만나면서 이들로부터 일부 고급 정보를 확보하였다. 이 과정에 일본의 대외 관계를 비롯하여 정치와 군사 정보들이 표류민을 통해 조선에 유입되었다. 일본 내에서만 감지할 수 있는 미묘한 정세의 변화, 민심의 향배 등이 표류민을 통해 조선에 전해진 것이다.

한편 조선통신사들이 일본 내 각계 인사들과 필담 및 시문창수로 활발하게 교류했던 것에 반해 표류민들이 만났던 사람들의 구성은 비교적 단일했다. 표류민이 만난 사람은 조선통사에 한정되어 있었으며, 이들은 학식의 제한으로 인해 학문적으로 교류하기 어려웠다. 또한 표

---

237) 인용문 k에 보이는 小田는 쓰시마에서 세직(世職)으로 통사직을 맡았던 小田 일가의 일원으로 보인다. 小田 일가는 쓰시마에서 대대로 조선어통사직을 맡으면서 조선 관련 저술을 다수 집필하였다. 이들 가문은 대마도 조선어통사의 최고 위치인 대통사직을 배출하였으며, 조선 지식정보 수집과 정리의 중역을 담당하였다. 특히 小田幾五郎가 당시 대통사직에 있으면서 1811년에 실시되었던 對馬易地通信 交涉에 주체적으로 참여했다는 점을 감안할 때, 그 일가의 사람으로서 관련 내막을 알고 있었을 것이다. (쓰시마에서 세직으로 조선통사를 담당하고 있던 小田 일가에 관한 내용은 허지은(2010)을 참고하였다. 허지은, 「쓰시마 조선어통사 오다 이쿠고로(小田幾五郎)의 생애와 대외인식」, 『동북아역사논총』 30호, 2010.)

류민에 대한 일본의 중시 정도 역시 문재와 학식을 갖춘 사행인원에 대한 관심에는 미치지 못하였다. 그럼에도 표류민을 통해 유입된 일본 관련 지식정보들은 조선통신사와 서책을 통해 확보한 일본 지식정보들을 보완하는 중요한 한 갈래의 정보원으로서 중요시되었다.

조선후기 지식인들은 일본 관련 지식정보의 수집을 국가 안보와 관련된 중대한 사안으로 인식하였다. 조선은 임진왜란 전에 사신을 파견하고도 일본의 침략 가능성을 간파하지 못했던 경험이 있었으므로 일본에 대한 정보 확충이 절실하였다. 비왜(備倭)의 필요성에 대한 인식이 고조되면서 조선은 일본의 군사와 정치 동태에 대한 정보들을 적극 수집하였다. 이러한 분위기에서 표류민을 통해 파악한 일본의 군사, 정치, 외교 동향에 관한 정보는 조선 내에서 더욱 소중하게 다루어졌다.

(3) 일본 북쪽 지역의 소식

조선인이 해류와 해풍에 의해 일본에 표류한 경우 표착지는 주로 쓰시마(對馬), 잇키도(壹岐島), 고토(五島) 등 일본 서북쪽의 도서(島嶼) 지역과 지쿠젠(筑前), 히젠(肥前) 등 규슈(九州) 북부 지역에 집중되어 있었다.[238] 조선인이 홋카이도 지역에 표류하는 사례는 드물었다. 그런데 17세기 말 조선인 이지항(李志恒)은 에조(蝦夷) 지역에 표류하였다가 마쓰마에(松前)를 지나 에도(江戶)와 오사카(大阪)를 경유하여 조선에 돌아왔다. 조선인들에게 있어서 에조는 미지의 땅이었기에 이지항의 표류 견문은 조선후기에 이르기까지 여러 지식인들의 주목을 받았

---

238) 이케우치 사토시(1998), 앞의 책, 11면.

다. 아래 두 건의 인용문에서는 모두 이지항의 에조 표류에 대해 언급
하면서 변방 수비 차원에서 이 지역을 알아야 한다고 하였다.

> ⓐ 근세에 동래에 사는 사람도 전에 표류하여 에조(蝦夷)에 도착했
> 다가 돌아왔는데, 에조의 경계는 우리나라 북관(北關)과 서로 가까우
> 니 변방을 맡은 신하는 알아두지 않을 수 없다.[239]

> ⓑ 숙종 병자년(1696)에 동래(東萊)의 무과출신(武科出身) 이모(李
> 某)가 표류하다가 하이국(蝦夷國)에 도착하였는데, 그 지역이 일본의
> 동북쪽에 있어 우리의 육진(六鎭) 및 원춘(原春) 등의 지역과 바다를
> 사이에 두고 있으니, 그 또한 자세히 기록해야 할 것입니다.[240]

인용문 ⓐ는 이덕무의 「병지비왜론(兵志備倭論)」의 일부인데 여기서
이덕무는 에조의 경계가 조선의 북관(北關)에 가까우므로 중시를 돌려
야 한다고 하였다. 인용문 ⓑ는 안정복이 이가환에게 보내는 편지글의
일부인데 여기서도 에조 지역이 조선을 침범할 수도 있기에 미리 방비
하고 경계하여야 한다고 하였다.

> ⓒ 에조(蝦夷)가 우리나라와 동떨어진 것이 비록 이와 같으나, 이미
> 일본과 서로 통래하고 또한 그 선박의 제작이 점점 편리해지고 있으니,
> 혹시 걱정거리가 될까 염려된다. 그러나 4백 리 수렁길의 이야기는 본
> 래 왜인(倭人)이 우리를 속인 것이니 믿을 것이 못된다.[241]

---

239) 李德懋, 『靑莊館全書』 卷24, 「兵志備倭論」. "近世東萊人, 亦嘗漂到蝦夷而還, 則蝦
    夷之境, 與我北關相近, 籌邊之臣, 不可以不知."
240) 安鼎福, 『順菴集』 卷7, 「與李廷藻家煥書乙酉」. "肅宗丙子, 東萊武出身李某, 漂到蝦
    夷國. 其地在日本東北, 與我六鎭及原春等之間海, 亦必詳錄可也."

정약용은 이덕무의 「병지비왜론」을 논평하는 글에서 에조(蝦夷)가 흔히 우려하는 것처럼 조선의 북쪽 경계와 인접해 있는 것은 아니지만 선박제도의 발달과 함께 불온요소가 될 수 있다고 하였다. 이덕무, 안정복, 정약용 등 지식인들은 한결같이 에조 지역을 알아야 한다고 했는데, 이러한 인식을 전제로 이지항의 에조(蝦夷) 표류 사건은 여러 지식인들의 관심을 끌었다.

이지항은 1696년 4월에 에조(蝦夷)에 표류했다가 에도(江戶)와 오사카(大阪), 시모노세키(下關), 아카마가세키(赤間關), 잇키도(壹岐島), 쓰시마(對馬) 등을 경유하여 1697년 3월에 부산으로 돌아왔다. 이지항의 에조 표류를 기록한 표해록은 현재 『표주록(漂舟錄)』과 『이지항표해록』 2종이 전해진다. 『표주록』은 독립된 단행본은 남아있지 않으며 다만 『해행총재』에 수록되어 전한다. 『이지항표해록』은 3종의 이본이 전해지는데 그중 2종은 국립중앙도서관에, 또 1종은 일본 도쿄대 도서관에 소장되어 있다. 『표주록』과 『이지항표해록』은 모두 일록의 형식으로 되어있으며, 이지항이 1696년 4월 13일 표류를 당해서부터 1697년 3월 5일 집으로 돌아가기까지의 과정이 날짜별로 기록되어 있다. 분량으로 보았을 때 『표주록』은 8,600자 내외이고 『이지항표해록』은 6,500자 내외이다.

『이지항표해록』은 1인칭 시점의 1차 텍스트를 3인칭 시점으로 재서술한 텍스트이다. 『표주록』은 이지항의 약력을 소개하는 첫 문단을 제외하고는 표류 당사자의 시점으로 표류경과와 표착지의 견문이 기록

---

241) 丁若鏞, 『茶山詩文集』 卷22, 「雜評·李雅亭備倭論評」. "蝦夷與我隔絶雖如此, 旣與日本通好, 或其舟楫之制, 漸以便利, 則容亦有憂, 然四百里泥濘之說, 倭人本以詑我, 不足信也."

되어 있다. 주어가 나[余]로 되어있기에 지금까지 이지항이 직접 작성한 것으로 인식되었다. 그러나『이지항표해록』과의 비교를 통해『표주록』역시 요약과 산삭을 거친 2차 텍스트임을 확인하였다.『이지항표해록』과『표주록』의 대응되는 내용을 대조해보면 문맥의 흐름과 내용이 일치하며 서로 상충되는 부분이 없다. 간혹 인명이나 숫자에서 차이를 보이지만 이는 의도적인 개작이나 수정이 아닌 필사 오류로 보인다. 대응되는 내용에서 차이를 보이는 것들은 2차 텍스트 저자의 추측이나 각색을 통해 추가할 수 있는 내용이 아니라서 전반적으로 이 두 자료 모두 윤색이나 부풀림 없는 기록이라는 결론에 이를 수 있었다. 즉,『표주록』과『이지항표해록』은 이지항의 불전원본(不傳原本) 표해록을 각기 참고하여 '다시쓰기'를 진행한 2차 텍스트이다. 다시쓰기 작업은 요약과 산삭(刪削)의 방식으로 진행되었다.『표주록』과『이지항표해록』의 존재와 유전(流傳)은 이지항의 표류 사건이 당시 조선에서 중시를 받았음을 말해준다.[242]

이지항의 표해록 2종은 에조(蝦夷)의 견문을 담고 있다. 에조 지역의 지식정보들은 문헌으로 기록된 바가 적었고, 일본인들조차 생소했던 곳이었기 때문에 이지항의 에조 견문(見聞)은 중요시되었다. 아래『표주록』과『이지항표해록』에서 공통으로 기록되어 있는 부분을 둘러싸고 표류민 이지항을 통해 일본의 북쪽 지역에 관한 어떠한 정보들이 조선에 유입되었는지 살펴보기로 한다.

인용문 ⓔ는『표주록』의 일부이다. 여기서는 이지항 일행이 에조(蝦

---

242) 최영화,「『이지항표해록』의 이본과 기술 방식 연구-『표주록』과의 비교를 겸하여」,『도서문화』제50집, 2017.

夷) 원주민을 처음 만나게 된 경과로부터 시작하여 그들의 생활양식을 대체로 파악하기까지의 상황을 기록하였다. 이지항 일행이 관찰을 통하여 확보한 원주민들의 생활상에 대한 정보들을 기록하였다. 편폭이 다소 길지만 같이 보기로 한다.

ⓔ [1] 다음날 아침 해안으로 올라 가, 연기 나는 곳을 살펴 인가를 찾아보았더니, 서쪽으로 10리쯤의 잘 보이지 않는 모퉁이를 도는 곳에서 연기가 제법 떠올랐는데, 인가에서 밥을 짓는 연기같이 보였다. 곧 배를 이동시켜 나아가면서 멀리서 바라보니, 과연 7~8채의 인가가 있었는데, 우리나라 소금 고는 사람들의 소금 고는 곳과 매우 비슷하였다. 그것들은 고기잡이 하는 해부(海夫)인 왜인의 움막일 것이라 여기고, 미처 배를 정박시키지 못하고 있을 때, 대여섯 사람이 선창(船艙)으로 나왔다. 그들의 모습을 보니, 모두 누른 옷을 입었고, 검푸른 머리칼에 긴 수염에다가 얼굴은 검었다. 우리들은 모두 놀라, 배를 멈추고는 나아가지 않았다. 나는 선인들로 하여금 불러오라는 시늉을 하였다. 그러나 묵묵히 서로 바라다보기만 하였으니, 그들도 이제까지 본 적이 없는 사람들이어서 이처럼 묵묵히 있는 것이나 아닐까? 그들의 모양을 자세히 살펴보니 실로 일본인들은 아니고, 끝내 무엇들인지를 알 수가 없었다. 우리는 살해당하지나 않을까 하여 더욱 놀라고 공포에 떨었다. 그들 중의 늙은 몇 사람은 몸에 검은 털가죽의 옷을 입고 있었다. 자그마한 배를 타고서 가까이 다가와서 말을 하였는데, 일본어와는 아주 달랐다. 우리와 그들은 서로 아무 말도 교환하지 못한 채 다만 묵묵히 바라보기만 하고 있었다. [2] 그중 한 늙은이가 손에 풀잎을 받쳐 들고 있었는데, 그 속에는 삶은 물고기 몇 덩어리가 있었다. 이어서 그들의 집을 가리키고 고개를 흔들며 야단스럽게 지껄이고 있었는데, 우리를 자기들의 집으로 데리고 가고자 해서 그러는 것 같았다. 우리는 심히도

공포에 떨어, 멀리 피하고 싶었지만 방향을 분별할 수가 없었고, 달아나 보았자 갈 곳이 없었다. 부득이 죽기를 각오하고 배를 저어 가 정박하였고, 그곳 선창의 뱃사람들과 일시에 하선(下船)했다. [3] 그들의 연장을 살펴보니, 별로 鎗劒이나 예리한 칼 같은 것은 없고, 다만 조그마한 칼 한 자루만을 차고 있었다. 그들의 집은 염막과 같고, 은밀한 곳이란 없었다. 그들이 저장하고 있는 물건은 말린 물고기, 익힌 鰒魚, 油皮의 옷들에 불과했고, 그 밖의 연장으로는 낫, 도끼, 반 발 정도의 크기로 된 나무활[木弓], 사슴의 뿔로 만든 화살촉을 단 한 자[尺] 정도 길이의 나무화살 등뿐이었다. 그들이 강한가 부드러운가를 시험해 보니, 모양은 흉악하게 생겼지만, 원래 사람을 해치는 무리들은 아니었다. 나에게 두 손으로 공손히 드리는 것을 보고 살해를 하지 않는 것들이라 알고는, 놀라고 무서워하는 마음이 점점 없어졌다. [4] 그들의 집 앞에는 횃대를 무수히 만들어 놓아 물고기를 숲처럼 걸어 놓았고, 고래의 포(脯)도 산더미처럼 쌓여 있었다. 그들은 본시 글자로 서로 통하는 풍습이 없고, 피차 말로 통할 수가 없기 때문에, 입과 배를 가리키며 배가 고프고 목이 마르다는 시늉을 시험삼아 해 보였더니, 다만 어탕(魚湯)을 작은 그릇 하나에 담아 줄 뿐, 밥을 주려 하지 않았다. [5] 남녀가 혹은 나무껍질로 짠 누른 베의 긴 옷을 입었고, 혹은 곰 가죽과 여우 가죽 또는 담비 가죽으로 만든 털옷을 입었다. 그들의 머리털은 겨우 한 치[寸] 남짓하였고, 수염은 다 매었는데, 혹은 한 자[尺] 혹은 한 발이나 되었다. 귀에는 큰 은고리를 달았고, 몸에는 검은 털이 나 있었다. 눈자위는 모두 희고, 남녀가 신과 버선을 신지 않고 있었다. 형용은 남녀가 모두 같았는데, 여자는 수염이 없어서 이것으로 남녀를 분별할 뿐이었다. 60세 가량의 늙은이가 목에다 푸른 주머니를 달고 있어서 풀기를 청하여 그것을 보니, 수염이 매우 길어서 귀찮아, 주머니를 만들어 그 안에다 수염을 담고 있는 것이었다. 손으로 수염을 잡아 재니, 한 발 반 남짓이나 되었다. [6] 날이 저무니, 그들은 또 어탕

한 그릇과 고래 포 몇 조각을 주는 것 외에는 끝내 밥을 짓는 거동이
없었다. 나는, "천하의 인간은 다 곡식밥을 먹는다. 이 무리는 사람의
모양을 하고 있는 터이니, 어찌 밥 짓는 풍속이 없겠는가? 이것은 반드
시 우리 여러 사람의 밥을 먹이는 비용을 꺼리고, 쌀을 아끼느라 이처
럼 밥을 짓지 않는 것이다."생각하였다. 그리고는, 집집마다 가서 밥을
짓는 가를 알아보았더니, 모두 밥을 짓지 않고, 다만 어탕에다 물고기
의 기름을 섞어서 먹고 있어서, 그들이 본시 밥을 지어 먹지 않는 자들
임을 알았다. 배에는 쌀이 떨어졌기에 어찌할 수가 없어서 여행용 그릇
을 내보이면서 쌀을 달라고 청해 보았지만, 대답할 바를 몰랐다. 나는
쌀알을 가리켜 보였지만 머리를 흔들고는 대답하지 않는 것을 보니,
그 무리는 정말로 쌀이나 콩을 모르는 자들이었다. 우리들은 다 굶주린
채로 그곳에서 잤다. [7] 아침에 다른 곳으로 옮기려고 하였지만 갈 방
향을 정할 수가 없었다. 나는 한 언덕에 올라 사방을 멀리 바라보니,
육지가 동북쪽에 뚜렷이 보였다. 선인들에게 청해 이르기를, "이곳에
서는 밥을 주지 않고, 배에는 쌀이 떨어졌으니, 꼭 굶어 죽게 될 것이
다. 저곳으로 가 봐서 사람들이 많이 살고 있어 돌아갈 길도 찾고 밥도
얻어먹을 수 있다면 얼마나 큰 다행이겠는가." 하였다. 선인들은 내 말
을 믿고, 일시에 배를 저어, 한 작은 바다를 건너가 정박하였더니, 거기
도 역시 그들이 살고 있었다. 그곳을 가리키며 땅 이름을 물어 보았더
니, 다만 제모곡(諸毛谷)이라 하였다. 입과 배를 가리키며, 배고프고
목마르다는 시늉을 하니, 그들은 또 작은 그릇에 담은 어탕을 줄 뿐이
었다.[243]

---

243) 『漂舟錄』. "翌朝登岸, 看察烟氣, 以審人家, 則西方十餘里許回角未見之處, 頗起浮
烟, 似是人家炊飯之烟, 卽移舟向進遠視, 果有七八人家, 甚似我國鹽人之煮鹽者然,
疑其捉魚海夫倭之幕, 未及泊舟, 五六人出來船艙. 察其貌樣, 皆着黃衣, 鬐髮長鬚面
黑, 諸人皆驚, 停船不進. 余令船人, 呼爲進來狀, 而默然相顧, 無乃渠亦曾未所見之
人, 而有此默者也, 詳察其貌, 實非倭人, 終不知某物, 恐被殺害, 驚怖益甚. 老者數輩,

　인용문 ⓔ의 [1]과 [2]는 이지항 일행이 원주민을 처음 만났을 때의 두려움과 충격에 대해 말하였다. [3]은 원주민들이 사용하는 도구들과 그들이 사는 집에 대해 설명한 것이다. [4]에서는 아이누인들이 식량으로 고래 포와 생선을 다량 저장해 둔 사실을 적고 있으며, [5]에서는 아이누인들의 옷차림을 비롯하여 머리부터 발끝까지 외형적인 모습에 대해 기록하였다. [6]에서는 아이누인들이 이지항 일행에게 식사로 어탕과 고래포를 내어준 사실을 적고 있다. 이처럼 인용문 ⓔ에서는 이지항 일행이 관찰을 통하여 확보한 에조 지역 주민들의 생활상에 관한 정보들을 제시하고 있다.『이지항표해록』에도 이지항 일행이 아이누 원주민들과 처음 만나서 비언어적인 소통으로 서로를 알아가는 과정

身着黑毛皮衣. 乘小船而近前宣言, 太不似倭語, 彼此無聞, 默然相望. 一老者拱執草葉, 裹數塊烹魚也, 仍指其家而搖首喧語, 頗似引歸其家者然矣. 恐怖甚急, 雖欲遠避, 不卜方土, 走無所歸, 不得已以死爲限. 進船止泊, 其船艙船人, 一時下去, 察其器械, 別無鎗劍利刀之物, 只佩一小刀, 其家似是鹽幕, 而元無隱密處. 所藏之物, 不過乾魚熟鰒魚油皮之衣外, 其他器械, 則鎌斧及半餘把木弓, 一尺木箭鏃造鹿角而已. 試其强柔, 貌雖兇惡, 本非害人之類, 見我拱手而獻恭, 知非殺害之物, 而驚怖漸息. 其家前無數作架, 掛魚如林, 鯨脯山積, 本無文字通識之風, 彼此言語旣不通知. 故指口腹而試說飢渴之狀, 則只進魚湯一小器, 而無意供飯. 男女或着木皮所織黃布長衣, 或着熊皮與狐皮貂皮毛衣, 頭毛只長寸餘鬚髥皆勒, 或尺或把, 耳懸大銀環, 身生黑毛, 目眥皆白, 男女不着鞋韈, 形容皆同, 而女獨無鬚, 故以此辨其男女而已. 一老者年可六十, 項垂靑囊, 請解見之, 其鬚甚長, 苦其長而造囊藏懸, 手執把之, 一把半餘也.至暮又進魚湯一器, 鯨脯數片之外, 終無作飯之擧. 余念天下之人, 皆食穀飯, 而此類旣化人形, 豈無炊飯之風, 而必忌我累口饋飯之費, 而各其米升, 有此不炊. 家家往探其炊飯之擧, 則皆不炊飯, 獨以魚湯, 和魚油以食之, 定知其本不炊飯食者也. 船乏糧米, 無可奈何, 出示行器, 請得升米之語, 而不知所答. 余以分米視指, 掉頭不答, 厥類正不知米太者也. 人皆飢宿其處, 朝欲移向他方, 而未定所歸之方. 余登一岸, 遙視四方, 則東北宛在陸土, 請謂船人等曰, 此處旣不供飯, 舟糧已乏, 必至飢死, 若進彼處, 廣居人物, 請探歸路, 又得食飯, 其亦大幸. 船人等, 信我所說, 一時移泊, 越一小海而進泊, 則厥處又是其物, 指問其地號, 則只云諸毛谷. 請指口腹以示飢渴之狀, 又供魚湯一小器而已."
(인용문의 번역은 〈한국고전종합DB〉를 토대로 필자가 일부 수정하였다.)

이 기록되어 있다.[244)]

위 글에서 제시한 이지항 일행이 관찰을 통하여 확보한 에조 원주민들의 생활상에 대한 정보들은 임수간의 『동사일기』「해외기문(海外記聞)」에 인용되었다.

ⓕ 북륙도(北陸道)의 바다 건너편에 에조국(蝦夷國)이 있어 이따금 와서 침범한다 하는데, 우리 동래부 사람이 일찍이 에조국에 표류해 갔더니, 그 나라 사람들은 헝클어진 머리가 이마를 덮고 수염 길이가 두어 자나 되며, 오곡(五穀)을 먹지 않고 다만 개구리·물고기 따위를 잡아서 건조시켜 저장했다가 고래 고기 기름을 발라 구워서 먹을 뿐이었는데, 우리나라 사람을 보고는 놀라고 겁내어 피해 달아났다 한다.[245)]

---

244) 『李志恒漂海錄』. "一朝復登岸, 四望欲知人居墟落, 有無遠近, 爲去就計見, 向西約十余里外, 微有煙氣, 卽移舟就之, 未及前岸, 遠見有七八家, 類海上人煮塩之所, 意謂是日本地. 前行未泊, 復見六七人來至近岸. 皆着黃衣, 髡髮面黑而鬚長, 其狀甚異, 同行皆驚, 停舟不進, 擧手招之來人, 相顧不動, 似亦有怪之意. 察其形, 見實不類倭人, 然身旣落屯, 去而不知所往. 又慮遭此殊倍凶暴之人, 生同豺狼, 喜嚙脆弱之肉, 怖懼益深. 俄見老者數輩, 身着玄裝, 舟小乘近前而來, 高聲而言, 意若相問, 卒亦无以識其言之謂何. 但停船相望間, 一老者拱執草棄, 中裒烹魚, 因旋而指其居. 意似引歸. 此時雖甚怖, 不辨方土, 走无所叛, 浪進船, 抵岸. 同下去觀其動靜, 且察其有害人器械无他, 劍刃只鎌斧, 與半把木弓, 一尺楛矢, 鹿角爲鏃而已, 相見拱手獻恭, 无惡意, 懼意少定. 其所居亦多作架, 掛魚如林, 鯨脯山積矣. 言語不通, 又无文字, 但指口腹示飢渴之狀, 遺以魚羹一小兒, 无意供飯也. 其男女或着木皮織作黃布長衣, 或着熊皮衣與狐貂毛衣, 身生黑毛, 目眥甚白, 頭髮只長寸餘, 髥鬚甚長, 或尺餘至數三尺, 耳懸大銀環, 不着鞋襪, 男女見皆同, 婦人獨无鬚而已. 一老人年可六十, 膏垂靑囊, 請鮮而觀之, 盖患鬚長盛以此囊, 就而手把之, 一把有半其異如此. 至暮又進魚羹一器, 鯨脯數片, 亦不見飯. 志恒念天下人倍皆知食穀, 獨此類旣具人形惟不知食穀, 大可怪也. 或疑其人各嗇惜米, 不欲餉客以飯, 故爲此不炊, 歷視數家皆不炊, 所食惟魚而已. 船中粮渴无策, 就示以飯盂求米, 以示之, 其人又掉頭而已. 宿其處, 朝欲移往他所, 未定方向, 登岸遙望, 東業皆陸土. 志恒謂諸人曰: "粮已乏, 此倍又不供飯, 餓死女矣. 若往就地多處可探飯路, 又可得飯喫." 衆皆從, 乃移船越一小海, 依岸停泊, 所見之人皆同於前, 問其地名但云諸毛谷. 又亦示以飢渴之狀, 所餉客如前."

인용문 ⓕ에 보면 에조국 사람들은 헝클어진 머리에 긴 수염을 기르고 있으며, 오곡을 먹지 않고 물고기 따위를 건조시켜 먹는다고 하였다. 이는 인용문 ⓔ에서 제시하고 있는 아이누 원주민들의 생활 방식에 대한 정보들을 수용한 것이다.

ⓖ 나는 언덕 위로 올라가 두루 다니며 구경을 해보니, 평원(平原)과 광야(廣野)는 비옥한 땅이 아님이 없었고, 흐르는 냇물, 두터운 둑이 다 논으로 만들 수가 있었는데, 한 자[尺]도 갈지 않았다. 면죽(綿竹)이 우거지고 갖가지 풀과 큰 나무 숲에 살쾡이[狸]·수달[獺]·담비[貂]·토끼·여우·곰 등의 짐승이 무수히 있었다. 육지에는 길이라곤 없고, 또 죽은 사람을 묻은 묘도 없었다. 5월인데도 산 중턱 위에는 눈이 녹지 않았으니, 일찍이 들어보지 못한 곳이었다.[246]

인용문 ⓖ는 이지항 일행이 관찰을 통해 확보한 에조의 지형, 기후와 풍토에 관한 것이다. 이 글에서는 이곳은 땅이 넓고 비옥하였으나 개간을 하지 않아 수풀이 무성하며 여러 짐승들이 출몰하는 상황을 말하였다. 육지에는 길도 없고 묘지도 없어 아직 개척되지 않은 상태였으며 기온이 낮아 5월인데도 날씨가 추워 산 중턱에는 눈이 쌓여있다고 했다. 『이지항표해록』에도 같은 내용이 기재되어 있다.[247] 인용문

---

245) 任守幹, 『東槎日記』, 「海外記聞」. "北陸道隔海, 有蝦夷國, 往往來侵掠云. 而東萊府人, 亦嘗漂到蝦夷國, 其人披髮至額, 鬚長數尺, 不食五穀, 唯捕蛙魚, 乾而貯之, 塗鯨魚膏, 炙而食之. 見我國之人, 驚懼走匿."

246) 『漂舟錄』. "余登岸上, 周行覘覽, 則平原廣野, 無非沃土, 流川厚堤, 無非作畓之處, 而尺無所耕. 綿竹離離, 衆草喬林, 狸獺貂冤狐熊之獸, 無數有之, 陸無行路, 又無亡人所埋墳, 五月雪未消於山腰之上, 曾所未聞."(인용문의 번역은 〈한국고전종합DB〉를 토대로 필자가 일부 수정하였다.)

은 생략한다.

위에서 제시한 인용문 ⓕ와 ⓖ의 에조 정보들은 이지항 일행이 관찰과 비언어적인 소통을 통하여 확보한 것이라면, 아래 인용문 ⓗ에 보이는 정보들은 표류민들이 마쓰마에부(松前府) 관원과의 소통을 통하여 확보한 에조의 정보이다.

ⓗ 제모곡이라는 지명을 김백선으로 하여금 직접 발음해서 들려주었더니, 그 왜인은 머리를 조아리며 치하하기를, "[1] 에조(蝦夷)의 지경입니다. 여기서 2천여 리나 떨어져 있고, 송전에서는 합계 3천 6백 리나 됩니다. 이 나라는 사방이 다 바다이고, 우리나라의 아주 먼 북방의 지역입니다. 해포(海浦)가 서로 이어져 있고, 땅의 넓이는 어느 곳은 4백여 리가 되고, 어느 곳은 7백여 리가 됩니다. 길이는 3천 7백–3천 8백 리나, 혹 4천여 리도 됩니다. [2] 살고 있는 무리들에게는 원래 다스리는 왕이 없고 또 태수(太守)도 없습니다. 문자(文字)를 모르고 농경(農耕)도 하지 않으며 다만 해산물을 업으로 삼고, 어탕만을 먹어 농사 짓는 이치를 모릅니다. 산에 올라 여우나 곰을 잡아, 그 가죽으로 옷을 만들어 입고서 추위를 막고, 여름에는 나무의 껍질을 벗겨서 아무렇게나 짜 옷을 지어 입습니다. [3] 일본에 속해 있으면서도 공물을 바치는 일이 없고 다만 송전부(松前府)에 익힌 전복 매년 만여 동만을 바치고 있습니다. 정월 초하루가 되면, 각 마을마다의 우두머리 한 사람씩 송전 태수의 앞에 나가 배알합니다. [4] 그러나 언어가 같지 않고 금수와 같아서, 일이 있으면 송전은 하이어(蝦夷語) 통사를 별도로 두어 그 말을 익히게 하며, 매년 한 번씩 송전에서 시자(侍者)를 보내어

---

247) 『李志恒漂海錄』, "見其地廣, 野無非膏沃之土也, 亦未有尺寸墾, 但綿升難難, 弥望茂草高林, 爲鹿熊狐兔貂獺之所. 野無道徑, 山多積雪, 五月不消."

그들의 나쁜 바가 있는가를 살피어 다스리고 있을 따름입니다. 또 그들
은 마을 안에 나이가 많은 자를 그 수장(首長)으로 정해서는 마을 안에
나쁜 자가 있으면 적발하여 잡아내어, 그들끼리 그의 죄악의 경중을
논해서 손바닥 모양으로 만든 철 채찍(鐵鞭)으로 등을 서너 번 때리고
그치고, 더욱 죄악이 중한 자면 다섯 번을 때리고 그칩니다. 그밖에
아주 심한 자면, 송전 태수의 앞으로 잡아다 놓고 죄를 논하여 알리고
참수하게 합니다. [5] 그 무리들의 성질은 본래 억세고 포악하여, 신이
나 버선을 신지 않은 채 산곡이나 우거진 숲속을 돌아다닐 수가 있으
며, 가시덩굴을 밟고 넘어 높은 언덕 위에서 여우나 곰을 달려가 쏘아
잡습니다. 작은 배를 타고서 바다에서 큰 고래를 찔러 잡고, 눈과 추위
를 참아 습한 땅 위에서 자도 병에 걸리지 않으니, 실로 금수와 다름이
없는 자들입니다.…(下略)"[248]

인용문 ⓗ의 [1]에서는 에조(蝦夷)의 지형과 면적 등 구체적인 지리
정보를 제공하였다. [2]는 에조의 원주민들이 살아가는 방식에 대한
소개이며, [3]은 마쓰마에(松前)와 에조의 관계에 대한 설명이다. [4]
는 일본에서 에조 지역을 관리하는 방식과 에조 사람들이 범죄를 저질

---

248) 『漂舟錄』. "令白善口傳, 則同倭稽首而賀曰, 蝦夷之境也. 自此相距二千餘里, 在松
前合計三千六百里也. 此國四方皆海, 我國北方絶域之地, 海浦相連, 地廣或有四百餘
里, 或七百餘里, 長三千七八百里, 或四千餘里. 所居之類, 元無治王, 又無太守, 不識
文字, 不耕禾穀, 只以海錯爲業, 食魚湯, 而不知作農之理. 登山獵狐熊之皮而作衣禦
寒, 夏以去取木皮而雜織作衣衣之. 屬於日本, 而無貢納之事, 只納松前府熟鰒每年萬
餘同. 正月元日, 爲首者每村一名, 現謁於松前太守前, 而言語不同, 有若禽獸, 故如有
事, 則松前別有蝦夷通事, 習其言語. 每年一度, 自松前送侍者, 治察其所惡而已, 又自
其村中年歲稍高者, 定差其首, 如有村中之惡者, 則摘發執出, 自其中論其罪惡之輕
重, 以鐵鞭如掌者, 打背數三度而止, 尤重者五度而止, 此外尤甚者, 執如松前太守前
論罪斬首. 其類性本强惡, 脫鞋襪而能行於山谷茂林之中, 凌莉棘而走射狐熊於高崖之
上, 乘小舟而刺殺大鯨於海浪之間, 耐雪寒而能宿於濕土不病, 實與禽獸無異者也.…
(下略)."(인용문의 번역은 〈한국고전종합DB〉를 토대로 필자가 일부 수정하였다.)

렀을 때의 처벌하는 제도에 대해 설명한 것이다. [5]는 일본인의 시선
으로 관찰한 에조 사람들의 특성에 대한 정보이다. 인용문 ⓗ에서 제
시하고 있는 에조 관련 지식정보들은 이곳을 관리하는 일본 관원과의
소통을 통해 확보한 것이기에 구체적이면서도 상세하다. 『이지항표해
록』에도 일본 관원과의 대화를 통해 확보한 에조 지역의 정보들이 기
재되어 있다.[249]

　요컨대 이지항의 표해록에는 이지항 일행이 관찰과 비언어적 소통,
그리고 마쓰마에(松前)에 있던 일본인들과의 언어적·문자적 소통을 통
해 확보한 지식정보들이 모두 망라되어 있다. 에조(蝦夷) 지역의 정보
들은 문헌으로도 기록된 바가 적었고, 일본인들마저도 에조 지역에 대
해 익숙하지 않았다. 조선에 있어서 에조는 미지의 땅이었는데, 조선
의 지식인들은 에조 지역이 조선의 북관(北關)과 근접해있다고 생각하
여 비왜(備倭) 차원에서 이 지역의 정황을 궁금해 했다. 이때 표류민
이지항의 에조 견문은 관련 지식정보를 제공하여 이러한 수요를 부분
적으로 충족시킬 수 있었다.

　조선후기 에조(蝦夷)에 대한 관심은 에조 관련 전문서의 출현으로
이어졌다. 이서구의 『하이국기(蝦夷國記)』가 그것이다.[250] 현재 이 책

---

249) 『李志恒漂海錄』. "十郎稽首而賀曰: "彼乃蝦夷境也, 距此兩千餘里, 距松前三千六
百里, 此地四方皆海, 我北方絶域之地, 其地長三千七八里, 或四千餘里, 其廣遠或七
百餘里, 近或四百餘里. 所居之人本無治王, 又無太守, 無文字, 無禾穀, 倍不知耕作,
但食海魚. 獵狐兎諸壽以禦寒, 暑則取木皮織布衣之, 雖屬日本, 亦無土貢. 但獻熟蝮
萬餘同於松前, 至正月元日, 每村首一人來謁于松前太守而歸. 其人笞禽獸, 言語不
通, 有譯人習其言, 以傳于松前太守. 每季一遣, 侍者察治其惡而已, 其倍擇一村之老
以爲長, 村中不善者共執之, 議其罪之輕重, 以鐵爲辮, 其大如掌, 鞭其背二三下而止,
其尤重者至五下. 有悍惡不可自治者, 執詣松前論斬, 其性强悍, 脫鞋襪而能行, 山谷
凌莉棘而馳走, 射熊伐狐高崖之上, 乘小舟刺大鯨於海中, 耐雪霜, 不寒慄, 常濕土, 與
禽獸無異. …(下略)."

은 일실되어 전하지 않으나, 다양한 경로로 입수한 에조 관련 정보들을 취합하고 체계화하여 만든 전문서일 것으로 추정된다. 이서구는 이 책을 지을 때 이지항의 표해록을 참고 인용했을 가능성이 크다. 이서구의 이 저술 『하이국기』은 서유구가 편한 『소화총서』에 수록되었다.

지금까지 표류를 통해 유입된 일본의 지식정보의 양상과 특성에 대해 분석하였다. 통신사행록과는 구별되는, 표해록 소재 일본 지식정보가 가지는 의의와 한계는 다음과 같다. 첫째, 통신사행록에서는 보이지 않는 희소가치가 있는 지식정보들을 전달하고 있다. 특히 나가사키에 대한 관찰 보고가 큰 비중을 차지했다. 이 밖에 표류민을 통해서 에조의 정보를 파악할 수 있었다.

둘째, 표해록 소재 일본의 지식정보들은 조선후기 일본 관련 지식의 진전과 인식 지평의 확상을 이루어냈다. 표류민들은 통신사행이 마감된 19세기에도 간헐적으로 일본의 정보들을 국내에 전달하는 역할을 하였다. 특히 이종덕의 표해록과 풍계 현정의 『일본표해록』은 통신사행이 끝난 직후에 일본의 정치와 외교에 관한 민감한 내막을 조선에 전달하였다.

셋째, 표해록 소재 일본의 지식정보들은 양이나 편폭 면에서 제한적이고 거시적 담론보다 미시적 관찰이 더 많다. 표해록은 주로 관찰을 통한 시각적 정보를 전달하고 있으며, 통신사행록에서 흔히 보이는 거시적 담론, 추론, 논리적 가공 등의 저술 방식이 결여되어 있다. 특

---

250) 李圭景, 『五洲衍文長箋散稿』, 「古史·通史·通鑑綱目·諸家史類·史論」. "日本寄語, 我東人所記, 申叔舟海東諸國紀, 許穆黑齒列傳, 申維翰靑泉海遊錄, 金世濂東槎錄, 成大中日本記, 元重擧和國記, 李靑莊蜻蛉國志, 李書九蝦夷國志, 蝦夷者, 日本屬國也."(인용문의 번역은 〈한국고전종합DB〉를 토대로 필자가 일부 수정하였다.)

히 일본의 학문에 대한 논의가 거의 이루어지지 않았다. 이러한 문제
들은 표류민의 관심사에서 벗어나 있었거나, 그들에게 학술 차원의 지
식과 안목이 부족했기 때문이다.

3. 유구[251]

　조선은 종래로 유구와의 관계를 중요시했다. 인접국인 중국과 일본
다음으로 중요시한 나라가 유구였다. 고려 때부터 17세기 초까지 조선
과 유구는 우호적인 관계를 이어왔으나, 1609년 사쓰마의 유구 침공을
전환점으로 두 나라의 국교는 단절되는 상황에 이르렀다. 그 뒤로 조
선과 유구는 직접적인 대외관계를 맺지 못하고 중국의 조공국으로서
간접적인 관계를 맺었다. 이때로부터 조선과 유구의 공식적인 접촉은
북경에서 만난 두 나라 사신들의 교류에 그쳤다. 두 나라 사신단의 간
헐적인 만남 외에 조선과 유구를 이어준 것은 표류였다.

　이 시기 표류민의 왕래는 민간 차원의 교류라는 점에서 중요성이 한
층 부각되었다. 표류민을 통한 유구 사정의 청취는 유구 정보를 획득
하는 주요한 경로로 자리매김하였다.

　　바다의 여러 나라 중에 오직 유구국이 우리나라와 가장 가깝다. 고려
　　이래로 신사(信史)가 계속 이어졌으나, 지금은 통하지 않는다. 다만 표

---

251) 본 절은 2016년 7월 30일~7월 31일에 琉球大學에서 열린 "2016年琉球·朝鮮文化交
流600周年記念學術大會"에서 발표한 논문 「조선후기 유구 지식의 형성과 표해록」을
본고의 맥락에 맞게 수정한 것이다.

류민들이 간혹 서로 오고 갈 뿐이어서, 그 견문한 바를 모두 기록하여 싣는다.[252]

이는 연경재 성해응(1760~1839)의 저술『난실담총(蘭室譚叢)』「유구국(琉球國)」의 도입부이다. 이 글의 핵심은 국교가 단절된 후 '표류는 조선과 유구를 이어주는 대외소통의 경로'이며, '표류민의 견문은 중요한 가치를 지닌다는 것'이다. 성해응은 표류민의 해외 견문은 장기간에 걸친 해외 체험에 바탕을 두고 있기에 정보적 가치가 높다고 생각했다. 조선후기에 이르러 유구에 대한 관심이 고조됨에 따라 성해응의 이러한 생각은 여러 학자들 사이에서 공유되었다.

조선후기 유구 표류담의 가공을 통해 유입된 유구 지식은 굉장히 다면적이다. 유구의 풍속, 문물, 문화로부터 유구의 정세, 언어, 주변 나라들과의 관계 등이 모두 관심의 대상이었다.[253] 이에 본 절에서는 조선후기 지식인들의 유구 정보 수집과 지식화의 경향에 초점을 맞추어, 표류를 매개로 한 유구 지식의 축적 과정을 추적하고자 한다.

아래 〈표 9〉는 조선후기에 작성된 10종의 유구 표해록을 정리한 것이다. 이 표에서는 표해록의 저술 시기, 저자, 출처 등을 밝히고 표해록의 주요 내용을 귀납하여 제시하였다.

---

252) 成海應,『硏經齋全集』卷五十九,「蘭室譚叢」,「琉球國」. "海中諸國, 惟琉球國最近于我, 自高麗以來, 信使相續, 今不復通, 只漂人或相往還, 錄其見聞者, 今具載之."
253) 조선과 유구의 교류 혹은 관계를 연구한 대표적인 성과들을 정리하면 다음과 같다. 하우봉 외,『조선과 유구』, 아르케, 1999; 김경숙,「조선시대 필기, 야담집 속 유구 체험과 형상화」,『한문학논집』32집, 2011; 김경옥,「15~19세기 유구인의 조선 표착과 송환 실태 :『조선왕조실록』을 중심으로」,『지방사와 지방문화』15집, 2012; 이훈,「조선후기 표류민의 송환을 통해 본 조선·유구관계」,『사학지』제27집, 1994.

〈표 9〉 조선후기 유구 관련 표해록

	저술 시기	제목	저자	출처	송환경로	주요 내용
1	16세기	琉球風土記	柳大容	稗官雜記		유구의 풍토를 집중적으로 기술하였다.
2	1706	記琉球漂還 人語	宋廷奎	海外聞 見錄	琉球 大島-屋九島 -竹島-薩摩-長崎 -對馬島-朝鮮	1663년 海南縣의 金麗輝 등이 琉球에 표류했다가 일본을 통해 송환된 사건을 다루고 있다.
3	1728	(無題)	姜浩溥	桑蓬錄	琉球-福建- 北京-朝鮮	姜浩溥가 북경에 사신으로 갔을 때, 유구에 표류했다 중국을 통해 본국으로 송환되는 손응성 등의 구술을 토대로 기록한 것이다.
4	1732	第九話	鄭運經	耽羅聞 見錄	琉球-福建-杭州- 蘇州-南京-楊州- 北京-義州-朝鮮	1726년 金日男과 夫次雄 등이 유구에 표류했다가 중국을 거쳐 송환된 사실을 기록하였다.
5	1771	漂海錄	張漢喆	單行本	유구 무인도-안남의 배에 탑승-자력 귀국	유구의 무인도에 표착하였다가 일본의 해적을 만난 사실, 일본 長崎로 가는 안남의 장삿배에 구조되었다가, 안남 사람들과의 갈등으로 배에서 내려, 자력으로 귀국하였다.
6	1804	漂流舟子歌	李海應	薊山紀程	琉球-蘇州- 北京-朝鮮	1803년 북경에서 유구에 표류했던 문순득의 작은 아버지 문호겸 등을 만나고 적은 것이다.
7	1805	漂海始末	丁若銓	柳菴叢書	琉球-呂宋-澳門- 香山縣-廣東府- 楊洲-淮陰-山東- 北京-義州	문순득의 漂流談을 듣고 표류 일정과 보고 들은 풍속, 궁실, 의복, 선박, 토산, 언어 등에 대해 기술한 것이다.
8	1818	雲谷船說	李綱會	柳菴叢書	同上	문순득의 구술을 토대로 琉球와 呂宋의 선박 제조 기술을 소개한 글이다.
9	1833	濟州漂人問 答記	金景善	燕轅直指	琉球 伊江島- 福建-浙江-江蘇- 北京-朝鮮	1832년에 연행을 다녀온 金景善은 북경에서 유구국 伊江島에 표류했던 제주사람들과 만나서, 그들이 이야기한 바를 기록한 것이다.
10	1893	漂海日記	梁佑宗			

위의 표에 제시된 표해록을 종합적으로 살펴보았을 때 다음과 같은 사실들을 알 수 있다.

첫째, 이 10종의 표해록은 전부 자발적으로 지어진 것이다. 표해록 중에는 박지원의 『서이방익사』와 같이 조정의 명으로 지어진 경우가 있으나, 위의 표해록은 모두 저자들이 자발적으로 지은 것들이다. 둘째, 「유구풍토기」를 제외하고 시기적으로 모두 18세기에서 19세기 전기 사이에 지어졌다. 즉 이 표해록들이 지어진 시기는 모두 조선후기에 해당한다. 이 시기에 유구 표해록이 집중적으로 지어졌다는 사실은 유구 표해록의 저술과 당시 사회의 지적 풍토 사이에 연관성이 있음을 말해준다. 셋째, 저자에 따라 관심의 대상에 차이가 존재했지만, 모두 유구 사회에 대한 전반적인 관심을 토대로 표해록을 저술하였다. 표해록을 통해 다루고 있는 내용은 유구의 사회제도, 징치, 문화 등에 대한 복합적인 관심에 바탕을 두고 있다. 표류민의 표류담은 생생한 유구 지식의 원천을 제공한다는 점에서 유의미한 정보원이었다. 유구에서 유입된 정보는 지식인들의 수집과 정리를 거쳐 한층 정제된 지식으로 만들어졌다.

조선전기와는 구별되는 시대적 변화에 따른 관심 요소들의 변화에 치중하여 논의하고자 할 때,[254] 조선후기 유구 표해록에서 감지되는 변화는 크게 유구의 풍속과 사회 운영 구조에 대한 관심, 유구와 주변 국가의 관계에 대한 주목, 남방 항로에 대한 관심의 세 가지로 귀납된다. 이러한 문제들은 사회의 변화와 함께 변화되며, 해당 사항과 관련

---

254) 조선전기 『왕조실록』에 수록된 유구 표류 기록이나 조선후기 지식인들이 자발적인 관심으로 기록한 유구 표해록을 막론하고, 보편적으로 기록하고 있는 내용은 유구의 산천과 풍속에 대한 내용이다. 따라서 본고에서는 이 부분을 특별하게 다루지는 않는다.

된 지식 정보들은 지속적인 갱신을 필요로 하는 사안들이었다.

(1) 유구의 풍속과 사회

조선후기의 유구 표해록에서 드러나는 유구에 대한 시선은 상당히 우호적이다. 표해록에서 유구는 "풍요롭고 신분의 위계질서가 엄격하지 않아 비교적 평등하며, 살기 좋은 곳"[255)]으로 묘사되곤 하였다. 유구는 2모작에 알맞은 천연적인 기후조건이 주어져 있고, 조선에서는 보기 드문 이색 작물과 과일들이 생산되며, 사계절 기후가 따뜻하고 사람들의 인심이 넉넉한 나라로 기억되었다. 표해록에는 조선인이 유구에서 환대를 받았다는 내용이 자주 보인다.

ⓐ 풍속이 돈후하여 절대로 서로 싸우는 일이 없으니, 사람을 대할 때 성심을 다하며, 뽐내는 일이 없었다. 귀한 자와 천한 자가 서로 만나도 무릎 꿇고 절하는 예는 없었다.[256)]

ⓑ 금, 은, 동, 주석은 다 쓸 수 없을 정도로 풍족하였으니, 낙원이라고 할 수 있었다. 더욱이 사람들의 성품이 부드럽고 착한데다가 예의를 조금 알며 부귀하다고 교만하지도 않고 모질게 싸우거나 용맹을 좋아하는 풍습도 없다 하였다. 부드러움은 넘쳐나고 강함은 부족하니 곧 『중용』에서 말하는 남방의 강함이다.[257)]

---

255) 鄭運經, 『耽羅聞見錄』, 「第九話」. "稻栗饒, 賤民不飢饉."
　　柳大容, 「琉球風土記」. "又人死則無貴賤, 富者鑿石藏棺, 貧者藏於石穴, 並無碑碣之類云矣."
256) 宋廷奎, 『海外聞見錄』, 「記琉球漂還人語」. (김용태·김새미오 역, 『해외문견록』, 휴머니스트, 2015, 89면.) "風俗醇厚, 絕無爭競, 待人以誠, 不爲表裏貴賤相見禮無拜跪."
257) 金景善, 『燕轅直指』, 「濟州漂人問答記」. "金銀銅錫, 不可勝用, 足可謂一區樂土, 加

표류민들에게 유구는 풍요롭고 평화로운 사회로 인식되었으며, 이러한 인식은 유구 사회를 지탱하는 사회 운영 구조에 대한 관심으로 이어졌다. 조선후기 유구 표해록에 보이는 선명한 특징은 유구의 사회 운영 구조와 풍속에 대한 중시이다. 사회 운영 구조와 풍속에 대한 관심은 18세기 이래의 발전 욕구와 맞물려있는 조선사회의 경세적인 관심과도 일맥상통한다. 송정규, 김경선, 정운경, 정약전 등이 지은 여러 표해록에서는 유구국의 신분제도, 형벌제도, 관리 선발제도, 화폐 사용 등에 대한 정보들을 전달하고 있다.

『탐라문견록』「제9화」는 1726년 김일남(金日男)과 부차웅(夫次雄)이 유구에 표류한 사실을 기록한 것이다. 김일남 일행은 유구에서 배로 복건까지 이동한 후, 육로를 통해 북경을 거쳐 본국으로 돌아왔다. 이들의 견문 기록에는 유구의 복제, 장례법, 농경제노, 토산물 등이 소개되었다. 인용문 ⓒ를 통해 살펴보기로 한다.

ⓒ [1] 의복은 긴 옷을 복사뼈까지 드리웠다. 소매는 반팔로, 가로폭이 몹시 넓었다. 비단 띠는 너비가 몇 치인데, 세 번 둘러서 허리를 묶었다. 무릇 몸에 달고 다니는 패물은 모두 옷자락과 옷섶에 감추었다. 여인은 머리를 깎지 않고, 비단 두건으로 귀밑머리를 감쌌다. 높은 상투는 반쯤 늘어뜨렸다. 의복은 남자와 같았다. 허리띠는 없고 치마는 있다. 무릇 의복은 귀한 이나 천한 이나 구분이 없었다. 비단옷과 삼베옷을 섞어 입었다. 오색 채색이 찬란하여 꾸밈이 있었다. 다만 비녀는 높이의 차등에 따라 나뉘었다. 높은 사람은 금비녀를 쓰고, 낮은 사람은

以人品柔善, 稍知禮義, 不以富貴驕人, 而無鬪狠好勇之習云. 柔有餘而剛不足, 卽中庸所謂南方之强也."(인용문의 번역은 〈한국고전종합DB〉를 참고하였다.)

은비녀를 쓴다. 서민은 주석비녀를 쓴다. 혹 가난하고 잔약한 자는 대나
무로 비녀를 만든다. 여인의 대모잠은 길이가 한 자 남짓이다. 버선과
가죽신도 모두 다 가지고 있다. 아전들이 관장을 뵐 때는 반드시 버선과
신발 및 두건을 벗어 허리 사이에 보관하는 것을 예의로 생각한다. [2]
언어는 시끄럽고 몹시 빠르다. 노래는 한 사람이 선창하다가 3,4절로
바뀌면 10여 사람이 한 소리로 화답한다. 가락이 간드러져 처량한 것이
들을 만했다. 성이 나도 낯빛에 드러내지 않고 언성도 높지가 않다.
성난 것이 심하면 심할수록 목소리는 점점 낮아진다. 대개 남방의 억셈
이 풀어졌기 때문이다. [3] 장례는 승려가 길지를 점쳐서 돌로 광중을
쌓고 띠흙으로 그 위를 덮는다. 광의 전면에는 돌문을 만들어 열었다
닫았다 할 수가 있다. 그 속은 넓기가 마치 방과 같다. 사면에 쌓은
돌은 결이 반드르르하고 촘촘하다. 땅의 높고 낮음과 공력의 많고 적음
에 따라 값을 매긴다. 많게는 수백 금에 이르기도 하는데, 상을 당한
사람이 있으면 집 형편에 따라 산다. 널을 들어 광중 안에 안치한다.
만약 자손이 이어서 죽으면 차례대로 안치한다. 광중이 좁아서 더 이상
시신을 넣기가 어렵게 되면 다시 다른 땅을 찾는다. 절일에는 돌문을
열어 다과로 제사를 지낸다. 문짝에는 성명을 새겨서 적어둔다. 신분이
천한 사람은 화장을 하기도 한다. [4] 집에는 방구들이 없고, 실내에
비단으로 휘장을 드리워 파리와 모기를 막는다. 나무 침상에서 잠을
잔다. 기후가 몹시 따뜻해서 겨울에도 홑옷을 입는다. 여름이라 해서
더 덥지 않다. 여름과 가을 사이에 늘 큰 바람이 많이 분다.[258]

---

258) 鄭運經, 『耽羅聞見錄』, 「第九話」. (정민 역, 『탐라문견록, 바다 밖의 넓은 세상』,
휴머니스트, 2008, 109~112면.) "衣服則長衣垂踝, 袖半臂, 橫幅甚廣, 錦帶廣數寸, 三
匝束腰, 凡隨身佩用, 皆袯袥藏之, 女人則髮不剃, 以錦巾掠鬢, 高髻半鞞, 衣服如男
子, 而無帶有裙, 凡衣服貴賤無章, 繒綿衣雜, 五彩斑爛有文. 惟釵簪分等差高, 高用金
簪, 卑用銀, 庶人錫, 或貧殘者以竹爲之. 女人瑇瑁簪, 長尺餘, 襪與鞋皆有之, 吏胥見
官長, 必脫襪鞋及頭巾, 扱之腰間, 以爲禮. 言語喞喞甚促, 歌則一人先唱, 變三四節,
十餘人同聲和之, 音韻裊娜悽切堪聽, 怒則色不揚, 語小高, 怒愈盛而聲愈低, 盖南方

인용문 ⓒ에서는 유구의 의관과 복식, 언어와 노래, 장례, 가옥 등에 상세하게 대해 기록하고 있다. 특히 유구 사람들의 옷차림과 장례를 치르는 방식에 대한 설명이 구체적이다. 저자는 유구의 풍속 및 생활 문화가 신분질서 및 재력과 어떻게 연결되어 있는 지에 대해 초점을 맞추어 기록하고 있는데, 이는 저자가 유구의 풍속과 사회 운영 구조를 학문적 탐구의 대상으로 접근하였음을 말해준다.

인용문 ⓓ는 『표해시말』의 일부이다. 『표해시말』은 크게 두 부분으로 나뉘는데, 앞부분은 표류 일기이고 뒷부분은 유구와 여송의 견문을 견문록으로 정리해둔 것이다. 『표해시말』은 지금까지 발견된 표해록 중에서 유구의 풍속에 대해서 가장 체계적으로 기록한 자료이다.

ⓓ [1] 유구인은 웃어른이나 동년배를 만나도 일어나지 않는다. 꿇어앉아 합장하고 부복하고 앉을 때는 반드시 꿇어앉는다. 혹시 대청 아래에서 대청 위의 사람을 뵐 때는 공손하게 절을 한다. 남녀가 한 자리에 모여 이야기하는데 비록 귀인의 아내라도 분별이 없다. [다만 같이 앉지 않는다.] 하루는 통역이 한 집으로 데려 갔는데 발을 치고 차와 담배를 대접했다. 남녀가 훌륭하게 차리고 있었는데 무슨 일인가 물은즉 대상관(大上官)의 아내가 우리를 보고자 했다고 말했다. [2] 다른 사람과 음식을 먹을 때 젓가락으로 반찬을 집어서 손바닥에 놓고 입으로 빨아 먹는다. [젓가락이 입에 들어가 더러워지는 것을 싫어했다. 일본

之强以緩故也. 葬則僧人行占吉地, 以石築壙, 用莎土覆其上, 壙之前而, 作石門, 可以開閉. 其內廣豁如房屋, 四面築石, 文理膩而緻, 以地理高下, 功力多少, 計價, 多至數百金. 有喪者, 稱家力買之, 擧柩置壙內, 若子孫繼死, 則以次第置之, 至壙隘窄難容柩然後, 更占他地, 節日開石門, 用茶果祭之, 門扇刻姓號以誌之, 賤人或用火葬, 家舍無房堗, 室內垂綿帳, 障蚊蚋, 眠於木榻, 氣候極暖, 冬着單衣, 雖夏不加熱, 夏秋之交, 恒多大風."

역시 그렇다.] [3] 사람이 죽으면 시체를 앉히고 염을 하며 상여차, 삽선(翣扇)[금장식을 했다], 명정(銘旌)과 여러 사람이 상여를 따르는 예의가 거의 우리나라와 같다. 부인이 상여를 따르면 밖을 포장으로 둘러치고 앞에서 승려가 방울을 들고 이를 인도한다. 사람은 각기 하나의 돌 상자를 땅 속에 만들어 놓고 위를 석회로써 봉하고 옆에는 석문이 있어서 장사 지낼 때 관을 상자에 넣고 문을 닫는다. 상자의 크기는 3, 4칸 혹은 5, 6칸으로 가족장을 하는 곳이다. [4] 책을 읽는 사람은 배를 땅에 붙이고 엎드려 읽는다. [5] 언제나 차를 마시고 몸에는 항상 약을 지니고 때때로 이를 마신다. [6] 연대 연통은 매우 작고 항상 몸에 지니고 목기가 있는데 길이는 6,7촌이고 한쪽에는 불을 넣고 한 쪽에는 타호(唾壺)를 넣고 나다닐 때 가지고 다닌다. [일본 역시 그렇다.] [7] 코밑수염은 자르고 턱수염은 놔둔다. 두발은 정수리는 깎고 바깥쪽은 놔둔다. 밀납 기름으로 붙여 상투를 만들고 위에는 굽은 고리를 만들며 아래로는 남은 머리카락을 감아 묶는다. [8] 품안에 항상 종이를 가지고 있다가 그 종이로 밑을 닦는다.[일본의 풍속 역시 그렇다.] [9] 귀인은 성이 있고 천인은 성이 없다. [10] 말을 잘 부려 말을 타고 낭떠러지를 뛰어 넘는다. [11] 남녀(藍輿)는 대나무로 광주리처럼 엮었고 나무를 세로로 꿰뚫어 가마를 밑으로 드리우고 두 사람이 멘다. [일본 역시 그렇다.] [12] 저자에 앉아서 장사를 하는 것은 모두 여인이다. [여송 역시 그렇다.] [13] 밭을 가는 것은 큰 괭이를 쓰고 무논은 먼저 쟁기를 쓴다. [14] 전문(錢文)은 관영통보(寬永通寶)라 하고 크기는 중국의 돈과 같으며 중국에서 통용된다.[259]

---

259) 『柳菴叢書』, 「漂海始末」, 〈風俗〉. (김정섭·김형만 역, 『유암총서』, 신안문화원, 2005, 81~84면.) "琉球人見尊丈或平交不起身, 跪而合掌俯伏坐必跪, 或於堂下謁堂上人則拜, 男女同坐談譲, 雖貴人之妻分別. [但不同坐.] 一日譯人引至一處, 有一堂垂簾待以茶及烟, 男女盛觀, 問之卽大上官[尊官]之處欲官我輩云. 与人會食以箸拈饌置諸掌以口吸之, [嫌箸入口汚, 日本亦然.] 人死坐尸而殮殯輴車翣扇,[拜金飾.] 銘旌及

인용문 ⓓ를 통해 알 수 있듯이, 『표해시말』에서 제시한 유구의 풍속은 세부 항목이 다양하고 구체적이다. 유구인의 예의범절, 식사문화, 장례문화, 독서방식, 차와 담배 문화, 수염과 머리 모양, 주로 사용하는 농기구, 성씨 등은 모두 논의의 대상이었다. 『표해시말』에서는 유구의 풍속에 대한 정보를 제공함에 있어서 조선, 일본, 중국, 여송을 비교 대상으로 설정하여 설명하는 방법을 채택하였다. 이는 조선후기에 이르러 유구를 포함한 주변 나라들의 사회와 풍속에 대한 지식정보들이 점차 확충되었음을 말해준다.

이처럼 표류민의 전언을 통해 유구의 풍속과 사회에 대한 지식정보들은 점차 다양해졌고 풍부해졌다. 이는 『해외문견록』의 「기유구표환인어(記琉球漂還人語)」를 통해서도 드러나는 양상이다. 아래 구체적으로 살펴보기로 한다.

ⓔ [1] 우리 사람들이 따라가 보니 땅을 한 길쯤 파고 시신을 감쌌던 옷을 모두 벗겨서 구덩이 속에 시신을 두고는 다시 옷으로 감싸고 긴 통으로 덮었다. 우리에게 곡(哭)을 하라 하여 방성통곡을 했다. 그들은 곧 그치도록 하고 흙을 덮어 평평하게 하고 또다시 곡을 하도록 했다.

衆人隨喪之禮槃如我國, 婦人隨喪則外以布帳圍之, 前有一僧持鈴導之, 人各一石函設于地中上封以石灰, 旁有石門葬則安棺於函中以閉其門, 函大三四間或五六間爲族葬之所, 讀書者貼腹於地伏而讀之. 常服茶, 身中常帶藥餌時時嚼之, 烟臺烟筒極小常佩於身邊, 有木罨長六七寸, 一頭藏火一頭安唾壺, 行則隨身.[日本亦然.] 去髭[口上鬚]而存鬚, 頭髮削頂而存外傳, 以蠟膏作髻上作句環下以餘髮纏繞, 賤人臂上必有墨黥隨業異搽, 漁者作三條鐵線狀, 婦人手背有黥, 胸間常抱紙, 遺屎拭以紙.[亦日本俗.] 貴人方有姓, 賤人無姓, 善御馬能跨行于崖壁, 藍輿以竹織成如筐子, 以木縱貫而輿垂下兩人肩擔. [日本亦然.]坐市買賣皆女人爲之[呂宋亦然]. 耕旱田皆大鑄, 水田始用犂, 錢文曰寬永通寶, 大如中國之錢, 通用于中國."

봉분을 하지는 않고 다만 돌비석 하나를 세웠다. 묘들은 각각 색이 다른데 또 그 앞에 치대초를 심었다. 그 잎이 길고 뒤에는 가시가 있으며 색은 아주 파란데 한들거리는 것이 마치 공작의 꼬리와 같았다. …(중략)…[2] 풍속이 돈후하여 절대로 서로 싸우는 일이 없으니 사람을 대할 때 성심을 다하며, 뽐내는 일이 없었다. 귀한 자와 천한 자가 서로 만나도 무릎 꿇고 절하는 예는 없었다. [3] 차림새를 보면 이마 가운데 머리털을 자르고 그 남은 터럭을 여며 오른 쪽에 상투를 틀고 은비녀를 꽂았다. 가난한 사람은 은비녀 대신 대나무를 썼다. 긴 수건으로 머리를 감싸고 귀밑머리며 수염은 모두 깎되 턱수염은 남겨두었다. 긴 겹옷을 입고 띠를 두 번 묶으면 왼 쪽에 크고 작은 환도를 찼다. 바지도 안 입고 버선도 안 신는데 다만 몇 척의 비단 수건으로 사타구니 사이에서부터 교차하여 허리에 묶었다. 여자들은 이마 꼭대기에 쪽을 지는데, 장신구를 달지 않았다. 겹옷을 입고 긴 홑옷으로 감쌌으며 10여 폭 되는 홑치마를 허리에 둘렀다. 치마 끝을 위로 당겨 정강이 사이에서 감싸 위로 허리춤에 묶었다. 결혼한 여자는 손등에 문신을 하여 표시를 했다. 남녀 모두 풀로 엮은 신을 신었다. [4] 춤을 추면 한 곳에 모여 서서 추되 몸을 돌리지는 않고 반복해서 손을 드리우면서 각기 열 손가락을 놀리며 가늘게 작은 소리를 냈다. 서로 바라보다가 한 사람이 손뼉을 치면 나머지가 모두 호응했다. 노래는 마치 중이 불경을 외는 모양과 유사했는데 여러 악기를 쓰지는 않아서 비파 3대와 혜금 1대 뿐이었다. [5] 놀이로는 바둑과 쌍륙이 있었다. [6] 상을 당하게 되면 한 번 곡하는 것으로 그치며, 상복을 입는 예절은 없었다. [7] 사람들의 거처는 모두 판옥이고 굴뚝은 없었다. [8] 불교를 숭상하지만 사찰은 없고 서적이라고는 불경뿐이었다. [9] 형벌 가운데 매를 때리는 벌은 없으니 죄를 지은 사람은 꿇어앉히고서 긴 나무로 두 다리를 눌렀으며 다섯 번 잘못을 범하면 목을 베었다. 이밖에 혼인이나 제사 같은 예절은 자유롭지 못한 처지라 알 수 없었다.[260)]

인용문 ⓔ는 유구의 상장(喪葬) 제도, 유구인의 의관과 복제, 유구인들이 즐기는 춤과 노래와 놀이, 유구의 가옥의 형태, 유구의 서적과 형벌에 대해 세부묘사를 곁들인 상세한 기록을 하였다. 저자는 유구인의 혼인이나 제사에도 관심을 갖고 있었지만 직접 체험할 기회가 없어 간략하게 기록하였다. 인용문 ⓔ의 [9]는 유구의 형벌제도에 대한 기록이다. 유구 관련 표해록에는 유구의 형벌제도에 대한 내용이 유독 많이 보인다.

ⓕ 풍속이 도둑질하지 않는다. 혹 작은 죄가 있으면 대나무를 쪼개서 작대기를 만든다. 그 형벌은 아프게 하자는 것이 아니라 부끄럽게 하자는 데 있다. 만약 큰 죄를 범하면 반드시 죄인 명부에 이름을 기록한다. 한 사람이 두 번 세 번 죄를 범하면, 그 죄상의 가볍고 무거움을 참작해서 곧장 감옥에 가두거나 먼 곳의 섬으로 귀양을 보내고 죽을 때 까지 용서해주지 않는다. 만약 이름이 한 번만 죄인 명부에 오르면 관가에서 비록 형벌을 시행하지 않더라도 부모와 친족들이 모두 내쳐서 사람 숫

---

260) 宋廷奎,『海外聞見錄』,「記琉球漂還人語」. (김용태·김새미오 역,『해외문견록』, 휴머니스트, 2015, 88~91면.) "我人隨往, 則挖堀地丈許, 盡躶小斂衣衾, 坐屍坎中, 周以衣衾, 覆以長桶, 令我人擧哀, 我人放聲痛哭, 彼卽止之, 填土旣平, 又令擧哀, 不封土, 但立一石, 墓各異色, 又樹緇帶草於前, 其草葉長, 背有刺, 色正翠, 嫋嫋如孔雀尾.…(中略)…風俗醇厚, 絶無爭競, 待人以誠, 不爲表襮, 貴賤相見, 禮無拜跪, 服飾則頂心剪髮, 斂其餘髮, 作髻於右, 揷以銀簪, 貧者用竹, 以長巾裹頭, 鬢毛顙須皆剪去, 而獨留頤鬐. 衣長袂帶兩重, 左佩大小環刀, 不袴不襪, 但以縣布數尺, 從股間互纏於腰, 女人則頂上作髻, 不施朱鉛, 着袂衣, 襲單長衣, 以十餘幅單裳, 環褻於腰, 上引邊幅, 從脛間前掩耳上扱於裳帶, 嫁則黥其手背以表之. 男女皆着草鞋, 舞則叢立一處, 踏而不旋, 垂手反覆, 各弄十指, 微聲細語, 自相注目, 一人拍手, 百人應之, 歌則類禪誦食經之狀, 無琴瑟鼓笛, 只有三絃琵琶二絃稽琴, 局戲有圍棊雙陸, 遭喪則一哭而止, 無變服之禮, 人居皆版屋而無煙突, 俗尙釋敎, 而無寺刹, 書籍唯佛經而已, 刑法無笞杖, 有罪者使箕坐, 而以長木壓其兩脚, 五犯而後斬之, 此外如婚姻祭祀之禮, 拘於防禁, 不可得知."

자에 꼽지 않는다. 본인 또한 스스로 숨어 지내니, 죽은 것과 다를 바
없다. 그래서 나라 법에 잔혹한 형벌이나 무거운 벌이 없이도 백성이
이를 범하지 않는다. …(중략)… 복건에 있을 때 따라온 사람이 짐 속에
있던 은 한 궤짝을 훔치다가 발각되었다. 형벌을 써서 죄를 다스리지
않고, 다만 그 죄상을 기록했다. 장차 귀국하여 죄인 명부에 둔다고
한다. 그 사람은 밥도 안 먹고 밤낮을 참회하며 근심스레 울었다.[261]

　인용문 ⓕ는 유구의 형벌제도의 효율적인 운영과 더불어 형벌제도
가 지향하는 바를 나름대로 논리적으로 분석해내고 있다. 이 글에서는
유구의 법은 형벌을 무겁게 쓰지 않으며, 형벌을 쓰더라도 죄인의 신
체를 손상하기 위함이 아니라 수치심을 불러일으키기 위함이라고 지
적한다. 한번 죄를 범해서 죄인 명부에 이름을 오르게 되면, 설령 관가
에서 형벌을 시행하지 않더라고 사회적인 외면을 당하기에 모두가 쉽
게 죄를 범하지 않는다고 하였다. 표류민이 실제로 본 사례를 통해 이
러한 유구의 형벌제도가 효과적임을 분석한 것이다.

　ⓖ 9명이 모두 유구국 말을 하여 불러 그 지형과 풍속을 물으니 다
알지 못하고 다만 이르길 <u>인심이 후하고 법이 널리 너그럽고 백성이
도적질하는 버릇이 없고 나라가 매질하는 형벌이 없다고 하였다.</u>[262]

---

261) 鄭運經, 『耽羅聞見錄』, 「第九話」. (정민 역, 『탐라문견록, 바다 밖의 넓은 세상』,
　　휴머니스트, 2008, 112~118면.) "俗無竊偸, 或有小罪, 剖竹爲杖, 其刑不使痛, 而使羞,
　　若犯大罪, 必記名于罪籍中, 一人再犯三犯, 則參量其罪狀輕重, 或直置之大辟, 或竄
　　遠島, 終身無赦, 名若一在罪籍, 官雖不施刑, 父母親族, 皆擯斥之, 不齒之人數, 渠亦
　　自廢, 與死無異. 故國法無酷刑重罰, 而民不犯之, …(中略)… 在福建時, 從人竊行巾銀
　　一櫃, 見覺, 不用刑懲治之, 但記其罪狀, 將歸國, 置之罪籍中云, 其人不食, 晝夜懺悔,
　　憂泣之."
262) 姜浩溥, 『桑蓬錄』, 「(戊申)二月十二日癸巳」. "九人皆能琉球言, 招問其風俗地形,

인용문 ⑧에서도 유구의 법과 형벌제도에 대해 말하고 있다. 이 글에서는 유구는 법이 너그러우나 백성들은 도적질하지 않으며, 죄인의 신체를 손상하는 형벌을 시행하지 않는다고 하였다. 인용문 ⓕ에 비해 유구의 법과 형벌제도에 대한 설명이 간략하지만, 이 글에서 역시 유구의 법과 형벌제도에 대한 정보를 제공하고 있다.

ⓗ 왕도에서 70~80일 동안 지내면서 말이 통하게 되어 사람들과 이야기를 주고받게 되었다. 바깥 지방에서 땅을 지키는 신하들은 모두 대대로 녹을 받아 자손이 이어간다. 큰 죄가 없다면 그 직분을 폐하는 법이 없다. 왕조에 들어가 벼슬하는 사람은 과거로 출신하여 지위를 얻는다. 비록 지위가 아주 높더라도 대대로 이어가는 법이 없다.[263]

인용문 ⓗ에서는 유구에서는 변방을 지키는 신하는 세습으로 자손들이 녹을 이어가나, 왕조에서 벼슬하는 사람들은 과거 시험을 거쳐 선발된다고 하였다. 이러한 유구의 사회 구조와 제도에 대한 탐색은 조선후기 지식인들이 자국의 낙후한 상황에 대한 반성 및 사회의 발전적 욕구와 맞물려 있다고 할 수 있다. 17세기 이전까지 유구의 문화에 대한 기본적인 지식이 부족하고 추상적이었는데, 표류민의 전언을 통해 유구의 풍속과 사회에 대한 인식이 점차 풍부해지고 구체화되었다. 여기서 간과할 수 없는 지점은 여러 표해록들에서는 이문화(異文化)

皆不知之, 但云人心仁厚, 法令寬弘, 民無盜竊, 國無刑杖."
263) 鄭運經, 『耽羅聞見錄』, 「第九話」. 정민 역, 『탐라문견록, 바다 밖의 넓은 세상』, 휴머니스트, 2008, 112면.) "凡居王都七八朔, 能通言語, 與人酬酢, 外方守土之臣, 皆世祿, 子孫相繼, 無大罪, 不廢其職, 入仕王朝者, 以科擧發身, 致位雖崇極, 而無世守之法."

에 대해 비교적 편견 없이 바라보고 있다는 점이다. 표해록에 보이는 유구의 사회와 풍속에 대한 지식정보는 이적(夷狄)을 폄하하는 논리로 사용된 것이 아니라, 서로 다른 문화에 대한 관심의 발현이다. 여러 표해록들에서는 유구 사회를 조선 혹은 주변국과 비교·분석하여 유구의 특징을 제시하고 있지만, 자국에 대한 맹목적인 우월주의 감정이나 유구에 대한 폄하의 시선을 감지할 수 없다. 즉, 이러한 기록들에서는 유구 사회 구조와 제도를 학문적 탐구의 대상으로 바라보면서 객관적인 자세를 유지하고 있다.

(2) 유구와 주변 지역의 왕래

본 절에서는 조선후기 유구 표해록에서 민감하게 다루고 있는 사안인 유구와 주변 나라들의 왕래에 관한 소식에 대해 살펴보기로 한다. 조선에 있어서 유구와 중국의 관계, 유구와 일본의 관계는 대외 활동의 중요한 참고 요인이었다. 17세기 이후 유구에 표류했던 조선인들은 주로 유구 사신단과 함께 북경에 이른 뒤, 북경에서 예부의 조사를 받은 다음 조선에 이송되었다. 간혹 뱃길로 일본을 경유하여 조선으로 돌아오는 경우도 있었는데, 이 과정에 표류민들은 유구와 중국, 유구와 일본의 대외관계에 관한 일부 정보들을 얻을 수 있었다.

한편 조선에 표류해온 유구인과 일본인에 대한 조사를 통해 유구 대외 관계의 실상을 일부 파악할 수 있었다.

ⓐ 병자년(1696) 여름, 왜선 한 척이 제주 북포에 표류해 왔다. 그들은 말하기를 자신들이 일본 남부의 구로도 사람인데 유구의 장리가 세금으로 보내는 산미 600표와 양매 1000근을 싣고서 장차 북군 강구

도주에게 바치려 했다. 폭풍을 만나 돛이 꺾여 12일을 표류하다가 이곳
에 이르렀다고 하며, 유구의 공문을 꺼내 보여주었다. 유구가 일본에
복속되었다는 이야기가 사실이었던 것이다.[264]

유구는 1609년 사쓰마의 침략을 받았는데, 국왕이 포로가 되어 사
쓰마에 끌려간 뒤 다시 강제로 에도에 연행되어 막부의 장군을 배알하
였다. 그 뒤로 유구는 실질적으로 일본의 지배하에 놓이게 되었다. 그
러나 유구와 일본은 이 사실을 주변국에 비밀로 하고 오랫동안 이 사
실을 감추려고 하였다. 이는 유구가 중국과의 조공무역에서 취하는 이
익을 계속 확보하기 위함이었다.[265] 유구가 일본에 복속되었다는 사실
은 소문으로 조선에 전해졌으나, 사실의 진실 여부를 확정하기는 어려
웠다. 이때 조선에 표류해 온 표류민이 소지하고 있던 공문서를 통해
서 유구가 사쓰마에 종속된 것이 기성사실임을 확정지을 수 있었다.

인용문 ⓑ를 통해 알 수 있듯이 유구가 사쓰마에 항복한 사실은 일
본에 표류했던 조선인을 통해서 조선에 전해지기도 했다. 유구에 사쓰
마에 항복한 것은 17세기 초반의 일인데, 인용문 ⓑ에서는 이를 1813
년에 일어난 사건으로 파악하였다. 이는 표류민을 통해 얻은 정보가
즉각적이지 못하여 일부 오류가 있을 수 있음을 말해준다. 이는 표류
민을 통해 입수한 해외 정보의 한계라 할 수 있다.

---

264) 宋廷奎, 『海外聞見錄』, 「順治以後漂商問答」. (김용태·김새미오 역, 『해외문견록』,
휴머니스트, 2015, 47면.) "丙子六月, 倭船一隻, 漂到濟州北浦, 自稱以日本南邊九老
島人, 載琉球長史所送稅山米六百俵, 及楊梅一千斤, 將納于北郡江口島主處, 遇風折
桅漂流, 十二日到此, 因示琉球公文, 琉球服屬日本之說, 信然矣."
265) 후마 스스무, 「연행록과 일본학 연구」, 『한국문학연구』 24, 2001.

ⓑ 이종덕의『표해록』에 "우리 순종(純宗) 계유(1813)에 사쓰마의 도주(島主)가 유구국의 왕을 사로잡아 항복을 받고 신하로 자칭하게 함으로써, 지금은 일본 살마도주내유구국왕(薩摩島州內琉球國王)이라는 직함으로 한다." 하였다.[266]

이종덕의 표해록의 해당 정보는『오주연문장전산고』에 비평 없이 인용되면서 그 오류가 답습되었다. 이는 19세기 전기 조선이 해외 정보 취득에 상당히 취약했으며, 조선에서 장악한 주변국의 정보들에 오류가 적지 않았음을 말해준다.

ⓒ 그 사람들(유구사람들)의 성품이 모두 유순하고 나라는 작고 힘은 약하다. 일본과 멀지 않아 일본 사람들이 늘 와서 교역하는데, 그들을 심히 두려워하여 왕성에 들어가 보는 것을 허락하지 않는다고 한다. 지난해 5월에 지나가던 안남의 배가 근처에 와서 정박하고는 왕성에 들어가 보기를 청하였더니, 그 사람들이 대단히 두려워하여 군사를 내어 지키기까지 하였다 한다.[267]

인용문 ⓒ에서는 유구와 일본의 무역관계, 유구와 안남의 무역관계에 대해 이야기한다. 유구는 주변 나라들과 무역을 적극적으로 진행하

---

266) 李圭景,『五洲衍文長箋散稿』, 「史籍總說·外國史」. "李種德漂海錄, 我純宗癸酉, 薩摩島主擊擒琉球國王, 受降稱臣, 今以日本薩摩州內琉球國王爲銜云."(인용문의 번역은 〈한국고전번역원 DB〉를 참조하였다.)

267) 金景善,『燕轅直指』, 「濟州漂人問答記」. "其人性皆柔順, 國小而力弱, 與日本不遠, 日本人常來交易, 而甚畏之, 不許入見王城. 去年五月, 安南過去船, 來泊近處, 請入見王城, 則其人大懼, 至於發兵守之云."(인용문의 번역은 〈한국고전번역원 DB〉를 참조하였다.)

고 있었으나 다른 나라에서 무역을 빌미로 본국에 침입하는 것을 우려하였음을 알 수 있다.

ⓓ 그 나라에서는 3년에 한 번씩 중국에 조공한다. 중국에서는 유구 사람들이 한어(漢語)를 해득하지 못한다고 하여 옛날에 몇 사람을 유구에 보내 한어를 가르치게 했다. 그 사람들이 대대로 구미촌(九尾村)에 살면서 역학으로 생업을 삼았다 한다. 그리하여 진공하는 해마다 세 사신 이외에 구미촌 사람을 따르게 하였으니, 대개 우리나라의 역관과 같다. 사행은 수십 인에 지나지 않았는데 세폐인 유황(琉璜), 동철(銅鐵), 황금 등의 물건을 한 배에 실었다. 또 교역선 한 척에는 180여 인이 타고 금, 은, 象犀, 관계(官桂) 등을 실었다. …(중략)… 복건의 관소에 머문 지 20여 일에 교역선에 실었던 물건을 풀어 관소에 들여왔다. 같이 온 180인은 떨어져 남아 복건에서 물건들을 매매한다고 한다.[268]

인용문 ⓓ에서는 유구와 중국의 관계에 대한 여러 정보들을 제공하고 있다. 가령 유구에서는 3년에 한 번씩 중국에 조공하며, 공물에는 유황, 동철, 황금 등이 포함되어 있다는 사실, 유구에 파견된 중국인 역관들의 사정 등이 인용문 ⓓ에 기재되어 있다. 즉, 제주 표류민을 통해 유구와 중국의 조공 무역의 진행 상황과 유구와 복건의 무역 관계 등이 조선에 전해진 것이다.

---

268) 金景善, 『燕轅直指』, 「濟州漂人問答記」. "其國三年一貢於中國, 中國以琉球人不解漢語, 昔送數人於琉球, 以教漢語, 其人世居九尾村, 以譯學爲業, 每當進貢之年, 三使之外, 又以九尾村人隨之, 蓋如我國譯官也, 使行不過數十人, 載歲幣硫磺銅鐵黃金等物於一船, 又有交易船一隻, 百八十餘人, 裝載金銀象犀官桂等屬. …(中略)…留閩館二十餘日, 以交易船所載, 解入館中, 同來百八十人, 落留買賣閩中云."(인용문의 번역은 〈한국고전번역원 DB〉를 참조하였다.)

ⓔ 10월 초7일 배를 띄워 대국(大國)을 향하여 세 척의 배가 동시에 출발했다. [그 두 척에는 유구에서 대국으로 북경에 조공하러 가는 사람들을 태우고, 그중 하나에는 우리나라 여섯 사람과 복건 천진부(川津府) 동안현(同安縣)의 바람을 만나 조난한 사람 32명과 유구인 60명을 태웠다. 마치산도(馬齒山島)[백촌에서 400리 떨어져 있다.]에서 10일을 머물렀다. 유구인들이 이 산에 와서 기도를 하며 오래 머물러서 나가지 못하였다.²⁶⁹⁾

인용문 ⓔ는 문순득의 표류 사건을 기록한 『표해시말』의 일부이다. 문순득은 1801년 겨울에 흑산도 앞바다에서 표류하여 유구에 이르렀다. 그는 이듬해인 1802년 10월에 유구 사신들과 함께 조공선을 타고 복건을 향해 가다가 재차 여송에 표류하였다. 이 글을 통하여 유구에서는 주변 나라들의 표류민을 조공 사신 편에 북경으로 이송하여 송환하였음을 알 수 있다.

위의 논의를 통하여 유구와 주변 나라들의 교류와 관계에 대한 정보가 표류민을 통해 조선에 전달되는 과정을 확인할 수 있었다. 이처럼 조선은 표류민의 활약을 통해 기존의 서책이나 국가적 교류를 통해서는 입수할 수 없는 주변국의 정보들을 축적할 수 있었다. 유구가 일본에 복속된 사실, 유구와 중국 간의 조공 무역, 유구에서 다른 나라 표류민을 대접하는 방식, 유구가 안남, 여송, 복건 등 주변 지역들과의 무역 관계 등 중요한 정보들이 표류민들에 의해 조선에 전해졌다. 이

269) 『柳菴叢書』, 「漂海始末」, 〈風俗〉. (김정섭·김형만 역, 『유암총서』, 신안문화원, 2005, 71면.) "十月初七日發舶向大國, 三舶同發, [其二載琉球朝京之人, 其一載我國六人, 福建川津府同安縣遭風, 難人三十二人, 琉球六十人.] 到馬齒山島,[自白村四百里]留十日, 蓋琉球人, 至此禱山故久霑不進."

중 문순득의 표해록은 조선 조정에까지 전해졌는데[270], 이는 표해록
소재 유구의 지식정보가 국가 차원에서 중요하게 다루어졌음을 말해
준다.

(3) 유구 지리와 남방 항로

조선후기에 이르러 조선 사회는 꾸준히 인접 국가들의 지리 정보를
수집하였다. 이 과정에서 표류민들은 동남아시아 지역의 지리 정보의
축적과 갱신을 위하여 공헌하였다. 표류민들이 표류하여 본국에 돌아
오기까지의 이동 경로가 이 지역의 지리 정보와 직결되어 있었기 때문
이다.

조선전기에 조선인이 유구에 표류하면 유구국 사신이 뱃길로 표류
민을 조선에 직접 인도하여 송환했다. 그 이후로 한동안 조신 표류민
들은 뱃길로 일본을 거쳐 송환되었다. 그러다가 조선후기에 이르러서
는 중국을 통환 송환방식이 정착되었는데 조선 표류민들은 사신단을
따라 복건까지 배로 이동한 다음, 중국 내륙을 가로질러 육로로 북경
에 이르러 조사를 받았다. 표류민은 표류와 송환 과정에 남방 항로를
경유하면서 여러 가지 정보를 파악할 수 있었다. 따라서 김경선의 「제
주표인문답기」, 정약전의 『표해시말』, 강호부의 『상봉록』의 조선 표류
민 관련 부분 등에는 남방 항로에 관한 지리 정보들이 다수 수록되어
있다.

유구는 표류민에게 우호적인 나라였지만, 표류민들을 통한 자국 정

---

270) 『日省錄』(1809.6.26.) "壬戌年羅州牧黑山島, 文順得六名, 漂入呂宋國, 其贍傳漂海
錄, 難以準信, 故措辭移關於羅州牧, 則該牧回牒, 以爲文順得等辛酉十二月同船往大
黑山, 遇西北風漂流, 翌年正月始到一處, 乃琉球國東北大島也."

보의 유출을 경계하였다.

ⓐ (1726)그해 11월 초 조공하는 사신 편에 중국으로 향했다. 어두운 밤에 배에 내려가 창고 속에 갇혀 있다가 큰 바다로 나간 뒤에야 창고를 열어 우리를 나오게 했다. <u>그 나라가 바다 가운데 있는 작은 섬이어서 남이 둘레의 크기를 살피고 그 강하고 약한 것을 엿볼까봐 꺼린 것이다.</u>[271]

ⓑ 표류민들이 전총역에 머물고 있을 때에, 바깥에 나와 한가하게 거닐며 구경하였으나, 그 성안으로 들어가는 것은 끝내 허락하지 않았다. <u>그러므로 그 궁실·성곽의 제도와 종묘사직·조정·시장의 위치는 어떻게 되었는지 알 수가 없었다.</u>[272]

ⓒ <u>하루는 김려휘가 법의 적용을 느슨히 하여 유람할 수 있게 해달라고 청했다.</u> 장리는 앞 포구에서 마음대로 배회할 수 있도록 허락하고 또한 종이 두 묶음을 주었다.[273]

인용문 ⓐ는 18세기 초에 유구에 표류한 조선인을 조공 사신들 편에 북경으로 이송할 때의 상황을 기록한 것이다. 유구 사신들은 유구

---

271) 鄭運經, 『耽羅聞見錄』, 「第9話」. (정민 역, 『탐라문견록, 바다 밖의 넓은 세상』, 휴머니스트, 2008, 113~115면.) "其季十一月初九日, 隨貢使向中國, 又以昏夜下船, 閉之藏中, 出洋然後, 開藏出我人, 蓋其國以海中小島, 畏人之見幅員大小, 窺其強弱也."

272) 金景善, 「濟州漂人問答記」. "漂人之留住磚總時, 有時出外, 閑走觀玩, 而其城內則終不許入, 故其宮室城闕之制, 廟社朝市之位, 不知何如."(인용문의 번역은 〈한국고전종합DB〉를 참조하였다.)

273) 宋廷奎, 『海外聞見錄』, 「記琉球漂還人語」. (김용태·김새미오 역, 『해외문견록』, 휴머니스트, 2015, 92면.) "一日麗輝請寬法遊覽, 長吏許, 令步往前浦, 任意徘徊, 且贈二貼紙."

의 지리 정보가 표류민을 통해 조선에 유출되는 것을 미연에 방지하고
자, 조선 표류민을 가두었다가 배가 큰 바다에 출항한 뒤에야 이들을
풀어주었다. 인용문 ⓑ는 19세기 전기의 기록으로 유구에서 표류민들
의 활동 범위에 제한을 두어 지리 정보를 비롯한 핵심적 사안이 국외
로 유출되는 것을 방지하고자 했음을 말해준다. 표류민을 통해 자국
정보가 해외로 유출되는 것을 미연에 막고자 하는 것은 유구의 오래된
방침이었다. 인용문 ⓒ는 17세기 후반의 유구의 상황을 기록한 것이
다. 유구에 체류하는 동안 표류민의 행동반경은 법으로 정해져 있었
다. 표류민 김려휘는 유구의 대도(大島)에서 이리저리 둘러볼 수 있었
는데, 이는 장리가 특별히 허가해주었기 때문에 가능했던 일이었다.
　17세기부터 19세기에 이르기까지 유구는 줄곧 표류민을 통한 정보
의 유출을 경계하였다. 그러나 표류민들이 유구에 체류하는 기간이 길
고, 그들의 이동 경로가 지리 정보와 직결되어 있었기에 정보의 해외
유출을 완전히 차단할 수는 없었다. 그리하여 표류민을 통해 유구의
지리 정보가 점차 조선에 전달되었다. 가령 김경선의 「제주표인문답
기」에는 유구의 지리 정보가 상세하게 기록되어 있다.

　　ⓔ 대개 이강도(伊江島)는 길이가 7리, 너비가 5리이다. 토지는 기름
　　지고 평탄하며, 민가는 즐비하고 지키는 벼슬아치가 있어 우리나라의
　　한 고을과 비슷했다. 다시 며칠이 지난 12월 24일에, 역관이 비로소
　　우리를 압송하여 국성(國城)으로 갔다. 청강도(淸江島), 북강도(北江
　　島), 동북도(東北島)를 지나서 성 못 미쳐 3리쯤에 전총역(磚總驛)이
　　있었다. 역 안에는 초가집 13칸이 있었다. 이 역은 아마도 외국 사람들
　　을 구제하는 곳으로 우리나라의 홍제원(弘濟院)과 같은 곳이다. …(중
　　략)… 그곳의 왕기(王畿)는 사방이 각각 300리가 되지 못하며, 그 바깥

의 이강(伊江), 청강(淸江)과 같은 여러 섬들이 바다 가운데에 둘러 있다. 왕성(王城)의 둘레는 10리에 불과한데, 중산(中山)의 아래에 있기 때문에 더러 중산왕(中山王)이라 부르기도 한다. 지역이 남극(南極)에 가까워 겨울 날씨가 봄과 같다. 섣달에 모내기를 하여 다음해 5, 6월에 수확하며 2월에 보리와 오이를 먹을 수 있다.[274)]

ⓕ 대개 유구국이 복건으로부터 정동에 있으니 수로로 가기를 2,700리 이고 나라 안에 36섬이 있는데 멀리 있는 섬은 말이 달라 역관을 두어 말을 통하니 모든 섬을 아울러 지방을 계규하면 남북이 3,000리 이고 동서가 600리 이고 왕성(王城)이 있는 데는 뭍 땅에서 남북은 4일 반이고 동서는 하루 반 길이다.[275)]

ⓖ (1802년 1월) 29일 날이 밝아 동남에 있는 큰 섬을 보고 오시(午時)에 배를 멈추고 닻을 내리니 갑자기 6,7인이 배를 타고 오는 것이 보였다. 먼저 물을 대접하고 이어서 죽을 주었다. 삼일을 굶었으니 그 기쁨을 알만 하리라. 물으니 유구국의 대도(大島)[유구는 지금 중산(中山)으로 이름을 바꾸었다.]라 하였다. 2월 초2일에 배로 50여 리를 가서 양관촌(羊寬村)[큰 섬이다]에 이르러서 뭍에 내리니 움막 한 채를 엮어 살게 하고 문 밖에 또 움막이 있어 8인이 지켰다. 3월 20일에 배를 타고 섬을 따라 백여 리를 가서 금촌(禽村) 앞에 닿았다.[큰 섬이다] 29일에 배로

---

274) 金景善,「濟州漂人問答記」. "蓋伊江島, 長七里, 廣五里, 土皆沃衍, 民戶櫛比, 有官守之, 似我國之一縣. 又過數日, 至十二月二十四日, 通事始押往國城, 歷淸江島, 北江島, 東北島, 未至城三里許, 有磚總驛, 驛中有草屋十三間, 蓋接濟他國人, 如我國弘濟院也.…(中略)… 其王畿, 四方各不滿三百里, 其外如伊江淸江等諸島, 皆環在海中, 王城周不過十里, 而在於中山之下, 故或稱中山王, 地近南極, 冬煗如春, 臘月移秧, 明年五六月收穫, 二月食麥與瓜."(인용문의 번역은 〈한국고전종합DB〉를 참조하였다.)

275) 姜浩溥, 『桑蓬錄』卷9,「(戊申)二月十二日 癸巳」. "蓋聞琉球國在福建正東, 水路二千七百里, 國內有三十六島, 而遠島則語言疏異, 置譯以通, 并諸島地方計南北三千里, 東西六百里, 王城所在處距諸地, 南北三日半程, 東西一日半程."

덕지도를 지나고 다음날 양영부(洋永府)를 지나 입사도(立沙島)에 이르러 바람에 막혀 4일을 묵었다. 4월 초4일에 백촌(白村)[대도에서 1,500리, 왕도(王都) 수리부(首里府)에서 10리 떨어져 있다.]에 이르니 역인(譯人)이 와서 사정을 묻는데 우리나라 말을 대략 할 줄 알았다.[276]

인용문 ⓔ, ⓕ, ⓖ에서는 일련의 지리 정보들을 제시하고 있는데, 이 중 다수는 숫자로 된 지리 정보이다. 이러한 지리 정보들은 표류민이 자신의 이동 경로를 계산하여 파악한 것이다. 조선후기에 이르기까지 유구와 그 주변국의 지리적 지식정보들의 갱신 속도는 매우 느렸다. 이러한 상황에서 표류민들의 활약은 조선후기 유구 지리적 지식정보의 확충을 위해 적지 않은 공헌을 하였다.[277]

조선후기에 이르기까지 조선에서 확보한 남방 노정에 대한 지식은 매우 빈약하였다. 신숙주의 『해동제국기(海東諸國記)』(1471)와 이수광의 『지봉유설』(1614)은 남쪽 나라들의 지식정보들을 제공하는 대표적인 저술이다. 그러나 『지봉유설』에 기록되어 있는 유구 관련 지리 정보는 "복건성 매화소의 개양(開洋)으로부터 7일이면 도착"할 수 있으며, "제주에서 해로로 그다지 멀지 않을 것"이라는 추상적인 정보에 그친다.[278] 따라서 표해록에서 제시하고 있는 유구의 지식정보들은 당시

---

276) 『柳菴叢書』, 「漂海始末」. (김정섭·김형만 역, 『유암총서』, 신안문화원, 2005, 70~71면.) "二十九日, 平明見一大島, 在東南午時, 來抵下矴而停舟. 俄見六七人乘艇來, 接先之以水, 繼之以粥, 時不食三日, 喜可知也. 問之乃琉球國大島也[琉球今改中山]. 二月初二日, 舟行五十許里, 抵羊寬村[大島也]. 下陸架一廬使居之, 門外又有廬, 八人守之. 三月二十日, 舟行沿島百許里, 抵于禽村前[大島地]. 二十九日, 舟行過德地島. 翌日過洋永府至立沙島, 阻風留四日, 四月初四日到白村, [自大島一千五百里, 去王都首里府十里], 譯人來問情, 略能爲我國言."

277) 沈玉慧, 「朝鮮王朝海外知識的形成与累積－以興地圖·朝鮮日本琉球國圖爲例」, 『故宮學術季刊』第三十四卷 第二期, 2016.

의 조선 풍토에서는 비교적 상세한 정보였던 것이다.

표해록을 통해 확인되는 유구에 대한 인식의 변화와 유구 지식의 집적은 18세기이래로 꾸준히 축적된 주변 나라들에 대한 관심이 점차 저변을 넓혀가면서 확장된 결과이다. 또 표해록에 보이는 개방적인 인식과 편견 없는 시선은 조선의 배타적인 태도에 대한 반성과 비판적 인식의 산물이라 할 수 있다.

이수광의『지봉유설』은 유구는 엄한 형벌을 사용하는 나라이며, 유구인들은 난폭하고 사나워 싸움을 잘 한다고 기록하였다.[279] 이수광은 17세기 전기의 진보적인 지식인이었으며『지봉유설』은 당시 조선의 진보적인 대외인식을 보여주는 저술이다. 따라서『지봉유설』에 보이는 이러한 기록은 유구에 대한 조선의 인식과 이해를 대표한다고 할 수 있다. 이수광은 사신으로 중국에 다녀왔고, 북경에서 유구 사신들과 직접 만나 교류했다. 그럼에도『지봉유설』에 기록된 유구 관련 내용은 유구의 실상과 어긋나있다.『지봉유설』의 유구 관련 내용은 진간(陳侃)의『사유구록』등의 중국 서적을 참고한 것이다. 그러나 유구를 직접 경험한 표류 조선인들의 유구 견문이 조선에 전해지면서 유구에 대한 인식은 점차 긍정적으로 바뀌었다. 19세기 지식인 홍한주(洪翰周)는 유구를 일본과 더불어서 문명이 성대한 곳으로 인식하였다.[280] 이 때 홍한주가 말하는 유구의 문명은 문화와 학술을 포함한다. 물산의

278) 신숙주(申叔舟)『해동제국기(海東諸國記)』는 '부산, 사쓰마, 히젠(肥前), 고토(大島), 유구국'의 노정을 기록하고 있는데, '총 노정은 도합 543리이며, 조선의 이수로 계산하면 5430리'라고 하였다. 조선전기에 유구국 사신들로부터 얻은 정보로 추정된다.
279) 李睟光,『芝峯類說』,「諸國部·外國」"(琉球)用刑甚嚴, 以螺殼炊爨, 人皆驍健, 不知醫藥而無疾病, 兵甲堅利, 射至二百步, 好爭狼鬪, 輒刃殺人, 度不能脫, 卽剖腹自斃."
280) 洪翰周,『智水拈筆』卷1,「藏書家」"我國旣然, 則日本琉球之文明方盛, 推可知也."

풍요로움을 넘어서서 문화와 학술이 선진적인 곳으로 유구를 인식한
것이다. 이러한 인식의 변화는 당시의 지적 풍토와 연동되어 있다. 이
는 표해록을 비롯하여 유구의 지식정보를 담은 서적들이 지식인들 사
이에서 공유되고 유전된 결과이다.

4. 서양[281)

조선은 동아시아 나라들 중에서도 서양을 늦게 접하였다. 조선이
서양을 만난 시간은 일본 혹은 중국에 비해 훨씬 늦었다.[282) 문헌기록
으로 확인할 수 있는 조선인과 서양의 만남은 17세기경에야 이루어졌
던 것으로 보인다. 1631년에 정두원(鄭斗源)이 인솔한 조선사절단이 중
국 산동 반도의 등주에서 서양 선교사 로드리게스를 조우하였는데, 이
것이 조선과 서양의 첫 만남으로 알려져 있다.[283) 전근대시기 서양인

---

281) 본 절은 2017년 4월 20일~4월 23일에 체코 프라하에서 열린 "28th AKSE Conference
Prague 2017"에서 발표한 논문 「표류를 통한 조선과 서양의 만남」을 본고의 논지에
맞게 고친 것이다.

282) 임종태, 『17,18세기 중국과 조선의 서구 지리학 이해』, 창비, 2012, 143~145면.
물론 중국과 조선 사이의 빈번한 정치 문화 교류과정에서 간혹 선교사들과 조선인이
대면할 기회는 있었다. 예를 들어 병자호란 이후 청나라에 볼모로 잡혀간 소현세자
(1612~1645)는 귀국에 즈음하여 아담 샬과 교분을 쌓고 여러 선물을 받았다. 연례적인
연행 사절에 참여한 몇몇 양반 지식인이나 관상감의 천문관원들도 북경의 천주당을
방문하여 선교사들을 만날 기회를 얻을 수 있었다. 1631년 정두원과 수행역관 이영후가
산동에서 포르투갈 선교사 루드리구에스를 만나 『천문략』과 『직방외기』 등을 얻었다.
청나라와 조선의 관계가 안정기에 접어든 18세기 초부터 조선 사신과 선교사의 만남은
이전에 비해 훨씬 잦아졌다.

283) 임형택, 「조선사행의 해로 연행록: 17세기 동북아의 역사전환과 실학」, 『한국실학연
구』 9, 2005.

을 만날 수 있었던 조선인은 소수의 특권층으로 해마다 중국에 사신으로 파견되었던 연행사절단의 일부 사람들에 한정되어 있었다. 중국에 파견된 연행사절단은 연경에서 천주교회당을 방문하기도 하였고 서양인을 만나 교류하기도 하였으나, 일본에 파견되었던 통신사행인원들은 나가사키를 경유하지 않았던 탓에 서양인을 만날 수 없었다.

한편 일본에 표류했던 조선인들은 나가사키에 머물면서 서양인을 만났거나 서양 물품을 접하였다. 표류 조선인들은 조사를 받기 위해 나가사키에 1개월에서 수개월 동안 체류하였는데, 이 과정에서 나가사키를 통해 일본과 무역하던 네덜란드 사람들을 만나볼 수 있었다. 지금까지 확인된 일본 표해록 6종 가운데 나가사키 견문이 수록되어 있는 것은 4종이고, 이 중 3종에 서양인과 서양 문물에 관한 내용이 보인다. 구체적으로는 아래와 같다.

    ① 정운경, 『탐라문견록』
    ② 이종덕, 『표해록』
    ③ 풍계 현정, 『일본표해록』

조선 경내에서 서양인을 만날 수 있는 기회는 더욱 제한적이었는데, 그것은 바로 선박을 타고 조선 해역에 온 서양인과 만나는 것이었다. 18세기 후반부터 동아시아에서 활동하던 서양의 선박들은 빈번하게 조선 해역에 출몰하였으며, 그중 일부는 악천후를 만나 난파되었다. 현전하는 조선 문헌 가운데 서양인의 조선 표착에 관한 기록은 아래와 같은 5종이 있다.

〈표 10〉 조선후기 서양 관련 표해록

	저술 시기	제목	편저자	출처	주요 내용
1	1696	西洋國漂人記	李益泰 (1633~1704)	知瀛錄	1653년 하멜 일행의 64명의 제주도 표류 사건을 조사한 기록을 저자가 초록한 것으로 보인다.
2	1706	西洋漂蠻	宋廷奎 (1656~1710)	海外聞見錄	1653년 하멜이 제주에 표착했던 사건에 대한 기록이다. 관련 문헌기록을 참고하고 난파선박에서 건져 올린 물건들을 조사한 내용이다.
3	1805	(44則)	鄭東愈 (1744~1808)	畫永編	1797년 네덜란드 사람 50명이 東萊 표착한 기록이다.
4	1805	(47則)			1801년 제주도에 표류해온 서양인에 관한 기록이다.
5	1832	英吉利國漂船記	金景善 (1788~1853)	燕轅直指	1832년 7월에 충청도 홍주 해역에 정박한 영국선박을 조사한 내용이다. 중국에 보고하기 위한 관변 기록인 手本을 서사가 초록한 것이다.

위에 언급된 8종의 표해록을 종합적으로 살펴보았을 때, 표류민을 통하여 유입된 서양 관련 지식정보들은 서양인의 외모와 문자에 관한 것, 서양의 우수한 문물에 관한 것, 동아시아 해역에서 서양 나라들의 활동의 세 가지로 귀납할 수 있다.

(1) 서양인의 외모와 문자

서양인을 처음 접한 조선인들은 그들의 외모를 보고 문화적 충격을 받았다. 조선인들은 난생 처음 보는 서양인들의 이국적인 모습에서 온 충격을 자세한 문자로 남겼다. 따라서 표해록에는 조선인이 만난 서양인의 신체적 특징과 의상이 상세하게 기록되어 있다. 우선 조선

표류민이 일본의 나가사키에서 만난 서양인에 대한 기록을 살펴보기
로 한다.

ⓐ 하루는 통사가 우리를 이끌고 가서 남만관을 보여주었다. 그 사람
들은 눈이 깊고 코가 높았다. 눈동자는 노랗고, 코는 가늘고도 길었다.
세상 사람들과는 완전히 달랐다. 검은 옷을 입었는데 사지와 몸이 몹시
길고 컸다. 키는 한 장반 가까이 되고, 손가락이 정강이만 했다. 그 모
습이 북실북실했다. 머리에는 붉은 담요를 둘렀는데, 제도가 북방 오랑
캐들이 쓰는 모자와 같았다. 여섯 사람의 면모가 서로 아주 비슷했다.
누린내가 나는데, 한 사람이 일어나 이리저리 다니자 50보 떨어진 거리
에서도 그 냄새가 코를 찔렀다. …(중략)… 그들은 태어나서 8~9세가
되면 덩치가 저리 커지고, 서로 혼인하여 성인이 된다. 50세만 되어도
오래 살았다고 하니, 50을 넘겨 사는 자가 없다. 왜도 이를 사람으로
생각지 않았다.[284]

인용문 ⓐ는 1723년 김시위(金時位) 등이 일본 고토(五島)에 표류하
였던 기록에서 일부를 발췌한 것이다. 이들 표류민은 나가사키에서 조
사를 받은 뒤 본국에 송환되었다. 나가사키에 체류할 때 이들은 아란
타 사람을 만났는데, 위 인용문은 당시의 감상을 적은 것이다. 이 글에
는 서양인의 이국적인 외모로부터 받은 당혹감이 남김없이 드러난다.

---

284) 鄭運經, 『耽羅聞見錄』, 「第8話」. (정민 역, 『탐라문견록, 바다 밖의 넓은 세상』, 휴머
니스트, 2008, 99~101면.) "一日通事率行, 觀南蠻館, 其人深目高鼻黃睛, 其鼻細而長,
絶不類世人. 衣黑衣, 肢體絶長大, 長幾一丈半, 指如脛, 其狀鬖鬖然, 頭着紅氈, 制如
胡笠. 凡六人面貌, 酷相似, 有醒膻之臭, 一人起而彷徨, 相距五十步, 其臭逆鼻. …(中
略)…且生八九歲, 如許壯大, 相婚娶成人道, 五十爲上壽, 無過五十生者, 倭亦不以人
數數之."

김시위 등은 코가 높고 눈이 노란 서양인들을 보고는 이 세상 사람들
과 다르다고 생각했다. 그들이 키가 큰 것도 손가락이 긴 것도 이상하
게 생각되었으며, 그들 특유의 체취는 참기 어려운 고약한 냄새로 느
껴졌던 것 같다. 따라서 "일본인도 이들을 사람으로 생각하지 않는다.
[倭亦不以人數數之.]"고 하면서 비하의 발언을 하고 있다.

　　ⓑ 아란관에 대해 장기(長崎)의 사람들이 말하기를, 아란국은 일본의
남쪽에 있는데 백여 년 전에 일본이 가서 정벌하여 항복시켰다고 한다.
이로부터 아란이 조공하였고 그 나라 사람 백여 명이 항상 장기(長崎)진
에 수자리한다고 하였다. 그 나라 사람들은 눈이 깊고 붉은 눈동자를
가졌으며, 콧마루가 오똑하였다. 머리카락은 혹은 붉은 색, 혹은 황색,
혹은 검은색, 혹은 회색이었고 그 길이는 불과 한 마디밖에 되지 않았으
며 더부룩한 곱슬머리여서 마치 개털 같았다. 옷은 검은색으로 물들인
가죽으로 웃옷과 바지를 만들어 입었는데, 몸에 딸린 것은 남김없이
위아래에 모두 끈으로 묶었다. 머리 위에 쓴 것은 대광주리 같은 것으로
서 흑공단을 입혔는데 용모가 흉측하여 마치 원숭이 같았다.[285]

　　인용문 ⓑ는 풍계 현정의 『일본표해록』에서 인용한 것이다. 이 글
은 인용문 ⓐ에 비해 거의 한 세기 뒤에 작성된 것이지만, 아란타인의
외모에서 받은 충격의 감정은 거의 변함이 없다. 코가 크고 눈동자가

---

285) 楓溪賢正, 『日本漂海錄』. (김상현 역, 『일본표해록』, 동국대학교출판부, 2010, 52
면.) "阿蘭舘則長崎人言, 阿蘭國在於日本之南, 百餘年前, 日本往征而降之. 自此阿蘭
入貢, 其國人百餘名, 常爲來戍於長崎鎭. 其人深目赤瞳, 鼻梁斗起, 頭髮或赤或黃,
或黑或灰色, 其長不過一寸餘, 拳曲蒙茸, 恰似狗毛, 所着則以黑染皮革, 爲衣爲袴,
貼身無剩, 上下皆以紐結之, 頭上所着, 若竹筐者, 而塗以黑貢緞, 容貌凶怪, 殆若猴
獲之類也."

붉은 서양인들, 그들의 더부룩한 곱슬머리 등은 조선인의 눈에 추한
것으로 비춰졌던 것 같다. 그리하여 풍계 현정은 아란타인의 외모에
대해 "곱슬머리는 개털과도 같았으며[拳曲蒙茸, 恰似狗毛]", "용모가 흉
측하여 원숭이 같다[容貌凶怪, 殆若猴獲之類也.]"고 평가하였다. 이는
풍계 현정이 일본인의 외모에 대해 남자와 여자가 모두 빼어나다고 하
였던 것과는 대조적인 모습이다.

위의 인용문에 보이는 아란관, 남만관은 모두 네덜란드 상관을 말
한다. 조선 표류민이 만난 서양인은 일본 나가사키에서 무역을 진행하
던 네덜란드 사람들이었다. 인용문 ⓐ와 ⓑ에서 공동으로 드러나는
시선은 서양인을 문명 정도가 낮은 오랑캐로 바라보는 시선이다. 일본
에 표류해갔던 조선인들은 서양인의 외모에 대해 비하의 발언을 하였
는데, 서양인에 대한 이러한 편향적인 시선은 일정 부분 일본의 영향
을 받은 것이었다.

이에 반해 조선에 표류해 온 서양인에 관한 기록에서는 폄하의 시선
이 적게 감지된다. 또 이러한 기록에는 서양인의 외모에 대한 묘사와
함께 서양인의 언어에 대한 인상이 함께 기록되어 있는 경우가 많다.
이는 서양인이 조선의 해역에 오면 담당 관아의 조사를 받게 되어 있고,
이 과정에 언어와 문자로 소통을 시도하는 것이 관례였기 때문이다.

ⓒ 만인(蠻人)들은 먼저 이름을 말하고 그 다음을 성(姓)을 말했다.
글자를 쓰려면 왼쪽에서 오른쪽 방향으로 옆으로 써갔다. 글자 모양은
마치 언문(諺文)과 같은데 어찌나 비스듬히 흘렸는지 깨우칠 수가 없었
다. 생긴 모양은 눈동자가 파랗고, 콧마루가 높고, 피부는 어린 사람은
희고, 장성한 사람은 황백색이었다. 머리털은 황적색인데 자른 나머지

가 앞에는 눈썹까지 드리웠고 뒤에는 어깨까지 드리웠는데, 간혹 전부 깎은 자도 있으며 혹은 구레나룻은 자르고 콧수염은 남겨둔 자도 있었 다. 키는 커서 8,9척이었다. <u>남에게 예(禮)를 할 때는 모자는 벗고 신발 도 벗어 양손을 땅에 짚고 길게 꿇어 앉아 머리를 숙였다.</u> 모자는 바로 양털 전립(氈笠)이었다.[286]

위 글은 이익태의 『지영록』내 「서양국표인기(西洋國漂人記)」의 일부 이다. 이 글에서는 서양인들의 눈동자, 콧마루, 피부색, 머리색과 머리 모양, 콧수염의 형태, 키 등에 대해 기록하고 있다. 이 밖에도 서양인 이 예(禮)를 취하는 법과 이들이 이름을 말할 때 이름을 성(姓)의 앞에 두는 것 등 조선의 풍토에서는 생소한 외국 문화에 대해 기록하고 있 다. 서양인의 문자에 대한 언급도 보이는데, 언문과 비슷하며 흘려 써 서 알아볼 수 없다고 하였다. 서양인의 외모와 언어 및 문화를 설명함 에 있어서 이 글에서는 비교적 중립적인 태도를 보인다고 할 수 있다.

ⓓ 순치 십년 계사년 7월 서양 오랑캐 배가 표류 끝에 대정현 차귀진 의 대야수포에 닿았다. 배에는 모두 64명이 있었다고 하나, 뭍에 오른 사람은 겨우 36명뿐이었다. 그들은 모두 푸른 눈에 붉은 수염이 있고 높은 코에 키가 컸으며 머리털은 어깨에 닿도록 잘랐는데 어떤 이는 대머리에 수염이 없었다. 양털 모자를 쓰고 뒤가 높은 가죽신을 신었으 며 옷은 잡색으로 그 길이가 허벅지에 닿았다. 옷깃과 소매는 모두 매듭

---

286) 李益泰, 『知瀛錄』, 「西洋國漂人記」. (김익수 역, 『국역 지영록』, 제주문화원, 2010, 148면.) "蠻人先言名而後言姓, 書字則從左向右橫書, 而字樣如諺文, 胡斜未曉. 形容 則目瞳碧鼻準高, 肌膚少者白, 壯者黃白, 頭髮黃赤, 剪餘前垂, 眉後垂肩, 或有全削 者, 或有剪髥而留髭者, 身長八九尺. 禮人去冠去履, 兩手據地長跪, 而垂頭冠卽羊毛 氈笠."

으로 연결되어 있어 한쪽을 당기면 모든 매듭이 함께 풀렸다. 긴 버선은
무릎까지 올려 바지 안쪽으로 맸다. 절을 할 때면 모자와 신발을 벗고
양손으로 땅을 짚으며 무릎을 꿇고 머리를 숙였다. …(중략)… 그들의
글자는 대략 호서(胡書)와 비슷하여 가로로 한 줄씩 쓰면 왼쪽에서 시작
한다. 숫자의 경우는 그 수대로 금을 긋는데, 다만 10은 X로 쓰고, 5는
V로 쓰며 6 이상은 V에다가 수를 따라 획을 더하면 된다.[287]

인용문 ⓓ는 『해외문견록』내 「서양표만(西洋漂蠻)」의 일부이다. 이
글 역시 1653년 하멜이 제주에 표착했던 사건에 대한 기록이다. 저자
송정규는 제주 관아의 기록을 참고하고 제주의 무고(武庫)와 난파한 배
에서 건져낸 서양 물품을 조사하여 이 글을 작성하였다. 이 글에서는
또 역시 서양인의 신체적 특징 외에도 이들의 옷차림에 대해 자세하게
묘사하였다. 인용문 ⓓ에도 인용문 ⓒ와 마찬가지로 서양인의 문자에
대한 언급이 보이는데, 이는 표류해 온 서양인과 문자로 소통을 시도하
면서 그들의 문자에 대해 얻게 된 피상적인 인식을 기록해 둔 것이다.

ⓔ 정조 정사년(1797)에 표류선이 동래에 이르렀는데, 배의 크기가
우리나라의 2,000~3,000석을 싣는 배와 거의 같았다. 배 안에는 약
50명의 사람들이 있었는데, 모두 몸집이 월등히 커서 우리나라 사람과

---

287) 宋廷奎,『海外聞見錄』,「西洋漂蠻」. (김용태 · 김새미오 역,『해외문견록』, 휴머니스
트, 2015, 28면.) "順治十年癸巳七月, 西洋蠻舶, 漂敗于大靜遮歸鎭之大也浦. 一船共
六十四人, 而得上岸者, 僅三十六人. 其人皆碧眼赤顔, 高鼻長身, 斷髮垂肩, 或髠頭剪
鬚, 戴羊毛之氈笠, 履高厚之皮鞵, 衣襟色長及髀, 襟袖俱爲連扣, 一引縮而衆扣齊脫,
長韈至膝, 結於袴內, 拜則去冠履, 兩手據地, 長跪而垂頭. …(中略)… 其諺字略似胡
書, 而橫寫爲行, 從左而起, 凡數目字, 如數畫之, 但十字作X, 五字作V, 自六以上,
則又於V字之下, 隨數加畫. 初來時, 語音文字俱不可通, 以身手口眼, 爲之形狀, 相示
爲喩, 而莫知爲何國人, 見其書冊地圖, 意其來自西洋."

비교하면 두어 척 정도 더 클 뿐만 아니라 생김새도 매우 달랐다. 콧대
가 높고 곧아서 위로 이마까지 이어졌으며, 뺨에는 광대뼈가 없어 코
에서 평평하게 귀로 이어진 것이 마치 살구씨의 모서리를 깎아놓은 모
양 같았다. …(중략)… 그들이 입고 있는 의복은 저고리와 바지가 있었
으나 모두 품이 매우 작아서 겨우 팔다리가 들어갈 정도였으며 무릎을
굽힐 수 없었다. 궤짝들이 있어서 앉을 때에는 반드시 걸터앉았다. 말
이 통하지 않아 글자를 써서 보여주어도 이해하지 못했다. 저 사람들
도 글자를 써서 보였는데 글자의 모양이 산 같기도 하고 구름 같기도
하여 역관이 이해하지 못하였다. 끝내 의사소통할 방법이 없어 어느
나라 사람인지 알 수 없었다.[288]

인용문 ⓔ는 정동유(鄭東愈)의 『주영편(晝永編)』에서 발췌한 것이다.
이 글은 1797년 네덜란드 사람 50명이 동래의 해역에 온 사실을 기록
한 것이다.[289] 당시 동래부사(東萊府使)와 부산첨사(釜山僉使)가 역관을
동행하여 이들 서양인을 조사하려 했으나, 말이 통하지 않았으며 문자
로도 의사소통을 할 수 없었다. 그들이 어느 나라 사람인지조차 파악
하기 어려웠는데 다행히 왜관(倭館) 사람이 알려주어 그들이 아란타 사
람임을 알게 되었다. 이 글에서는 서양인의 외모가 조선인에 비해 체

---

288) 鄭東愈, 『晝永編』 卷上. (안대회·서한석 외 역, 『주영편, 심심풀이로 조선 최고의
    백과사전을 만들다』, 휴머니스트, 2016.) "正宗丁巳, 有漂船到東萊, 船大僅如我國載
    二三千石者. 船中人約五十餘, 其人皆偉巨絶類, 較我國不啻, 長數尺, 而面貌亦殊異,
    鼻脊隆直, 上貫于項. 臉無顴骨, 自鼻平低向, 耳若杏核稜刻之狀. …(中略)… 人之所着
    衣服, 有襦有袴, 而皆緊窄, 僅容臂股, 不能屈膝. 有櫃子, 坐必踞, 言辭不可通, 書示
    以文, 亦不省, 彼人亦書文, 字字狀如山如雲. 譯官所不解, 遂無以通意, 不知爲何國
    人也."

289) 1797년 네덜란드 선박이 동래에 정박한 사실은 『정조실록』 47권, 정조 21년(1797)
    9월 임신조에도 기록되어 있다. 경상도 관찰사 이형원(李亨元)과 삼도통제사(三道統制
    使) 윤득규(尹得逵)가 관련 사안에 대해 치계한 내용을 수록하고 있다.

구가 월등히 크고 생김새가 무척 다른 점에 주목했으며, 이들이 품이 좁은 저고리와 바지를 입고 있음을 신기하게 생각했다.

ⓕ 당저 원년 신유년(1801) 8월, 제주도 당포(唐浦)에 큰 배가 들어와 해안에 정박하였다. 다섯 사람을 내려놓고 배를 돌려 대포를 쏘자 배가 쏜살같이 나아갔다. 그 다섯 사람을 보내 그중 네 사람은 머리털을 다 깎았고, 한 사람은 이마 앞부분은 깎고 뒤의 반쪽은 땋아 늘어뜨렸다. 땋은 머리는 검은 비단 조각으로 그 끝을 묶고 모두 붉은 무늬 베로 싸매었다. 머리 뒤에는 등으로 만든 검은 갓을 썼는데 그 모습이 고기 굽는 벙거짓골 같았다. 몸에는 짧은 저고리를 입거나 반팔을 입었다. 그 천은 모직이거나 거친 삼승포였다. 아래에는 바지를 입었는데 허리께에 주름을 잡아 색실로 꿰어서 묶었다. 옷 색깔은 푸른색 붉은색 황색 흰색으로 달랐고, 품새가 매우 좁아서 겨우 팔다리가 들어갈 정도였다. 목에는 모두 염주를 걸었으며 발에는 버선이나 신발을 신지 않고 바로 진땅을 밟고 다녀서 짐승의 발과 다름이 없었다. 귓바퀴에는 구멍 뚫은 흔적도 있었고, 깎은 곳에 다시 나는 머리털은 양털같이 꼬불꼬불 말려 있었다. 그중 두 사람은 온몸이 옻칠한 듯 검었다. 글자를 써서 보여주었더니 그들은 알아보지 못하였다. 붓을 주어 글을 쓰게 하자 오른 손으로 붓을 잡고 썼는데 전자(篆字)도 아니고 그림도 아닌 것이 엉킨 실 모양이었다. 왼쪽에서 오른쪽으로 가지런하게 써나가는 것이 서양의 필법과 같았다. …(중략)… 흑인 둘은 옻칠해 검은 것이 아니라 태생이 그러하고, 그들 지방에 많이 있다고 하였다. 그러나 그들이 어느 나라 사람인지 알 길이 없었다.[290]

290) 鄭東愈, 『晝永編』卷上. (안대회·서한석 외 역, 『주영편, 심심풀이로 조선 최고의 백과사전을 만들다』, 휴머니스트, 2016.) "當宁元年辛酉八月, 濟州唐浦有大船來到海岸, 卸下五人, 回棹放火砲, 其往如箭, 見其五人, 則其中四人頭髮盡削, 一人額前削後

　인용문 ⓕ 역시 『주영편』에서 발췌한 것이다. 이 글은 서양 선박을 타고 제주 해역에 온 서양인에 관한 기록이다. 1801년에 큰 서양 선박이 제주 해안에 잠깐 정박하였다가 서양인 5명을 버려두고 가버렸는데 그중에는 흑인 2명이 포함되어 있었다. 이들을 조사하기 위해 역관이 다양한 방법으로 의사소통을 시도했으나 말이 통하지 않았다. 조선에서는 관례대로 뇌자관(賚咨官)을 선출하여 이들 표류민을 중국에 이송하였지만, 중국에서도 국적을 확인할 수 없다는 이유로 이들을 조선에 다시 돌려보냈다. 이들 서양인은 결국 제주에서 늙어 죽었다. 인용문 ⓕ에서는 서양인의 외모보다도 그들의 의관(衣冠)과 복제(服制)에 주목하는 모습을 보인다. 이 글에서는 이들 서양인들을 머리에서 발끝까지 관찰하여 자세하게 기록하였는데, 머리 모양, 머리에 쓴 갓, 이들이 입은 저고리와 바지의 모양과 소재, 목에 건 염주, 맨발 등은 모두 관찰과 기록의 대상이었다.

　서양인이 사용하는 문자에 대해서는 왼쪽에서 오른쪽으로 가지런하게 작성하며, '엉킨 실타래 모양'이라는 시각적인 느낌을 적고 있다. 그런 뒤 이 글에서는 이들 서양인이 사용하는 일부 단어들을 정리하여 기록하였다. 여기에 기록된 외국어는 일상생활에 필요한 단어인 동시에 외국인과의 접촉을 통해서 알 수 있는 언어들로 보인다. 여기에는 자연, 숫자, 가족을 비롯한 인간관계와 관련되는 단어들, 선박과 관련

半, 則編捶以黑緞修束其端, 並以紅斑布裹頭, 上着黑藤笠狀如煮肉之笠鐵. 身着襦, 又或着半臂, 其質或氈或三升, 下着袴而襞積, 其腰以色絲貫而結之, 衣色則青紅黃白不同, 衣制甚窄, 僅容臂股. 項皆掛念珠, 足無襪履, 直踏泥土無, 異獸蹄子. 耳輪或有穿孔痕, 髮削復生者, 卷旋如羊毛, 其中二人全身純黑如漆, 乃書示文字, 其人不解, 給筆使書, 則右手執筆寫成, 非篆非書, 狀如亂絲. 而自左平行向右, 如西洋法. …(中略)… 兩黑人初非漆也, 自是胎生渠地多有之云, 而其爲某國人則無由知之."

된 단어들, 그리고 인간의 가장 기본적인 행위 방식을 설명하는 단어들이 포함되어 있다. 표류 선박에 실려 있었을 것으로 추정되는 상아(象牙)와 빈랑(檳榔) 등 물품에 해당한 단어들도 보인다. 저자는 이들의 언어가 어느 나라 언어인지 모르지만, 나중을 대비하여 기록해 둔다고 하면서,[291] 기록 의도를 명확히 하고 있다.

ⓖ 그 사람들의 용모는 더러는 희어 분을 바른 것 같고, 더러는 검어 먹을 칠한 듯하며, 혹 머리털을 완전히 깎기도 하고 혹 정수리를 깎아버리고 머리 위의 털을 조그맣게 한 가닥으로 땋아 드리웠다. 입은 의복은 양포(羊布)나 성전(猩氈)이나 삼승(三升)으로 만들었다. 저고리는 두루마기 모양이나 소매가 좁았는데 띠를 붉은 비단으로 하였고, 적삼은 단령(團領) 오른편 섶에다 금단추를 옷깃이 합쳐진 곳에 달았는데 그 소매가 넓거나 좁다. 바지는 우리나라의 것과 모양이 같아 넓기도 하고 좁기도 하며 더러는 검고 더러는 희며, 관작이 있는 사람의 의복은 무늬 있는 비단이 선명하였다. 머리에 쓰는 것으로 자작(子爵) 호하미(胡夏米)의 것은 푸른 비단으로 만들되 마치 족두리같이 앞을 검은 뿔로 장식하였다. 그 밖의 것은 혹은 홍전(紅氈) 혹은 검은 삼승(三升)으로 더러는 감투 모양같이 하고 더러는 두엄달이(頭掩達伊) 모양같이 하고 더러는 풀로 짠 전립 모양과 같이 하였다. 버선은 흰 좌사(左紗)나 흰 삼승으로 만들었는데 등 위에 꿰맨 데가 없고, 신은 검은 가죽으로 만들어 발막(發莫) 모양과 같았다.[292]

---

291) 鄭東愈, 『晝永編』卷上. (안대회·서한석 외 역, 『주영편, 심심풀이로 조선 최고의 백과사전을 만들다』, 휴머니스트, 2016.) "其人之今存者, 若生至多年, 必能與我國人通語, 語旣通, 則庶可知此語爲某國語. 聊記之以備日後異改."

292) 金景善, 『燕轅直指』卷1, 「英吉利國漂船記」. "彼人容貌, 或白如塗粉, 或黑如漆墨, 或全削頭髮, 或削去百回腦上, 少許髮一條編垂, 所着衣服, 或羊布, 或猩氈, 或三升, 上衣則或周衣樣, 或狹袖樣, 帶以紅緞, 衫則團領右衽. 以金團錘懸於合衽處, 其袖或

인용문 ⑧는 김경선의 「영길리국표선기(英吉利國漂船記)」에서 발췌한 것으로 1832년 6월 영국 선박이 조선 해역에 정박한 사실을 기록한 것이다. 당시 홍주(洪州) 목사가 역관을 대동하여 영국배의 선원들에 대해 조사를 진행하였다. 조사는 필담으로 진행되었는데, 이들이 영국 사람임을 확정지을 수 있었던 것은 이들 영국인이 한문(漢文)을 능란하게 구사하여 문자를 통한 소통이 가능하였기 때문이다. 이 글에서는 영국 배에 타고 있던 선원들의 의상과 머리 모양에 대해 기록하였다. 조선인들에게 있어서 서양 선원들의 피부색, 머리 모양, 그들이 착용한 의상, 버선과 신발 등이 조사와 탐구의 대상이었던 것이다.

이상 표해록에 보이는 서양인의 외모와 문자에 대한 기록은 조선후기 서양의 이해수준과 인식의 정도를 여실히 보여준다. 당시 조선은 서양의 여러 나라에 대한 이해가 불충분하였으며 서양을 하나의 뭉뚱그려진 시선으로 바라보는 경향이 있었다.[293] 또, 19세기 중기까지 조선은 국가적으로도 서양의 나라들과 소통하기 위한 역관을 양성하지 않았기에, 조선에 온 서양인들과 언어적·문자적 소통을 할 수 없었다. 따라서 서양인들이 구사하는 언어의 숫자와 기본 명사 등을 제한된 범위에서 파악할 수밖에 없었다.

이 시기 서양인에 대한 지식 정보는 피상적인 관찰을 통해 확보한 초급 정보들에 지나지 않는다. 그럼에도 조선의 지식인들이 서양인을

廣或狹, 袴則似我國樣. 而或廣或狹, 或黑或白, 有爵人衣服, 紋緞鮮明, 頭着則子爵胡夏米, 以靑緞製如足道里, 前飾黑角, 其外或以紅氈, 或以黑三升, 或爲甘吐樣, 或爲頭掩達伊樣, 或如草織氈笠狀, 襪子或白左紗, 或白三升造之, 而背上無縫, 鞋則以黑皮造之, 如發莫樣."(인용문의 번역은 〈한국고전종합DB〉를 참조하였다.)

293) 李德懋, 『靑莊館全書』 卷24, 「兵志備倭論」. "孝宗四年, 有漂船泊于珍島, 渰死幾半, 餘者三十六人, 轉泊濟州, 不通言語文字. 我人但稱西洋, 或稱南蠻, 竟不知爲何國人."

미개한 종족으로 바라보던 시선에서 점차 탈피하여, 서양인의 옷차림과 그들의 언어에 대해 비교적 중립적인 입장으로 기록하려 했다는 점이 포착된다.

(2) 서양의 문물

서양 문물을 접했던 조선인들은 그들의 기술력에 감탄하며 서양 문물에 관심을 보였다. 서양인의 문물 가운데 조선인의 이목을 끌었던 것은 우선 그들의 선박이었다. 서양인을 만났던 조선인들은 주로 해안가 주민으로서 일반인에 비해 선박에 대한 지식이 풍부했으며, 여러 나라의 선박에 관심을 갖고 있었다. 따라서 표해록에는 서양 선박에 대한 기록은 다수 보인다.

ⓐ 어느 날 밤에는 대포소리가 하늘을 진동하므로 몹시 괴이하게 생각했다. 아침에 들으니 아란타의 장삿배가 와서 정박했다고 한다. 한낮에 배가 있는 곳에 가서 보니, 강의 너비가 10리쯤 되는데 큰 배 두 척이 강을 가로막고 왔다. 배는 아래 위 2층이었고, 비단 돛을 가로로 여섯 장을 걸었다. 한 면으로 된 천기(天旗)는 장대만 15장(丈)이 넘었으니, 그 배의 장려함을 알 수 있겠다.[294]

인용문 ⓐ는 18세기 전기 조선 표류민이 일본의 나가사키에서 본 아란타의 상선에 대한 묘사이다. 아란타의 장삿배는 크고 화려했다.

---

294) 鄭運經, 『耽羅聞見錄』, 「第7話」. (정민 역, 『탐라문견록, 바다 밖의 넓은 세상』, 휴머니스트, 2008, 94면.) "一日夜, 聞砲聲振天, 甚怪之. 朝聞阿蘭陀商賈船來泊, 日中至船所見之, 江廣可十里, 有大舶二雙, 塞江而來, 船上下二層, 掛錦帆六橫障, 一面天旗, 竿過十五丈, 其船之壯麗可知."

비단 돛 여섯 장을 건 이층짜리 큰 배 두 척이 큰 강을 가로막고 있었
는데, 배의 대포소리는 하늘을 진동할 정도였다.

ⓑ 배 전체는 얇은 구리 판자로 둘러놓았다. 배 안쪽은 순동(純銅)이
었고 바깥쪽은 뱃전에서부터 한 길 남짓은 구리로 싸고 물에 잠긴 부분
아래는 나무판자였다. 배 위에 크고 작은 돛대가 여덟 아홉 개 세워져
있고, 배의 앞뒤에는 판자로 벽을 세워 만든 선실이 매우 많았는데 좌
우의 환한 창문은 모두 유리로 되어 있었다. 배 뒷부분에는 우리나라의
대포와 같은 큰 대포 3문을 두었다. 또 물을 길어오는 작은 배가 있었는
데 물을 길어오면 반드시 큰 배에 실어두었다.[295]

위 글은 『주영편』에서 발췌한 것으로 1797년 네덜란드 사람 50명이
동래 해역에 온 사실에 대한 기록이다. 이 글에서는 서양 선박을 탐구
의 대상으로 설정하여, 배의 외형, 배를 만드는 소재, 배의 구조에 대
해 설명하였다. 또, 조선 배가 주로 나무로 만들어진 것에 비해, 서양
선박은 몸체가 금속으로 되어있으며 선실이 많고 창문에는 모두 유리
를 사용한 것에 주목하였다.

ⓒ 선체는 외[瓜]를 쪼갠 듯이 뱃머리와 선미(船尾)가 뾰족하고, 그
길이는 30발, 너비는 6발이다. 삼나무 쪽을 붙이는데 쇠못으로 박고,
못대가리의 폭 사이를 기름 섞은 회로 발랐다. 물에 잠기는 기둥과 판

---

295) 鄭東愈, 『晝永編』卷上, 44則. (안대회·서한석 외 역, 『주영편, 심심풀이로 조선
최고의 백과사전을 만들다』, 휴머니스트, 2016.) "全船以薄銅包板, 船內則純銅, 船外則
自舷丈餘銅包, 蘸水以下乃板也. 船上竪桅, 大小八九, 船前後以板隔爲樓室甚多, 左右
明窓皆琉璃造成. 船尾架置大鏡, 如我國大砲者三, 又有汲水小船, 汲已必載之大船."

자는 모두 구리쇠 쪽을 붙이고 구리쇠 못으로 총총 박았으며, 치목(鴟木)도 구리로 둘러싸 선미 밖에 붙였다. 상하 삼판(杉板)에 유리로 창문을 냈고, 좌우 삼판 위에 난간을 만들되 판목(板木)으로 칸을 가로질러 꾸몄으며, 뱃머리에는 취사장을 만들었다. 선미에 선관(船官)이 거처하는 방을 만들었는데 지극히 화려하게 하였으며, 방 위에 판자를 깔고 사방에 놋쇠로 난간을 만들었다. 뱃머리에는 사람의 형상을 만들어 기름 섞은 회로 발라 꽂았는데 마치 멀리 바라보는 듯한 모양이었다. 또 긴 나무를 반쯤 눕게 꽂아 앞 돛의 끈을 매달았다. 선상(船上)의 허리 중앙에 닻이 닿는 데를 만들었는데, 아래는 판자를 깔아 안정되어 흔들리지 않게 하고, 위는 장구 모양으로 하여 맷돌처럼 움직이게 만들고 놋쇠로 장식하여 세워 두었다. 닻줄은 철사로 꼬았는데 크기가 서까래만 하다. 배 양쪽 머리에는 각각 건령구(乾靈龜)를 설치하고, 배 좌우에는 쇠갈고리를 박아 돛끈을 매달았다. 배 가운데의 1칸에는 검고 흰 염소, 닭, 오리, 돼지, 개를 기르는데 그 수효를 헤아릴 수 없다. 배 양쪽 머리에는 각종 색깔의 기를 꽂아 앞길의 물 깊고 얕음을 재는 데 호응하였다. 관작(官爵)이 있는 자가 거처하는 문 앞에는 한 사람을 시켜 갑옷을 입고 칼을 잡고 온종일 시위하여 출입하는 사람을 금하게 하였다. 물 긷는 배 네 척은 푸르거나 검게 칠하였고, 본판(本板)을 구리쇠로 만들어 항상 선미의 좌우에 달아 두다가 때때로 물에 띄워 사용하였다. 돛대는 앞 돛대는 19발, 가운데의 돛대는 22발, 뒤 돛대는 16발이다. 앞뒤와 가운데의 돛대는 각각 3층과 6층으로 수레바퀴 모양과 같이 만들고, 놋쇠로 난간을 상층과 중간층에 하고 나무대 둘을 가로로 붙여 사람을 수용할 곳을 만들었다. 큰 활대를 항시 3층의 위에 걸되, 흰 삼승 돛을 또 3층으로 나누어 붙여 수시로 폈다 거뒀다 한다. 돛끈은 드리우기를 줄이 헝클어진 것 같은데 간간이 큰 가닥이 있고, 또한 작은 끈으로 구름사다리 모양을 묶어 만들어, 돛을 펼 때에는 사람이 그 층 위에 올라가 폈다.[296)]

인용문 ⓒ는 「영길리국표선기」에서 발췌한 것이다. 이 글은 조선후기 문헌 중에서 서양선박의 구조와 작동 원리에 대해 가장 상세하게 적은 기록으로, 배의 규모와 배를 꾸민 장식들, 배 안의 시설과 내부 구조, 돛대의 개수, 돛대와 활대의 크기, 돛대를 펴고 거두는 방법, 닻줄의 굵기, 배 안에 실린 물건들 등에 대한 정보가 상세하게 적혀있다. 이러한 정보들은 영국 선박에 올라가 낱낱이 조사했기에 알 수 있는 사실들이다. 인용문 ⓒ에서는 서양선박에 대한 조사를 통해 기술적인 측면에서 서양배의 구조와 작동원리를 파고들어 최대한 상세하게 재현하였는데, 이 과정에 서양의 선박기술에 대한 지식을 대폭 확충할 수 있었다.

아래 조선인들이 본 서양의 기타 물품에 대해 살펴보자. 인용문 ⓓ는 『해외문견록』내 「서양표만(西洋漂蠻)」에서 가져온 것이다. 이 글에 기록된 서양 물품은 1701년 저자 송정규가 제주 목사 재직 시절에 제주의 무고(武庫)와 난파선에서 건져낸 서양 물품을 조사하여 기록한 것이다.

---

296) 金景善, 『燕轅直指』卷1, 「英吉利國漂船記」. "船體似破瓜, 而頭尾則尖, 其長爲三十把, 廣爲六把, 杉幅之付, 以鐵釘挿之, 而釘頭幅間, 以油灰塗之, 沈水柱板, 皆以銅片付之, 銅釘簇簇挿之, 鴟木亦以銅裹之, 而付於船尾外, 上下杉板, 以琉璃作牕, 左右杉板上爲欄干, 以板木橫間而飾之. 船頭作炊飯所, 船尾作船官所居屋, 而極華麗, 屋上鋪板, 四方以鑰鐵爲欄干, 船頭作人形, 塗油灰挿之, 如望見狀. 又以長木半偃挿之, 結前帆索, 船上腰中作碇接, 而下鋪板, 安而不動. 上如缶形, 動如磨石, 以豆錫粧飾而立置, 碇索則以鐵絲爲之, 大如椽. 船兩頭各置乾靈龜, 船左右挿鐵鉤, 以結帆索, 船中一間, 畜黑白牛鷄鴨猪犬, 而其數難量. 船兩頭, 挿各色旗, 以應前路尺水淺深, 有爵者所居門前, 使一人着甲衣按劒, 終日侍立, 以禁出入之人. 汲水船四隻, 或塗靑或塗黑, 本板以銅鐵爲之, 常懸於船尾左右, 時時放水用之. 帆竹則前帆竹十九把, 中帆竹二十二把, 後帆竹十六把, 前中後帆竹, 各作三層六層, 如車輪狀, 而作鑰鐵欄干. 上中層, 以兩木橫付, 作容人處. 以大弓竹, 常掛於三層之上, 白三升帆, 亦分三層而付之, 隨時布捲, 帆索則垂如亂繩, 間有大索, 又以小索, 結作雲梯狀, 張帆之時, 則人登其層上而布之."(인용문의 번역은 〈한국고전종합DB〉를 참조하여 필자가 일부 수정하였다.)

ⓓ [1] 서양인들은 기술이 뛰어났는데, 특히 의술과 역법에 밝았다. 그렇지만 숙련된 장인과 대장장이와 같은 재주 있는 부류는 대부분 난파한 배를 구호하는 와중에 죽고 말았다. 살아남은 사람들 중에는 천문 역법에 밝은 사람이 한 명, 권법에 능한 사람이 두 명, 조총을 잘 다루는 사람이 한 명, 대포를 다루는 사람이 열 명 있다. 그들이 대포를 다루는 방법은 반드시 대포를 수레 위에 안치해서 방포하니, 이렇게 하면 높이고 낮추며 회전하는 것이 편리할 뿐만 아니라 대포를 발사함에 수레바퀴가 저절로 뒤로 굴러가서 대포의 반동하는 힘을 줄이며 대포가 파열되는 것을 막아준다. 장약(粧藥)은 대포가 8근, 중포가 6근, 그 다음 중포가 4근이요, 조총은 9전이다. 조총은 납 탄환을 쓰는데 그 무게는 8전이다. 철사로 2~3개의 탄환을 이어서 발사하는데 목표에 맞으면 곧 하나의 구멍에 맞는다. [2] 배가 난파한 곳에서 건져낸 물건이 50여 종인데, 보배롭고 기이한 물건들이 꽤 있었다. 용뇌가 수십 근, 왜은(倭銀)이 600냥 있었으며, 유리 시계도 하나 있었는데 그것은 두 개의 병 입구를 붙여 만든 것으로 중간에 모래가 흘렀다. 둥근 해시계(測晷圓器)는 숙동(熟銅)으로 만들었는데, 그것을 걸어놓은 축은 자유롭게 움직여 능히 전후좌우로 조종할 수 있었다. 그것의 각도를 중국의 것과 견주어보면 다소 차이가 있다. 또한 측구척, 천리경, 유리경, 운모창 등이 있었으며 그릇들은 대부분 구리와 주석, 백철로 된 것이었다. [3] 병기는 모두 본영의 무기고로 보냈다. 그 가운데 조총은 주척(周尺)으로 길이가 5척 7촌이요, 둘레는 몸통이 6촌이요, 끝은 4촌이니 그 구경은 1촌이다. 귀는 넓이가 1촌 5푼이요, 길이가 2촌인데 귀에는 덮개와 칸막이가 있어 함께 하나의 장치가 되는데 모두 분해하고 조립할 수 있다. 격발장치는 안쪽을 향해 움직여 점화한다. 끝에 표시가 되는 쇠붙이를 달아 놓으니 그 크기가 작은 녹두와 같고 몸통에는 가운데를 자른 쇠붙이를 달아두어 그 잘라진 틈으로 가늠하게 되어 있으니 그 교묘함이 사람의 생각을 뛰어넘는다. 지금 남아 있는 것은 장통이

없어서 그 제도를 상세히 할 수 없다. 장검은 자못 일본 창의 제도와
비슷하니, 창의 자루는 오동나무 가지보다 가벼운 데 질겨 끊어지지
않아, 무고에 보관한지 50여년이나 또한 좀먹거나 상하지 않았다. 무
슨 나무인지 알지 못하겠다. [4] 배는 이미 부서졌으나 장식에 쓰인 철
을 거둔 것이 1만 여근에 이르고, 베로 된 돛은 높이가 46심을 넘으니
가히 그 배가 얼마나 컸는지 짐작할 수 있다.[297]

위 글에 보면 저자 송정규는 "난파한 서양 선박에서 건져 올린 물건
들 중에 보물(寶物)과 기이한 물품이 많다[敗船處, 撈出之物五十餘種, 而
頗有寶物奇器.]"고 하면서 선박에 실려 있던 서양 물건을 소개하고 있
다. 서양 물품 중에서 저자의 관심을 끈 것은 모래시계, 둥근 해시계,
측량기, 천리경, 유리경, 운모창 등 조선에서는 보기 드문 서양 물품이
었다. 저자는 이 중 모래시계와 해시계의 사용 방법을 설명하였고, 서
양 해시계의 각도를 중국의 것과 비교했을 때 차이가 있음을 확인하였
다. 또 서양 조총의 치수를 재어 기록해두었고, 점화 방식과 작동 원리

---

297) 宋廷奎, 『海外聞見錄』, 「西洋漂蠻」. (김용태·김새미오 역, 『해외문견록』, 휴머니스
트, 2015, 32~34면.) "西洋人多技術. 而精醫善曆, 巧匠良冶有才力之類, 多死於敗船
救獲之際. 餘存中, 星曆一人, 拳法二人, 善鳥銃者一人, 解大礮者十餘人, 其火礮之
法, 必安礮車上而放之, 不但低仰周旋之爲便. 礮之發也, 輪自退轉, 殺其後躄之勢, 免
致筒裂, 粧藥則大礮八斤, 中礮六斤, 次中礮四斤, 鳥銃九錢, 鳥銃則鉛丸重八錢, 以鐵
絲連綴二三丸而發之, 中輒同穴, 敗船處, 撈出之物五十餘種, 而頗有寶物奇器, 龍腦
數十斤, 倭銀六百兩, 琉璃漏一架, 兩瓶接口, 中有流沙, 測晷圓器, 制以熟銅, 懸環之
樞, 活動游移, 能左右前後, 其刻度之數, 準中國之法, 略有差異. 又有測晷尺, 千里鏡,
琉璃鏡, 雲母窗等物, 器皿多銅錫白鐵. 兵器皆輸本營武庫, 其中鳥銃, 以周尺長五尺
七寸, 圍本六寸, 梢四寸, 口徑一寸, 耳廣一寸五分, 長二寸, 耳有盖有障, 共爲一樞,
皆可離合. 火機向內, 而點標鐵之在梢者, 小如菉豆, 在本者中割橫鐵, 從割痕而闕之,
其巧妙多出人意. 而今存者, 皆無粧筒, 不可詳其制矣, 而亦不蠹損, 不知何木也. 船已
破碎, 而收其粧鐵, 多至萬餘斤, 布帆闊過四十六尋, 可想其船之絶大矣."

를 설명하였으며, 장검이 50년이 지났는데도 좀 먹지 않는 것에 주목
하였다. [4]는 서양 선박에 관한 내용이다. 송정규는 난파 선박에서 거
둔 철의 무게와 돛대의 크기를 보고 선박의 규모가 상당하였음을 짐작
하였다. 인용문 ⓓ에서 유리경과 천리경에 대한 언급하였듯이, 서양의
천리경과 안경은 조선인들의 관심을 끌었던 인기 품목이었다.

　　ⓔ 아란타의 안경은 천리경을 모방한 것인데 안경알이 몇 치 돌출되
어 있어, 마치고 벌이나 게의 눈과 같다. 아주 먼 곳까지 볼 수 있는데,
티끌도 낱낱이 셀 수 있었다. [이비서 종덕이 탐라 정의현 현감으로
있을 때, 바다를 건너다가 태풍을 만나 왜의 나가사키(長崎島)에 표류
하였다. 섬에 아란타관(阿蘭陀館)이 있어 아란타 사람들이 안경을 쓴
모습을 보았다. 게나 벌의 눈처럼 튀어나온 것이 매우 이상하였다고
한다.][298]

　　인용문 ⓔ는 이규경의 『오주연문장전산고(五洲衍文長箋散稿)』에 인
용된 이종덕의 표해록의 일부이다. 이 글에서는 서양인이 안경을 착용
한 모습은 우스꽝스럽지만, 안경을 착용하면 먼 곳까지 자세히 볼 수
있다고 소개되어 있다. 저자는 안경을 착용한 서양인의 모습을 해학적
으로 묘사하였으나, 안경의 성능에 대해서는 긍정적인 인식을 갖고 있
었던 것으로 보인다.

　　이종덕은 아란타의 역법(曆法)에 대해서도 언급하였다. 아래 인용문

---

298) 李圭景, 『五洲衍文長箋散稿』, 「靉靆辨證說」. "阿蘭佗眼鏡, 倣大遠鏡.[卽千里鏡].
　　鏡球突出數寸, 宛如蜂目蟹睛, 照見極遠, 秋毫可數.[李祕書種德, 遞耽羅旌義宰, 渡海
　　遇颺, 漂泊於倭之長崎島, 島有阿蘭佗館, 見阿蘭佗人著眼鏡, 凸出如蟹睛蜂目, 甚異
　　云.]"(인용문의 번역은 〈한국고전종합DB〉를 참조하여 필자가 일부 수정하였다.)

을 통해 살펴보기로 한다.

ⓕ 아란타의 정월은 다른 나라들과 다르다. 일본의 동지와 기타 절후는 매번 조선보다 한 달 빠르다. 즉 아란타의 정월 초하루와 같다. 11월 22일은 일본의 동지인데, 12월 초3은 아란타의 정월 초하루이다.[299]

인용문 ⓕ에서는 네덜란드와 조선 및 일본 역법의 차이를 간략하게 설명하였다. 조선은 일찍부터 서양의 역법에 관심을 보였다. 역법은 농경사회에서 중요했기 때문에 18세기 중반부터 조선에서는 적극적으로 서양의 역법을 도입하려고 했다. 서양의 천문학이 가진 우수성은 현실 생활을 통해 즉시 입증되는 것이고, 정확한 달력을 제작 보급해야 할 임무를 가진 조선의 입장에서 이는 매력적이었다.[300] 인용문 ⓕ의 네덜란드 역법에 대한 내용은 매우 간략하지만, 서양 역법에 대한 저자의 관심을 보여준다.

ⓖ 우리나라 사람들이 손으로 의사를 표시해 그들의 물건을 보자고 청하였다. 쌀과 콩을 가져와 보여주었는데 우리나라 것과 같았으며 구멍 없는 은전은 그 나라에서 사용하는 화폐로 보였다. 또 책 한 권을 보여주었는데 바로 앞서 보았던 그 나라의 문자라 이해할 수 없었으나 책 모양은 우리나라의 것과 다르지 않았다. 또 조총 한 자루가 있었는데 길이가 겨우 7,8촌이었지만 매우 정밀하게 만들어졌으며 화승법을

---

299) 李圭景, 『五洲衍文長箋散稿』, 「對馬通信辨證說」. "阿蘭佗正月, 有異於他國, 日本冬至與其他節候, 每先朝鮮一月, 冬至後十一月. 卽阿蘭正月一日也, 如十一月二十二日, 爲日本冬至, 到十二月初三日, 卽阿蘭佗正月一日也."(인용문의 번역은 〈한국고전종합DB〉를 참조하여 필자가 일부 수정하였다.)

300) 김문식, 『조선후기 지식인의 대외인식』, 새문사, 2009, 29면.

<u>사용하지 않았다. 총의 등 부분에 있는 가늠쇠 앞에 콩알만 한 작은 돌이 끼어 있었는데 공이치기도 총의 등 부분에 있어서 방아쇠를 당겨 떨어뜨리면 돌과 부딪혀 불이 붙었다.</u>[301]

인용문 ⑧는 앞서 살펴본 인용문 ⓑ와 마찬가지로 『주영편』의 서양인 표해록에서 발췌한 것이다. 조선인들은 서양 배에 실려 있는 쌀과 콩이 조선에서 나는 것과 다름이 없고, 서양의 은전과 책의 모양이 조선의 것과 차이가 없음을 확인하였다. 또, 서양의 총기류가 정밀하면서도 사용법이 간편함을 발견하였다.

지금까지 조선후기 표해록에서 관심을 갖고 기록했던 서양의 문물에 대해 살펴보았다. 조선은 서양의 선박과 무기, 일상생활에 쓰이는 물품 등에 관심을 보였다. 서양의 문물을 직접 체험하거나 관찰한 조선인들은 그들의 기술의 발달을 인정하고, 관련 지식정보를 조선에 소개하고자 하였다. 서양 문물에 대한 표해록의 기록은 조선후기 서양의 문물과 기술에 대한 지식을 대폭 확충시켰다. 서양 선박에 실려 있던 물품에 대한 기록은 조선후기 박물학 서적에 수용되었다.

ⓗ 순조 32년(1832)에도 외양선(外洋船)이 표류되어 호서(湖西) 홍주(洪州) 고대도(古代島)에 정박했는데, 스스로 대영국(大英國)의 배라 칭하였다. [이 해 6월 26일에 표류되어 왔는데, 스스로 대영국이라

---

301) 鄭東愈, 『晝永編』 卷上(44則). (안대회·서한석 외 역, 『주영편, 심심풀이로 조선 최고의 백과사전을 만들다』, 휴머니스트, 2016.) "我人以手諭意, 請見其物, 則出示稻米與大豆, 與我國同有無孔銀錢. 似其國中所行者又出示一冊, 乃其國文字, 卽右所見不可知, 而冊樣則不殊我制. 又有鳥銃一柄, 長僅七八寸, 制極精緻, 不用火繩之法, 而銃背淸鐵前嵌安小石如豆大, 碰鐵亦在銃背, 而以機下之則礦石生火."

칭한 것은 영길리국(英吉利國)·애란국(愛蘭國)·사객란국(斯客蘭國)
등 세 나라가 합쳐서 한 나라가 된 때문이라 한다. 공식적인 무역을
위하여 이곳에 왔다면서, 예물과 기타 화물을 헌납하겠다고 약속하였
다. 또 그들은 모두 67명으로, 선주는 자작(子爵)인 호하미(胡夏米)이
고 의원은 6品 거인(擧人)인 갑리(甲利)이다. (대영국의) 수도는 난돈
(蘭敦)이고 군주(君主)의 성(姓)은 위씨(威氏)라면서, 공문(公文)·채색
비단·거울·자기(磁器)·금 갈고리와 그 나라의 지리서 등 26종을 내놓
고 바치기를 간청했으나 받아들이지 않았으므로 여러 날 옥신각신하다
가 마침내 불만을 품고 돌아갔다. 이에 대해 상세한 것은 역시『박물변
증(博物辨證)』에 보이니 상고할 만하다].[302]

인용문 ⓗ는 이규경의『오주연문장전산고』의「서양통중국변증설」
에서 가져온 것이다. 여기서 말하고 있는 영국인들의 조선 방문은 앞
서「영길리국표선기」에서 다루고 있는 사건과 동일 사건이다. 인용문
ⓗ에서는 당시 영국 배에 실려 있었던 서양 물품 26종이 나중에 박물
학적인 서적인『박물변증』에 수록되었다고 했다. 이는 서양인과의 접
촉을 통해 확보한 서양 문물에 관한 정보가 좀 더 정제된 형태의 지식
으로 발전하였음을 말해준다.

이처럼 서양 관련 표해록에서는 서양의 이색 문물을 생생하고 세밀
하게 조선에 소개하였고, 일부 표해록에서는 제도적인 측면을 탐구하

---

302) 李圭景,『五洲衍文長箋散稿』,「西洋通中國辨證說[附西舶通我東及疇人傳]」. "(純
廟) 三十二年壬辰, 又泊於湖西洪州牧古代島, 自稱大英國船.[六月二十六日來泊, 自
稱大英國船, 謂英吉利國愛蘭國斯客蘭國三國合爲一國, 故名大英國云. 因公貿易要到
此, 設約納禮幣貨物, 共六十七人. 船主胡夏米, 子爵, 醫生甲利, 六品擧人, 其帝都曰
蘭敦, 帝君姓威氏, 出奏文緞正鏡窯金扣鈕本國道理書二十六種, 懇請上獻, 不從退
却. 屢日相持, 竟怏怏而去, 詳載博物辨證中, 可考.]"

여 조선의 현실 상황에 적용하려고 하였다. 다만 실제로 구체적인 시도로 이어지기까지는 거리가 있었다.

(3) 동아시아에서 서양 나라들의 활동

조선인들이 바다를 매개로 접한 서양인들은 주로 동아시아에서 활동하던 서양인들이었다. 전술했듯이 조선후기 표해록이 작성된 시기는 주로 17세기 중엽으로부터 19세기 초반에 집중되어 있다. 이 시기 영국, 네덜란드, 포르투갈 등 서양 나라들이 동아시아 해역에서 활동했다. 표해록에는 이러한 나라들의 움직임에 대한 단서가 일부 포착되는 데, 그중 가장 많이 언급된 나라는 네덜란드이다. 네덜란드에 관한 정보들은 주로 일본에 표류했던 조선인을 통해 파악되었다.

ⓐ 통사에게 물었다. "저들(아란타인)은 장사차 와서 머무는 것입니까?" "아니오. 일본과 화호(和好)하여 볼모로 온 것입니다. 3년마다 한 번씩 교체되지요."[303]

ⓑ 이곳(나가사키)에는 조선관(朝鮮館), 당인관(唐人館), 아란관(阿蘭館)이 있었다. 조선관은 조선의 표류인이 머물고 있었고, 당인관은 중국 상선의 장사치들이 머물러 있었고, 아란관은 아란국의 사람들이 와서 수자리하는 곳이었다.[304]

---

303) 鄭運經, 『耽羅聞見錄』, 「第8話」. (정민 역, 『탐라문견록, 바다 밖의 넓은 세상』, 휴머니스트, 2008, 101면.) "間於通事曰: 彼以商賈來往乎. 曰: 非也. 與日本和好爲質而來, 三季一替耳."
304) 楓溪賢正, 『日本漂海錄』. (김상현 역, 『일본표해록』, 동국대학교출판부, 2010, 48면.) "本鎭有朝鮮館唐人館阿蘭館, 朝鮮館則留接朝鮮漂流人, 唐人舘唐則, 留接唐船商賈, 阿蘭舘則阿蘭國人來戍處也."

ⓒ 아란관에 대해 나가사키 사람들이 말하기를, 아란국은 일본의 남쪽에 있는데 백여 년 전에 일본이 가서 정벌하여 항복시켰다고 한다. 이로부터 아란이 조공하였고 그 나라 사람 백여 명이 항상 와서 나가사키 진에 수자리한다고 하였다.[305]

위 3건의 인용문은 18세기 중엽에서 19세기 전기에 작성된 표해록에서 발췌한 것이다. 일본에 표류했던 조선인들은 나가사키의 통사들로부터 아란타인들이 일본에 조공한다거나, 인질로 잡혀왔다거나, 수자리를 선다는 이야기를 듣게 되었고 이는 조선에 전달되었다. 인용문 ⓐ에 보이듯이 표류 조선인이 통사에게 일본이 아란타와 무역을 진행하는지에 대해 물었으나 통사는 아니라고 대답하였다. 그러나 이는 사실이 아니었다. 일본과 네덜란드의 교류는 1609년으로 거슬러 올라간다. 네덜란드 선박이 나가사키에 들어와 통상을 요청했고, 그해 8월에 히라도(平戶島)에 네덜란드 상관이 설치되었다. 그 후로 일본은 수차에 거쳐 해금 정책을 강화하였고, 영국, 포르투갈의 무역선박의 왕래가 금지되었다. 1635년부터 중국 선박의 내항은 나가사키로 한정되었고, 1641년에는 히라도의 네덜란드 상관이 나가사키의 인공 섬 데지마로 옮겨졌다. 이로써 나가사키에서 네덜란드와 중국의 선박을 대상으로 하는 무역 체제가 성립되었다.[306]

이처럼 일본과 네덜란드는 무역 관계에 있었으나, 인용문 ⓐ, ⓑ, ⓒ에서 알 수 있듯이 일본은 네덜란드와의 관계에서 우위를 주장하며

---

305) 楓溪賢正, 『日本漂海錄』. (김상현 역, 『일본표해록』, 동국대학교출판부, 2010, 52 면.) "阿蘭舘則長崎人言, 阿蘭國在於日本之南, 百餘年前, 日本往征而降之. 自此阿蘭入貢, 其國人百餘名, 常爲來戍於長崎鎭."

306) 박수홍, 『악령이 출몰하던 조선의 바다』, 현실문화, 2009, 133~134면.

일본이 주도적인 위치에 있다는 점을 강조하였다.

   ⓓ 24년(1646)에 전라 좌수영(左水營)에 억류해 두었던 여덟 사람이
몰래 고깃배를 타고 도망하여 나가사키(長崎)로 갔다. 그런데 대마도
주(對馬島主)가 서계(書契)하기를, "아란타(阿蘭陀)는 바로 일본의 속
군(屬郡)인데, 지금 귀국에 머물러 있던 여덟 사람이 나가사키로 도망
왔다." 하고, 또 말하기를, "그 나머지 귀국에 머물러 있는 사람들은
필시 예수교(耶蘇敎)를 학습하는 자들일 것이니 집요한 말로 공갈하
여, 권현당(權現堂) 향불의 자료로 삼게 보내주십시오." 하였다. 그래
서 우리나라는 비록 처음으로 표류인(漂流人)이 아란타 사람인 줄은
알았으나 그들이 일본의 속군이 아니라는 것은 깊이 분변하지 못했다.
일본은 교활하고도 사나운 우리나라의 강한 이웃인데, 에조(蝦夷)를
능멸하고 홍모(紅毛)를 농락하여 오직 그들이 시키는 대로만 하게 했으
니 호랑이에다 날개를 붙인 셈이다. 천하의 사변은 무궁하고 근심과
재앙은 경솔한 데에서 생기는 것이니 평상시 무사할 때에 헤아리지 않
을 수 없으며, 사방 오랑캐의 정상 역시 멀리 떨어져 있다 하여 소홀히
여기고 쉽게 여길 수 없다.[307]

17세기 중반에 조선에 표류하였던 하멜 일행이 일본 나가사키로 도
주한 사건이 있었다. 이에 대마도주가 조선에 서계(書契)를 보내왔는

---

307) 李德懋, 『靑莊館全書』卷24,「兵志備倭論」. "十四年, 留置全羅左水營者八人, 潛乘
漁舟, 逃至長崎. 對馬島主書契, 有曰, 阿蘭陀, 卽日本之屬郡, 而今留貴國者八人, 逃
來長崎. 又曰, 其餘留在貴國之人, 必是學習耶蘇者, 執言恐喝, 要索權現堂香火之資.
我國雖始知漂人爲阿蘭陀, 而亦不深辨, 其非日本之屬郡也. 日本狡悍, 爲我强隣, 而
駕馭蝦夷, 牢籠紅毛, 惟其指使, 如虎傅翼, 天下之事變無窮, 而患生於所忽, 平常無事
之時, 不可不商確, 四方蠻夷之情狀, 亦不可以窮遠荒絶, 忽而易之也."(인용문의 번역
은 〈한국고전종합DB〉를 참조하였다.)

데, 이 문서에서도 아란타를 일본의 속군이라고 주장하고 있다. 이에
대해 이덕무는 아란타가 일본의 속군이라는 것은 일본의 허위 주장에
지나지 않았지만, 조선은 이것이 거짓 정보라는 것을 분별하지 못했다
고 하였다. 그 당시 조선 조정의 해외 정보 이해 수준은 이것의 진위여
부를 판단할 수 없는 정도였던 것이다. 일본의 거짓 주장은 조선에 그
대로 받아들여졌다.

　네덜란드와의 관계에서 일본은 우위를 주장하였다. 이는 일본 국내
에서 거의 백 년이라는 기간을 거쳐 강화되었고 마침내는 표류 조선인
들에게까지 전달되었다. 일본인들은 중국과의 무역관계를 인정하면서
도 네덜란드와의 무역 관계를 네덜란드가 일본에 조공을 바친다거나
수자리한다는 식으로 설명하였다. 조선은 이러한 관점이 투영된 해외
정보를 비판 없이 수용하였던 것이다.

　17~18세기 조선의 지식인들은 일본과 아란타의 관계를 제대로 이
해하지 못하였고, 막연하게 일본의 근접한 곳에 아란타가 있는 것으로
오해했다. 그리고 일본의 주장에 의해 아란타가 일본에 복속되어 수자
리한다고 알고 있었다. 19세기에 이르기까지 아란타 관련 정보들에는
오류가 많았다.

　ⓔ (안남과) 국경을 임하고 있는 하란국(荷蘭國)에는 코끼리가 많이
난다.[308]

　ⓕ 상이 이르기를, "전에 동래(東萊)에 표류해 온 배에 대해 어떤 사
람은 이르기를 '아마도 아란타(阿蘭沱) 사람인 듯하다.' 하였는데, 아란

---

308) 宋廷奎, 『海外聞見錄』, 「記安南漂還人事」. "臨境荷蘭國, 多産云象."

타는 어느 지방 오랑캐 이름인가?" 하였다. 비변사 당상 이서구(李書
九)가 아뢰기를, "효종조(孝宗朝)에도 일찍이 아란타의 배가 와서 정박
한 일이 있었는데, 신이 어렴풋이 일찍이 동평위(東平尉)의 견문록(聞
見錄)에서 본 기억이 납니다. 아란타는 곧 서남 지방 번이(蕃夷)의 무리
로 중국 판도에 소속된 지가 또한 얼마 되지 않습니다. 명사(明史)에서
는 하란(賀蘭)이라고 하였는데 요즘 이른바 대만(臺灣)이 바로 그곳입
니다." 이에 우의정 이병모(李秉模)가 아뢰기를, "주달한 바가 두루 흡
족하니 참으로 재상은 독서한 사람을 써야 합니다."[309]

　ⓖ 왕세정(王世禎)의 『향조필기(香祖筆記)』를 보니 "아란은 대만의
남쪽에 있는데, 유구, 섬라, 여송 등 여러 나라와 근접해 있다. 명나라
천계 연간에 정지룡이 왜국의 추장과 대만에 있을 때 아란인이 태풍을
만나 이곳에 이르러 잠시 살았다.[310]

　인용문 ⓔ, ⓕ, ⓖ의 기록연대는 18세기 초반부터 19세기 초반에 걸
쳐있다. 인용문 ⓕ에서 보이듯이 아란타가 대만 근처에 있다는 잘못된
정보가 신하들을 통해 정조에게 전달되었다. 18세기 말 19세기 초반까
지도 당대 최고의 학자들인 이서구(李書九), 정동유(鄭東愈) 등은 아란
타를 서남 해역에 위치한 나라로 인식하였다. 이러한 잘못된 인식은

---

309) 『正祖實錄』卷47, 21年(1797年) 10月 己亥. "上曰: "向來東萊漂船, 或謂疑是阿蘭沱
　　人云. 阿蘭沱何方夷名." 備邊司堂上李書九曰: "孝廟朝, 亦嘗有阿蘭沱船來泊之事,
　　臣依俙記其曾見於東平尉聞見錄矣. 阿蘭沱卽西南蕃夷之類, 而屬之中國版圖, 亦未
　　久. 明史謂之賀蘭, 近所謂臺灣是也." 右議政李秉模曰: "所奏該治, 儘乎宰相, 須用讀
　　書人也.""

310) 鄭東愈, 『晝永編』卷上. (안대회·서한석 외 역, 『주영편, 심심풀이로 조선 최고의
　　백과사전을 만들다』, 휴머니스트, 2016.) "見王世禎〈香祖筆記〉言, 阿蘭在台灣之南,
　　與琉球暹羅呂宋諸國相近, 明天啓間, 鄭芝龍與倭酋屯台灣時, 阿蘭國人遭颶風, 至此
　　借居之."

아란타가 17세기 초반부터 대만에 본거지를 두고 활동했던 사실과 관련이 있다. 아란타 즉 네덜란드는 1624년에 대만 북부를 점령하고 중국 상인들과 교역했으나 1661년에 정성공에 의해 대만에서 축출되었다. 왕세정의 『향조필기』에 제시된 아란타 관련 정보들은 갱신을 필요로 하는 지연된 정보였다. 조선에서는 이를 알지 못 하였으므로 아란타가 중국 판도에 복속되어 있다거나, 아란타가 일본의 속군이라는 잘못된 정보들이 유통되고 있었다.

조선후기 대표적인 지식인인 이덕무는 표류민을 통해 나가사키에 출입하는 네덜란드의 정보를 파악하고자 했다. 그는 또한 해역 방비를 위해 네덜란드를 경계할 것을 주장했다. 조선후기 문헌 중에서 아란타에 대해 비교적 정확한 지식정보를 제공한 서적은 이덕무의 『청령국지(蜻蛉國志)』이다. 『청령국지』의 지식의 원천은 일본의 『화한삼재도회』인데, 여기서 이덕무가 아란타에 관한 정확한 지식정보를 확보할 수 있었던 것은 일본 문헌인 『화한삼재도회』를 참고했기 때문이었다.

마카오(澳門)에서 무역을 진행하던 포르투갈의 소식도 표류민에 의해 조선에 전달되었다. 인용문 ⓗ는 조선 표류민 문순득이 마카오에서 본 서양 사람들에 대한 기록이다. 문순득은 1803년에 마카오에서 서양인을 만났다.

ⓗ (1803) 5월 광동(廣東) 상선(商船)이 왔다. [여송인으로 광동 오문(澳門)에 사는 사람인데 여송(呂宋)으로 장사를 다닌다.] 8월에 관으로부터 명령을 받고 우리를 상선에 태워 광동으로 보냈다. …(중략)… 9월 초9일 광동 오문에 도착했다. [향산현 땅으로 서남 선박이 모두 모이는 곳이다. 여송 사람과 홍모 서양인 수만호가 살고 있다. 땅은 좁고 사람

은 많아 집 위에다 집을 올리고 있다. 광동 성중 안도 역시 같다.] 오문
에는 관청이 하나 있는데 주로 변방을 기찰하고 손님을 접대하며 상인
으로부터 세금을 징수하는 직책이다.[311]

문순득은 당시 마카오에 있던 서양인이 어느 나라 사람인지는 알지
못했지만, 이들이 여송(呂宋)과 더불어 해상무역을 하고 있으며, 청조
에서 관청을 세워 세금을 징수하고 있다는 사실을 알게 되었다. 청 정
부는 1732년부터 마카오에 세관을 설치하고 출입하는 선박들을 관리
하였는데, 당시 마카오는 포르투갈의 거류지로서 통상관계로 인해 청
조 관청과 포르투갈 관청이 공존하고 있었다.[312] 문순득이 표류하여
체류했던 지역들은 19세기 초 동아시아의 국제 사회 양상이 다양하게
드러나는 곳이었으며, 국제 무역항으로 번성했던 곳이었다. 조선은 문
순득의 표류를 통해 동남 연해 국제 무역의 실태를 조금이나마 파악할
수 있었다.

영국의 소식 역시 조선 해역에 온 서양인들을 통해 조선에 전해졌다.

ⓘ 문: 너희 나라에서도 대청(大淸)을 아는가?
답: 북경 황제국(皇帝國)이라고 합니다.
문: 해마다 서로 통상하며 또한 가져다 바치는 것이 있는가?
답: 청나라 사람들이 우리나라에 오고 우리나라 사람들이 대청에 가

---

311) 『柳菴叢書』, 「漂海始末」(김정섭·김형만 역, 『유암총서』, 신안문화원, 2005, 74~75
면.) "五月廣東商舶來, [呂宋人居廣東澳門者, 行商于呂宋.]八月自官下令, 令商舶載
我輩送廣東. …(中略)…九月初九日, 抵廣東澳門.[香山縣地西南, 海舶都會之地. 有呂
宋紅毛西洋人數萬戶居生, 地挾人衆屋上架屋, 廣東城中亦然.] 澳門有一官, 盖主邊方
譏察接賓征商之職也."
312) 최성환, 「조선후기 문순득의 표류와 세계인식」, 목포대 박사논문, 2010, 87면.

교역하는데, 두 나라가 고루 크고 세력이 같으므로 진공(進貢)하지 않습니다.

문: 군신(君臣)의 분별이 없는가?

답: 흠차(欽差)가 우리나라에서 북경에 가도 계단 아래에서 고두례(叩頭禮)를 행하지 않습니다.

문: 무슨 일로 어느 곳을 가다가, 어느 곳에서 언제 어떤 바람을 만나 여기에 왔는가?

답: 공적으로 무역 조약을 맺고자 단지 이곳에 와서 귀국(貴國)의 대왕(大王) 천세폐하(千歲陛下)께 문서를 바치려고 올해 2월 20일에 서남풍을 만나 동쪽으로 향하여 왔습니다.[313)]

인용문 ①는 「영길리국표선기」의 일부이다. 이 글은 조선 해역에 서양 선박이 정박하여 통교를 제안해 왔을 때 조신 관원들이 배에 탑승했던 서양인들과 나눈 대화이다. 조선 관원들은 이들에게 대상국의 기본적인 지식정보를 탐문한 후, 그들 나라와 중국의 관계에 대해 질문하였다. 조선은 중국과 기타 나라의 관계를 조공관계로 파악하는 경향이 있었는데 영국인들은 이를 부정하였다. 영국인들은 영국은 중국과 대등한 관계로 무역을 진행하고 있음을 강조하였다.

「영길리국표선기」에는 이 밖에도 유럽의 지리적 지식 정보들이 기록되어 있다. 조선 관원들은 영국의 면적, 영국의 수도, 영국과 북경의 거리, 영국과 조선의 거리, 영국과 조선 사이에 있는 나라들과 그 나라

---

313) 金景善,『燕轅直指』卷1,「英吉利國漂船記」.“問爾國知大淸乎. 答北京皇帝國問年年相通. 亦有貢獻否. 答大淸人到我國, 我國人到大淸交易, 兩國均大, 均權勢, 不進貢. 問無君臣之分耶. 答欽差從本國上北京, 不叩頭階下. 問因何事, 往何處, 何月日, 遇何風到此否. 答因公貿易設約只此, 上奉貴國大王千歲階下文書.”(인용문의 번역은 〈한국고전종합DB〉를 참조하였다.)

들의 방위에 대해 질문하였다. 질문의 수준으로 보았을 때 19세기 초
반에도 조선관원의 세계지리에 대한 지식 수준은 보편적으로 낮았음
을 알 수 있다.

이처럼 표류와 표류민을 통하여 서양인과 서양 문물에 대한 일부 정
보들이 조선에 전해졌다. 동아시아 해역에서 활동하던 서양 나라들의
일부 움직임은 표류 조선인의 시야에 포착되어 조선에 전해졌다. 당시
조선은 서양인을 불신하였고 서양인에 대해 편견을 갖고 있었지만, 서
양 선박, 서양의 무기를 포함한 서양의 문물에 대해서는 긍정적인 인
식을 갖고 있었다.

표류민들이 확보한 해외 정보는 단순 관찰과 당지인들 사이에 떠도
는 소문을 기반으로 했기에 오해와 편차가 많았다. 조선인들은 조선
땅과 해외에서 외국인들을 만났다. 그러나 서양인과 서양 나라들의 실
체를 제대로 파악하기에는 만난 기간이 짧았고 가진 정보들도 충분하
지 않았다. 또 서로 언어가 통하지 않아 의사소통에서 제한을 받았다.
따라서 해외 표류 조선인과 조선 표착 외국인을 통해 확보한 서양의
정보들은 일차원적인 것이 많고 정확한 정보 속에 오류가 적지 않게
혼재되어 있다.

이상에서 조선후기 표해록에 보이는 해외 지식정보들을 중국, 일
본, 유구, 서양 별로 항목을 나누어 고찰하였다. 표해록은 해외 견문을
공유하고 전달하는 텍스트들이다. 타자 즉 외국과 외국문화에 대한 이
해와 인식은 관찰자와 기록자의 지적 수준과 이들이 발 딛고 있는 사
회적·문화적 토대와 직결되어 있다. 그런데 당시 조선 지식인들의 해
외 인식 수준이 보편적으로 낮았기 때문에 표해록 소재 해외 지식정보
들에는 주변 나라들에 대한 오해와 왜곡이 혼재되어 있다. 그러나 표

해록 소재 해외 지식정보들을 평가함에 있어서 정보의 정확성의 문제
보다도 이러한 해외 지식정보들이 인식되고 활용되는 맥락과 사회적
반향이 더 중요하게 고려되어야 한다.

표해록은 새로운 지식과 정보를 담고 있는 귀중한 매체였다. 표해
록에는 문화적·경제적 성장을 이루어낸 주변 나라들의 발전상이 담겨
져 있었다. 조선 지식인들은 이러한 저술에서 자양분을 취할 수 있었
고 새로운 지식을 집성하고 새로운 사유를 만들어 나갔다. 표해록이
조선 사회에 미친 영향은 크게 두 가지이다. 하나는 표해록을 포함하
여 주변국과 서양에 대한 해외 지식정보들이 많아지자 주변국을 바라
보는 시각의 변화를 촉구하였으며 자국의 상황을 반추하는 계기를 마
련하였다. 또 하나는 조선 문헌에 등장하는 해외에 대한 정보가 많아
지자 조선 지식인들은 과거의 잘못된 지식정보를 고증하기 시작하였
고 지식의 범주에 주변국에 관한 지식정보들이 추가되었다.

표류를 통한 해외 체험과 그 기록은 새로운 지식정보의 보고(寶庫)
그 자체였다. 표류를 통한 이문화(異文化)와의 교섭은 서로의 동질성과
이질성을 인정한 상태에서 타자를 관찰하고 타문화를 바라보는 것이
다. 이 과정에서 조선은 주변 나라들에 대한 학지(學知)를 대폭 확장하
였다. 해외에 대한 지식정보들이 누적되어 감에 따라 조선은 편협한
사고방식에서 탈피하여 자신을 똑바로 바라볼 수 있게 되었고, 마침내
는 자국의 문제를 인식하고 발전적 대안을 모색하기에 이르렀다.

조선후기 표해록의
수용과 영향

　표해록은 해외 견문을 공유하고 전달하는 텍스트이다. 표해록에 담겨진 해외 지식정보들은 표해록 문헌의 생산과 유통을 위해 조건을 마련하였다. 대다수의 표해록은 간행에 부쳐지지 못하고 필사의 형태로 유전되었지만, 다양한 방식으로 독자들과 만났다. 표해록의 저술과 유전(流傳)의 문제는 해외 지식정보의 유입과 수용의 문제와 직결되어 있다. 따라서 본 장에서는 여러 표해록이 조선후기 사회에서 전파되고 수용되는 과정을 추적하고자 한다. 구체적으로 조선후기 지식인들에게 있어서 표해록을 읽는다는 것은 무엇을 의미했는지, 어떠한 사람들이 표해록을 접할 수 있었는지, 표해록은 어떠한 방식으로 기타 저술에 수용되었는지 등의 문제를 둘러싸고 논의를 전개할 것이다.

1. 표해록의 전파와 수용

　해외 지식추구로서의 표해록의 전파와 수용 문제를 논하기 위해 본

절에서는 우선 표해록 서적의 유전 상황에 대해 고찰하고자 한다. 전근대시기 서책의 전파와 수용의 문제를 논하고자 할 때 가장 먼저 고려해야 할 것은 간행 여부이다. 34종의 조선시대 표해록 중에 간행에 부쳐진 것은 최부의 『표해록』과 최두찬의 『승사록』 2종뿐이다. 최부의 『표해록』은 조선시대에 수차 간행되었다. 최두찬의 『승사록』은 1917년에 목판본으로 간행되었다. 최부의 『표해록』은 조선전기의 표해록이고, 최두찬의 『승사록』은 일본 강점기에 간행에 부쳐졌기에 조선후기 표해록들은 모두 필사의 방식으로 유전되었다.

조선후기 표해록 중에서 현재 필사본 이본을 확인할 수 있는 것은 『이지항표해록』(3종), 『탐라문견록』(2종), 장한철의 『표해록』(2종), 『정미전신록』(3종), 풍계 현정의 『일본표해록』(3종), 최두찬의 『승사록』(6종) 등이다. 조선후기 표해록들은 기본적으로 전사(傳寫)를 통해서 보급범위가 확대된 것으로 보인다.

일부 필사본 이본에는 필사기(筆寫記)가 부착되어 있어 관련 서책의 소장자와 소장 경위를 부분적으로 유추해볼 수 있다. 영남대 소장 『일본표해록』은 추사 김정희 일가의 장서로 확인되었으며, 국립중앙도서관 소장(A본) 『이지항표해록』은 안정복 일가와 깊은 연관을 갖고 있다. 이 밖에도 조선후기 지식의 지형을 주도했던 지식인들이 표해록에 주목했음을 확인할 수 있는 기타 단서들이 발견되었다. 본 절에서는 필사본 이본의 형태적 특징, 이본의 소장 현황, 서발문(序跋文), 기타 문헌 기록과 표해록 텍스트의 행간에서 읽어낼 수 있는 단서들을 전반적으로 분석하여 유통과 전파의 문제를 논의할 것이다.

서발문은 표해록의 전파 관련된 단서를 제공한다. 전근대시기에 사회적 관계망을 통하여 서발문을 받는 행위는 서적의 유통을 촉진하고 서책을 홍보하는 차원에서 이루어졌다. 그리고 서발문의 행간에서 서발문의 저자가 해당 표해록을 접하게 된 계기, 표해록의 저자와 서발문 작성자의 관계, 표해록에 대한 서발문 저자의 평가 등을 고찰할 수 있다. 필자는 표해록 필사본에 부착된 서발문과 여러 문집들에 간헐적으로 보이는 서발문을 조사하여 9편의 표해록 서발문을 확인하였다. 조사의 결과를 아래 표로 제시한다.

〈표 11〉 조선후기 표해록 서발문 조사표

	저자	표제	표해록의 저술시기	서발문 제목	서발문의 저자	서발문의 저술시기	서발문을 수록한 문헌
1	楓溪賢正	日本漂海錄	1821	記楓溪禪師賢正漂海錄	鄭允容	1863	송광사 소장 『日本漂海錄』 筆寫時期:1882
2				(無題) 跋	李章禹	1850	
3	梁知會	漂海錄	1818	(無題) 序	崔時淳	1821	장서각 소장 『漂海錄』
4	崔斗燦	江海乘槎錄	1818	江海乘槎錄序	徐廷玉	1917	연세대 소장 목판본 『江海乘槎錄』 간행연도:1917
				江海散人乘槎錄序	沈起潛	1818	
				乘槎錄序314)	許薰	1872	
				識	崔址永	1917	
5	鄭運經	耽羅聞見錄	1732	耽羅聞見錄序	李萬維	1732	서강대 소장 『耽羅聞見錄』
6	王德九	林陳漂海錄	1820	題林陳漂海錄	李麟秀		규장각 소장 『滄海集』 卷2

〈표 11〉에서 알 수 있듯이 표해록의 저술시기와 서발문 작성시기가 근접한 것도 있지만 표해록이 지어진지 수십 년 뒤에 서발문이 작성되는 경우가 더 많았다. 필사를 통한 서적의 유전은 그 한계로 인해

---

314) 이 서문은 『방산선생문집(舫山先生文集)』 권15에도 수록되어 있다.

넓은 범위에까지 확산되기는 어려웠지만, 표해록 작품들은 일정한 범위에서 꾸준히 전파되었다. 최두찬의 『승사록』을 사례로, 규장각 소장본은 1897년에 최복술(崔福述)이 학성(鶴城)에 있을 때 초록했다는 필사기가 보이며,[315] 장서각 소장 A본(표제: 『漂海錄』)에는 서문의 맨 앞에 순묘(純廟) 정축년이라는 글월이 보여 필사 시기를 1834년 이후로 추정할 수 있다. 최두찬의 『승사록』은 1818년경에 지어져서, 1917년 목판본으로 간행되기까지 일정한 범위에서 꾸준히 읽히고 필사되었음을 말해 준다.

아래 대표적인 서문과 발문에 대한 분석을 통하여 관련 글이 작성된 계기, 표해록을 이해하는 방식, 표해록이 독해되는 맥락에 대해 살펴보기로 한다.

ⓐ 나는 계해년(1863) 봄에 화순현의 집에서 취양하고 있었다. 하루는 능주 개천사 인월 선사 의관이 소매에서 책 한 권을 꺼내며 말하기를 "이 책은 법명이 현정(賢正)으로서 돌아가신 스승이신 풍계 대사의 표해록입니다. 나는 받아서 끝까지 읽었다. 대사는 가경(嘉慶) 정축년(丁丑年) 가을에 해남 대둔사 완호 대사 윤우와 함께 경주 불석산에 가서 옥석을 쪼아 1천 개의 불상을 조성하였다. 5개월 걸려 공사를 마치고 11월에 두 대의 배에 나누어 운반하였다. 큰 배에는 760여 좌의 불상을 싣고, 작은 배에는 230여 좌의 불상을 실었다. 대사는 그 무리 10여 명과 함께 큰 배를 타고 갔다. 그런데 다음날 태풍을 만나 표류하게 되었고, 5~6일 밤낮을 가서 처음에 정박한 곳이 일본의 지쿠젠국(筑前國) 대도포(大島浦)였다. 일본인들은 평소에 조선을 흠모하고 있었고,

---

315) 崔斗燦, 『乘槎錄』(규장각본). "大韓光武元年, 陰曆陽月初九日知印, 崔福述抄, 在鶴城時."

또 불교를 숭상하였으므로 가는 진(津)마다 호송해 주었다. 정월에 나가사키(長崎島)에 이르렀다. …(중략)… 이 책은 풍계 대사가 지나간 진(津)과 섬의 접대하는 자들에게 변방 마을의 풍속과 물산, 거처와 의식(衣食) 등을 자세히 캐묻고 보고 들은 것을 하나하나 빠짐없이 기록한 것이다. 대사가 함께 배를 탄 수십 명과 더불어 몸의 온전함을 얻고 나서 마음을 진정시킨 후에, 지난 일을 회상하여 이역(異域)의 기이한 광경을 이 책에 다시 펼쳐 놓았으니 가히 다른 날의 와유(臥遊)가 될 만하다. …(중략)…또 인월선사가 나와 숙질 관계인 능주(綾州) 이목사(李牧使)의 시 몇 편을 보여주며 나에게도 글을 지어줄 것을 청하였다. 나는 늙고 병들어 시를 제대로 지을 수 없기에 이전에 써 놓은 것을 주었다. 그런데 인월 선사가 또 그 시에서 복인 선사에 관한 내용을 보고서 그 자세한 내용을 알고자 하였기 때문에 또 오래 전에 써 두었던 것을 주었다.[316]

ⓑ 능주(綾州)는 돌아가신 숙부 도정공(都正公)이 일찍이 부임하셨던 읍이다. 나는 경술년(1850) 여름에 또 왕명을 받들어 이 능주에 왔다. 그리하여 숙부의 지난 행적을 추억하여 감동되고 흠모함이 심하였다. 부임해 온 지 3일이 지나 개천사(開天寺) 승려 인월(印月)이 소매에서 1권의 책을 꺼내 보여 주었는데 풍계 대사 표해록이었다. 인월 스님

316) 鄭潤容,「記楓溪禪師賢正漂海錄」, (김상현 역,『일본표해록』, 동국대학교출판부, 2010, 30~33면.) "余於癸亥春, 就養于和順縣齋, 一日有綾州開天寺印月禪師義寬, 袖一冊來曰: ‘此先師楓溪大師, 法名賢正漂海錄也.’ 余受而卒卷. 大師以嘉慶丁丑秋, 與海南大芚寺翫虎大師尹佑, 入慶州佛石山, 琢玉石, 造千佛. 歷五月工就, 十一月以二船分運. 大者載七百六十餘坐, 小者載二百三十餘坐. 師與其徒十餘人, 登大船行. 翌日風漂, 五六晝夜, 始泊于日本之筑前國大島浦. 日本人素慕朝鮮, 又奉佛敎, 津次護送. 正月至長崎島.… (中略)… 師與同舟數十餘人, 旣獲俱全, 悸之喘止之後, 回想過劫, 還是異域之奇觀, 重展次券, 可爲他日之臥遊也. … (中略) … 印月又示余, 以綾州李牧使叔姪前後題詩, 請余亦有一文字. 余老病未能也, 仍以前所記置者贈之. 印月又見此錄中福仁禪師事, 請得其詳故, 又以舊所記留者錄贈之."

은 풍계의 전발(傳鉢) 제자였다. 그 책을 다 읽어 보니, 마지막 부분에 숙부의 절구시가 있어서 차운하여 시를 지어 주었다. …(중략)… 죽수의 관리 이장우 삼가 절하다.[317]

인용문 ⓐ는 정윤용(鄭潤容)이 1863년에 지은 글이고, 인용문 ⓑ는 이장우(李章禹)가 1850년에 지은 글이다. 위 두 건의 인용문에 모두 보이는 능주(綾州) 이목사(李牧使)는 동일인으로 추정된다. 정윤용과 이장우는 모두『일본표해록』을 지은 풍계(楓溪)의 제자인 인월(印月) 스님의 소개로 해당 표해록을 접하였다. 인월은 능주의 이목사와 친분이 있었던 것으로 보이며, 이 관계를 바탕으로 정윤용과 이장우에게 글을 부탁했다.

인월이 이장우와 정윤용을 찾아간 시간은 각기 1850년과 1863년으로 13년의 차이가 난다. 이는『일본표해록』이 지어진 시점에서 3,40년이나 지난 뒤의 일이다. 이로부터 인월이 스승인 풍계의 표해록을 오랫동안 간직하고 있으면서 주변 지인들에게 알리고자 적극 노력했던 사실을 알 수 있다. 이 밖에 송광사 소장『일본표해록』은 1882년에 필사된 것으로, 이 이본은『일본표해록』이 지어진지 60년이 지난 뒤에 필사되었다. 위의 몇 가지 정황을 종합해보았을 때,『일본표해록』은 인적 관계망을 통하여 장기간에 걸쳐 여러 사람과 만났음을 알 수 있다.

---

317) 李章禹, 「(無題) 跋文」, 『日本漂海錄』. (김상현 역, 『일본표해록』, 동국대학교출판부, 2010. 72~73면.) "綾是先叔父都正公曾莅之邑, 余於庚戌夏, 又奉是州之命, 追憶往跡, 感慕深深. 抵任之, 越三日, 開天寺僧印月, 袖示一卷書, 乃楓溪師漂海. 而印月卽楓溪傳鉢者也. 披玩竟卷, 卷末有先叔父絶句詩韻, 謹次而還之. …(中略)…竹樹吏李章禹謹拜."

이 밖에도 인용문 ⓐ에서 정윤용은 표해록을 독해하는 하나의 방식을 제시하였다. 그것인즉 '와유(臥遊)'를 위한 독서물로 표해록을 향유하는 방식이다. 인용문 ⓐ에서 풍계의 표해록은 이역(異域)의 풍속과 물산, 거처와 의식 등을 포함한 기이한 광경을 담아냈으므로 와유(臥遊)를 위한 읽을거리로 활용할 수 있다고 하였다. 허훈(許薰)이 지은 「승사록서」의 행간에서도 표해록을 '기이한 읽을거리'로 바라보는 시선을 감지할 수 있다.

ⓒ 임신년(1872) 여름에 종숙부 인산 사군이 『승사록(乘槎錄)』 1책을 보여주면서 말하기를 "이것은 최효렴 두찬이 표류하였던 일기이다. 안타깝게도 세상에 드문 기적이 궁벽진 시골의 떨어진 책상자 안에 오랫동안 묻혀 있었으니, 한마디의 서문을 아끼지 말라."고 하였다. 나는 진실로 글에는 솜씨가 없으나 종숙부가 깊이 묻힌 기이한 것을 밝히려는 것에 대해 생각해보니 그 또한 인정(仁政)의 일단이었다. 어떻게 이러한 부탁을 외면할 수 있겠는가. 대개 효렴이란 사람은 장인을 따라 대정현의 임소에 이르렀다가 돌아올 때 바다 가운데서 큰 바람을 만나 열엿새 동안 표류하여 절강성의 영파부에 닻을 내리게 되었다. 사명산을 거치고 임안에 다다라서 산수와 누대, 인물의 풍부하고 화려한 것을 보았고, 고소산 위에 있는 한산사에 이르고 황하에 떠서 문수와 사수를 건너 제나라와 노나라의 땅을 마음껏 보았으며, 제남을 경유하고 노하(蘆河)를 건너 황성으로 들어서 청나라 황제가 철기(鐵騎) 십만을 정돈하여 동쪽으로 순례하는 것을 보았고, 거듭 고죽(孤竹)이란 옛 나라를 들러 백이숙제의 사당을 배알하였으며, 방향을 바꾸어 봉황성에 이르러 책문(柵門)을 나왔으니 용만(龍彎)까지의 거리는 백이십 리였다. 이해는 가경 무인년이었다. …(중략)…그리고 또 가는 길의 이수(理數)가 여도지지(輿圖地誌)에 준하면 더러는 어긋났으니 바로 길을 바삐 가서

그 기록이 사실과 어긋나기 쉬워 그렇게 된 것인가. 그러나 내가 태어난 작은 나라인 압록강 이동의 산수를 능히 끝까지 탐방하고 두루 관람할 수 없었거늘 효렴의 족적은 거의 천하를 절반이나 돌아보았으니 나는 이 기록이 동방삭(東方朔)의 십주기(十洲記)와 서하객의 기행서(紀行書)와 함께 세상에서 기이한 관람거리가 되는 것을 알 수 있었다. 종소문의 와유도(臥遊圖)도 그만은 못할 것이다.[318]

인용문 ⓒ의 문맥으로부터 허훈(許薰)은 1872년 종숙부(從叔父)의 부탁으로『승사록』의 서문을 지었음을 알 수 있다. 이 서문은 1917년 간행된 목판본『강해승사록』에「근서승사록후(謹序乘槎錄後)」라는 제목으로 수록되어 있다. 위 글에 보면 허훈의 종숙부는 최두찬의 표해록을 "세상에 드문 기적"이라고 치하하면서 높이 평가하였다. 허훈 역시 본인은 조선에서 태어나 조선도 다 구경하지 못하였는데, 최두찬은 천하의 절반을 둘러보았다고 하면서 그의 해외 체험을 부러워하였다. 허훈은 최두찬의 표해록을 지리서와 대조해 가면서 찬찬히 읽었는데, 표해록에 적힌 이동 경로가 지리서의 기록과 일부 차이가 있는 것을 발견하였다. 그럼에도 최두찬의『승사록』은 세상의 기이한 관람거리

318) 許薰,『舫山先生文集』卷十五,「乘槎錄序」. "壬申夏, 從叔仁山使君, 寄示乘槎錄一冊曰, 此崔孝廉斗燦, 漂海日記也, 惜乎. 其曠世奇蹟, 沈藏於窮鄕敗簏之中, 願毋靳一語於弁簡, 余固拙於辭, 然念從叔之闡發幽奇, 其亦仁政之一端也, 何可孤是託哉. 蓋孝廉隨其婦翁, 到大靜住所, 及歸, 遇大風於中洋, 漂流十六日, 下碇于浙江之寧波府. 由四明, 抵臨安, 覿山水樓臺人物之富麗, 至姑蘇上寒山寺, 泛黃河, 涉汶泗, 縱目齊魯之境, 經濟南, 渡蘆河, 入皇城, 觀淸帝敕騎十萬, 啓東巡, 仍過孤竹古國, 謁夷齊祠, 轉到鳳凰城, 出柵門, 距龍灣一百二十里, 時嘉慶戊寅也.…(中略)…且其沿行道里, 準諸輿圖地志, 或左焉, 無乃忙程走錄, 易爽其實而然歟. 然吾生生長福邦, 鴨以東山水, 有不能窮搜遍觀, 孝廉足跡, 幾乎半天下, 吾知斯錄, 與東方生之十洲記, 徐霞客之紀行書, 爲世間奇觀, 而如宗少文之臥遊圖, 風斯在下矣."

를 제공하였으므로 『해내십주기(海內十洲記)』와 『서하객유기』와 비견
된다고 평가하였다.

　허훈은 또 종병(宗炳)의 와유도(臥遊圖)를 언급하였는데, 이는 표해
록을 와유물의 차원에서 바라보고 있는 그의 생각을 반영하였다. 이는
인용문 ⓐ에서 표해록을 와유를 위한 읽을거리로 바라보는 시선과 같
은 맥락의 주장이다. 이때 와유(臥遊)는 원유(遠遊)와 상대되는 개념으
로 독자가 여행과 관련된 텍스트를 향유하는 방식이다. 표해록을 와유
(臥遊)의 소재로 보는 것은 표해록을 견문을 확충하기 위한 독서물로
바라보는 시각이다. 시대적 한계로 인해 해외 체험의 기회가 차단된
상황에서 독자들은 표해록을 읽음으로서 해외 나라들을 대리 체험할
수 있었다. 이 밖에 장서각 소장 필자 미상의 『와유록(臥遊錄)』에 최부
의 『표해록』이 초록되어 있는데[319], 이 역시 표해록을 간접적인 해외
체험을 제공하는 독서물로 바라보는 조선시대 지식인들의 한 시각을
보여준다.

　표해록에 붙인 서발문 외에도 표해록의 유전과 관련된 단서들이 조
선후기 문헌 속에 산발적으로 보인다. 이어지는 부분에서는 지금까지
필자가 수집한 관련 단서들을 종합적으로 고찰하여 표해록의 유전 상
황을 살펴볼 것이다. 우선 박지원, 황윤석, 유만주 등의 개인적인 사례
를 분석하여 조선후기 지식인들이 표해록에 접근하는 방식과 표해록
을 수용하는 방식에 대해 논의하고자 한다.

　박지원이 『탐라문견록』을 읽게 된 것은 이 책의 저자인 정운경의 조

---

319) 『臥遊錄』卷十二(장서각 소장). "四佛山遊山記, 僧眞靜; 一, 庵居日月記, 釋無畏;
　　二, 桂陽望海志, 李奎報; 三, 再登天王峰, 佔畢齋; 四, 遊頭流, 兪潘溪; 五, 游俗離山
　　記行贈旭上人, 蔡壽; 六, 濟州風土錄; 七, 漂海錄, 崔錫[錦]南, 一二, 漂海錄[抄]."

카인 정철조를 통해서였다. 박지원은 교유 관계에 있는 사람들과 서로
책을 빌려주거나 빌려보군 했는데, 정철조와도 친분이 깊었으므로『탐
라문견록』을 빌려볼 수 있었다.

    ⓓ『설령』과『태평광기』는 박제가의 집에 있는 것이다. 정운경의『탐
라문견록』은 아마도 자기 뜻으로 미루어 부연한 곳이 많은 듯하다.[320]

   박지원은 1787년을 전후하여『삼한총서』라는 거질의 총서를 기획했
다. 이 총서는 현재 실전되어 전하지 않고 서목(書目) 178권만이 전해
진다. 이 서목 중에는『탐라문견록』이 포함되어 있다. 그런데『삼한총
서』에 실린 대부분의 책은 관련 부분만이 수록되었지만,『탐라문견록』
은 전편이 모두 수록되었다. 이는 박지원이『탐라문견록』에서 제공하
는 해외 지식정보들을 중요하게 생각했음을 말해준다. 그 후 박지원은
정조의 명으로『서이방익사』를 짓게 되었는데 이때에도『탐라문견록』
을 참고했다.

   아래 황윤석(黃胤錫)의 사례를 보기로 한다. 황윤석은 18세기 호남
지역을 대표하는 학자이다.[321] 인용문 ⓔ에서 알 수 있듯이 황윤석은
벗 윤맹옥으로부터『탐라문견록』을 빌려보았다.

    ⓔ 윤맹옥의 집에 소장된『탐라문견록』1책을 빌려왔다. 이는 정운

---

320) 朴趾源,『燕巖先生書簡帖』. "說鈴太平廣記, 在先家所有, 鄭運經耽羅聞見錄, 似多
    以意推演處耳."(정민·박철상,「『연암선생서간첩(燕巖先生書簡帖)』탈초(脫草) 원문
    및 역주」,『대동한문학』22, 2005.)
321) 이선아,「18세기 실학자 황윤석가의 학맥과 호남(湖南) 낙론(洛論)」,『지방사와 지방
    문화』15권2호, 2012.

경이 임자 연간에 아버지를 따라 제주 임지에 있을 때 엮은 것이다. 무릇 3편으로 또『귤보』3품이 부록되어 있다.[322]

ⓕ 우연히 정운경의『탐라문견록』을 읽고 다음과 같이 기록한다. 이는 정운경의 아버지 정일녕이 제주목사를 할 때 (정운경이) 따라가 기록한 것이다.[323]

인용문 ⓕ에 보이듯이, 황윤석은 빌려온『탐라문견록』을 여러 날에 거쳐 초록하였으며, 일부 항목에 대해서는 고증을 진행하였다. 초록의 순서는 원 저본(底本)의 순서와 조금 차이가 있다. 황윤석이 초록한 순서는 다음과 같다.

①六月 十一日 丁卯:「耽羅聞見錄」의 第一話, 第二話와 濟州橘譜를 초록
②六月 十二日 戊辰:第九話, 第四話, 第五話를 초록
③六月 十五日 辛未:第六話, 第七話, 第八話, 第十二話, 第十三話, 第十一話, 第十話, 第十四話를 초록

황윤석은『탐라문견록』의 표류 기사 중에서 유일하게 제3화(第三話)를 초록하지 않았다. 제3화는 송완이 대만에 표류한 사실을 적은 글인데 내용이 비교적 소략하다. 황윤석은 아마도 제3화가 자신이 필요로 하는 해외 지식정보를 제공하지 못한다고 생각하여 이 부분을 초록해

322) 黃胤錫,『頤齋亂藁』(1768년 6월 2일) "借尹孟王家藏耽羅聞見錄一冊以來, 此乃鄭運經壬子年間, 隨父在濟州任所時, 編成者也, 凡三編, 又附橘譜三品."
323) 黃胤錫,『頤齋亂藁』(1768년 6월 11일) "偶閱鄭運經耽羅聞見錄, 錄之如左, 鄭父一寧爲濟牧時從焉錄之."

두지 않은 것 같다. 그는 제3화 이외의 다른 편들에 대해서는 요약하여 초록한 뒤 고증을 진행하였다. 고증 내용을 통하여 황윤석이 동남아 여러 나라의 지리 정보에 관심을 갖고 있었음을 알 수 있다.『탐라문견록』외에도 황윤석은 장한철의『표해록』을 읽었다.

> ⑧ 어제 제주 장박사 한철이 그가 지은『표해록』1책을 보내왔는데, 그 기록한 바가 명확하고 곡진하였다. 누가 외로운 섬에 인재가 없다고 하였던가.[324)]

인용문 ⑧에 보면, 장한철은 자신이 지은『표해록』을 황윤석에게 보냈다. 황윤석이 호남 지역에서 명망이 있는 학자였기 때문에 장한철이 자신의 저술을 보내준 것이다. 장한철은 황윤석 외에도 다른 학자들에게 자신의『표해록』을 소개하였을 가능성이 높다. 황윤석의 사례로부터 그가 학문적 교유 관계에 있던 주변 사람들로부터 표해록을 소개받았음을 알 수 있다.

이번에는 유만주의 사례를 소개한다. 유만주는 조선후기 장서가의 일인으로서 희귀서를 다수 읽은 지식인이었다. 경제적으로 넉넉지 않았던 유만주는 주변 지인들한테서 책을 빌려보거나 베껴 쓰는 방법으로 책을 읽었는데, 심지어 약값을 아껴서 책을 사기도 했다.

> ⓗ 준주 형(兪駿柱)이 준「표인문답(漂人問答)」10여 조목을 봤다.[325)]

---

324) 黃胤錫,『頤齋亂藁』卷31. "昨日濟州張博士漢喆, 送其所爲漂海錄一冊來示, 其紀事, 明白委曲. 誰謂絶島無人才乎."
325) 兪晚柱,『欽英』(1775.1.1.)

ⓘ 아침에 서객(書客) 신(神)이 방문했다. 정운경의 『탐라문견록』을
보여 주었다.[326]

위의 인용문 2건을 통해, 유만주가 적어도 2종의 표해록을 읽었던
사실을 확인할 수 있다. 이 중 「표인문답」은 그가 사촌 형 준주(駿柱)한
테서 빌려본 것이고, 『탐라문견록』은 서객(書客)의 소개로 읽게 되었
다. 인용문 ⓘ를 통해서 확인할 수 있는 또 하나의 사실은 당시 인기
도서였던 『탐라문견록』이 서적 중개상의 손에 넘어가 상업 유통망에
포섭되었다는 점이다. 상기의 여러 정황을 종합해보았을 때 표해록은
주로 학문적 교유 관계를 통하여 전파되었으며 그중 일부는 상업 유통
망에 포함되어 전파되었다는 사실을 알 수 있다.

이어지는 부분에서는 조선후기 지식인들이 표해록 또는 표해록 소
재 해외 지식정보들을 수용하는 방식에 대해 알아보고자 한다. 표해록
을 수용하는 방식에는 인용, 재서술, 번역 등 다양한 양상이 고찰된다.

18세기 중기부터 표해록 소재 해외 지식정보들은 진보적 지식인들
의 저술에 적극 인용되었다. 이긍익(李肯翊)의 『연려실기술(燃藜室記
述)』, 성해응의 『난실담총(蘭室譚叢)』, 이유원의 『임하필기(林下筆記)』,
이규경의 『오주연문장전산고』, 황윤석의 『이재난고』, 최남선의 『고사
통(故事通)』 등 저술에서는 표해록 소재 해외 지식정보들을 선별적으
로 인용하고 있다. 이러한 사례들은 표해록에서 제시한 해외 지식정보
가 상위의 지식체계에 편입되었음을 말해준다.

이긍익의 저술 『연려실기술』「변어전고(邊圉典故)·서변(西邊)」의 「유

---

326) 兪晚柱, 『欽英』(1785.1.8.)

구국」항목에서는 최부의『표해록』을 인용하였다. 「유구국」에서는 고려 때부터 17세기 전기까지 조선과 유구의 교류를 보여주는 20건의 사건을 시간의 순서대로 기록하였는데, 이 중 표류와 관련된 기록은 7건이다. 이긍익이 밝힌 참고문헌에 최부『표해록』이 포함되어 있다. 송정규의『해외문견록』은 참고문헌에는 포함되어 있지 않았지만, 문맥에 대한 분석을 통하여『연려실기술』에서『해외문견록』내「유구사자(琉球使者)」를 인용하였음을 확인할 수 있다.

이유원의『임하필기』권11의「문헌지장편」에는「유구국풍토기」가 수록되어 있다. 그런데 이는 어숙권이 편찬한『패관잡기』에 실려 있는 「유구풍토기」를 그대로 인용한 것이다.

성해응의 저술『난실담총』「유구국」은 15세기부터 17세기까지 유구에 표류했던 조선 표류민들의 견문 기록을 취합하여 작성한 것이다. 주로『왕조실록』에 실려 있는 유구 표류 기록과『해외문견록』의「기유구환어인어(記琉球漂還人語)」를 참고하였다. 성해응이『해외문견록』의 「기유구표환인어」에서 인용한 부분은 유구의 이색 작물 고구마, 유구인의 복제, 유구의 장례제도, 유구에서 불교를 숭상한다는 사실 등이다. 이는 유구인의 복제 그들의 풍속 제도 그 자체가 성해응에게 중요한 해외 지식으로 인식되었음을 말해준다.

이규경의『오주연문장전산고』에서는 적어도 다음 5종의 표해록을 참고하였다. 최부의『표해록』,『해외문견록』,『탐라문견록』, 이종덕의 『표해록』그리고 김경선의「영길리국표선기」등이다. 이규경의『오주연문장전산고』에서 표해록이 인용되는 방식에 대한 고찰을 통해 표해록에서 전달하는 해외 지식정보들이 상위 지식 체계에 수용되는 양상을 확인할 수 있다. 『오주연문장전산고』에 인용된 표해록 소재 해외

지식정보들의 특성을 손쉽게 파악하기 위해 관련 부분을 아래의 표로
정리하였다.

〈표 12〉『오주연문장전산고』에 인용된 표해록

『五洲衍文長箋散稿』		인용한 표해록	인용한 내용
분류	해당 항목		
人事篇·服食類	布帛錦緞辨證說	최부『漂海錄』	布帛과 錦緞 관련 내용을 인용
人事篇·服食類	笠制辨證說	최부『漂海錄』	笠制에 관한 내용을 인용
萬物篇·魚	鰻魚辨證說	李種德『漂海錄』	일본인들이 즐겨먹는 생선 鰻魚
經史篇·論史類	對馬通信辨證說	李種德『漂海錄』	조선에서 일본에 파견하는 통신사들이 쓰시마를 마지막으로 중단된 이유를 설명
人事篇·服食類	靉靆辨證說	李種德『漂海錄』	이종덕이 長崎에서 본 서양인들이 안경을 착용한 모습에 대한 내용
經史篇·史籍類	古史、通史、通鑑綱目、諸家史類、史論、中原記東事、東國諸家史類辨證說	李種德『漂海錄』	薩摩가 유구를 침략한 사실
人事篇·器用類	定水帶辨證說	『海外聞見錄』「記琉球漂還人語」	바다에서 장시간 표류하면서 식수가 고갈되었을 때, 바닷물을 정제하여 식용수를 만드는 방법
萬物篇·草木類	北藷辨證說	『海外聞見錄』의「記琉球漂還人語」	표류민이 유구에서 본 이색작물 고구마를 소개하는 내용
人事篇·服食類	口嚼釀酒咀酒辨證說	『成宗實錄』권105, 김비의의 표류 기록.	유구 사람들이 탁주를 만드는 방법을 소개하는 내용
經史篇·論史類	西洋通中國辨證說[附西舶通我東及疇人傳]	김경선「영길리국표선기」	조선해역에 왔던 서양선박들에 대한 내용

위의 몇 가지 사례를 통해 표해록 소재 지식정보들이 다른 저술에
수용되는 방식과 해외 지식정보가 축적·확대되는 과정을 고찰해보았

다. 표해록의 부분적 인용은 해외 지식정보의 선별적 수용과 관련이 있다. 이긍익과 성해응이 「유구국」이라는 항목을 기술하기 위해 여러 표해록에서 유구 관련 지식정보들을 수집하였다면, 이규경은 여러 표해록에서 제시하는 지식정보들은 세분화하여 자신의 저술에 인용하였다. 이는 표해록 소재 지식정보들을 활용하는 대표적인 두 가지 방식이다.

다음으로 표해록의 독자가 표해록을 수용함에 있어서 '일독(一讀)'에 그치지 않고 '다시쓰기'를 진행한 경우가 발견된다. 가령 이지항의 홋카이도 표류 기록인 『표주록』은 이지항이 지은 표해록을 요약하여 작성한 것이며, 『이지항표해록』은 1인칭 시점의 이지항의 표해록을 3인칭 시점으로 재서술한 것이다. 『해외문견록』내 「기유구표환인어(記琉球漂還人語)」는 김려휘 표해록을 3인칭 시점으로 재서술한 것이며, 『해외문견록』내 「표해록약절(漂海錄略節)」은 최부 『표해록』을 요약한 것이다. 또, 『지영록』내 「김대황표해일록(金大璜漂海日錄)」은 김대황의 표해록을 3인칭으로 재서술한 것이다. 이러한 사례들은 표해록의 독자가 모종의 계기로 표해록의 재생산에 참여하여 표해록의 저자가 된 경우이다. '다시쓰기' 방식은 표해록 전체를 요약하여 재서술하는 방식과 1인칭 시점의 표해록을 3인칭 시점으로 바꾸어 재서술하는 방식이 확인된다. 이때 재서술자 즉 2차 저자는 요약과 재구성을 통한 다시쓰기를 진행함으로써 한층 정제된 해외 지식정보를 제공한다. '다시쓰기'는 표해록을 적극적으로 수용하는 방식인 동시에 또 표해록의 유통의 기회를 새롭게 마련한다는 점에서 의미가 있다.

또 한문으로 된 표해록을 한글로 번역하였거나 한글로 된 표해록을 한문으로 번역하는 다른 층위의 재서술도 확인된다. 가령 『이방인표

해록(李邦仁漂海錄)』은 세간에 전해지던 한글 표해록을 화잠(花岑) 정
상사(鄭上舍)가 한문으로 번역한 것이다.[327] 이 밖에도 서강대와 국립
중앙도서관에 소장되어 있는 한글본 최부『표해록』 2종은 한문으로 된
최부『표해록』을 요약하여 번역한 것이다. 이러한 재서술과 번역은 표
해록의 종류를 풍부하게 하였고, 여러 표해록이 현재까지 보존될 수
있는 가능성을 높여주었다. 이는 표해록 독자가 다시 2차 저자로 전변
되어 표해록의 수용과 전파 과정에 적극 개입한 것이다. 이러한 독서
·저술 방식의 모색과 시도는 조선후기 풍토에서 당시 주변국에 대한
지적 욕구와 확대나 지식 추구와 깊은 연관을 가지고 있다.

이처럼 표해록은 여러 가지 방식으로 유전되었고 다양한 층위에서
수용되었다. 조선후기 지식인들은 표해록을 통해 낯선 세상을 경험하
고 견문을 확장하였다. 또 일부 지식인들은 표해록 소재 해외 지식정
보들을 자신의 저술에 수록하였다. 이들은 해외 정보의 정리와 재배치
를 통하여 한층 정제된 또 다른 맥락을 갖춘 해외 지식을 생산해냈다.

표해록이 일정한 범위에서 꾸준히 생산되고 전파될 수 있었던 것은
당시 동아시아 지식체계가 재편 과정에 있었고, 당시 지식인들이 중
국, 일본 및 주변 나라들로 이어지는 문화적 연대의식을 표해록을 통
해 읽어낼 수 있었기 때문이다. 표해록에서 제공하는 지식정보들은 당
대 우수한 지식인들의 편찬 작업을 통하여 더욱 광범위한 지식체계에
재편성되었고, 다시 새로운 유통과 전파의 경로에 진입하였다.

---

327) 『李邦億漂海錄』. "右李邦億漂海錄, 而始以諺傳于世, 花岑鄭上舍眞以翻之, 花岑之
意, 奚取焉. 余觀是錄, 至眷眷不忍別, 記持衣涕泣處, 未嘗不擊節而太息也. 此使乎躬
逢之人, 見是則能不泚起頯乎. 余於是盖信翻錄之意也, 沙汀洞主書."

2. 해외 인식 지평의 확대

조선후기 사회에서 표류는 중요한 지식정보의 유입 창구였다. 표류를 통해 유입된 해외 지식정보들은 조선 사회에서 중요하게 다루어졌다. 표해록 소재 해외 지식정보들의 가치를 논하고자 할 때 이러한 정보들이 조선 사회에서 이해되고 수용되는 맥락을 살펴볼 필요가 있다. 해외 지식정보의 가치에 대한 평가는 당시 사회에서 인식되는 맥락과 사회적인 역할을 둘러싸고 진행되어야 할 것이다. 그리고 이러한 평가는 당시 사회의 해외 지식정보 수준에 대한 정확한 이해를 전제로 해야 한다.

조선후기에 이르러서도 조선의 해외 인식 수준은 매우 낮았다. 중국과 일본 이외의 교류가 적었던 나라들에 대해서는 거의 무지한 수준이었다. 동남아 나라인 여송(呂宋)의 사례를 통해서도 알 수 있다. 아래 이수광의『지봉유설(芝峯類說)』권2「제국부(諸國部)」「외국」조에 수록된 내용을 살펴보기로 한다.

    ⓐ 여송(呂宋), 阿魯, 甘巴利 등의 나라들은 모두 기록할 수 없다. 중국과 통하지 않아서 서적에 기재되지 않은 것이 얼마나 많겠는가.[328]

17세기 초반에 지어진『지봉유설』에서는 여송 등의 나라들에 대해서는 모두 알지 못 한다고 솔직하게 고백하였다. 중국과 통교하지 않는 나라의 지식정보를 얻을 길이 없었던 것이다. 일례로 동남아 국가인 여송(呂宋)에 대한 지식정보는 18세기 말까지도 크게 확충되지 못하

---

328) 李睟光,『芝峯類說』卷2「諸國部」「外國」.

였다. 『청령국지』 권2 「이국(異國)」의 여송 항목은 아래와 같이 기재되
어 있다.

ⓑ 여송은 대원(大冤, 대만) 남쪽에 있으며, 일본에서 8백여 리 떨어
져 있다. 야소(耶蘇)의 종문(宗門)을 배우므로, 관영(寬永) 15년 이래로
그들이 와서 정박하는 것을 금지하였다. 이곳의 토산물로는 녹피(鹿皮)
와 우피(牛皮)와 소방(蘇方)이 있다.[329]

『지봉유설』「제국부」에 기재된 내용은 주로 중국 서적에서 따온 것
이고, 『청령국지』「이국」조의 기록은 일본 서적을 참고하여 기록한 것
이다. 다시 말해 『지봉유설』에서 제공하는 해외 지식정보들은 중국을
기준으로 한 것이고, 『청령국지』에 기재된 것은 일본을 중심으로 한
지식정보들이다.

조선과 여송(呂宋)은 역사적으로 거의 교류가 없었지만, 표류로 인
해 조선인 문순득은 여송을 경험할 기회를 얻었다. 문순득은 1801년
겨울에 흑산도 앞바다에서 표류하여 유구에 이르렀다. 그 뒤 1802년
10월에 조선에 돌아오기 위해 유구 사신들의 조공선(朝貢船)에 동승하
여 복건을 향해 가다가 재차 여송에 표류하였다. 문순득은 여송에 머
물면서 여송 사람들의 생활 문화를 관찰하고, 여송을 거점으로 진행되
던 동남아 무역의 현장을 확인할 수 있었다. 문순득의 표류 사건을 기
록한 『표해시말』에는 여송에 대한 견문과 일상생활에서 흔히 쓰는 상
용 여송어의 한글 발음이 정리되어 있다. 관변 기록인 『일성록』에도
문순득의 여송 표류 사건이 기재되어 있다.

---

329) 李德懋, 『蜻蛉國志』 卷2 「異國」.

ⓒ 임술년 나주목 흑산도의 문순득 등 여섯 명은 여송국(呂宋國)에 표착했다. 전해지는 표해록(漂海錄)을 등사해둔 것은 그대로 믿기 어려워서 나주목에 이관했더니 해당 목에서 회첩을 보내왔다. 문순득 등은 신유 12월에 함께 배를 타고 흑산도로 향했다가 서북풍을 만나 표류하여 다음해 정월에 한 곳에 이르렀는데, 유구국의 동북에 있는 대도(大島)였다.[330]

위 글에서 알 수 있듯이 조선 조정에서 세간에 전해지는 문순득의 표해록을 등사해두었다. 이는 국가적 차원에서 문순득의 표해록에 담겨진 유구와 여송 등 나라의 지식정보를 중요하게 인식하였다는 것을 말해준다.

문순득이 조선에 돌아온 후 몇 년이 지나서 여송 사람들이 조선에 표류해온 사건이 있었다. 『순조실록』에 관련 기록이 남아있다.

ⓓ 여송국의 표류인을 성경에 이자(移咨)하여 본국으로 송환시키게 하라고 명하였다. 이에 앞서 신유년 가을 이국인 5명이 표류하여 제주에 도착하였는데, 알아들을 수 없는 오랑캐들의 말이어서 무엇이 어떻게 되었다는 것인지 분별할 수가 없었다. 나라 이름을 쓰게 하였더니 단지 막가외(莫可外)라고만 하여 어느 나라 사람인지를 알 수가 없었다. 그래서 이자관(移咨官)을 딸려서 성경으로 들여보냈다. 임술년 여름 성경의 예부로부터 또한 어느 나라인지 확실히 지적할 수 없다는 내용의 회자와 함께 다시 되돌려 보내왔다. 그런데 그중 1명은 도중에

---

330) 『日省錄』(1809.6.26.) "壬戌年羅州牧黑山島, 文順得六名, 漂入呂宋國, 其謄傳漂海錄, 難以準信, 故措辭移關於羅州牧, 則該牧回牒, 以爲文順得等辛酉十二月同船往大黑山, 遇西北風漂流, 翌年正月始到一處, 乃琉球國東北大島也."

서 병이 들어 죽었다. 그리하여 우선 해당 목(牧)에 머물게 한 다음 공
해(公廨)를 지급하고 양찬(糧饌)을 계속 대어주면서 풍토를 익히고 언
어를 통하게 하라고 명하였는데, 그 가운데 1명이 또 죽어서 단지 3명
만이 남아 있었다. 이때에 이르러 나주 흑산도 사람 문순득(文順得)이
표류되어 여송국에 들어갔었는데, 그 나라 사람의 모습과 의관을 보고
그들의 방언을 또한 기록하여 가지고 온 것이 있었다. 그런데 표류되어
머물고 있는 사람들의 용모와 복장이 대략 서로 비슷하였으므로, 여송
국의 방언으로 문답하니 절절이 딱 들어맞았다.[331]

　인용문 ⓓ에 보이듯이, 관아에서 조사를 해보아도 말이 통하지 않
아서 표류민들이 어느 나라 사람인지 알 수 없었다. 관례대로 이들 표
류민 5명을 북경에 이송했으나 청조 예부에서조차 이들의 신원을 파
악할 수 없다면서 조선에 되돌려 보냈다. 이 과정에 표류민 5명 중 2명
은 병들어 죽었다. 그제야 문순득의 표해록에 기록되어 있는 여송어로
대화를 시도해보았더니 그들이 여송인임을 알 수 있었다.
　인용문 ⓒ와 ⓓ를 통하여 알 수 있는 사실들은 다음과 같다. 우선,
조선 조정에서는 문순득의 해외 견문이 담겨진 표해록을 입수하였다
는 것, 신원을 파악할 수 없는 외국사람이 조선에 표류해오자 문순득
은 조정의 부름을 받았다는 것, 그리고 문순득이 정리해 둔 60개 정도

---

331)『純祖實錄』卷12,「純祖9年 6月 乙卯」, "命呂宋國漂人, 移咨盛京, 送還本國. 先是,
　辛酉秋, 異國人五名, 漂到濟州, 而鳩舌聱牙, 莫辨魚魯. 寫其國名, 只稱莫可外, 未知
　爲何國人. 移咨入送于盛京, 壬戌夏, 自盛京禮部, 亦未能確指何國, 回咨還送, 而一名
　在塗病故矣. 命姑留該牧, 給公廨, 繼糧饌, 使之習風土, 通言語, 其中一人又故, 只餘
　三名. 至是羅州 黑山島人文順得, 漂入呂宋國, 見該國人形貌衣冠, 其方言, 亦有所錄
　來者, 而漂留人容服, 大略相似, 試以呂宋國方言問答, 則節節脗合, 而如狂如痴, 或泣
　或叫之狀, 甚可矜惻, 漂留已爲九年, 而始知爲呂宋國人, 所謂莫可外, 亦該國之官音
　也. 全羅監司李冕膺, 濟州牧使李顯宅, 具由以聞, 有是命."

의 여송어가 국가적 차원에서 유용하게 사용되었다는 점이다.

19세기 초반까지도 조선은 동남아 나라들을 잘 알지 못했다. 여송과 같은 나라들에 대한 지식정보는 서책을 통해서도 확보하기 어려웠다. 이때 표류를 통해 이러한 나라와 지역을 직접 견문한 뒤 작성한 표해록은 이 방면의 해외 지식정보를 보완해주는 역할을 하였다. 표해록에서 제시하고 있는 이러한 해외 지식은 조선후기에 이르기까지 여전히 유효한 지식이었고 다른 통로를 통해 확보하기 어려운 것이었다. 또, 표류민과 표해록을 통해 해외 지식정보를 누적해간다는 것은 해외 지식정보의 절대적인 양을 축적해 간다는 의미 외에도 조선 중심의 해외 학지를 구축해간다는 점에서 중요했다.

표류 견문의 희소가치로 인해 조선후기 지식인들 중에는 심지어 위험천만한 해난 사고인 표류를 열망하는 사람들도 있었다.

ⓔ 내가 일찍이 석북(石北) 신공(申光洙)공의『탐라록』을 읽었는데, 태풍이 세차지 못하여 멀리 표류하지 못한 것을 한탄하는 것이 무엇때문인지 궁금했었다. 석북은 근세 시가(詩家) 중의 뛰어난 자이다. 만약 큰 태풍을 만나 바다 몇 만리를 뛰어넘어 소주, 항주, 복건, 광주 일대에 정박하고 방향을 바꾸어 연경(燕京)으로 들어가며 료하(遼河)를 건너 동쪽으로 왔다면, 자신이 본 괴이한 것을 반드시 시에 펼쳐내어 명성이 천하를 움직이기에 충분하였을 것이다. 바람은 그 배가 가는 쪽으로 불었으나 도리어 그를 저지하였다. 돌아보고 감상한 것이 제주의 연기와 구름, 비와 바람, 초목, 벌레와 물고기에 그쳤으니 사람들을 안타깝게 한다.[332]

---

[332] 許薫,『舫山先生文集』卷15,「乘槎錄序」. "余嘗讀石北申公耽羅錄, 竊恨其颷不猛而漂不遠何也. 石北, 近世詩家之傑也. 若借大颷, 踔重溟幾萬里, 泊于蘇杭閩廣之間, 轉

위 글에서 알 수 있듯이, 신광수는 제주에 있을 때 태풍을 만나 바다 건너 중국 땅에 표류해 가기를 바랐다고 한다. 표류하여 소주, 항주, 복건, 광주 일대에 도착한 뒤 방향을 바꾸어 연경으로 향해 료하(遼河)를 건너 조선에 돌아온 뒤 자신이 견문한 것을 책으로 저술하면 학자와 문인으로서의 명성을 떨칠 수 있다고 생각했기 때문이다. 신광수의 이러한 생각은 하나의 사례이긴 하지만, 조선후기의 지적 풍토에서 해외 지식정보가 가지는 위상을 설명해주기에는 부족함이 없다. 조선후기에 이르러 표해록 저술이 다수 출현한 것은 해외에 대한 이 시기 지식인들의 지적 호기심이 발현된 결과인 동시에 이러한 해외 지식정보에 대한 국가적 차원의 중시와 사회적인 발전 욕구가 경합된 결과이다.

표해록의 유전과 표해록을 활용한 저술들의 출현은 해외에 관한 지식정보들을 한층 확산하는 역할을 하였다. 이러한 결과로 조선후기에 일본과 동남아시아 여러 나라에 대한 전문서가 다량 출현하였다. 이덕무가 편찬한 일본학 저서『청령국지』외에도 특정 지역과 나라를 대상으로 한 전문서들이 다수 지어졌다. 이서구는 일본의 홋카이도 지역에 관한 전문서인『하이국기(蝦夷國記)』를 지었으며, 이규경은 유구 전문서인『유구교빙지(琉球交聘志)』와 안남 전문서인『남교역고(南交繹攷)』를 편찬하였다.『하이국기』,『유구교빙지』,『남교역고』는 일실되어 현재 전하지 않지만 이들 편저자의 학문적 특성과 이러한 지역에 대한 지식 원천을 상고하여 유추해 보았을 때 표류를 통해 유입된 해외 지식정보가 이러한 저술 중에 편입되어 있었음을 추정할 수 있다.

入燕社, 渡遼河而東之, 則遌怪所矚, 必皆發之于詩, 名聲足以動天下. 風旣發, 其便而旋閼之, 流連賦賞, 不過瀛洲之煙雲雨風艸木蟲魚而止, 殊令人咄咄."

표해록을 통해 생생한 해외 지식을 향유하고 저술에 활용할 수 있었던 이들은 조선후기 첨단 지식인 그룹에 속해있는 사람들이다. 이들은 문화적 기득권을 기반으로 고급서적 및 희귀서를 상당 부분 보유하고 있었거나 혹은 자신이 소속되어 있는 지식 집단 내에서 다양한 서적을 접할 수 있었다. 이들에게 표해록을 읽고 저술에 인용하는 행위는 해외의 낯선 문화를 접하고 이를 통해 세계관의 일신을 촉구하고, 사회 발전을 추구하는 적극적인 행동에 속했다. 이때 표류는 단순한 외부 세계의 방문과 관찰이 아니라 외부세계의 상황을 자국 현실과 비추어 보는 거울로 인식의 전환을 이끌어낼 수 있는 중요한 계기였다. 견문의 확장과 인식의 갱신이야말로 표해록이 가지는 의미와 가치의 가장 중요한 부분이다.

조선시대 해외 지식정보를 구성함에 있어서 여러 원천이 있었지만, 표류 역시 해외 지식정보를 집적하는 중요한 지식의 원천이었다. 넓은 지역을 체험하고 새로운 문화와 문물을 접했던 표류민들은 다양한 해외 지식정보를 제공하였다. 특정 가치관의 제약이나 고질적인 선입견이 상대적으로 적었던 표류민들의 해외 체험은 조선에 신선한 충격을 가져왔고, 이러한 과정이 누적되면서 문화의 다양성을 수용하는 동아시아 담론을 촉발하였다.

이들의 해외 체험과 견문에 주목한 이들은 해외에 관심을 가지고 있던 지식인들이었다. 이들은 표류민을 통한 해외 지식정보를 정제하여 기록으로 남겼고, 이러한 기록들은 이들이 구성하고 있는 인적 관계망을 통하여 특정 범위에서 유통 전파되었다. 이들 저술은 여러 사람에게 읽혀지면서 실학자들을 중심으로 지속적으로 수용되었으며 이들의 해양관에 영향을 주었다.

조선후기 해양관과 해양 사상의 지식의 유래는 표해록과 연관성을 입증할 수 있는 연결고리들이 존재한다. 정약용은 주변국을 관찰함에 있어서 산천과 풍속보다 중요한 것은 변경(邊境) 관리와 우수한 기술과 제도이며, 이러한 부분은 적극 배워서 조선에 유입해야 한다고 생각했다. 특히 선박제도, 정교한 기물(器物), 방롱(房櫳), 조총(鳥銃) 등 조선의 발전에 필요한 기술을 본받아야 한다고 하였다. 특히 선박제도에 대한 중시는 여러 표해록에서 보이는 경향이다. 조선은 여러 면이 바다에 둘러싸인 반도 국가이지만, 오랫동안 폐쇄적인 해역 정책을 시행하였다. 조선후기에 주변국들이 해상무역을 적극 진행하면서 선박 기술이 비약적으로 발전하고 있을 때, 조선은 여전히 낙후한 상태를 답습하고 있었다. 조선의 선박 기술은 서양에 비해서도 중국에 비해서도, 일본에 비해서도 낙후되어 있었다. 그러나 임진왜란의 실패를 겪은 후, 국방을 보위하고 경제 성장을 이루어내기 위한 조건으로 선박 제조술의 발전은 필수적인 조건이 되었다. 표류민의 전언을 통하여 조선 지식인들은 중국·일본·유구에서 해외 무역을 통해 재부를 축적하고 있는 상황을 알게 되었다. 이들은 해상 무역의 가능성을 염두에 두고 해외 선박제도에도 깊은 관심을 보여주었으며, 이들 중 일부는 선박 무역을 통한 통상론을 주장하기에 이르렀다. 19세기에도 해양 통상론을 주장한 이들은 이규경과 같이 표해록을 비롯한 해외 관련 지식정보들을 적극 수용한 사람들이었다.[333]

한편 표해록은 조선후기 해방론(海防論) 사상에도 근거를 제공하였다. 표해록을 통해 유입된 주변국에 대한 정보들은 국방 안전과 대외

---

333) 하우봉(2015), 앞의 책, 258면.

외교를 위한 참고로 활용되었다. 주변 나라들의 선박 기술의 발전과 해양 통상을 조선에 대한 위협 요인으로 간주하고 해역 방비를 강화할 것에 대한 논의가 전개되었다. 이처럼 표해록 소재 해외 지식정보들은 조선 지식인들의 해양관과 해양 인식에 영향을 주었다.

18세기 후기에 북학사상의 고조와 함께 선진적인 문물과 제도에 대한 수용 욕구가 증대되면서, 표해록의 저술을 통해 지향했던 해외 지식들은 다양한 경로를 통해 진일보한 모습으로 재구성되었고, 지식인 층에서 빠른 속도로 확산되었다. 표해록에서 제시하고 있는 해외 지식은 19세기에도 여전히 유효한 지식이었고, 다른 경로를 통해서 얻기 힘든 지식이었다. 해외 지식이라는 항목이 당시의 지식 체계에 편입된 것은 당시 지식인들의 지향하는 지식의 범주가 자국의 경계를 넘어서 확장되었다는 것을 보여준다. 쇄국정책을 기조로 했던 당시 동아시아 국제질서 하에서 표류와 표류민을 통한 해외 정보의 수집 및 지식화는 외국에 대한 체험을 공유하고 이를 통해서 새로운 시대의식을 형성하는데 중요한 역할을 하였다.

VI
나가는 말

　표해록은 시대적 한계로 인해 직접적인 해외 체험의 가능성이 차단
된 이들을 낯선 세계로 인도해 주었으며 이들에게 간접 체험과 대리
경험을 제공하였다. 조선후기 지식인들은 표해록의 저술과 독서를 통
하여 직간접적으로 중국을 포함한 동아시아 여러 나라와 서양에 관한
지식을 축적해 나갔다. 표해록의 독서를 통해 조선 지식인들은 대외적
관심을 촉발하는 계기를 마련하였고 해외 인식의 지평을 확장할 수 있
었다.

　본고에서는 조선후기 해외 정보의 원천으로 중요시되었던 표해록을
전반적으로 검토하여, 해외의 지식정보가 유입·수용되는 과정에 대해
고찰하였다. 조선후기 표해록을 대상으로 이 시기 표류를 통한 해외
지식정보의 유입과 대외 교류의 실상을 밝히고, 해외 지식정보의 확충
이 조선 사회에 어떠한 변화를 일으켰는지를 고찰하였다.

　지금까지 표류 기록에 대한 연구가 지속적으로 진행되었지만, 조선
후기의 표해록 전반에 대해 해외 지식정보의 유입이라는 거시적인 틀
을 활용하여 통시적으로 조망한 연구는 없었다. 조선후기 표해록을 종
합적으로 검토한다는 것은 단순히 연구의 범위를 확장하여 표해록 전

체를 조망하여 의미를 도출한다는 것 이상의 의의가 있다. 이는 오히려 표해록을 바라보는 전체적인 시각을 마련해주며, 효과적인 연구의 틀을 제공해준다. 표해록 자료들을 종합적으로 살펴보았을 때 공통적으로 발견되는 특징은 해외 지식정보의 추구이다. 이는 하나의 표류 사건에 대한 일련의 기록들, 상호 영향관계가 확인되는 일련의 표해록 자료들을 함께 검토했을 때 더욱 선명해지는 경향이다. 즉, 표류를 통한 해외 견문은 여러 사람을 거칠수록 문맥에서 '표류 경과'가 간략해지고 '해외 견문'만 남는 현상이 발생하였다. 그런데 이러한 현상이야말로 '표류'와 표해록이 당시 사회에서 생산·향유되는 과정을 잘 보여주는 지점이다.

이에 본고에서는 필자가 정리·조사한 조선후기 표해록 34종을 대상으로 표해록의 정의를 도출하고 표해록 저술의 배경과 과정, 저술의 특징과 지향, 이러한 제반 관계 속에서 표해록 소재 해외 지식정보들의 양상을 고찰하였다. 그리고 표해록의 유전(流傳) 및 수용 양상에 대한 분석을 통하여 조선후기 사회에 미친 영향을 추적하였다.

이를 위해 본고에서는 우선 조선후기 표해록에 대한 본격적인 분석에 앞서 조선후기에 다양한 표해록이 생산·유전될 수 있었던 사회적·시대적 배경을 고찰하였다. 17세기 전기 동아시아 해역 질서의 재편과 함께 조선은 자신의 좌표를 새롭게 설정하였다는 사실을 밝히고, 표류민 송환책의 안정적인 운행이 가지는 외교적·정치적 의미에 대해 논의하였다. 또한 조선의 표해록 취급 정책을 분석하였고, 표류민을 통한 해외 정보 수집 방식과 그 의의에 대해 고찰하였다.

청의 집권 초기에 중국인 표착건의 처리 문제를 둘러싸고 한중일 삼국은 미묘한 긴장 관계를 형성하였다. 그 뒤 청이 세력을 굳혀감에 따라 1680년대부터 조선은 중국 형세에 대한 파악과 함께 점차적으로 청의 요청을 우선시하여 외국 표류민 송환책을 제도화했다. 이때 계기가 된 것이 '기사년(己巳年) 자문(咨文)'으로 불리는 1689년 청에서 조선에 보내온 회자문(回咨文)이다. 기사년 자문의 요지는 중국인들이 조선에 표류해 오면 표류민들의 성명, 관적, 선적 물품 등 기본 정보를 조사하여 청에 보고하되, 선박이 파손되지 않았으면 이들을 바닷길로 돌려보내주고 선박이 파손되었으면 육로를 통해 북경으로 이송할 것을 요구하는 내용이다. 이 자문(咨文)은 조선의 관찬 사료에 누차 언급되면서 중국인 송환책의 실질적인 준거로 작용하였다.

일본인이 조선 경내에 표착하면 해당 관아에서 조사를 진행하고 그들에게 구호 물품을 지급하였으며, 부산에 있는 왜관에 압송하여 서계와 함께 본국에 회부하였다. 중국인과 일본인, 유구인 외에도 여송(呂宋), 안남(安南), 악로사(鄂羅斯), 아란타(阿蘭陀) 등 나라의 사람들이 조선에 표류해왔다. 이들에 대해서는 표류 사건이 발생했을 때마다 현안을 고려하여 송환 처리하였다. 대체로 이들을 북경에 이송한 뒤 중국을 통해 본국으로 돌아갈 수 있도록 해주었다.

외국 표류민이 표착해 왔을 때 그들에 대한 조사와 심문이 누차 진행되었다. 우선 표착지의 해당 관아에서 1차적으로 심문한 다음 표류 사실을 비변사와 조정에 보고하였다. 비변사에서는 표착지에 통역을 파견하여 조사를 진행하였고, 또 육로를 통해 서울을 경유하여 본국에 송환할 때 재조사를 진행하였다. 조선 경내에서 이동하는 동안에도 경유지 관원의 심문 조사가 계속되기도 했다. 이처럼 조선 조정은 외국 표류민을 통한 해외정보 취득에 적극적이었다.

외부 세계에 관심을 가지고 있었던 지식인들은 타인의 표류 체험을 자신의 견문을 넓히는 기회로 생각하였다. 표류민의 이동 경로를 고려하였을 때 이들을 만날 수 있는 상황은 아래 몇 가지 경우이다. 첫째, 중국이나 일본의 사행길에서 표류민을 만났다. 둘째, 표류가 빈발하는 지역에 갔다가 표류민을 만났다. 셋째, 자국 표류민이나 외국 표류민이 조선 경내에서 이동하는 과정에 표류민을 만났다. 표류민의 표류담은 생생한 해외 지식을 제공한다는 점에서 유의미한 정보원이었다. 표류민이 전달한 해외 정보는 지식인들에 의해 한층 정제된 지식으로 만들어졌다. 조선의 지식인들이 표류민을 해외정보의 전달자로 보고 이들을 통해 해외정보를 얻고자 할 때, 이들을 통해 정치·경제·문화 등 방면의 정보를 취득하고자 했다.

다음으로 본고에서는 조선시대 표해록에 대한 전면적인 조사와 고찰을 진행하여 34종의 표해록 자료를 확인하였다. 이 중에는 학계에 처음 보고되는 표해록이 7종 있고, 기존에 발굴된 표해록의 새로운 이본 3종을 발굴하였으며, 이본들 간의 관계를 새롭게 정리하였다. 자료 수집 방법은 선행연구의 성과를 참조하여 국립중앙도서관, 규장각, 장서각, 연세대 도서관, 계명대 도서관 등 한국 내 주요 도서관과 대학도서관을 대상으로 조사하였다.

그 다음 자료조사의 성과를 바탕으로 실증적으로 표해록의 정의와 범주를 확정지었다. 본고에서 말하는 표해록이란 이른바 조선시대에 해난사고의 경험이나 견문을 '사실적'으로 기록한 텍스트이며, 조선시대 사회관계망을 통하여 일정한 범위에서 유통될 수 있었던 표류 기록이다. 이때 해난사고의 주체는 조선인에 국한되지 않으나 기록의 주체는 조선인에 한정된다. 표해록은 단행본으로 만들어진 것과 문집이나 기타 저술에 수록되어 전하는 것이 있다. 표해록이 작성된 시기는 15세기에서 19세기 말까지이다. 최초의 표해록은 널리 알려진 최부의 『표해록』이며 지금까지 발견한 표해록 중에서 가장 후대의 것은 1893년에 지어진 양우종(梁佑宗)의 『표해일기(漂海日記)』이다.

조선시대의 표해록은 텍스트 형성 방법을 기준으로 크게 세 가지 유형으로 나눌 수 있다. 첫 번째 유형은 표류민이 자신의 표류 체험을 직접 기록한 것이다. 널리 알려진 최부의 『표해록』을 비롯하여 장한철의 『표해록』, 양지회의 『표해록』, 최두찬의 『승사록』, 풍계 현정의 『일본표해록』 등은 표류 당사자가 자신의 표류 경험을 기록한 표해록이다. 두 번째는 타인의 표류 체험을 제3자가 기록한 것이다. 여기에는 표류민의 표류담을 청취한 후 작성한 표해록과 기타 표류 관련 문헌을 정리하여 작성한 표해록이 모두 포함된다. 세 번째 유형은 표류 관련 자료들을 다수 모아 책으로 엮은 것이다. 이러한 유형의 자료는 표류기사 찬집서라고 통칭할 수 있다. 조선후기 문인 왕덕구가 편찬한 『임진표해록』과 같은 표류기사 찬집서 형식의 표해록이 이 부류에 속한다.

표해록의 구성과 저술방식을 살펴보았을 때 크게 네 가지로 나뉜다. 첫 번째는 일기(+견문록) 형식의 표해록이다. 표해록 중에서 가장 보편적인 것은 '출항-표류-귀국' 과정을 시간의 흐름에 따라 일기 형식으로 기록한 표해록인데, 이 경우 일기로만 되어 있는 것과 일기 뒤에 부록으로 견문록을 첨부한 형태가 있다. 전체 표해록 중에서 일기체 양식을 취하고 있는 것은 11편이다. 이 중 5편에 견문록이 첨부되어 있다. 두 번째는 표인문답기 형식의 표해록이다. 표인문답기는 표류민과 만나 나눈 대화를 문답기의 형식으로 기록해둔 것이다. 표인문답기는 일문일답(一問一答)으로 된 것과 몇 개의 궁금한 사항을 포괄적인 하나의 질문으로 정리한 뒤, 이에 대한 표류민의 대답을 하나로 정리하여 작성한 것이 있다. 이때 기록자는 표류민을 조사하는 입장에서 표류민과의 대화를 통해 확보한 사실을 정리하여 기록한다. 이 경우 문답은 질문자의 관심을 둘러싸고 진행되며, 저자는 본인의 관심사를 중심으로 표인문답기를 작성한다. 표인문답기의 경우 흔히 첫 머리에 표류민을 만나게 된 경위를 밝혀두거나, 맨 마지막에 저자의 논평에 해당하는 문단을 추가로 작성하기도 한다. 이 형식의 표해록은 8종이 발견되었다. 세 번째는 잡록체 형식의 표해록이다. 표해록에는 일기체와 표인문답기 외에도 풍토기, 노정기, 표류가사 등 다양한 형식이 존재한다. 본고에서는 표류 체험과 해외 견문을 다양한 방식으로 기록한 표류 기사들을 잡록체 표해록이라고 한다. 잡록체 표해록은 출항, 표류, 귀환 과정에 있었던 일을 순차적으로 기록하는 것이 아니라 자유롭게 기록하는 방식을 취한다. 이 형식의 표해록은 9종이 확인되었다. 네 번째는 표류기사 찬집서 형식의 표해록이다. 조선후기 문헌 중에서 표류 기사들을 다수 모아 책으로 엮은 저술들이 여러 종 발견되었는데, 이러한 문헌들은 표류 관련 자료들을 다수 모아 엮은 표해록이다. 이 형식의 표해록은 지금까지 8종이 발견되었다.

　위와 같이 표해록의 구성 형식을 살피고 각 유형의 문체적 특징과 글쓰기 방식을 고찰한 뒤, 본고에서는 표해록의 저술의도에 대해 분석하였다. 표해록의 저술의도는 주로 해외 견문의 공유, 해외 문물의 소개, 해역 방비를 위한 참고의 세 가지로 귀결된다.

　그 다음 표해록 소재 해외 지식정보의 양상에 대해 고찰하였다. 조선 표류민과 타국 표류선에 의해 조선에 유입된 해외 지식정보를 중국, 일본, 유구, 서양의 순서로 고찰하여 그 나라별 특징을 추출하고, 당시 시대적 문맥을 전제로 의의를 도출하였다. 이를 통하여 조선이

주변국을 읽는 관점과 시선을 고찰하고, 조선의 당시 해외 인식 수준
에 대해 논의하였다.

중국 관련 표해록에서는 중국의 정세와 청 집권이후의 중화 '문명'
의 변질 여부에 대한 주목이 두드러진다. 일본 관련 표해록에서는 일
본의 군사와 정치 동향에 대한 주목과 당시 나가사키에서 성행하던 국
제무역 및 에조 지역에 관한 관심이 돋보인다. 유구 관련 표해록에서
는 유구와 중국 및 일본과의 관계 및 남방 지리 정보에 이목이 집중되
어 있다. 서양 관련 기록에서는 서양인의 외모와 언어와 문물에 대한
기록과 동아시아에서의 서양 나라들의 일련의 활동에 대한 기록이 많
이 보인다.

표해록은 해외 견문을 공유하고 전달하는 텍스트들이다. 외국과 외
국문화 즉 타자에 대한 인식은 관찰자와 기록자의 지적 수준과 이들이
발 딛고 있는 사회적·문화적 토대와 직결되어 있다. 그런데 조선 지식
인들의 해외 인식 수준이 보편적으로 낮았기 때문에 표해록 소재 해외
지식정보들에는 외국에 대한 오해와 왜곡이 혼재되어 있다. 그러나 표
해록 소재 해외 지식정보들을 평가함에 있어서 정보의 정확성의 문제
보다도 이러한 해외 지식정보들이 인식되는 맥락과 사회적 반향이 더
욱 중요하게 고려되어야 한다.

마지막 부분에서는 표해록의 유전과 수용의 문제를 중심으로 해외
지식정보의 수용과 활용, 기록과 편집, 해외 지식의 인용과 재구성 등
다층적인 전개양상을 고찰하였다. 아울러 조선후기 사회에서 표해록
이 가지는 의미와 영향에 대해 논의하였다.

전근대시기 서책의 전파와 수용의 문제를 논하고자 할 때 가장 먼저
고려해야 할 것은 간행 여부이다. 34종의 조선시대 표해록 중에 간행

에 부쳐진 것은 최부의 『표해록』과 최두찬의 『승사록』 2종뿐이다. 최부의 『표해록』은 조선시대에 수차 간행되었다. 최두찬의 『승사록』은 1917년에 목판본으로 간행되었다. 최부의 『표해록』은 조선전기의 표해록이고, 최두찬의 『승사록』은 일본 강점기에 간행에 부쳐졌기에 조선후기 표해록들은 모두 필사의 형태로 유전된 셈이다.

조선후기 표해록 중에서 현재 필사본 이본을 확인할 수 있는 것은 『이지항표해록』(3종), 『탐라문견록』(2종), 장한철의 『표해록』(2종), 『정미전신록』(3종), 풍계 현정의 『일본표해록』(3종), 최두찬의 『승사록』(6종) 등이다. 조선후기 표해록들은 기본적으로 전사(傳寫)를 통해서 보급범위가 확대된 것으로 보인다.

표해록의 유통 방식을 살펴보았을 때, 저자가 자신이 지은 표해록을 적극 주변인들에게 소개하는 경우와 스승 및 친인척의 표해록을 주변인들에게 소개하고 서발문을 받는 경우가 있었다. 일부 표해록은 서적상을 통해 상업적인 유통망에 포섭되기도 하였다. 표해록들은 18세기 후반부터 19세기에 이르기까지 실학자들 중심으로 독자층을 확보하였으며 다양한 방식으로 여러 저술에 수용되었다. 이 과정에 표해록은 조선후기 지식인들의 해양관과 세계 인식에 영향을 주었으며 새로운 시대의식을 형성하는 데에 일조하였다.

참고문헌

1. 자료

姜浩溥, 『桑蓬錄』(학고방, 2013.)

金景善, 『燕轅直指』, 「濟州漂人問答記」

金指南·金慶門 編, 『通文館志』(세종대왕기념사업회, 1998.)

_____, 『回槎錄』

未詳, 『臥遊錄』 권12, 장서각 소장본

未詳, 『金麗輝等漂海錄』, 개인 소장본

未詳, 『표해록』, 서강대 소장본

未詳, 『漂海錄』, 서강대 소장본

未詳, 『표해록』, 국립중앙도서관 소장본

朴珪壽, 『瓛齋先生集』 卷7

朴趾源, 『燕巖集』 卷6

_____, 『燕巖先生書簡帖』(정민·박철상, 「『燕巖先生書簡帖』 脫草 원문 및 역주」, 『大東漢文學』 22, 2005.)

成大中, 『日本錄』(홍학희 역, 『일본록–부사산 비파호를 날 듯이 건거』, 소명출판, 2006.)

成海應, 『研經齋全集』 卷59

宋廷奎, 『海外聞見錄』(김용태·김새미오 역, 『해외문견록』, 휴머니스트, 2015.)

_____, 『海外聞見錄』, 일본 천리대 소장본

申維翰, 『海遊錄』(김찬순 역, 『해유록, 조선선비 일본을 만나다』, 보리, 2006.)

安鼎福, 『順菴集』 卷7

梁佑宗, 『漂海日記』, 제주국립박물관 소장본

梁知會, 『漂海錄』, 장서각 소장본

魚叔權, 『稗官雜記』 卷4.(『국역 대동야승』 1, 민족문화추진회, 1971.)

柳得恭, 『泠齋集』 卷7, 「蜻蛉國志序」

李綱會, 『玄洲漫錄』

_____, 『柳菴叢書』

李圭景, 『五洲衍文長箋散稿』

李德懋, 『靑莊館全書』 卷3, 「記福建人黃森問答」

_____, 『入燕記』

_____, 『靑莊館全書』 卷24, 「兵志備倭論」

李書九, 『丁未傳信錄』, 연세대 소장본

_____, 『丁未傳信錄』, 규장각 소장본

李睟光, 『芝峯類說』(남만성 역, 『국역 지봉유설』, 을유문화사, 1994.)

李裕元, 『林下筆記』 卷28(민족문화추진회, 1999.)

李瀷, 『星湖僿說』 卷9, 「人事門·南蠻」

李益泰, 『知瀛錄』(김익수 역, 『국역 지영록』, 제주문화원, 2010.)

李海應, 『薊山紀程』 卷3, 「留官」

任守幹, 『東槎日記』, 「先來狀啓時別單書啓」

任適, 『老隱集』 卷三 「雜著」, 「漂人問答」

王德九, 『滄海集』 규장각 소장본

元重擧, 『和國志』 卷2(박재금 역, 『화국지-와신상담의 마음으로 일본을 기록
　　　　하다』, 소명출판, 2006.)

魏伯珪, 『海上錄』, 「月峯海上錄序跋」

鄭東愈, 『晝永編』(안대회·서한석 외 역, 『주영편, 심심풀이로 조선 최고의 백
　　　　과사전을 만들다』, 휴머니스트, 2016.)

丁若鏞, 『茶山詩文集』 卷15, 「海防考妝」

_____, 『茶山詩文集』 卷22, 「雜評」

_____, 『牧民心書』 卷三, 「往役奉公」 第6條

_____, 『經世遺表』, 「事官之屬」

_____, 『與猶堂全書』 卷14, 「跋海槎聞見錄」

鄭運經, 『耽羅聞見錄』(정민 역, 『탐라문견록, 바다 밖의 넓은 세상』, 휴머니스
　　　　트, 2008.)

鄭載崙, 『公私見聞錄』(강주진 역, 양영각, 1985.)

楓溪 賢正, 『日本漂海錄』, 계명대 소장본

楓溪 賢正, 『日本漂海錄』, 영남대 소장본

_____, 『日本漂海錄』(김상현 역, 『일본표해록』, 동국대학교출판부, 2010.)

崔斗燦, 『乘槎錄』(박동욱 옮김, 조남권 감수, 『승사록, 조선 선비의 중국 강남
　　　　표류기』, 휴머니스트, 2011.)

_____, 『乘槎錄』, 장서각 소장본

_____, 『乘槎錄』, 하버드대 소장본

_____, 『乘槎錄』, 국립중앙도서관 소장본

_____, 『江海乘槎錄』, 연세대 소장본(목판본)

崔溥, 『漂海錄』, 연세대 소장본(목판본)

____, 『漂海錄』, 연세대 소장본(필사본)

韓允謙, 『當初記』, 규장각 소장본(필사본)

洪景海, 『隨槎日錄』

洪翰周, 『智水拈筆』, 卷1(『19세기 견문지식의 축적과 지식의 탄생(상)-지수염
　　　　필』, 소명출판, 2013.)

許筠, 『鶴山樵談』

黃功, 『丁未問答錄』, 국립중앙도서관 소장본

黃胤錫, 『頤齋亂藁』, 장서각 소장본

한국고전종합 DB db.itkc.or.kr

장서각 디지털아카이브 http://yoksa.aks.ac.kr/main.jsp

서울대학교 규장각한국학연구원 e-kyujanggak.snu.ac.kr

한국사데이터베이스 http://db.history.go.kr

2. 연구서

김문식, 『조선후기 지식인의 대외인식』, 새문사, 2009.

김영원 외, 『항해와 표류의 역사』, 솔, 2003.

계승범, 『정지된 시간-조선의 대보단과 근대의 문턱』, 서강대학교출판부, 2011.

박수홍, 『악령이 출몰하던 조선의 바다』, 현실문화, 2009.

夫馬進, 『연행사와 통신사』(하정식 등 옮김), 신서원, 2008.

소재영·김태준 편, 『여행과 체험의 문학』, 민족문화문고간행회, 1985.

송봉선, 『조선시대에는 어떻게 정보활동을 했나』, 시대정신, 2014.

조동일, 『동아시아 문명론』, 지식산업사, 2010.

정성일, 『전라도와 일본 조선시대 해난사고 분석』, 경인문화사, 2013.

정성일 외, 『동아시아 漂海錄과 표류의 문화사』, 국립해양문화재연구소, 2012.

윤치부, 『한국해양문학연구』, 학문사, 1994.

이훈, 『조선후기 漂流民과 한일관계』, 국학자료원, 2000.

이혜순, 『조선통신사의 문학』, 이화여자대학교 출판부, 1996.

이혜순·임형택 외, 『한국 한문학 연구의 새 지평』, 소명출판, 2005.

임종태, 『17,18세기 중국과 조선의 서구 지리학 이해』, 창비, 2012.

임형택, 『한국학의 동아시아적 지평』, 창비, 2014.

하우봉 외, 『조선과 유구』, 아르케, 1999.

_____, 『조선시대 해양국가와의 교류사』, 경인문화사, 2014.

_____, 『조선시대 바다를 통한 교류』, 경인문화사, 2016.

한일관계사 학회, 『조선시대 한일漂流民 연구』, 국학자료원, 2000.

葛兆光, 『想象異域-讀李朝朝鮮漢文燕行文獻札記』, 中華書局 2014.

劉序楓, 『淸代檔案中的海難史料目錄』, 中央硏究院 人文社會科學硏究中心, 2004.

復旦文史硏究院 編, 『世界史中的東亞海域』, 中華書局, 2011.

荒野泰典, 『近世日本と東アジア』, 東京大學出版會, 1988.

池內敏, 『近世日本と朝鮮漂流民』, 臨川書店, 1998.

夫馬進 編, 『中國東アジアの外交交流史の硏究』, 京都大學學術出版會, 2007.

松浦章, 『近世東アジア海域の文化交渉』, 思文閣出版, 2010.

_____, 『近世東アジア海域の帆船と文化交渉』, 關西大學出版部, 2013.

_____, 『東アジア海域の海賊と琉球』, 榕樹書林, 2008.

_____, 『海外情報からみる東アジア-唐船風說書の世界』, 淸文堂出版, 2009.

3. 연구 논문

강전섭, 「이방익의 표해가에 대하여」, 『한국언어문학』 20, 1981.

김경숙, 「조선시대 필기, 야담집 속 琉球 체험과 형상화」, 『漢文學論集』 32집,

2011.

김경옥, 「19세기 초 문순득의 漂流談을 통해 본 선박건조술」, 『역사민속학』 24
　　　집, 2007.

_____, 「18~19세기 서남해 도서지역 표도민들의 추이 : 비변사등록 문정별단
　　　을 중심으로」, 『조선시대사학보』 44집, 2009.

_____, 「18세기 張漢喆의 『漂海錄』을 통해 본 海外體驗」, 『역사학연구』 48,
　　　2012.

_____, 「15~19세기 琉球人의 朝鮮 漂着과 送還 실태 : 『朝鮮王朝實錄』을 중
　　　심으로」, 『지방사와 지방문화』 15집, 2012.

_____, 「조선의 對淸關係와 西海海域에 표류한 중국 사람들」, 『한일관계사연
　　　구』 49집, 2014.

김문식, 「成海應이 증보한 『丁未傳信錄』」, 『진단학보』 115, 2012.

_____, 「『書李邦翼事』에 나타나는 朴趾源의 지리고증」, 『韓國實學硏究』 15,
　　　2008.

김미선, 「崔溥 『漂海錄』의 기행문학적 연구」, 전남대 석사학위논문, 2006.

金聲振, 「『江海乘槎錄』의 書誌事項과 唱和紀俗에 대하여」, 『동양한문학연구』
　　　26, 2008.

김영죽, 「18, 19세기 중인층의 지식 향유와 산출 – 해외체험을 통한 사대부
　　　epigonen으로부터의 脫皮를 중심으로」, 『漢文古典硏究』 28집, 2014.

김용태, 「漂海錄의 전통에서 본 『海外聞見錄』의 위상과 가치」, 『한국한문학연
　　　구』 제48집, 2011.

김정호, 「근세 일본 薩摩藩 조선어통사의 제도화 요인과 의의」, 『大韓政治學會
　　　報』 16집, 2009.

김창수, 「17세기 후반 朝鮮使臣의 공식보고와 정치적 파장」, 『사학연구』 제106
　　　호, 2012.

박명덕, 「崔溥 『漂海錄』의 선비정신 및 고유문명의식」, 조선대 석사논문, 2014.

박상휘, 「조선후기 일본에 대한 지식의 축적과 사고의 전환–조선사행의 기록류
　　　를 중심으로」, 서울대 박사논문, 2015.

朴進星, 「신자료 梁知會의 『漂海錄』 연구」, 『어문연구』 44집, 2016.

박혜민, 「李德懋의 일본에 관한 지식의 형성과정」, 연세대 석사논문, 2012.

박희병, 「朝鮮後期 「傳」의 小說的 性向 研究」, 서울대 박사논문, 1991.

_____, 「조선의 일본학 성립-원중거와 李德懋」, 『한국문화』 61집, 서울대학교 규장각 한국학연구원, 2013.

白玉敬, 「18세기 연행사의 정보수집활동」, 『명청사연구』 제38집, 2012.

서인범, 「청 강희제의 開海政策과 조선 西海海域의 荒唐船」, 『梨花史學研究』 제50집, 2015.

서인석, 「장한철의 『漂海錄』과 수필의 서사적 성격」, 『국어교육』 67, 1989.

손지수, 「漂海錄과 乘槎錄에 나타난 山東 인식의 비교」, 『남명학연구』 44, 2014.

梁世旭, 「崔溥의 『漂海錄』과 明初方言語彙」, 『중국어문학논집』 51, 2008.

유춘동, 「새 자료 서강대 소장, 崔溥의 『錦南漂海錄』 한글본 연구」, 『열상고전 연구』 제53집, 2016.

윤치부, 「한국해양문학연구」, 건국대 박사학위논문, 1992.

오관석, 「한문기행연구 : 장한철의 『漂海錄』을 중심으로」, 단국대 석사학위논 문, 1984.

이선아, 「18세기 실학자 黃胤錫家의 학맥과 湖南 洛論」, 『지방사와 지방문화』 15권2호, 2012.

이 훈, 「조선후기 漂民의 송환을 통해 본 朝鮮·琉球관계」, 『사학지』 제27집, 1994.

이화순, 「崔溥 漂海錄의 문학적 성격에 관한 연구」, 단국대 석사논문, 2015.

임형택, 「조선사행의 해로 燕行錄 : 17세기 동북아의 역사전환과 실학」, 『한국 실학연구』 9, 2005.

_____, 「17~19세기 동아시아, 한·중·일 간의 지식교류 양상 -"이성적 대화"의 열림을 주목해서」, 『大東文化研究』 68집, 2009.

왕천천, 「漂海錄을 통해서 본 明代 朝鮮 漂流民의 救助 研究-제주를 중심으 로」, 제주대 석사논문, 2012.

_____, 「朝鮮의 中國 漂流民 송환 방식 변화와 淸初 동아시아 해역」, 제주대 박사논문, 2016.

원종민, 「漂海錄에 기록된 동아시아의 언어」, 『島嶼文化』 40, 2012.

전상욱, 「이방익 표류 사실에 대한 새로운 기록 : 서강대 소장 한글 「漂海錄」과 관련 자료의 비교를 중심으로」, 『국어국문학』 제159집, 2011.

정 민, 「漂流記를 통해 본 동아시아의 文化接觸 : 茶山의 「海防考」에 나타난 중국 漂船 처리문제」, 『동아시아 문화연구』 45, 2009.

＿＿＿, 「표류선, 청하지 않은 손님 – 외국 선박의 조선 표류 관련기록 探討」, 『韓國漢文學硏究』 43, 2009.

鄭炳昱, 「漂海錄 解題」, 『人文科學』 6집, 1961.

정설화, 「崔溥 『漂海錄』에 나타난 15세기 유자의 모습」, 명지대 석사논문, 2009.

정성일, 「한국 漂海錄의 종류와 특징」, 『도서문화』 30집, 2012.

정신남, 「18세기 초 朝鮮燕行使의 陳尙義 해적집단 관련 정보 수집활동」, 『동방학지』 제178집, 2017.

정은영, 「『日本錄』에 나타난 對日知識 생성연구」, 『語文學』 제122집, 한국어문학회, 2013.

＿＿＿, 「조선후기 통신사행록의 글쓰기 방식과 일본담론 연구」, 부산대 박사논문, 2014.

정훈식 외, 「조선후기 일본지식의 생성과 통신사행록」, 『東洋漢文學硏究』 제29집, 東洋漢文學會, 2009.

진주희, 「漂海錄의 서술방식과 작가의식 연구」, 숙명여대 석사학위논문, 2014.

진재교, 「18세기 조선통신사와 지식, 정보의 교류」, 『韓國漢文學硏究』 제56집, 한국한문학연구, 2014.

최강현, 「漂海歌의 지은이를 살핌」, 『어문논집』 23, 1982.

＿＿＿, 「한국해양문학연구 : 주로 표해가를 중심하여」, 『성곡논총』 12, 1981.

최성환, 「조선후기 문순득의 표류와 세계인식」, 목포대 박사논문, 2010.

최영화, 「18세기 전기 표류를 통한 해외 정보의 유입과 지식화–漂流記事 纂輯書를 중심으로」, 연세대 석사논문, 2013.

＿＿＿, 「조선시대 표류를 통한 해외 정보의 수집과 활용의 추이」, 『열상고전연구』 제45집, 2015.

＿＿＿, 「朝鮮後期 官撰史料를 통해 본 중국인 漂流 사건의 처리」, 『도서문화』 제46집, 2015.

＿＿＿, 「조선후기 유구 지식의 형성과 漂海錄」, 『열상고전연구』 제54집, 2016.

최영화, 「口述과 記述의 관계로 본 漂海錄의 글쓰기」, 『인문과학연구』 제34집,
2016.

_____, 「조선후기 漂海錄에 담겨진 일본 관련 지식정보 – 나가사키를 통해 유
입된 정보를 중심으로」, 『열상고전연구』 제55집, 2017.

_____, 「『李志恒漂海錄』의 異本과 記述 방식 연구 – 『漂舟錄』과의 비교를 겸
하여 –」, 『도서문화』 제50집, 2017.

하우봉, 「19세기 전반 대둔사 승려의 일본 표류와 일본인식」, 『한일관계사연구』
48, 한일관계사학회, 2014.

河政植, 「19세기 중엽 中國의 兵亂情報와 朝鮮王朝」, 『숭실사학』 제12집,
1998.

허경진, 「漂流民 李志恒과 아이누인, 일본인 사이의 의사소통」, 『열상고전연
구』 32, 열상고전연구회, 2010.

허지은, 「쓰시마 朝鮮語通詞 오다 이쿠고로[小田幾五郎]의 생애와 대외인식」,
『동북아역사논총』 30호, 2010.

_____, 「근세 쓰시마 조선어통사의 정보수집과 유통」, 서강대 박사논문, 2008.

_____, 「근세 長州・薩摩의 조선어통사와 조선정보수집」, 『동양사학연구』 제
109집, 2009.

Gao Jianhui, 「崔溥 『漂海錄』 연구」, 경북대 박사논문, 2012.

夫馬進, 「燕行錄과 日本學 研究」, 『한국문학연구』 24, 2001.

劉序楓, 「청대 중국의 외국인 漂流民의 구조와 송환에 대하여 – 조선인과 일본
인의 사례를 중심으로」, 『동북아역사논총』 28, 2010.

_____, 「中國現存的漂海記錄及其特徵」, 『도서문화』 40집, 2012.

_____, 「18~19世紀朝鮮人的意外之旅: 以漂流到臺灣的見聞記錄爲中心」, 『石
堂論叢』 55집, 2013.

沈玉慧, 「朝鮮王朝海外知識的形成与累積 – 以輿地圖・朝鮮日本琉球國圖爲
例」, 『故宮學術季刊』 第三十四卷 第二期, 2016.

荒野泰典, 「近世日本の漂流民送還體制と東アジア」, 『歷史評論』 400, 1983.

池內敏, 「李志恒「漂舟錄」について」, 『鳥取大學教養部紀要』 28, 1998.

찾아보기

최영화 崔英花

중국 남경심계대학교를 졸업하고 한국 연세대학교 국문학과에서 석사 및 박사학위를 받았다. 연세대학교, 남서울대학교, 한국고등교육재단에서 강의했고, 현재 중국 남통대학교 외국어대학 전임강사로 재직 중이다. 17~19세기 동아시아 삼국의 문화교류, 출판문화와 비교문학에 관심이 있다. 공저서로『동아시아 문화 교류와 이동의 기록』(2015)이 있으며, 논문으로「조선시대 표류를 통한 해외 정보의 수집과 활용의 추이」,「조선후기 관찬사료를 통해 본 중국인 표류 사건의 처리」,「『이지항표해록』의 이본과 기술 방식 연구」등 다수가 있다.

한국표해록총서 1

조선후기 표해록 연구

2018년 12월 28일 초판 1쇄 펴냄

지은이 최영화
발행인 김흥국
발행처 보고사

책임편집 황효은
표지디자인 손정자

등록 1990년 12월 13일 제6-0429호
주소 경기도 파주시 회동길 337-15 보고사 2층
전화 031-955-9797(대표), 02-922-5120~1(편집), 02-922-2246(영업)
팩스 02-922-6990
메일 kanapub3@naver.com / bogosabooks@naver.com
http://www.bogosabooks.co.kr

ISBN 979-11-5516-848-6 94910
      979-11-5516-847-9 (세트)
ⓒ 최영화, 2018

정가 25,000원